I0753970

Couverture:
Madrasa et mosquée du sultan Qaytbay, coupole du mausolée, IXᵉ/XVᵉ siècle, Cimetière Nord, Le Caire.

Les guides thématiques *Museum With No Frontiers (MWNF)*

L'ART ISLAMIQUE EN MÉDITERRANÉE | **ÉGYPTE**

L'art mamelouk

Splendeur et magie des sultans

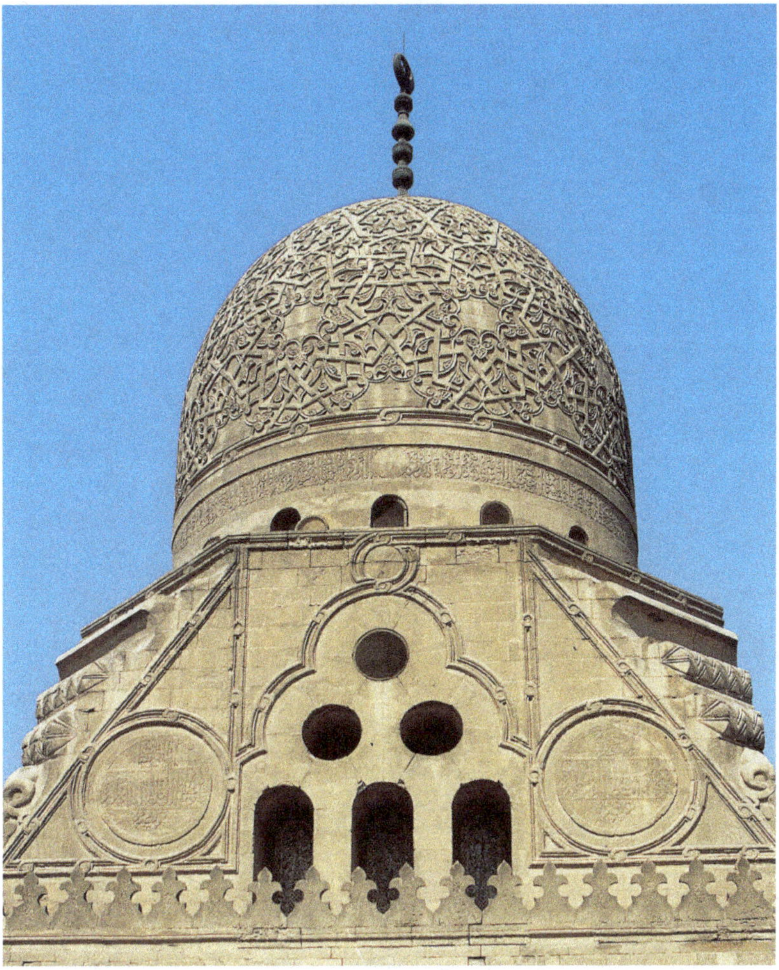

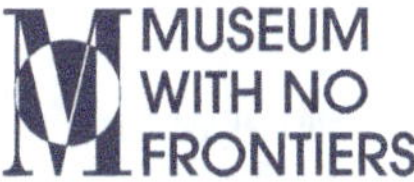

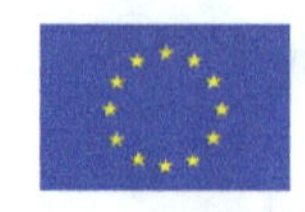

L'Itinéraire-Exposition *L'ART MAMELOUK. Splendeur et magie des sultans* a été cofinancée par l'**Union européenne** dans le cadre du **Programme Euromed Héritage** et a bénéficié du soutien des institutions égyptiennes et internationales suivantes :

UNION EUROPÉENNE
Programme MEDA
Euromed Héritage

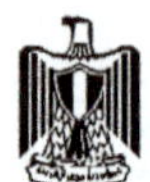

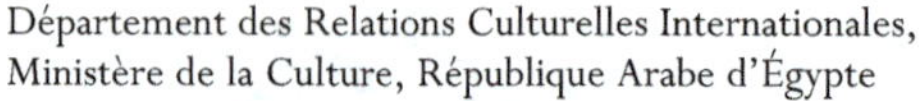

Département des Relations Culturelles Internationales,
Ministère de la Culture, République Arabe d'Égypte

Ministère de la Culture
République Arabe d'Égypte

Département des Relations
Culturelles Internationales

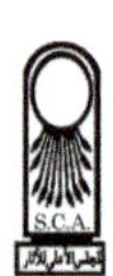

Conseil Suprême des Antiquités,
Ministère de la Culture, République Arabe d'Égypte

Conseil Suprême des Antiquités

ISBN 978-3-902782-25-0 (eBook)
978-3-902782-24-3 (livre de poche)

Informations: **www.museumwnf.org**

Musée Sans Frontières
Idée et conception générale
Eva Schubert

Directrice de projet
Enaam Selim
Sous-secrétaire d'État au Département des Relations Culturelles Internationales
Ministère de la Culture,
République Arabe d'Égypte

Coordinateur du Comité scientifique
Abdullah Abdel Hamid El-Attar
Sous-secrétaire d'État aux Monuments coptes et islamiques
Conseil Suprême des Antiquités,
Ministère de la Culture,
République Arabe d'Égypte

Comité scientifique
Gaballah Ali Gaballah, Le Caire
Abdullah Abdel Hamid El-Attar, Le Caire
Enaam Selim, Le Caire
Mohamed Hossam El-Din, Le Caire
Salah El-Bahnasi, Le Caire
Mohamed Abd El-Aziz, Le Caire
Atef Abdel Hamid Ghoneim, Le Caire
Medhat El-Manabbawi, Le Caire
Ali Ateya, Le Caire
Tarek Torky, Le Caire
Gamal Gad El-Rab, Le Caire

Catalogue

Introduction
Salah El-Bahnasi, Le Caire
Mohamed Hossam El-Din, Le Caire
Mohamed Abd El-Aziz El-Sayed, Le Caire
Tarek Torky, Le Caire

Présentation des circuits
Comité scientifique

Textes techniques
Tarek Torky, Le Caire

Contrôle technique
Sakina Missoum, Madrid

Photographe
Sherif Sonbol, Le Caire

Carte générale
José Antonio Dávila Buitrón, Madrid

Tracés des circuits
Mohammed Rushdy, Le Caire
Sergio Viguera, Madrid

Introduction générale
L'Art islamique en Méditerranée

Textes
Jamila Binous, Tunis
Mahmoud Hawari, Jérusalem-Est
Manuela Marín, Madrid
Gönül Öney, Izmir

Traduction et révision
Anne-Marie Lapillonne, Marseille

Plans des monuments
Şakir Çakmak
Ertan Daş
Yekta Demiralp

Maquette et design
Agustina Fernández, Electa España, Madrid
Christian Eckart, Museum With No Frontiers, Vienna
(2ème édition)

Coordination technique

Directeur de production
Tarek Torky, Le Caire

Assistante de production
Amal Mohammed Tawfik, Le Caire

Coordination internationale

Coordination générale
Eva Schubert

Coordination comités scientifiques, traductions, révision des textes et production des catalogues
Sakina Missoum, Madrid

Remerciements

Nous remercions de leur collaboration les autorités et institutions suivantes, sans lesquelles ce projet n'aurait pu être mené à bien :

Ministère de la Culture, République Arabe d'Égypte, Le Caire
Conseil Suprême des Antiquités, Ministère de la Culture, Le Caire
Département des Relations Culturelles Internationales, Ministère de la Culture, Le Caire
Zones archéologiques d'Égypte, Conseil Suprême des Antiquités
Centre de Documentation des Monuments Coptes et Islamiques, Conseil Suprême des Antiquités, Le Caire
Musée d'Art Islamique, Le Caire
Gouvernorat du Caire
Gouvernorat d'Alexandrie
Gouvernorat de Kafr al-Chaykh
Gouvernorat de al-Beheira
Autorité pour la Promotion du Tourisme, Le Caire

Par ailleurs, Musée Sans Frontières remercie :

le Ministère des Affaires Étrangères espagnol, pour avoir manifesté son soutien au projet dès ses débuts, à travers l'Agence Espagnole pour la Coopération Internationale (AECI) et les ambassades d'Espagne dans les pays méditerranéens participants, ainsi que le gouvernement de la région du Tyrol (Autriche) – où a été mis en place le projet pilote Musée Sans Frontières – pour avoir financé la formation des directeurs de production chargés de la coordination technique des expositions dans les pays participant au cycle "L'Art islamique en Méditerranée",

et le docteur Christian Régnier, Attaché des Hôpitaux de Paris, Société Internationale d'Histoire de la Médecine.

Références photographiques

Voir page 5 ainsi que

Introduction générale "L'Art islamique en Méditerranée"
Ann & Peter Jousiffe (Londres), page 20 (Citadelle d'Alep).
Archives "Oronoz Photographes" (Madrid), page 23 (Alhambra, Grenade).

Références des plans

Introduction générale "L'Art islamique en Méditerranée"
R. Ettinghaussen et O. Grabar (Madrid, I, 1997), page 26 (Mosquée de Damas)
Z. Sönmez (Ankara, 1995), page 27 (Mosquées de Divrigi et d'Istanbul) et page 28 (Mosquée de Sivas)
Sergio Viguera (Madrid), page 28 (Typologie des minarets)
Blair, S. S., et Bloom, J. M. (Madrid, II, 1999), page 29 (Mosquée et Madrasa du Sultan Hassan)
R. Ettinghaussen et O. Grabar (Madrid, I, 1997), page 30 (Qasr al-Khayr oriental)
A. Kuran (Istanbul, 1986), page 31 (Khan Sultan Aksaray)

Avertissement

Translittération de l'arabe

Nous avons conservé l'orthographe usuelle des mots arabes passés dans l'usage et introduits dans le dictionnaire tels que fondouk, oued, souk, beylik, diwan, hammam... Les mots (arabes ou berbères) qui apparaissent en italique, comme *mihrab, qibla, timchent, sabbat, wast al-dar, balata, ahellil, taguerrabt* ... sont soit accompagnés de leur traduction immédiate (entre parenthèses ou dans le corps du texte), soit repris dans le glossaire où ils sont définis. Pour tous les autres mots, nous avons utilisé un système de transcription simplifié pour lequel nous avons choisi de ne pas transcrire la *hamza* initiale et de ne pas faire de différence entre les voyelles brèves et longues qui sont transcrites en *a*, *i*, *ou/u*. Nous avons décidé de ne pas respecter la règle pour certains noms de lieu, comme el-Ateuf, el-Biar, el-Kantara, el-Khemis ... et de lui préférer la transcription en usage en Algérie.

ء	ʼ	ح	*h*	ز	*z*	ط	*t*	ق	*q*	ه	*h*
ب	*b*	خ	*kh*	س	*s*	ظ	*z*	ك	*k*	و	*u/w*
ت	*t*	د	*d*	ش	*sh*	ع	ʻ	ل	*l*	ي	*y/i*
ث	*th*	ذ	*dh*	ص	*s*	غ	*gh*	م	*m*		
ج	*j*	ر	*r*	ض	*d*	ف	*f*	ن	*n*		

Les mots qui apparaissent en italique dans le texte, sauf s'ils sont accompagnés de leur traduction entre parenthèses, sont repris dans le glossaire et suivis d'une brève définition.

Ère musulmane

Les dates antérieures à l'ère musulmane (Préhistoire, Antiquité et Antiquité tardive) ne sont données que selon le calendrier chrétien, de même que celles qui sont postérieures à l'établissement du colonialisme en 1830.

Cette émigration est fixée au 1er jour du mois de *Muharram* de l'an 1 de l'Hégire qui correspond au 16 juillet 622 de l'ère chrétienne. L'année musulmane est composée de douze mois lunaires, chaque mois de 29 ou 30 jours. Trente années constituent un cycle dans lequel les 2e, 5e, 7e, 10e, 13e, 16e, 18e, 21e, 24e, 26e, et 29e années sont des années bissextiles de 355 jours; les autres sont des années communes de 354 jours. L'année lunaire musulmane est de dix ou onze jours plus courte que l'année solaire chrétienne. Chaque jour commence, non pas juste après minuit, mais immédiatement après le coucher du soleil, au crépuscule. La majorité des pays musulmans utilisent le calendrier hégirien (qui marque toutes les fêtes religieuses) en parallèle avec le calendrier chrétien.

Mention des dates

Les dates antérieures à l'ère musulmane (Préhistoire, Antiquité et Antiquité tardive) ne sont données que selon le calendrier chrétien, de même que celles qui sont postérieures à l'établissement de la colonisation en 1830.

Abréviations:
début = d.; moitié = m.; première moitié = p. m.; deuxième moitié = d. m.; fin = f.

Indications pratiques

L'Itinéraire-Exposition *L'ART MAMELOUK. Splendeur et magie des sultans* inclut Le Caire et les villes d'Alexandrie, Rosette et Fuwa, en Basse Égypte, au nord du pays. Il compte huit circuits, dont sept s'effectuent en un jour, et un (le Circuit II) en deux jours. Il est recommandé de se munir d'une carte routière et de plans des villes à visiter. Il est préférable de suivre les circuits dans l'ordre proposé étant donné que la sélection des thèmes et monuments a été opérée selon un critère séquentiel.

Chaque circuit est accompagné d'un schéma graphique qui permet de visualiser le voyage dans son ensemble et les déplacements à effectuer. La typologie du complexe architectural est indiquée par des icônes soulignés. Les étapes (signalées en chiffres arabes) de chaque circuit (chiffres romains) sont accompagnées d'indications techniques en italiques (comment arriver aux villes et aux monuments, horaires de visite, etc.) valables au moment de la rédaction du catalogue. Les circuits comportent des monuments principaux et optionnels, des "fenêtres" (titre sur tramé jaune) qui traitent des thèmes complémentaires, et des vues panoramiques (en italiques sur fond gris) choisies pour leur intérêt spécifique associé aux lieux sélectionnés.

Les saisons les plus appropriées pour visiter l'Égypte sont l'automne et l'hiver, car le climat est alors tempéré et ensoleillé, bien qu'il puisse pleuvoir un peu au Caire et abondamment à Alexandrie, Rosette et Fuwa. En été, Alexandrie (Circuit VI) est la villégiature préférée des Cairotes et se trouve relativement congestionnée.

On peut accéder en voiture aux monuments du Caire, mais il est préférable de se déplacer à pied, étant donné que les rues et ruelles du centre historique sont très étroites et généralement bondées de passants. Les dates historiques et de construction des monuments à visiter au Caire sont issues de l'*Annuaire des Monuments Historiques du Caire*, réalisé par le Conseil Suprême des Antiquités, Département des Monuments Coptes et Islamiques, Ministère de la Culture de la République Arabe d'Égypte, et par le Conseil du Centre Ministériel pour l'Information et les Recommandations (Council of Ministers Centre for Information and Resolution Adoption Support), Programme Culture et Patrimoine, 1re édition, 2000.

Actuellement, le Conseil Suprême des Antiquités est en train de réaliser le Programme pour la Restauration et la Réhabilitation des Monuments Islamiques du Caire, dont les travaux procèdent par étape. Il pourra donc arriver que le visiteur se trouve face à des monuments sur lesquels les travaux seront terminés alors qu'ils étaient en cours au moment de la rédaction du catalogue – et inversement. Nous vous remercions de votre compréhension pour les désagréments éventuels que cela pourrait occasionner.

Les mosquées, *madrasas* et *khanqas* sont des lieux de culte où s'accomplissent les cinq prières quotidiennes : à l'aube, *al-fagr ;* à la mi-journée, *al-duhr* (12 h en hiver, 13 h en été) ; au milieu de l'après-midi, *al-'asr* (15 h en hiver, 16 h en été) ; au crépuscule, *al-maghrab ;* et à la nuit noire (*al-'acha'*). Les meilleurs moments pour la visite sont avant la prière de la mi-journée et entre celle-ci (*al-duhr*) et celle du milieu de l'après-midi (*al-'asr*). Étant donné que la plupart des monuments islamiques se trouvent dans la partie ancienne de la ville, et compte tenu du caractère conservateur de ses habitants, il est recommandé d'adopter un comportement discret et respectueux, de même qu'une tenue vestimentaire compatible avec les usages locaux. Il est obligatoire de se déchausser avant de pénétrer dans les mosquées et les *madrasas*.

Les droits d'entrée aux monuments sont à régler en monnaie locale.

Les bureaux du Conseil Suprême des Antiquités, y compris les musées et centres d'accueil des visiteurs, servent de points d'information. Les musées archéologiques sont ouverts tous les jours de la semaine, mais les horaires changent en hiver (9 h-17 h) et en été (9 h-18 h).

Les changements d'horaires ne sont pas imputables à Musée Sans Frontières, qui décline toute responsabilité quant aux incidents qui pourraient survenir au cours de la visite. Il est donc recommandé de vérifier par soi-même avant de programmer une visite.

Tarek Torky
Directeur de Production

Sommaire

LES DYNASTIES ISLAMIQUES EN MÉDITERRANÉE

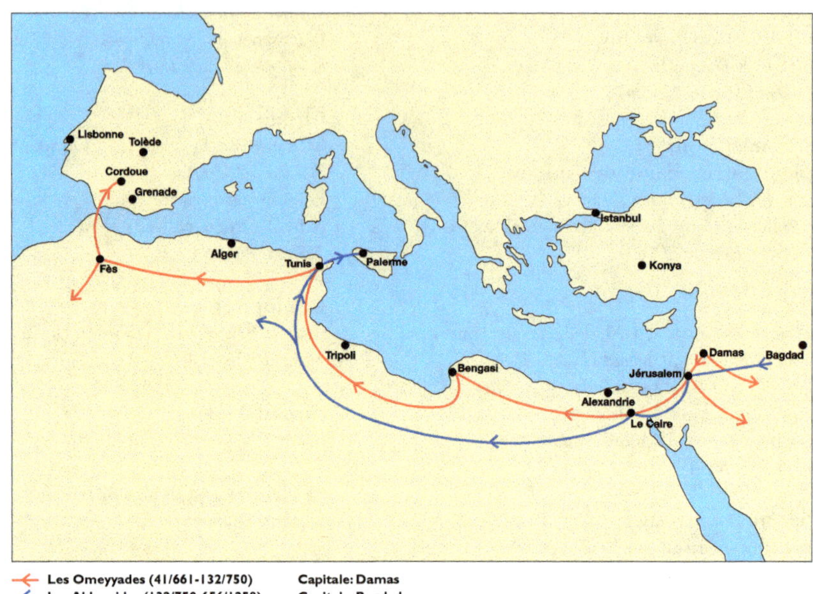

Les Omeyyades (41/661-132/750) Capitale: Damas
Les Abbassides (132/750-656/1258) Capitale: Bagdad

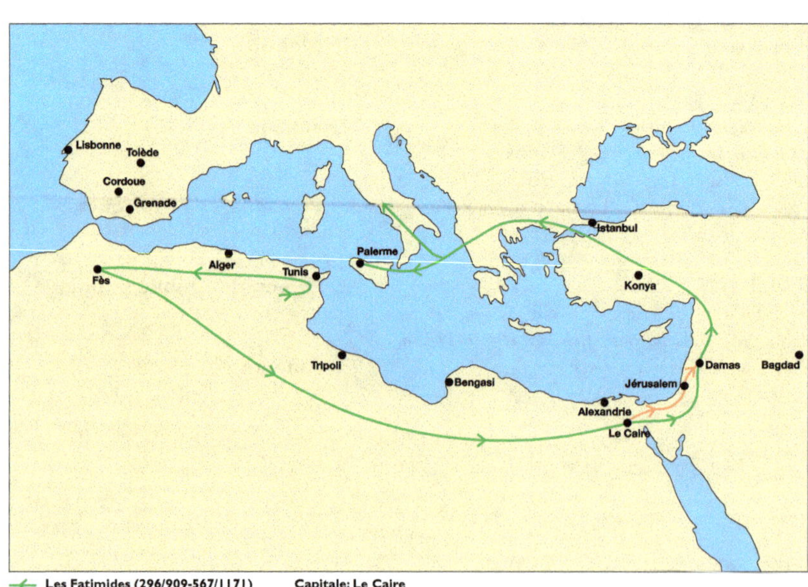

Les Fatimides (296/909-567/1171) Capitale: Le Caire
Les Mamelouks (648/1250-923/1517) Capitale: Le Caire

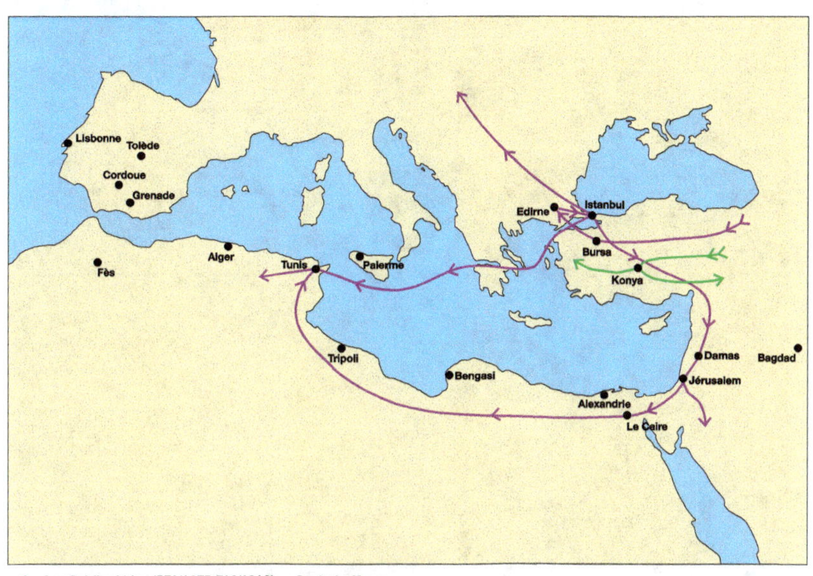

Les Seldjoukides (571/1075-718/1318) Capitale: Konya
Les Ottomans (699/1299-1340/1922) Capitale: Istanbul

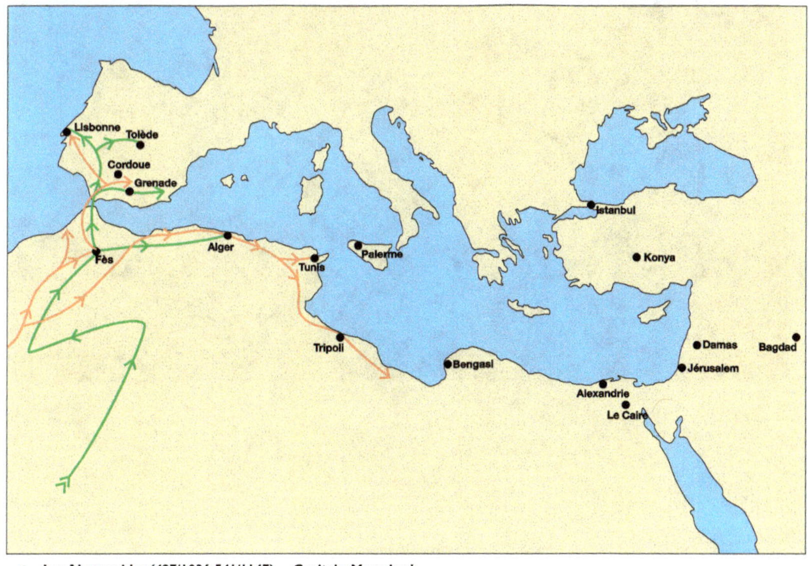

Les Almoravides (427/1036-541/1147) Capitale: Marrakech
Les Almohades (515/1121-667/1269) Capitale: Marrakech

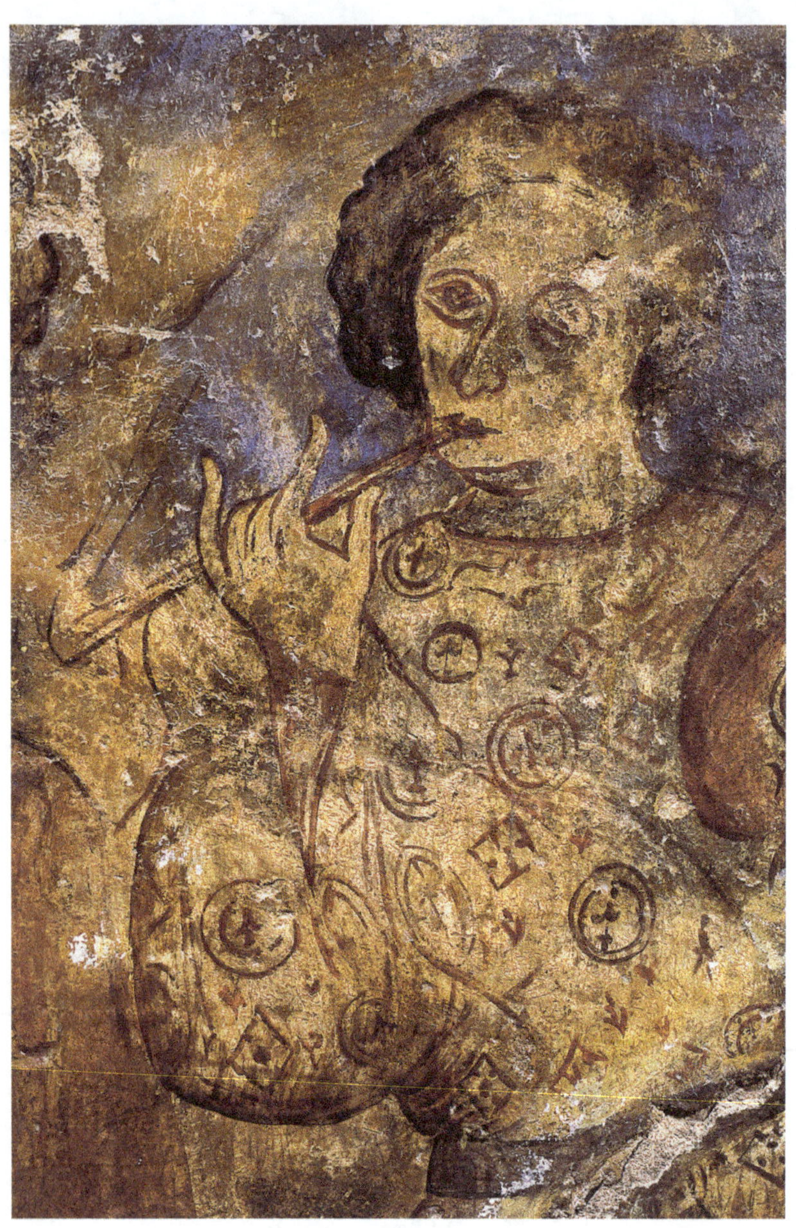

Qusayr 'Amra,
peinture murale de la
Salle d'Audiences,
Badiya de Jordanie.

L'ART ISLAMIQUE EN MÉDITERRANÉE

Jamila Binous
Mahmoud Hawari
Manuela Marín
Gönül Öney

Le patrimoine islamique en Méditerranée

Depuis la première moitié du Ier/VIIe siècle, l'histoire du bassin méditerranéen se partage, de façon étonnamment équitable, entre deux cultures, la culture islamique d'une part et la culture chrétienne occidentale d'autre part. Cette très longue histoire de conflits et de contacts a contribué à créer un mythe largement répandu dans l'imaginaire collectif, fondé sur l'image de l'autre comme étant l'ennemi irréductible, étranger et inconnu et, par là même, incompréhensible. Il est vrai que ces siècles sont ponctués de batailles, depuis les temps où les musulmans s'étendent à partir de la péninsule Arabique et prennent possession du Croissant Fertile, de l'Égypte et, plus tard, de l'Afrique du Nord, de la Sicile et de la péninsule Ibérique – et pénètrent en Europe occidentale jusqu'au sud de la France. Au début du IIe/VIIIe siècle, la Méditerranée est sous contrôle islamique.

Cette énergie à se déployer, d'une intensité rarement égalée dans l'histoire de l'humanité, ne peut se développer qu'au nom d'une religion qui se considère comme l'héritière des deux religions qui la précèdent, le judaïsme et le christianisme. Mais ce serait extrêmement réducteur d'expliquer le développement de l'islam en termes de religion uniquement. L'une des images très répandues en Occident présente l'islam comme une religion de simples dogmes, adaptée aux besoins du petit peuple, disséminée par de vulgaires guerriers sortis du désert, le Coran gravé sur la lame de leurs épées. Cette image grossière est très éloignée de la complexité intellectuelle d'un message religieux qui transforme le monde dès son commencement. Elle identifie ce message à une menace militaire et justifie par conséquent une réaction dans les mêmes termes. En fait, elle réduit l'ensemble d'une culture à l'une de ses composantes uniquement – la religion – et la dépossède ainsi de son potentiel à évoluer et à changer.

Les pays méditerranéens qui sont progressivement intégrés dans le monde musulman commencent leur parcours à des points de départ très différents. Les formes de vie islamique qui commencent à se développer dans chacun de ces pays sont par conséquent distinctes malgré l'unité qui résulte de leur adhésion commune au nouveau dogme religieux. La capacité à assimiler les éléments de cultures antérieures (hellénistique, romaine, etc.) constitue précisément l'une des caractéristiques qui définissent les sociétés islamiques. Lorsque les observations se limitent à la zone géographique de la Méditerranée, qui est extrêmement diversifiée au plan culturel à l'époque de l'émergence de l'islam, on remarque rapidement que ce moment initial ne présente aucune rupture avec le passé et on en vient à réaliser qu'il n'est pas concevable

d'imaginer un monde islamique monolithique et immuable, suivant aveuglément un message religieux inaltérable.
S'il convient de choisir un *leitmotiv* définissant tout le bassin méditerranéen, c'est bien la diversité d'expression mêlée à l'harmonie de sentiment, sentiment plus culturel que religieux. Dans la péninsule Ibérique – pour commencer par le périmètre occidental de la Méditerranée –, la présence de l'islam, imposée initialement par les conquêtes militaires, génère une société qui se différencie clairement de la société chrétienne, tout en étant continuellement en contact avec elle. L'importance de l'expression culturelle de cette société islamique se ressent encore même après qu'elle a cessé d'exister en tant que telle et donne naissance à ce qui constitue probablement l'un des éléments les plus originaux de la culture hispanique, l'art mudéjar. Au Maroc et en Tunisie, l'héritage d'al-Andalus (l'Espagne musulmane) est assimilé dans les formes artistiques locales et continue d'exister de nos jours. La Méditerranée occidentale produit des formes d'expression originales qui reflètent son évolution historique conflictuelle et plurielle.
Insérée entre l'Orient et l'Occident, la mer Méditerranée est dotée d'enclaves terrestres, lieux historiques majeurs témoins des siècles passés, notamment la Sicile. Conquise par les Arabes établis en Tunisie, la Sicile continue de perpétuer la mémoire culturelle et historique de l'islam, longtemps après que la présence politique des musulmans sur l'île eut disparu. La présence de formes esthétiques siculo-normandes que révèlent les monuments architecturaux démontre clairement que l'histoire de ces régions ne peut s'expliquer sans la compréhension de la diversité des expériences sociales, économiques et culturelles qui s'épanouissent sur ces terres.
Tout à fait à l'opposé, donc, de l'image immuable et constante à laquelle il est fait allusion plus haut, l'histoire de l'islam en Méditerranée se caractérise par une surprenante diversité, née de la fusion entre peuples et ethnies, déserts et terres fertiles. S'il apparaît clairement que la religion adoptée par la majorité est l'islam depuis le Moyen Âge, il est également vrai que les minorités religieuses maintiennent historiquement leur présence. La langue du Coran, l'arabe classique, coexiste avec d'autres langues de même qu'avec d'autres dialectes arabes. Dans ce cadre d'indéniable unité (religion musulmane, langue et culture arabes), chaque société évolue et relève les défis de l'histoire à sa façon propre.

L'émergence et le développement de l'art islamique

Sur l'ensemble des territoires de civilisations aussi anciennes que diverses, un nouvel art apparaît, mêlé aux images de la foi islamique qui émerge à la fin du

IIe/VIIIe siècle et qui, en moins d'un siècle, s'impose avec succès. À sa façon, cet art donne naissance à des créations et à des innovations qui reposent sur des formules et des procédés architecturaux et décoratifs d'unification régionale. Il s'inspire simultanément des traditions artistiques qui le précèdent : traditions gréco-romaine et byzantine, sassanide, wisigothique, berbère ou encore d'Asie centrale.

L'objectif initial de l'art islamique consiste à répondre aux besoins de la religion et aux divers aspects de la vie socio-économique. De nouveaux édifices religieux voient le jour, notamment les mosquées et les sanctuaires. L'architecture joue ainsi un rôle central dans l'art islamique, puisque de nombreux arts s'y rattachent. Cependant, hormis l'architecture, un ensemble d'arts mineurs apparaît et trouve son expression artistique dans une variété de matériaux, notamment le bois, la poterie, les métaux, le verre, etc. En poterie, une grande variété de techniques de vernissage est employée, notamment, parmi les groupes les plus utilisés, les céramiques peintes polychromes. Du verre d'une grande beauté est produit, atteignant le sommet de l'art avec le verre orné de couleurs dorées et vives vernissées. Le bronze incrusté d'argent ou de cuivre constitue la méthode la plus sophistiquée du travail du métal. Des textiles et des tapis d'excellente qualité, à motifs géométriques, animaliers ou humains, sont confectionnés. Des manuscrits enluminés de miniatures représentent l'aboutissement spectaculaire de l'art du livre. Ces différentes formes d'art mineur témoignent de l'éclat remarquable de l'art islamique.

Toutefois, l'art figuratif est exclu du domaine liturgique islamique, ce qui signifie qu'il est banni du cœur de la civilisation islamique et qu'il n'est toléré qu'à sa périphérie. Les reliefs sont rares dans la décoration des monuments et les sculptures sont pratiquement planes. Mais l'extrême richesse des ornementations des panneaux de stuc somptueusement ciselés, des panneaux de bois sculptés, des faïences murales et des mosaïques vernissées de même que des frises à stalactites, ou *mouqarnas*, compensent cette absence. Les éléments décoratifs empruntés à la nature – feuilles, fleurs, branches – sont généralement stylisés à l'extrême et sont si complexes qu'ils font rarement penser à leur source d'origine. L'entrelacement et la combinaison de motifs géométriques, notamment les losanges et les polygones étoilés, forment des réseaux entrelacés qui recouvrent entièrement les surfaces, créant des formes qui prennent souvent le nom d'arabesques. L'introduction d'éléments épigraphiques dans l'ornementation des monuments, des meubles et de divers objets représente une innovation du répertoire décoratif. Les artisans musulmans savent utiliser la beauté de la calligraphie arabe, la langue du Livre sacré, le Coran, non seulement pour transcrire des versets coraniques mais dans toutes ses variantes, comme simple motif de décoration de l'ornementation des panneaux de stuc et des encadrements de panneaux.

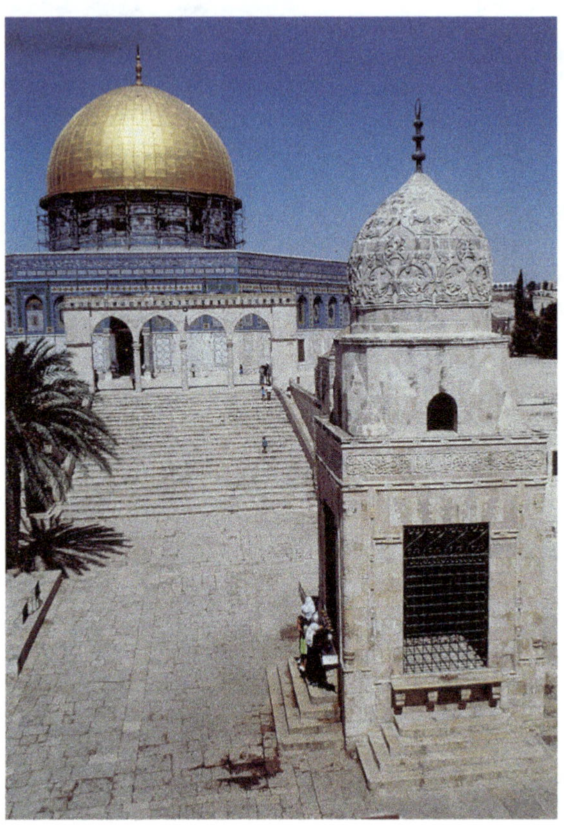

Dôme du Rocher, Jérusalem.

L'art se met également au service des souverains. Les architectes construisent, pour leurs mécènes, des palais, des mosquées, des écoles, des hôpitaux, des bains publics, des caravansérails et des mausolées qui portent parfois leur nom. L'art islamique est, avant tout, un art dynastique. Chaque tendance y contribue en apportant un renouvellement partiel ou complet des formes artistiques, en fonction du cadre historique, de la prospérité dont jouissent les États et des traditions de chaque peuple. L'art islamique, malgré son unité relative, permet la diversité, donnant naissance à différents styles, chacun étant assimilé à une dynastie.

La dynastie omeyyade (41/661-132/750), qui transfère la capitale du califat à Damas, représente un aboutissement singulier de l'histoire de l'islam. Elle absorbe et intègre l'héritage hellénistique et byzantin de façon à refondre la tradition classique méditerranéenne en un nouveau moule innovateur. L'art islamique naît donc en Syrie et l'architecture, nettement islamique du fait de la personnalité de ses fondateurs, continue également à offrir cette relation à l'art hellénistique et byzantin. Le Dôme du Rocher à Jérusalem, premier sanctuaire islamique monumental, la Grande Mosquée de Damas, qui sert de modèle aux mosquées ultérieures, et les palais du désert de Syrie, de Jordanie et de Palestine en constituent les monuments les plus importants.

Lorsque le califat abbasside (132/750-656/1258) succède à la dynastie omeyyade, le centre politique de l'islam se déplace de la Méditerranée vers Bagdad, en Mésopotamie. Ce facteur contribue à influencer le développement de la civilisation islamique et tous les aspects culturels et artistiques portent les stigmates de ce changement. L'art et l'architecture abbassides subissent l'influence de trois traditions majeures : sassanide, asiatique et seldjoukide.

L'influence de l'Asie centrale est déjà présente dans l'architecture sassanide, mais à Samarra, cette influence se retrouve dans le style du stuc avec ses ornementations en arabesques qui se répandent rapidement dans le monde islamique. L'influence des monuments abbassides se ressent dans les édifices construits au cours de cette période dans les autres provinces de l'Empire, tout particulièrement en Égypte et en Ifriqiya. Au Caire, la mosquée Ibn Touloun (262/876-265/879) est un véritable chef-d'œuvre, admirable pour son plan et son unité de conception. La Grande Mosquée abbasside de Samarra lui sert de modèle, tout particulièrement son minaret hélicoïdal. À Kairouan, capitale de l'Ifriqiya, les vassaux des califes abbassides, les Aghlabides (184/800-296/909), embellissent la Grande Mosquée, l'une des plus exemplaires du Maghreb dont le *mihrab* est recouvert de faïences de Mésopotamie.

Les Fatimides (296/909-567/1171) règnent sur une période remarquable de l'histoire des pays méditerranéens islamiques, l'Afrique du Nord, la Sicile, l'Égypte et la Syrie. Seuls restent quelques exemples de ces constructions architecturales, témoins de leur gloire passée : dans le Maghreb central, la Qal'a des Beni Hammad et la mosquée de Mahdia ; en Sicile, la Cuba (*Koubba*) et la Zisa (*al-'Aziza*) à Palerme, construites par les artistes fatimides sous le règne du roi normand Guillaume II ; au Caire, la mos-

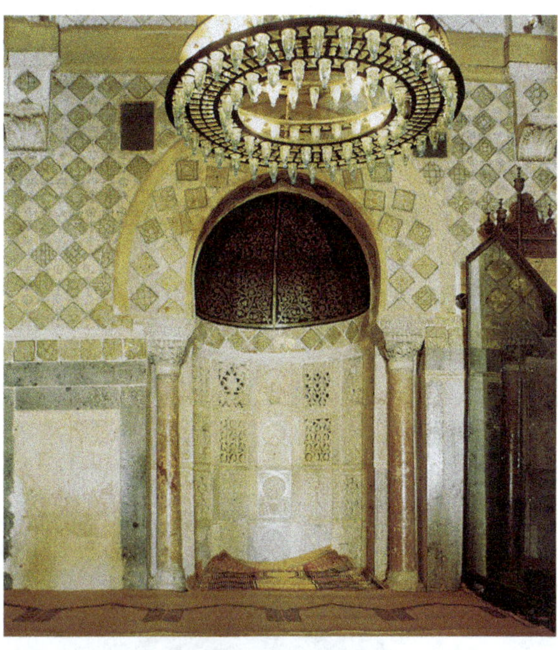

Mosquée de Kairouan, mihrab, Tunisie.

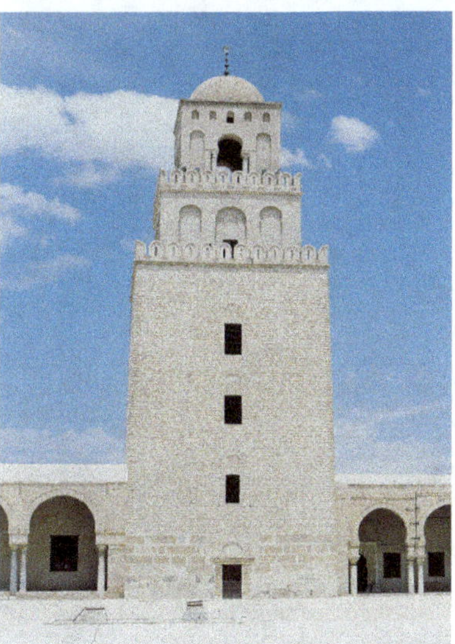

Mosquée de Kairouan, minaret, Tunisie.

Citadelle d'Alep, vue de l'entrée, Syrie.

Complexe Qalawun, Le Caire, Égypte.

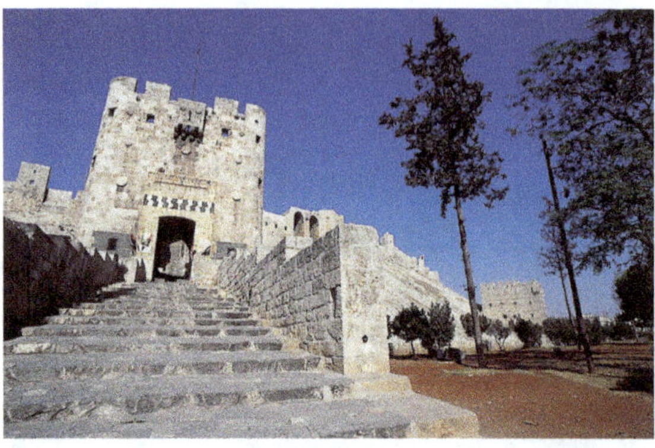

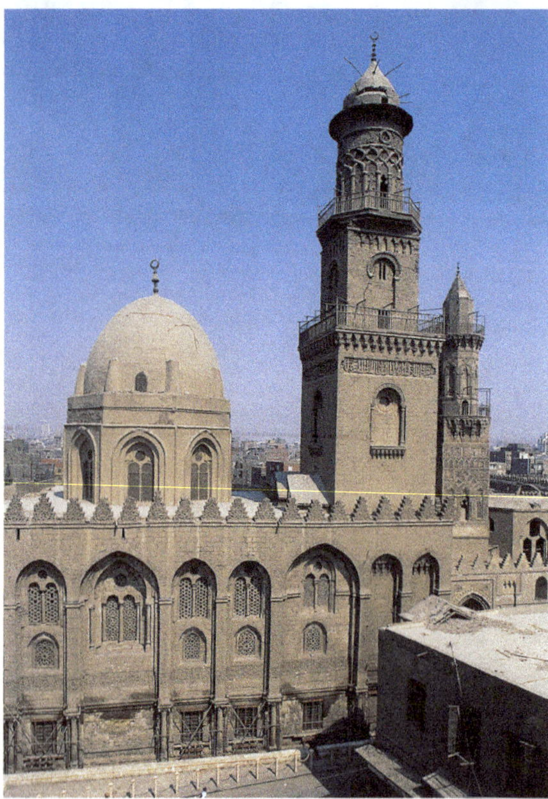

quée al-Azhar constitue l'exemple le plus remarquable de l'architecture fatimide en Égypte.

Les Ayyoubides (567/1171-648/1250), qui renversent la dynastie fatimide au Caire, sont des mécènes importants dans le domaine de l'architecture. Ils fondent des institutions religieuses (*madrasas*, *khanqas*) afin de propager l'islam sunnite, des mausolées et des établissements de bienfaisance sociale, de même que des fortifications imposantes en vue de faire front aux conflits militaires avec les Croisés. La Citadelle d'Alep en Syrie constitue un magnifique exemple de leur architecture militaire.

Les Mamelouks (648/1250-922/1517), successeurs des Ayyoubides, résistent vaillamment aux Croisés et aux Mongols, parviennent à obtenir l'unité de la Syrie et de l'Égypte et fondent un puissant empire. La richesse et le luxe de la cour du sultan mamelouk au Caire poussent les artistes et les architectes à atteindre un style d'architecture extraordinairement élégant. Pour le monde islamique, la période mamelouke marque un essor et une renaissance. L'enthousiasme à créer des édifices religieux et à reconstruire les édifices existants place les Mamelouks parmi les plus grands mécènes dans les domaines de l'art et de l'architecture dans l'histoire de l'islam. La mosquée de Hassan (757/1356), mosquée funéraire construite selon un plan cruciforme, les branches de la croix étant formées de quatre *iwans* autour d'une cour centrale, est typique de cette époque.

L'Anatolie est le berceau de deux grandes dynasties islamiques : les Seldjoukides (571/1075-718/1318), qui introduisent l'islam dans la région, et les Ottomans (699/1299-1340/1922), qui entraînent la fin de l'Empire byzantin avec la prise de Constantinople et assoient leur hégémonie dans la région.

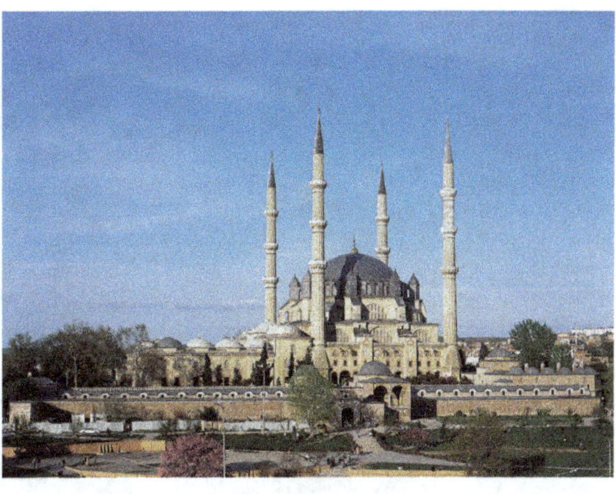

Mosquée Selimiye, vue générale, Edirne, Turquie.

Un style distinctif de l'art et de l'architecture seldjoukides s'épanouit avec des influences d'Asie centrale, d'Iran, de Mésopotamie et de Syrie qui s'entremêlent à des éléments du patrimoine de l'Anatolie chrétienne et de l'Antiquité. Konya, la nouvelle capitale de l'Anatolie centrale, ainsi que d'autres villes, s'enrichissent d'édifices dans le nouveau style seldjoukide. De nombreuses mosquées, *madrasas*, *turbés* et *caravansérails*, richement décorés de stuc et de faïence aux diverses représentations figuratives, survivent encore.

Avec la désintégration des Émirats seldjoukides et le déclin de Byzance, les Ottomans peuvent étendre leur territoire et transfèrent rapidement leur capitale d'Iznik à Bursa puis à Edirne. La conquête de Constantinople en 858/1453 par le sultan Mehmet II donne l'élan nécessaire à la transition entre un État émergeant et un grand empire. Une superpuissance qui étend ses frontières jusqu'à Vienne, y compris les Balkans à l'ouest et l'Iran à l'est, de même qu'en Afrique du Nord, de l'Égypte à l'Algérie, transformant la Méditerranée orientale en mer ottomane. La course en vue de surpasser la grandeur des églises byzantines héritées, dont la Sainte-Sophie constitue l'exemple le plus frappant, culmine avec la construction de grandes mosquées à Istanbul. La mosquée Süleymaniye, construite au Xe/XVIe siècle par le célèbre architecte ottoman Sinan, en est l'exemple le plus significatif et incarne le point culminant de l'harmonie architecturale des édifices à coupoles. La plupart des grandes mosquées ottomanes font

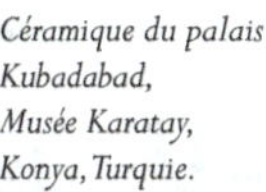

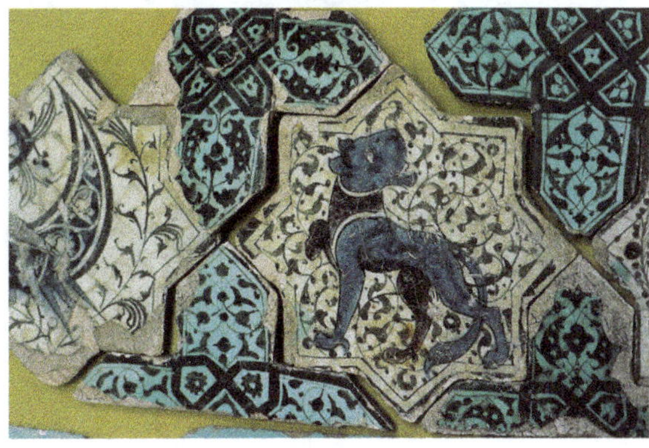

Céramique du palais Kubadabad, Musée Karatay, Konya, Turquie.

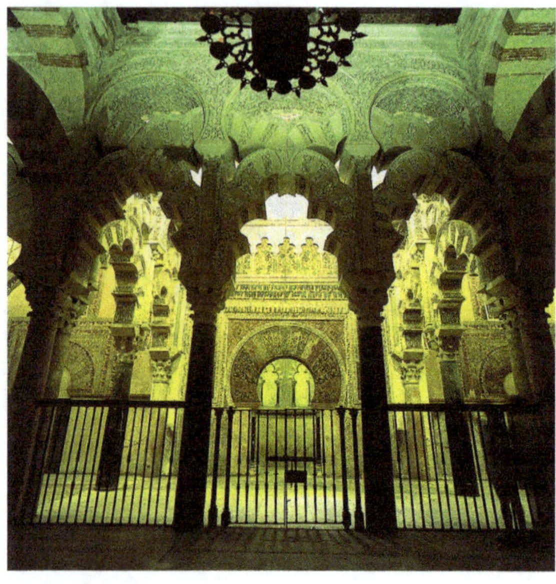

Grande Mosquée de Cordoue, mihrab, Espagne.

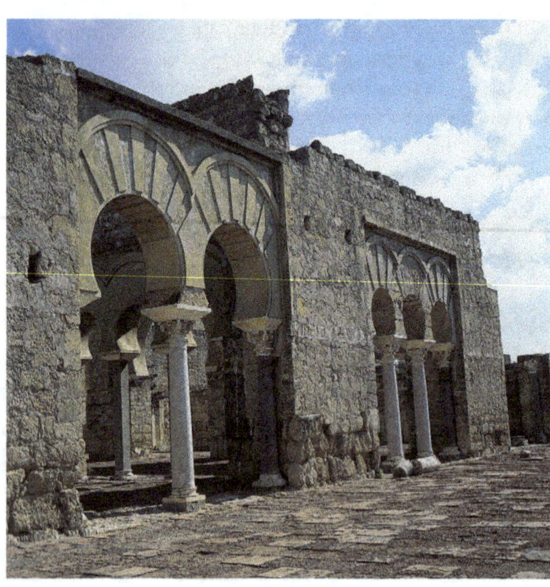

Dar al-Jund, Madinat al-Zahra', Espagne.

partie d'un grand ensemble d'édifices, *külliye,* comprenant des *madrasas*, une école coranique, une bibliothèque, un hôpital (*darüssifa*), une auberge (*tabkhane*), une cuisine publique, un *caravansérail* et des mausolées (*turbés*). À partir du début du XIIe/XVIIIe siècle, au cours de la "Période des Tulipes", l'architecture et le style décoratif ottomans reflètent l'influence du style baroque et rococo français, annonçant la période d'occidentalisation de l'art et de l'architecture.

Al-Andalus, dans la partie occidentale du monde islamique, devient le berceau d'une expression artistique et culturelle brillante. Abd al-Rahman Ier y fonde un califat ommeyade indépendant (138/750-422/1031) avec Cordoue pour capitale. La Grande Mosquée de cette ville ouvre la voie aux tendances artistiques innovatrices, notamment avec les doubles arcs bicolores superposés et les panneaux à ornementation végétale, qui sont passées dans le répertoire des formes artistiques andalousiennes.

Au cours du Ve/XIe siècle, le califat de Cordoue se divise en de multiples principautés qui ne sont pas en mesure d'éviter l'avancée progressive de la reconquête initiée par les États chrétiens au nord-ouest de la péninsule Ibérique. Ces roitelets ou rois de Taïfa font appel aux Almoravides en 479/1086 et aux Almohades en 540/1145 en vue de repousser l'arrivée des chrétiens et de rétablir l'unité partielle d'al-Andalus.

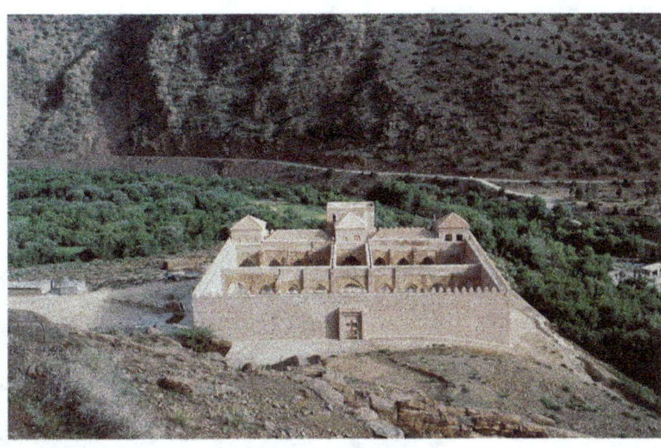

Mosquée de Tinmel, vue aérienne, Maroc.

Par leur intervention dans la péninsule Ibérique, les Almoravides (427/1036-541/1147) entrent en contact avec une nouvelle civilisation et tombent rapidement sous le charme du raffinement de l'art andalousien, comme le reflète leur capitale, Marrakech, où ils construisent une grande mosquée et des palais. L'influence de l'architecture de Cordoue et d'autres capitales, notamment Séville, se ressent dans tous les monuments almoravides de Tlemcen, Alger ou Fès.
L'art islamique occidental atteint son apogée sous le règne des Almohades (515/1121-667/1269), qui étendent leur hégémonie jusqu'en Tunisie. Au cours de cette période, la créativité artistique favorisée par les souverains almoravides se renouvelle et des chefs-d'œuvre de l'art islamique font leur apparition. La Grande Mosquée de Séville avec son minaret la Giralda, la Koutoubiya à Marrakech, la mosquée Hassan à Rabat et la mosquée de Tinmal érigée au sommet des montagnes de l'Atlas au Maroc en sont les exemples les plus remarquables.
Avec la dissolution de l'Empire almohade, la dynastie nasride (629/1232-897/1492) s'installe à Grenade et vit une période de splendeur au cours du VIIIe/XIVe siècle. La civilisation de Grenade devient un modèle culturel pour les siècles à venir en Espagne (l'art mudéjar) et, particulièrement, au Maroc, où cette tradition artistique a bénéficié d'une grande popularité et est préservée jusqu'à nos jours dans les domaines de l'architecture, de la décoration, de la musique et de la gastronomie. Les célèbres palais et forts de *al-Hamra'* (l'Alhambra) à Grenade marquent l'aboutissement suprême de l'art andalousien, avec toutes les caractéristiques de son répertoire artistique.
Parallèlement, au Maroc, les Mérinides (641/1243-876/1471) succèdent aux Almohades, alors qu'en Algérie règnent les Abd al-Wadids (633/1235-922/1516) et en Tunisie

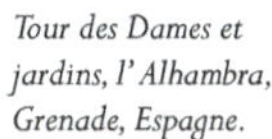

Tour des Dames et jardins, l'Alhambra, Grenade, Espagne.

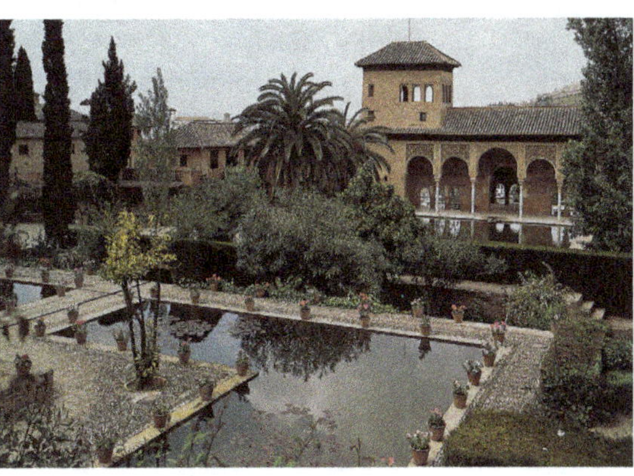

Mértola, vue générale, Portugal.

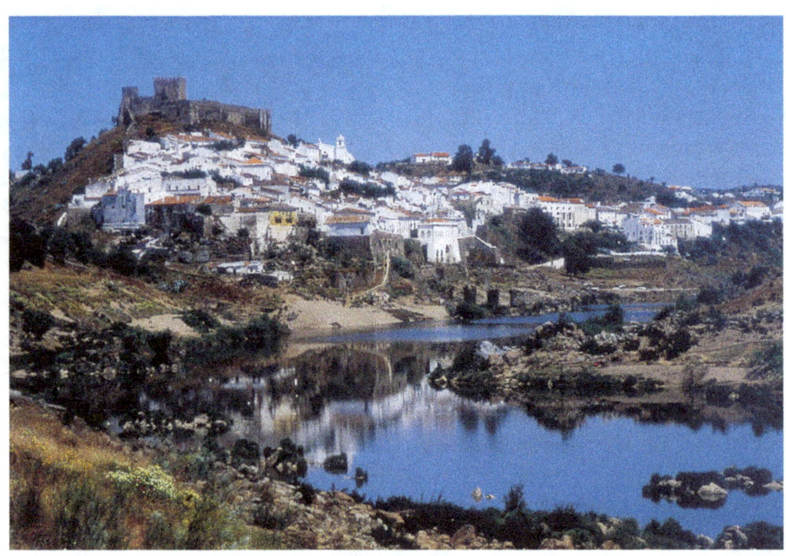

les Hafsides (625/1228-941/1534). Les Mérinides perpétuent l'art andalousien, l'enrichissant de nouveaux éléments. Ils embellissent leur capitale Fès par une abondance de mosquées, palais et *madrasas*, considérés comme étant, avec leurs mosaïques de céramique et leurs revêtements de *zellige* dans les décorations murales, les œuvres les plus parfaites de l'art islamique. Les dynasties marocaines suivantes, les Saadiens (933/1527-1070/1659) et les Alaouites (1070/1659 à nos jours), perpétuent la tradition artistique des Andalous exilés de leur terre natale en 897/1492. Ils continuent de construire et de décorer leurs monuments en utilisant les mêmes formules et les mêmes thèmes décoratifs que les dynasties précédentes, ajoutant des touches innovatrices caractéristiques de leur génie créatif. Au début du XIe/XVIIe siècle, les immigrés d'al-Andalus (les Morisques), qui s'établissent dans les villes du nord du Maroc, introduisent de nombreuses

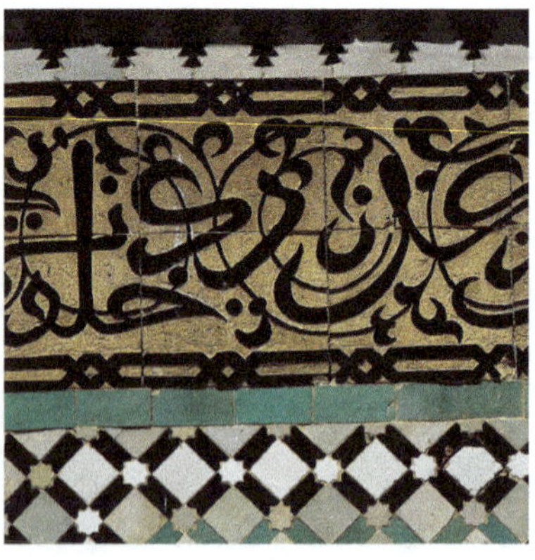

Frise épigraphique en caractères cursifs sur carreaux de faïence, Madrasa Bouinaniya, Meknès, Maroc.

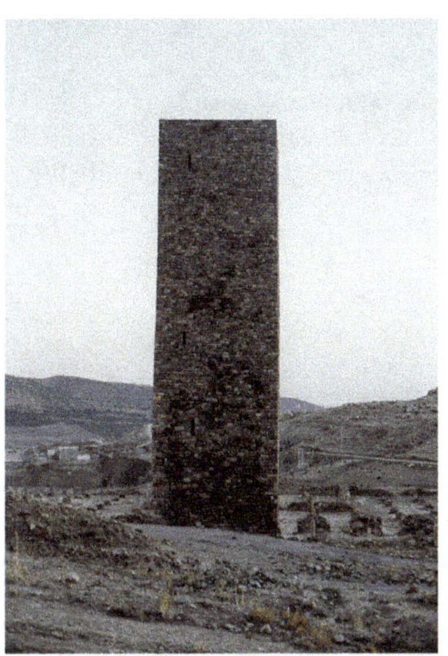

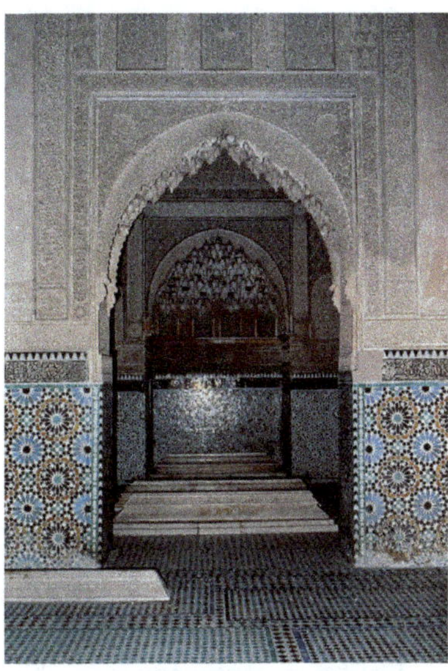

Qal'a des Beni Hammad, minaret, Algérie.

Tombeau des Saadiens, Marrakech, Maroc.

caractéristiques de l'art andalousien. Aujourd'hui, le Maroc est l'un des rares pays à perpétuer les traditions andalousiennes dans son architecture et son ameublement, modernisées par l'introduction de techniques et de styles architecturaux du XXe siècle.

L'ARCHITECTURE ISLAMIQUE

De façon générale, l'architecture islamique peut être classée en deux catégories : religieuse, avec notamment les mosquées, les *madrasas*, les mausolées, et séculaire, tout particulièrement avec les palais, les *caravansérails*, les fortifications, etc.

Architecture religieuse

Les mosquées

Pour des raisons évidentes, la mosquée se trouve au cœur de l'architecture islamique. Elle représente le clair symbole de la foi qu'elle sert. Très tôt, les musulmans comprennent ce rôle symbolique qui constitue un facteur important dans la création d'indices visuels appropriés dans le domaine de la construction : les minarets, coupoles, *mihrabs*, *minbars*, etc.
La cour de la maison du Prophète à Médine représente la première mosquée de l'islam, sans raffinements architecturaux. Les premières mosquées construites par les musulmans au fur et à mesure de l'expansion de leur empire sont simples. À partir de ces édifices se développe la mosquée du vendredi (*jami'*), dont les traits essentiels n'ont pas changé depuis 1400 ans. Son plan général consiste en une grande cour entourée d'arcades, avec un nombre de rangées plus élevé sur le côté orienté vers La Mecque (*qibla*) que sur les autres côtés. La Grande Mosquée omeyyade de Damas, dont le plan s'inspire de celui de la mosquée du Prophète, sert de modèle aux nombreuses mosquées construites dans les différentes provinces du monde islamique.

Mosquée omeyyade de Damas, Syrie.

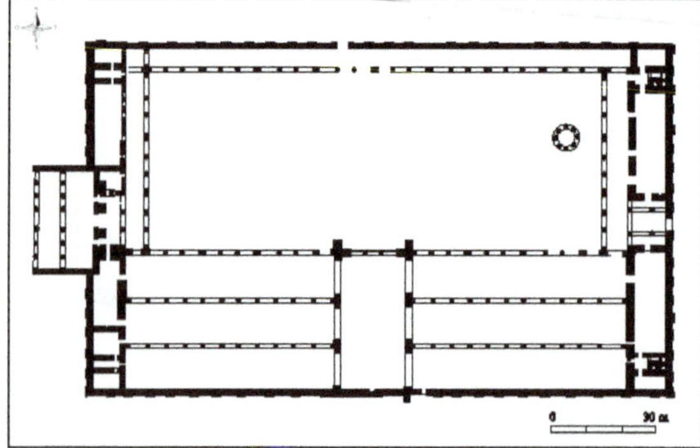

Deux autres types de mosquées se développent en Anatolie et, plus tard, sur les territoires ottomans : les mosquées basilicales et les mosquées à coupoles. Le premier type consiste en une simple salle à piliers ou basilique, style influencé par la tradition romaine tardive et par la tradition byzantine de Syrie, introduite avec quelques modifications au Ve/XIe siècle.
Le deuxième type de mosquées, qui se développe au cours de la période ottomane, organise l'espace intérieur

sous un dôme unique. Les architectes ottomans créent dans les grandes mosquées impériales un nouveau style de construction à coupoles qui réunit la tradition de la mosquée islamique et la construction des édifices à coupoles en Anatolie. Le dôme principal repose sur une structure hexagonale et les baies latérales sont couronnées de coupoles plus petites. L'importance d'un espace intérieur dominé par un dôme unique devient le point de départ d'un style diffusé au Xe/XVIe siècle. Au cours de cette période, les mosquées deviennent des complexes multifonctionnels à caractère social, composés d'une *zaouïa*, d'une *madrasa*, d'une cuisine publique, de bains, d'un *caravansérail* et du mausolée du fondateur. La mosquée Süleymaniye à Istanbul, construite en 965/1557 par le grand architecte Sinan, constitue l'exemple suprême de ce style.

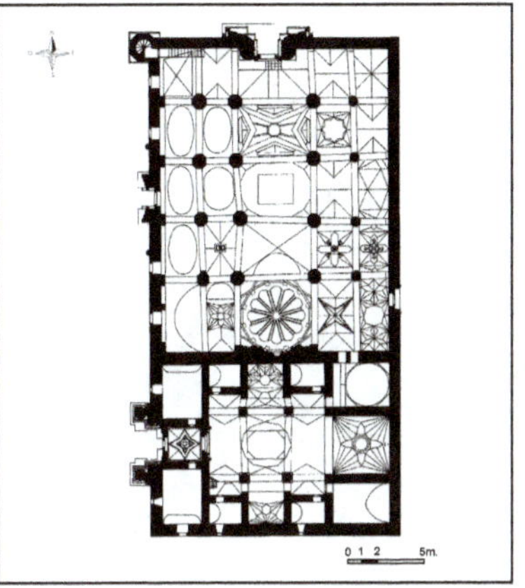

Grande Mosquée de Divriği, Turquie.

Le minaret du haut duquel le *muezzin* appelle les fidèles à la prière constitue l'indice le plus saillant de la mosquée. En Syrie, le minaret traditionnel consiste en une tour carrée construite en pierre. Dans l'Égypte mamelouke, les minarets sont divisés en trois zones distinctes : une section carrée à la base, une section médiane octogonale et une section cylindrique au sommet, surplombée d'une petite coupole. Les fûts sont richement décorés et la transition entre deux sections se fait au moyen d'un bandeau de *mouqarnas*. Les minarets d'Afrique du Nord et d'Espagne, qui partagent leur tour carrée avec la Syrie, sont décorés de panneaux à motifs autour de fenêtres jumelées. Pendant l'époque ottomane, les minarets octogonaux ou cylindriques remplacent la tour carrée. Il s'agit souvent de hauts minarets effilés, et bien que les mosquées ne possèdent généralement qu'un seul minaret, dans les grandes villes, elles peuvent avoir deux, quatre, voire six minarets.

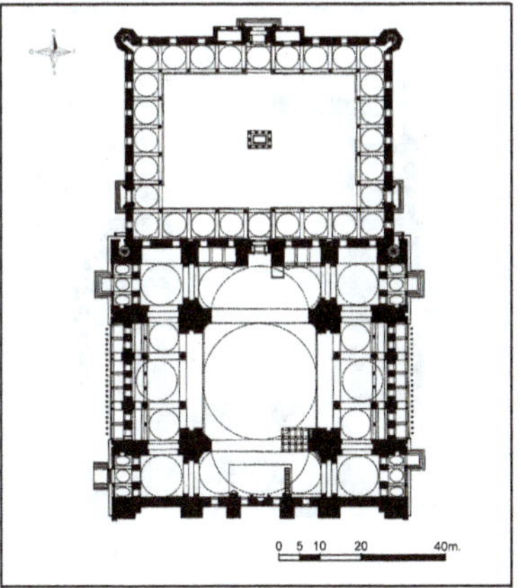

Mosquée Süleymaniye, Istanbul, Turquie.

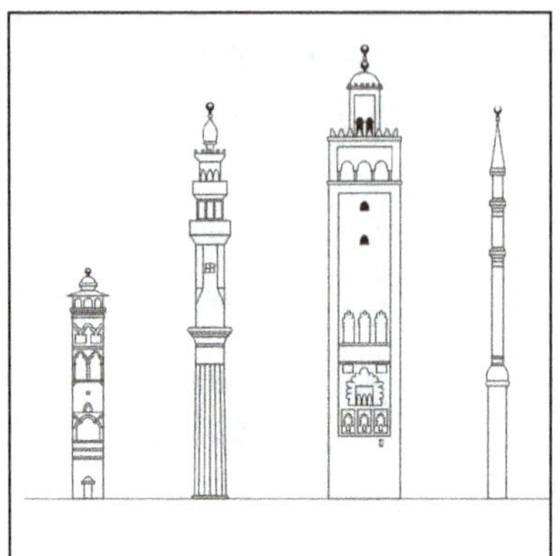

Typologie de minarets.

Les madrasas

Il est probable que les Seldjoukides ont construit leurs premières *madrasas* en Perse au début du Ve/XIe siècle. Il ne s'agit encore que de petites structures dotées d'une cour surmontée d'un dôme et de deux *iwans* latéraux. Un autre type de *madrasas* se développe ultérieurement avec une cour ouverte et un *iwan* central entouré d'arcades. Au cours du VIe/XIIe siècle en Anatolie, la *madrasa* devient multifonctionnelle et sert d'école de médecine, d'hôpital psychiatrique, d'hospice équipé d'une cuisine publique (*imaret*) et d'un mausolée.

Le développement de l'islam sunnite orthodoxe atteint un nouvel apogée en Syrie et en Égypte avec les Zengides et les Ayyoubides (VIe/XIIe-début VIIe/XIIIe siècles). Cette époque voit l'introduction de la *madrasa* fondée par un dirigeant civique ou politique, dans le but de développer la jurisprudence islamique. Ce type d'établissement est financé par des biens de mainmorte (*waqf*), généralement les revenus de terres ou de propriétés, comme les vergers, les échoppes dans un marché (*souk*) ou les bains publics (*hammam*). La *madrasa* suit généralement un plan cruciforme avec une cour centrale entourée de quatre *iwans*. Très vite, la *madrasa* devient une forme architecturale dominante avec des mosquées adoptant leur plan à quatre *iwans*. La *madrasa* perd progressivement son seul rôle religieux et de fonction politique comme instrument de propagande et tend à avoir une fonction civique plus large, servant de mosquée du prêche et de mausolée pour le bienfaiteur.

La construction de *madrasas* en Égypte, et tout particulièrement au Caire, apporte un nouveau souffle avec l'arrivée des Mamelouks. La

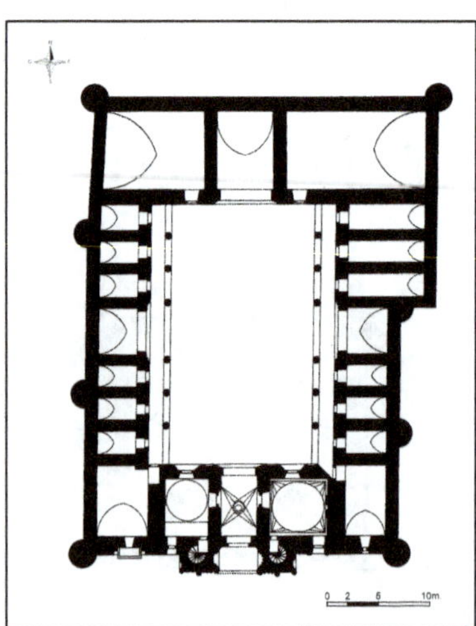

Madrasa de Sivas Gök, Turquie.

madrasa cairote typique de cette époque est une structure multifonctionnelle à quatre *iwans* avec un portail à stalactites (*mouqarnas*) et de splendides façades. Avec l'arrivée des Ottomans au début du Xe/XVIe siècle, la double fondation – généralement une mosquée-*madrasa* – devient un grand centre très répandu qui jouit de la protection impériale. L'*iwan* disparaît progressivement, remplacé par une salle à coupole dominante. L'augmentation considérable du nombre de cellules pour étudiants surmontées de coupoles constitue l'un des éléments qui caractérisent les *madrasas* ottomanes.

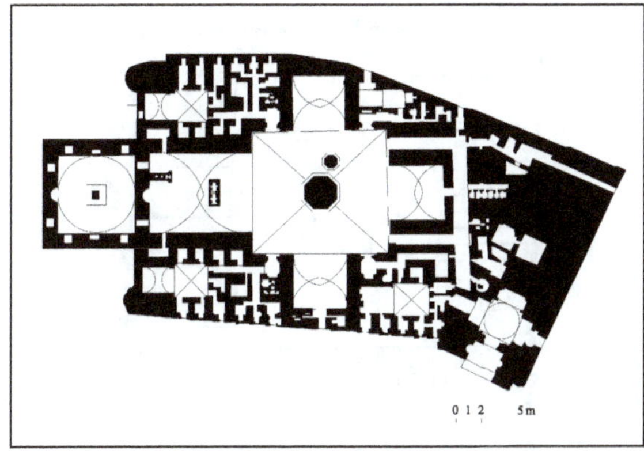

Mosquée et Madrasa Sultan Hassan, Le Caire, Égypte.

La *khanqa* constitue l'un des types d'édifices qui, du fait de sa fonction et de sa forme, peut être associé à la *madrasa*. Ce terme indique une institution plutôt qu'un type particulier d'édifice, qui abrite les membres d'un ordre mystique musulman. Il existe de nombreux autres termes synonymes de *khanqa*, utilisés par les historiens musulmans : au Maghreb, *zaouïa* ; dans les territoires ottomans, *tekke* et, le terme le plus généralement utilisé, *ribat*. Le soufisme domine constamment la *khanqa*, en provenance de Perse orientale au cours du IVe/Xe siècle. Dans sa forme la plus simple, une *khanqa* est une maison rassemblant un groupe d'étudiants autour d'un maître (*cheikh*). Celle-ci est dotée de salles de réunion, de prière et communautaires. La création de *khanqas* se développe sous les Seldjoukides au cours des Ve/XIe et VIe/XIIe siècles et bénéficie de l'étroite association entre le soufisme et le *madhhab* (doctrine) shafiite favorisés par l'élite au pouvoir.

Les mausolées

Dans les sources islamiques, la terminologie servant à désigner le type de construction des mausolées est très riche. Le terme descriptif usuel *turbé* se réfère à la fonction d'inhumation de l'édifice. Un autre terme, la *koubba*, se réfère à son élément le plus identifiable, la coupole, et s'applique souvent à une construction qui commémore les prophètes bibliques, les compagnons du Prophète Muhammad et des notables religieux ou militaires. La fonction des mausolées ne se limite pas simplement à un lieu d'inhumation et de commé-

Qasr al-Khayr oriental, Syrie.

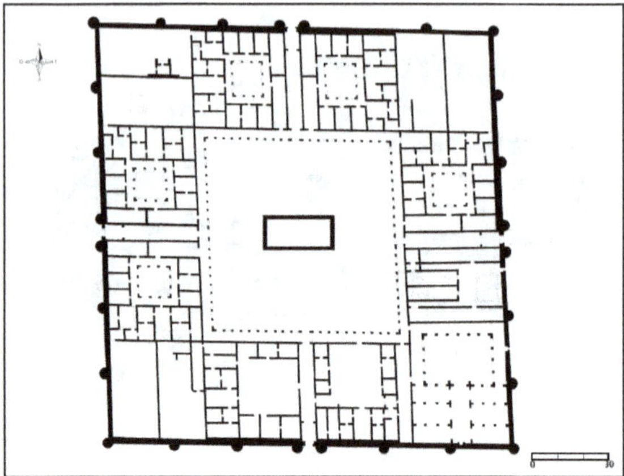

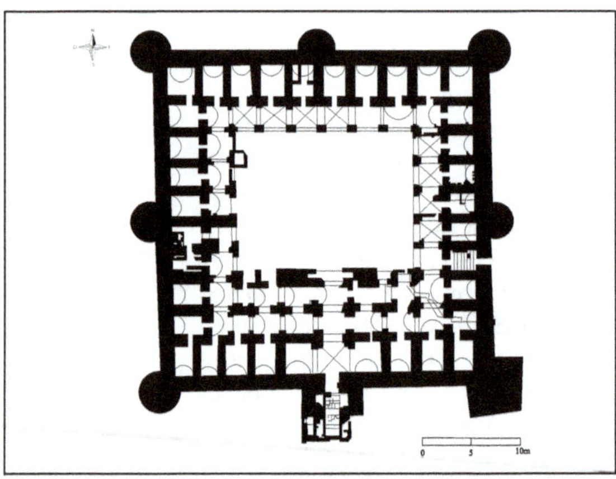

Ribat de Sousse, Tunisie.

moration, mais joue également un rôle important dans la religion "populaire". Ils sont vénérés comme des tombeaux de saints locaux et sont devenus des lieux de pèlerinage. Très souvent, la structure du mausolée est embellie par des citations du Coran et est dotée d'un *mihrab*, afin d'en faire un lieu propice à la prière. Dans certains cas, le mausolée fait partie d'une institution commune. Les formes des mausolées islamiques de l'époque médiévale sont variées mais la forme traditionnelle consiste en un quadrilatère recouvert d'une coupole.

Architecture séculaire

Les palais

La période omeyyade se caractérise par des palais et des bains publics somptueux dans les lointaines régions désertiques. Leur plan de base découle des modèles de campements militaires romains. Malgré leur décoration éclectique, ils constituent les meilleurs exemples du style décoratif islamique naissant. Les mosaïques, les peintures murales, les sculptures en stuc ou en pierre sont les moyens utilisés pour cette remarquable variété de décorations et de thèmes. Les palais abbassides en Irak, notamment ceux de Samarra et d'Ukhaidir, suivent le même plan que leurs prédécesseurs omeyyades mais se caractérisent par des dimensions plus imposantes, par l'utilisation de grands *iwans*, de coupoles et de cours, et par l'utilisation intensive de décorations en stuc. Les palais de la fin de la période islamique élaborent un nouveau style distinctif, plus décoratif et moins monumental. L'Alhambra constitue probablement l'exemple le plus remarquable de palais royaux ou princiers. La grande superficie du palais est fragmentée en une série d'unités indépendantes : jardins, pavillons et cours.

Cependant, l'élément le plus singulier de l'Alhambra est la décoration qui produit un effet extraordinaire à l'intérieur de l'édifice.

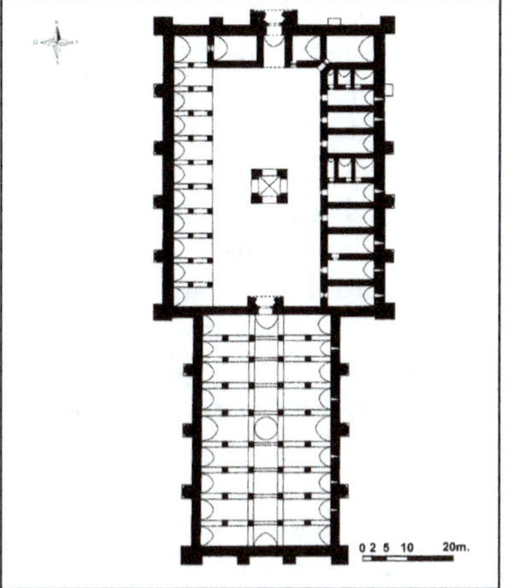

Han Sultan Aksaray, Turquie.

Les caravansérails

Un *caravansérail* se réfère généralement à une grande structure qui offre le gîte aux voyageurs et aux commerçants. Il s'agit normalement d'un espace carré ou rectangulaire, avec une entrée monumentale en saillie et des tours qui flanquent l'enceinte extérieure. Une cour centrale est entourée de portiques et de pièces réservées à l'hébergement des voyageurs et au stockage des marchandises, et qui abritent également des écuries pour les animaux.

Cette typologie d'édifice répond à une grande variété de fonctions, comme le démontrent ses différentes dénominations : *khan, han, fondouk, ribat*. Ces termes ne sont que le reflet de différences linguistiques régionales et ne désignent pas véritablement des fonctions ou des types distinctifs. Les sources architecturales des différents types de *caravansérails* ne sont pas aisément identifiables. Certaines découlent probablement du *castrum* ou campement militaire romain, dont les palais omeyyades du désert se rapprochent. D'autres types d'édifices qui existent en Mésopotamie et en Perse sont associés à l'architecture domestique.

Organisation urbaine

À partir du IIIe/Xe siècle, chaque ville, quelle que soit son importance, se dote d'enceintes fortifiées et de tours, de grandes portes élaborées et d'une puissante citadelle (*qal'a* ou *casbah*), symbole du pouvoir établi. Celles-ci sont des constructions massives réalisées avec des matériaux typiques de la région où elles sont édifiées : pierre de taille en Syrie, Palestine et Égypte ou brique, pierre de taille et terre battue dans la péninsule Ibérique et en Afrique du Nord. Le *ribat* constitue un exemple unique d'architecture militaire. Techniquement, il s'agit d'un palais fortifié conçu pour les guerriers de l'islam engagés, temporairement ou de façon permanente, à défendre les frontières. Le *ribat* de Sousse en Tunisie comporte des similitudes avec les premiers palais islamiques, mais présente des différences dans l'organisation intérieure pour ce qui est de la grande salle, de la mosquée et du minaret.

La division de la plupart des villes islamiques en quartiers est basée sur l'affinité ethnique et religieuse et constitue, par ailleurs, un système d'organisation urbaine qui facilite l'administration de la population. La mosquée est toujours présente dans le quartier. Un bain public, une fontaine, un four et un ensemble de magasins se trouvent soit à l'intérieur du périmètre du quartier, soit à proximité. Sa structure se compose d'un réseau de rues et d'impasses, et d'un ensemble de maisons. En fonction de la région et de l'époque, les maisons présentent différentes caractéristiques régies par les traditions historiques et culturelles, le climat et les matériaux de construction disponibles.

Le marché (*souk*), qui fonctionne comme le centre névralgique du commerce local, constitue l'élément le plus caractéristique des villes islamiques. Sa distance par rapport à la mosquée détermine l'organisation spatiale par corps de métiers. Par exemple, les professions considérées comme propres et honorables (libraires, parfumeurs, tailleurs) se trouvent à proximité immédiate de la mosquée, tandis que les métiers bruyants et nauséabonds (forgerons, tanneurs, teinturiers) s'en éloignent progressivement. Cette distribution géographique répond à des impératifs qui s'appuient sur des critères purement techniques.

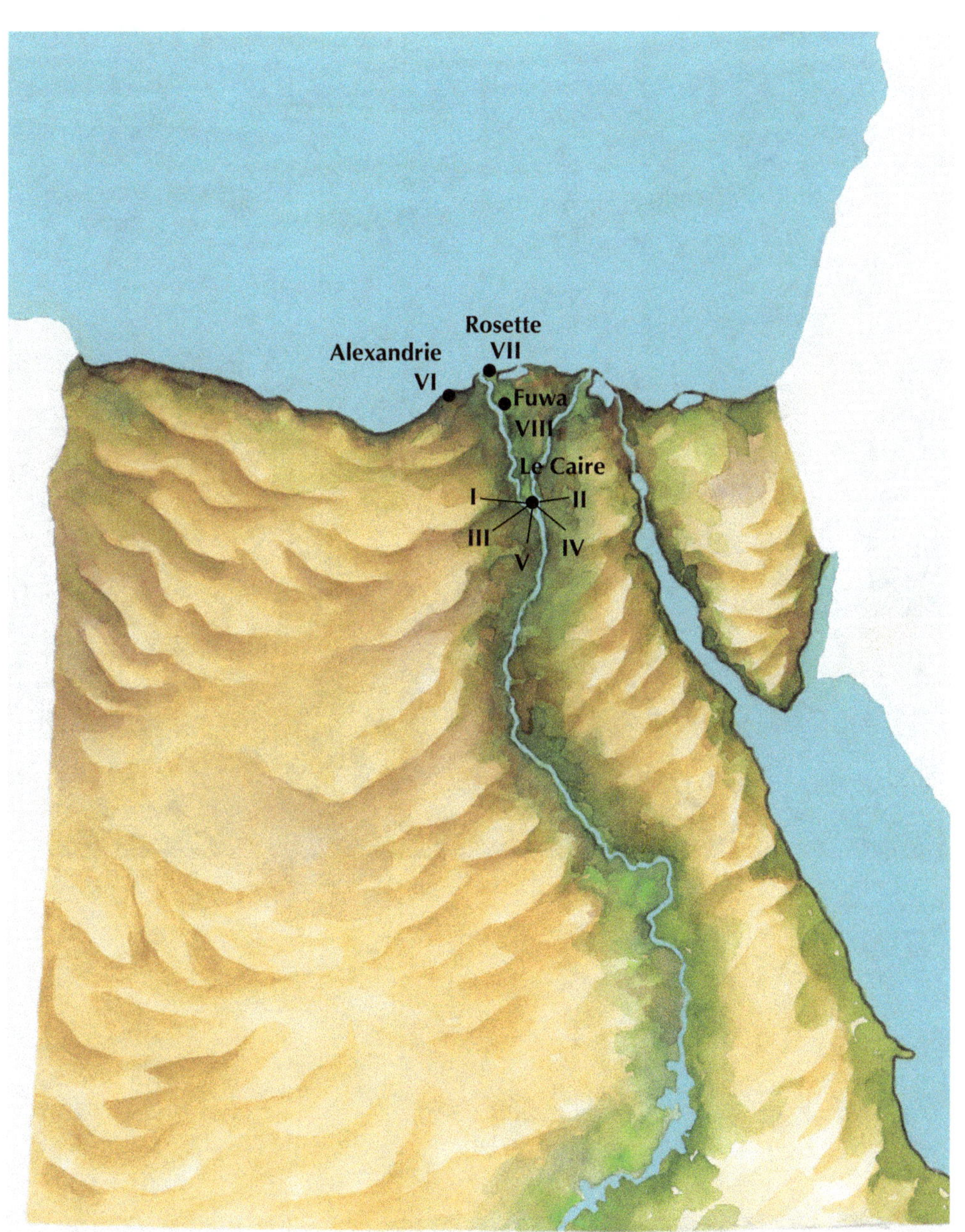
Rosette
VII
Alexandrie
VI
Fuwa
VIII
Le Caire
I
II
III
IV
V

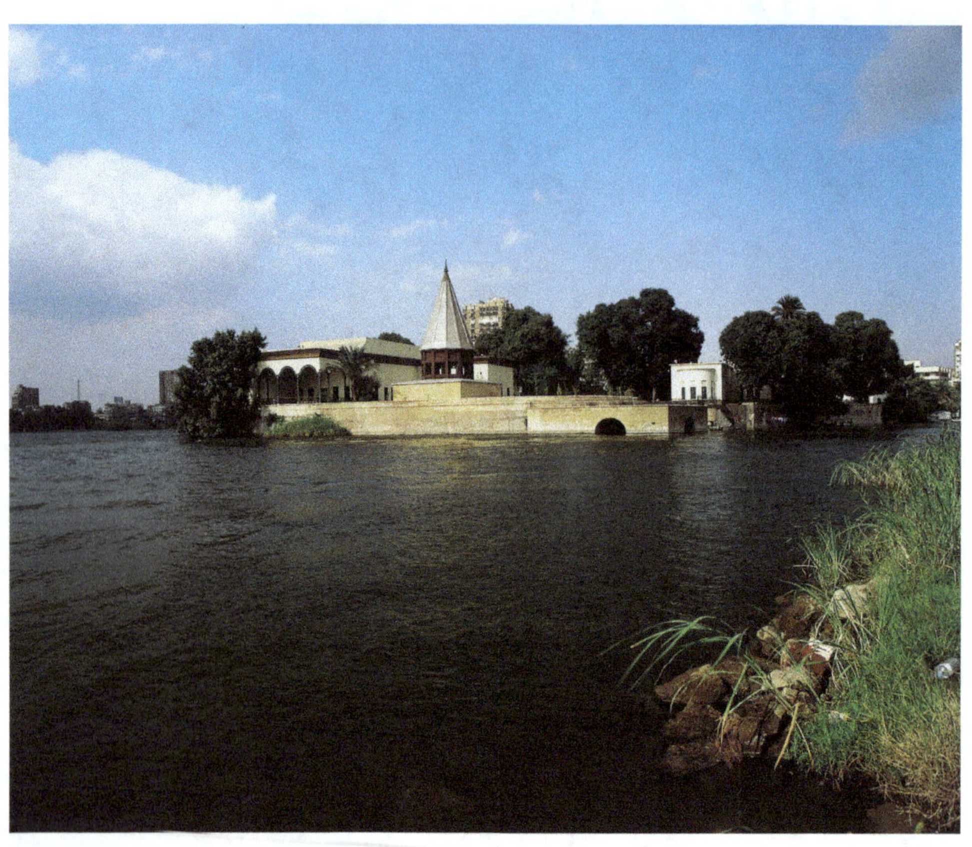

Le Nilomètre sur l'île de Rawda, vue depuis le sud.

INTRODUCTION HISTORIQUE

Salah El-Bahnasi, Mohamed Hossam El-Din, Mohamed Abd El-Aziz

Comme a pu le dire Hérodote dans l'Antiquité, "l'Égypte est un don du Nil", dans la mesure où l'agriculture et l'irrigation du pays dépendent du principal fleuve de l'Afrique qui, venant du lac Victoria, prend le nom de Nil Blanc *(al-Bahr al-Abyad)* au sortir de la dépression marécageuse du Soudan méridional et s'écoule vers le nord pour se jeter dans la mer Méditerranée en formant un delta qui commence au Caire. Tout au long de son histoire, l'Égypte a entretenu des contacts directs et permanents avec les pays méditerranéens à travers leur étroite relation avec la zone habitée de ses terres, qui est aussi la plus représentative: le delta du Nil.
Depuis l'unification du pays sous la monarchie pharaonique de Ménès en 3200 avant Jésus-Christ, la civilisation et l'État égyptiens, que l'on classe généralement parmi les plus anciens du monde, sont parvenus à maintenir leur unité nationale et historique à toutes les époques. À partir de cette date vont se succéder les différentes périodes pharaoniques: l'Ancien Empire, l'époque de la construction des pyramides de Gizeh; le Moyen Empire, célèbre pour l'impulsion qui fut donnée à l'agriculture, à la construction de digues et aux grands programmes d'ingénierie; et le Nouvel Empire, connu comme l'époque des dynasties de l'Égypte antique et qui nous a laissé d'impressionnants monuments à Louqsor et Abou Simbel.
La conquête de l'Égypte par Alexandre le Grand, fondateur d'Alexandrie en 332 avant Jésus-Christ, inaugure une nouvelle étape historique. Son successeur, Ptolémée Ier, fils de Lagos, instaure l'État ptolémaïque – au sein duquel fusionnent les civilisations égyptienne et grecque –, embellit Alexandrie et ouvre la fameuse Bibliothèque et le Musée, la principale université grecque. Ptolémée II, un de ses plus célèbres rois, fait construire le phare d'Alexandrie, ville qui fut le centre artistique et littéraire de l'Orient, et l'un des plus importants foyers de la civilisation hellénistique à l'époque des Ptolémées.
Après avoir été conquise par les Romains en 30 avant Jésus-Christ, l'Égypte devient une province dépendante de Rome. Au IIe siècle, le christianisme se diffuse à travers le pays, et la persécution de ses adeptes sera à l'origine de l'institution du monachisme. Au IVe siècle, l'empereur romain Constantin Ier le Grand proclame un édit par lequel il accorde la liberté de culte aux chrétiens, ouvrant ainsi la porte à l'époque byzantine.
L'Égypte est considérée comme le berceau des révélations divines. Le patriarche Abraham a vécu sur ses terres, et sur ses terres se sont établis Joseph, Idris et Job; c'est là que Moïse a reçu de son Seigneur la première révélation divine, sur le mont Sinaï, et que le Messie, fils de Marie, a passé une partie de son enfance – la famille avait émigré pour échapper aux persécutions du roi Hérode; au cours de sa fuite, elle s'était réfugiée dans la grotte qui se trouve dans l'église de Abou Sarja dans le Vieux-Caire –; c'est là encore que le prophète Muhamad a épousé Marie la Copte, qui était originaire de Haute Égypte.
L'Égypte a fait partie de l'Empire d'Orient jusqu'à sa conquête par Amr Ibn al-'As en 20/640. Dès lors, le pays commence à faire partie de l'État islamique et restera une province dépendante des sièges successifs du califat (Médine, Damas et Bagdad), à l'exception de certains moments où elle acquiert son indépendance, comme aux époques toulounide (254/868-323/934) et ikhchidide (323/934-358/969). Plus tard, à l'époque de la dynastie fatimide (358/969-565/1169), elle devient siège du califat et s'affirme

définitivement comme un État indépendant qui étendra son autorité jusqu'à la Syrie, au Hijaz et au Yémen. À l'époque ayyoubide (565/1169-648/1250), le sultan al-Malik al-Salih commence à acquérir de jeunes esclaves turcs pour leur donner une formation de corps d'élite destiné à la garde personnelle des sultans. Ces militaires esclaves (*mamalik*, sing. *mamluk*, "propriété") mettront un point final à la dynastie des sultans ayyoubides. Pendant le règne des sultans mamelouks (648/1250-922/1517), l'Égypte devint une grande puissance dont les frontières atteindront les confins de l'État ottoman, allant jusqu'à envahir l'île de Chypre et à la soumettre à son autorité. L'effondrement de son économie facilita sa conquête par les Ottomans (922/1517-1213/1798), tandis que la brève occupation napoléonienne (1798-1801) ouvrit la porte à la culture occidentale, qui stimula la renaissance politique et spirituelle de l'Égypte. De nouveau sous domination ottomane (1216/1801-1299/1882), elle fut gouvernée avec une certaine indépendance par Muhammad Ali (1220/1805-1265/1849), fondateur de l'Égypte moderne.

M. A. A.

L'Égypte islamique

"Qui n'a pas vu Le Caire ne connaît pas la grandeur de l'islam, car Le Caire est la capitale du monde, le jardin de l'univers, l'assemblée des nations, le commencement de la terre, l'origine de l'homme, l'*iwan* de l'Islam et le trône du royaume." C'est ainsi que s'exprimait l'historien arabe Ibn Khaldoun (732/1332-808/1406) pour expliquer que l'Égypte représentait l'axe fondamental autour duquel, à différentes époques, se déroulèrent les événements historiques les plus déterminants.

À l'instar des nations qui les avaient précédés, les Arabes étaient pleinement conscients de l'importance politique et économique de l'Égypte comme centre de commerce international. C'est ce qui incita le général Amr Ibn al-'As à demander au calife Omar Ibn al-Khattab l'autorisation de conquérir le pays. Depuis la Palestine, Amr et son armée avancent sur l'Égypte en 18/639 et conquièrent al-'Arich, al-Farama' (près de Port-Saïd) et Bilbays. Plus tard, Amr soumet la forteresse de Babilonia, au sud du Caire actuel, à un siège qui se prolongera sept mois au terme desquels le patriarche melchite et gouverneur d'Égypte Cyrille demanda à négocier avec les musulmans, qui entrèrent glorieux dans la fortification. Une fois conquise la ville d'Alexandrie, jusque-là capitale du pays, Amr Ibn al-'As fonda en 21/641 la ville de Fustat, la première capitale islamique d'Afrique, et qui devait le rester jusqu'à la fondation de al-'Askar par les Abbassides. La nouvelle capitale de l'Égypte, Fustat, fut construite sur l'emplacement de la forteresse romaine de Babilonia, dont la situation géographique sur une position clé entre la Haute et la Basse Égypte et sur la route vers la mer Rouge était plus propice que celle de la célèbre Alexandrie.

Il faut signaler que l'armée de Amr non seulement ne rencontra pas d'opposition de la part des habitants de l'Égypte, qui avaient déjà subi la tyrannie des Byzantins et des Perses, mais qu'elle bénéficia au contraire de l'appui que le patriarche Benjamin Ier (622-661) avait demandé à ses compatriotes en faveur des troupes musulmanes. Comme le relève l'historien Thomas Arnold, la conquête islamique de l'Égypte apporta à ses habitants la liberté religieuse dont ils étaient privés depuis plus d'un siècle. Au début, les conver-

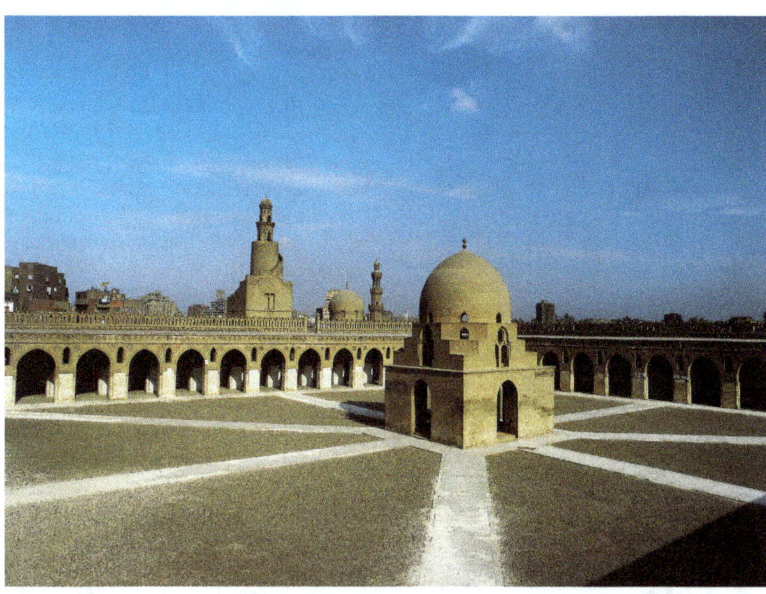

Mosquée de Ibn Touloun, cour, Le Caire.

sions à l'islam se produisirent de façon très limitée. Ensuite, les impôts des nouveaux convertis furent baissés, et les Égyptiens se montrèrent plus enclins à abandonner leur religion et leurs traditions; très vite, un grand nombre d'entre eux embrassèrent l'islam.

Le pays se range alors sous la bannière de l'État islamique et demeure une grande province dépendante du califat, dont le premier siège s'établira à Médine, puis à Damas à l'époque ommeyade et enfin à Bagdad à l'époque abbasside, jusqu'à ce que Ahmad Ibn Touloun proclame l'indépendance de l'Égypte et instaure l'État toulounide. Son règne (254/868-270/884) fut, dans l'ensemble, une période de paix et de prospérité. Il recruta une nouvelle armée (formée principalement de Grecs et d'esclaves noirs) pour consolider son autorité et, en 256/870, il fonde une nouvelle ville au nord de l'ancienne Fustat: al-Qata'i'. Dotée d'une mosquée *aljama,* connue jusqu'aujourd'hui sous le nom de mosquée Ibn Touloun, et du palais du gouvernement, il en fait la capitale de son royaume. En établissant son autorité, Ibn Touloun écarte les califes abbassides des charges de la défense, ce qui consolida la légitimité et le prestige de son régime. Tout en admettant la dépendance constitutionnelle qui légitimait son pouvoir à l'intérieur des frontières de l'Égypte – délimitées par les monts Taurus et par l'Euphrate, incluant Alep, Antioche et toute la partie septentrionale de la Syrie –, il sut préserver l'indépendance politique et financière du pays. Plus tard, en 323/934, Muhammad Ibn Tugg al-Ikhchid proclamera son indépendance et instaurera l'État ikhchidide, mais ses ambitions politiques se limiteront

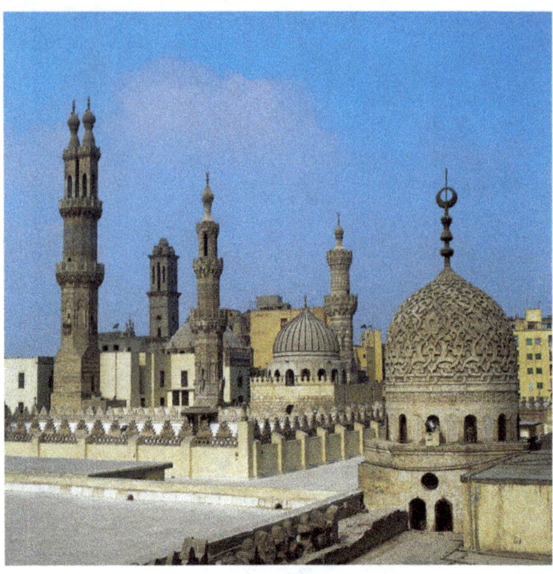

Mosquée al-Azhar, vue générale des minarets et des coupoles, Le Caire.

à gouverner la Palestine et Damas, et il restera en bons termes avec les seigneurs du nord de la Syrie.

En 358/969, après l'échec de plusieurs campagnes, l'Égypte devient finalement le siège du califat fatimide, après l'invasion et la conquête du pays par Gawhar al-Siqilli (le Sicilien), général du calife al-Mu'izz li-Din Allah. Dès qu'il eut remporté la victoire, et à la demande du calife, Gawhar al-Siqilli fonde la capitale des Fatimides: *al-Qahira* (le Caire), "la Victorieuse". En lui donnant ce nom, al-Mu'izz voulait qu'elle surpasse en splendeur les précédentes capitales de l'Égypte islamique (Fustat, al-'Askar et al-Qata'i'), et qu'elle soit perçue comme l'unique triomphatrice.

La ville du Caire, de nouvelle fondation, se construit sur un périmètre de forme carrée de quelque 1 200 m de côté, traversé par un axe principal orienté nord-sud. Très vite, et pour la première fois, elle prend l'aspect d'une ville fortifiée; à l'ouest, une muraille d'adobe longe *al-Khalig* (le canal) qui sert de fossé; l'enceinte présente huit portes, deux sur chaque flanc. Elle possède deux mosquées (au nord celle de al-Hakim et au sud celle de al-Azhar), des habitations, les résidences des princes et de la caste au pouvoir, et toutes les institutions religieuses et civiles nécessaires. Quelques-uns de ces édifices sont encore sur pied et témoignent du degré de développement qu'atteignirent alors l'architecture et les arts décoratifs. Parmi les monuments fatimides les plus importants que l'on peut encore voir au Caire se trouvent la mosquée al-Azhar, la mosquée de al-Hakim bi-Amr Allah, les mausolées de al-Sab'a Banat, le sanctuaire de al-Jouyouchi, la mosquée al-Aqmar, le sanctuaire de al-Sayyida Ruqayya et la mosquée de Salih Tala'i' Ibn Ruzayq. Par ailleurs, de nombreuses œuvres d'art de cette époque sont réparties dans différents musées du monde, des œuvres que les pèlerins européens se sont empressés d'acquérir au cours de leur voyage à Jérusalem et qu'ils ont rapportées dans leurs pays respectifs. De nos jours encore, on peut voir à Palerme, Sicile – qui dépendait du pouvoir fatimide –, les fresques du plafond de la Chapelle Palatine de Roger II qui, semblables à celles du bain fatimide de la zone de Abou al-Su'ud (Fustat) – exposées au Musée d'Art Islamique du Caire – démontrent l'ampleur de son influence artistique dans l'île.

La prétention califale à la souveraineté universelle se trouva rapidement confrontée à la réalité de la situation politique internationale. Le pouvoir fatimide se révéla trop faible pour provoquer la chute du califat abbasside de Bagdad; il se montra également impuissant à conserver le contrôle du nord de l'Afrique et de la Sicile. Dès que l'État commença à donner des signes de faiblesse, les ambitions de ses ennemis se délièrent: les gouverneurs de Tyr et de Tripoli proclamèrent leur indépendance, les Seldjoukides vinrent à bout de l'autorité fatimide en Syrie et le gouverneur du Maghreb proclama l'abandon de son allégeance aux Fatimides pour se rallier aux Abbassides. Devant cette situation, les forces chrétiennes ne restèrent pas impassibles. Le roi normand Roger II envahit l'île de Sicile, où il met fin à la souveraineté fatimide en 484/1091. De son côté, l'empire bysantin profita de l'occasion pour pactiser avec les croisés. Cet accord est à l'origine de la première croisade sur l'Égypte et la Syrie en 490/1097, et permet aux croisés de conquérir la plupart des villes de Palestine, les ports et les villes du sud de la Syrie, et même d'atteindre la ville de Tanis au sud du lac Manzala (Égypte). Dès lors, l'Égypte et la Syrie se transforment en champ de bataille des forces islamiques et l'État fatimide entame son déclin; son destin sera définitivement scellé avec l'établissement des royaumes chrétiens en lieu et place des émirats islamiques en Syrie.

C'est au milieu de ce désordre que le général Salah al-Din al-Ayyoubi (Saladin) instaure en Égypte l'État ayyoubide en brandissant l'étendard de la lutte contre les croisés – auxquels il inflige de nombreuses défaites – et remporte une victoire indiscutable à la bataille de Hattin (Palestine) en 583/1187. Après cet épisode, où succomba la plus grande armée de croisés qu'on ait connue jusque-là, Saladin entra dans Jérusalem, qui était restée aux mains des croisés pendant quatre-vingt-dix ans. Cependant, ses actions n'étaient pas de caractère agressif, mais défensif; Arnaud le croisé avait violé les traités qu'il avait contractés avec lui, attaquait sans cesse les caravanes commerciales des musulmans et représentait une menace pour les deux lieux saints: La Mecque et Médine. Les batailles entre musulmans et croisés se succédèrent avec des échanges constants de territoires et de places, jusqu'à ce que al-Malik al-Salih Najm al-Din Ayyoub réalise les objectifs des Ayyoubides et parvienne à reprendre Jérusalem à la bataille de Gaza, que les historiens ont qualifiée de "Seconde Hattin" en raison de l'ampleur de la victoire musulmane. Al-Malik al-Salih affronta également la septième croisade, mais, tout comme l'émir Fakhr al-Din, général de l'armée ayyoubide, il mourut avant la fin de la bataille. C'est ensuite Baybars al-Bunduqdari qui prend la tête de l'armée

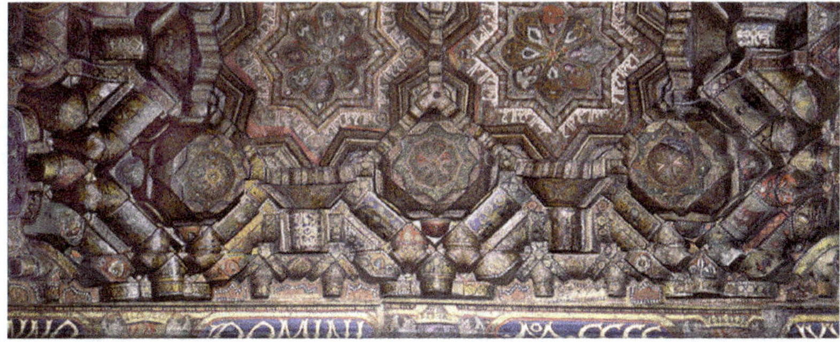

Chapelle Palatine de Roger II, fresques du plafond, détail, Palerme.

et inflige une sévère défaite aux croisés à al-Mansura (Égypte), au cours de la bataille qui a été décrite comme le "cimetière des croisés". À peine Turan Shah, le fils de al-Malik al-Salih, était-il arrivé de Syrie qu'il brandit le sceptre de la victoire. Toute l'armée des croisés fut décimée, ou faite prisonnière à Faraskur; son chef, le roi Louis XI de France (saint Louis), fut arrêté et conduit dans la maison d'Ibn Luqman à al-Mansura où il fut incarcéré. La détermination de Turan Shah à poursuivre la lutte contre les croisés fut brutalement interrompue par son assassinat en 648/1250, année qui signa la fin de l'État ayyoubide. Bien qu'il n'ait pas duré plus de quatre-vingts ans, le gouvernement de l'époque ayyoubide reste inscrit au frontispice des plus brillantes pages de l'histoire de l'Égypte islamique.
C'est au cours de cette période que se trouvent réunies les conditions favorables à l'établissement de l'État mamelouk: la division et la faiblesse de la dynastie ayyoubide après la mort de Salah al-Din et l'augmentation de la pression exercée par les croisés sur leurs possessions en Syrie amenèrent les gouverneurs ayyoubides à recourir à la formation d'une puissante armée pour affronter les attaques auxquelles ils furent soumis. Pour constituer cette armée, ils achetèrent un nombre considérable d'esclaves, qui influèrent de façon inattendue sur le cours des événements, puisqu'ils furent directement responsables de la chute de al-Malik al-'Adil, le dernier gouverneur ayyoubide. Installés sur l'île de Rawda, au sud du Caire, ces esclaves s'approprièrent le gouvernement de l'Égypte et remportèrent les plus impressionnantes victoires devant les Mongols et les croisés.

S. B. et M. H. D.

Les Mamelouks: d'esclaves à sultans

Les Mamelouks (*mamalik*) étaient, comme leur nom l'indique, des esclaves, achetés ou offerts, et des prisonniers de guerre qui firent leur apparition dans la société islamique à des époques relativement précoces. Au début, ils formaient la garde des califes abbassides puis, à travers les conquêtes islamiques et le commerce, ils sont devenus de plus en plus nombreux. Parmi eux se trouvaient des Blancs (Turcs, Siciliens et Grecs) et des Noirs originaires d'Afrique orientale installés dans le sud de l'Iraq ou établis en Égypte comme les Ikhchidides.
Plus spécialement après la période d'anarchie politique qui suivit la mort du sultan al-Nasir Salah al-Din al-Ayyoubi, les dirigeants ayyoubides, qui rivalisaient entre eux en Égypte et en Syrie, entreprirent de dispenser une instruction militaire aux Mamelouks pour qu'ils puissent les soutenir dans leurs luttes. Si bien que non seulement leur nombre augmenta, mais aussi leur impact sur la vie politique de l'époque et sur les cercles du pouvoir d'Égypte et de Syrie.
Le sultan al-Malik al-Salih Najm al-Din Ayyoub (637/1240-647/1249) est considéré comme l'artisan de la montée en puissance des Mamelouks. D'après les sources, il acquit un nombre d'esclaves supérieur à celui de ses prédécesseurs et les installa dans son casernement, qui se trouvait alors dans l'île de Rawda, sur le Nil (*al-bahr*, la mer). La plupart de ces Mamelouks, connus sous le nom de *bahrides*, étaient des Turcs originaires du sud de la Russie; ils acquirent une telle influence qu'ils finirent par prendre les rênes du pouvoir après les événements survenus à la mort du sultan ayyoubide.
Tout au long du règne des sultans mamelouks (648/1250-922/1517), les gouvernants successifs s'appuyèrent sur la

force militaire de leurs esclaves, ce qui explique que leur nombre ait considérablement augmenté. Le gouvernement achetait les Mamelouks par l'entremise d'un haut fonctionnaire, le marchand de Mamelouks (*taguir al-mamalik*).

Étant donné l'importance militaire et politique qui leur était assignée, le sultan faisait passer un contrôle médical aux esclaves nouvellement acquis, et une fois qu'il était assuré de leur bonne santé physique, il les répartissait dans les différentes garnisons de la Citadelle du Caire (Circuit I) en fonction de leurs origines respectives. À l'école des Mamelouks de la Citadelle, les oulémas, chargés de leur enseigner les principes de la religion islamique et les rudiments de la langue arabe, leur dispensaient une première instruction. Puis ils perfectionnaient leur formation dans le corps des pages en tant qu'écuyers, écuyers tranchants, échansons (*saqi*), assistants des joueurs de polo, huissiers, etc.; enfin, et selon les cas, ils étaient affectés au service des émirs ou du sultan. Les Mamelouks de cette seconde lignée dynastique sont connus sous le nom de *burguides* (784/1382-922/1517) car ils ont été formés dans les tours (sing. *burg*) de la Citadelle; la plupart étaient des Circassiens du Caucase.

Une fois arrivé à l'âge adulte et son éducation terminée, le Mamelouk allait grossir les rangs des cavaliers et recevait une tenure de terre cultivable à l'occasion de la grande célébration de la procession du sultan (Circuit II), à la fin de laquelle il était nommé chevalier et prêtait serment de loyauté à son seigneur. Seuls les Mamelouks qui avaient atteint ce grade avaient le droit de gouverner en Égypte et en Syrie, puisque c'est à eux qu'incombait la responsabilité de défendre le territoire contre les menaces extérieures – et le trône du sultan contre les intrigues intestines. C'est

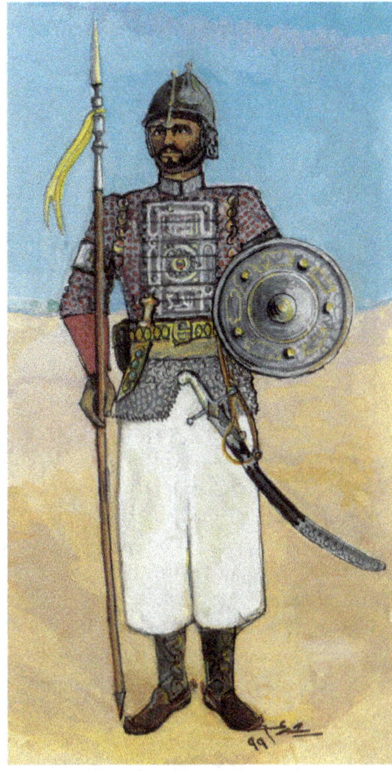

Mamelouk militaire (dessin de Mohammed Rushdy).

pour la même raison qu'ils s'attribuèrent les plus hauts postes de l'administration et de l'armée, cette dernière étant composée de la garde du sultan, des troupes recrutées et payées en espèces ou avec les produits des terres données en tenure, de la garde des grands émirs et des précédents sultans.

S. B. et M. H. D.

Les Mamelouks *bahrides* (648/1250-783/1381)

L'État des Mamelouks *bahrides* s'instaure au moment où ces derniers désignent Cha-

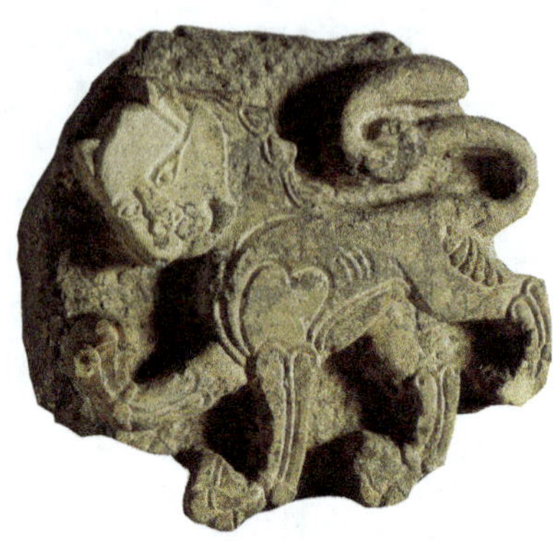

Lion sculpté sur marbre, emblème du sultan Baybars al-Bunduqdari, Musée d'Art Islamique (n° réf. 3796), Le Caire.

jar al-Durr comme successeur de son époux al-Malik al-Salih Najm al-Din Ayyoub et sultane des territoires – ce qui provoque une telle indignation dans le califat abbasside qu'elle est poussée à contracter mariage avec l'émir mamelouk al-Mu'izz 'Izz al-Din Aybak et à abdiquer en sa faveur en *rabi' II* 648/juillet 1250, après avoir été au pouvoir pendant quatre-vingts jours. C'est ainsi que les Mamelouks accédèrent au trône. Plus tard, Aybak voulut épouser la fille du gouverneur de Mossoul pour renforcer sa position au sein du gouvernement, mais il perdit grâce aux yeux de Chajar al-Durr, qui ourdit une conspiration pour l'assassiner sauvagement dans le *hammam* du sultan. Plus tard, elle-même connaîtra un sort semblable.

Les sultans *bahrides* furent élus par les Mamelouks parmi les descendants du sultan. C'est ainsi que, depuis Baybars Ier al-Bunduqdari, deux de ses fils régnèrent et, plus tard, al-Mansour Qalawun, un certain nombre des fils, petits-fils et arrière-petits-fils de ce dernier. Quand un sultan mourait, un de ses fils gérait les affaires de l'État jusqu'à ce que la situation se stabilise, puis c'est l'émir le plus puissant qui assurait le sultanat. C'est ce qui se produisit avec le fils du sultan Aybak, et ensuite avec les fils du sultan Baybars Ier. Les fils des sultans, en tant que musulmans nés en liberté, étaient exclus du corps de l'armée des Mamelouks; par conséquent ils ne pouvaient hériter du statut politique de leurs pères. L'abandon du principe établi de la non-hérédité du trône ne devint effectif qu'après l'exercice du pouvoir par les fils du sultan Qalawun, qui gouvernèrent jusqu'à la fin de l'État des Mamelouks *bahrides* en 783/1381.

Sayf al-Din Qutuz prit prétexte du danger que faisaient courir au territoire les croisés et les Mongols pour déposer le fils de Aybak et s'emparer lui-même du pouvoir. C'est ainsi qu'est né et que s'est réellement établi l'État mamelouk, dont les sultans eurent à assumer la considérable responsabilité de libérer la nation arabe du joug des croisés, et plus particulièrement après l'invasion de l'Iraq en 656/1258 par les Mongols, qui se rendirent maîtres de Bagdad et assassinèrent le calife abbasside, ce qui allait entraîner de lourdes conséquences pour le monde islamique.

L'Égypte se prépara à repousser la menace mongole: son armée, commandée par Sayf al-Din Qutuz, lui infligea une sévère déroute à Ayn Djalout, près de Nazareth en Palestine en 658/1260. Ce sera la première défaite subie par les Mongols depuis l'époque de Gengis Khan. Le monde islamique et l'Europe restent protégés du risque d'invasion grâce à la victoire de Qutuz sur les Mongols. La souveraineté du sultanat s'étend à toute la Syrie, à l'exception de la principauté de al-Kark, et son prestige augmente considérablement tant à l'intérieur qu'à l'extérieur. Mais c'est une bien curieuse récompense qui viendra couronner Qutuz pour sa victoire: une conspiration s'ourdit contre lui et il est assassiné dès son retour de Ayn Djalout par son ami Baybars Ier al-Bunduqdari, qui s'empresse de faire son entrée dans la Citadelle du Caire et de s'emparer du trône du sultan.

Avec l'entrée de Baybars dans la Citadelle, le 15 *dhu al-qa'da* 658/22 octobre 1260, se tourne une nouvelle page de l'histoire de l'Égypte. Par son action gouvernementale, les réformes réalisées et les guerres entreprises, ce sultan est considéré comme le véritable instaurateur de l'État mamelouk. Pendant les dix-sept années de sa gestion, Baybars repousse la menace extérieure des Mongols et des croisés. À l'intérieur, il vient à bout des insurrections, baisse les impôts et fait renouveler la flotte; il s'occupe de la construction de routes et de la réparation des ponts; de la consolidation des forteresses dans lesquelles il concentre les Mamelouks; de la fortification de la côte nord; sans oublier de faire draguer et nettoyer les embouchures du Nil à Damiette et à Rosette. Par ailleurs, le sultan Baybars, le futur al-Malik al-Dahir, établit des traités et des relations pacifiques avec les gouvernants des pays voisins: l'empereur byzantin, le roi de Sicile Frédéric II et le successeur de Barakat Khan, petit-fils de Gengis Khan. Parmi les monuments de son époque que l'on peut encore voir au Caire se trouve la mosquée qui porte son nom, dans le quartier de al-Dahir.

Al-Mansour Qalawun, qui accède au trône en 678/1279, est considéré comme le second instaurateur de l'État mamelouk *bahride*, puisque le gouvernement resta aux mains de sa descendance pendant près d'un siècle. La période de gouvernement de cette dynastie représente une étape significative de l'histoire et de la civilisation égyptiennes en général, et de l'État mamelouk en particulier, puisque

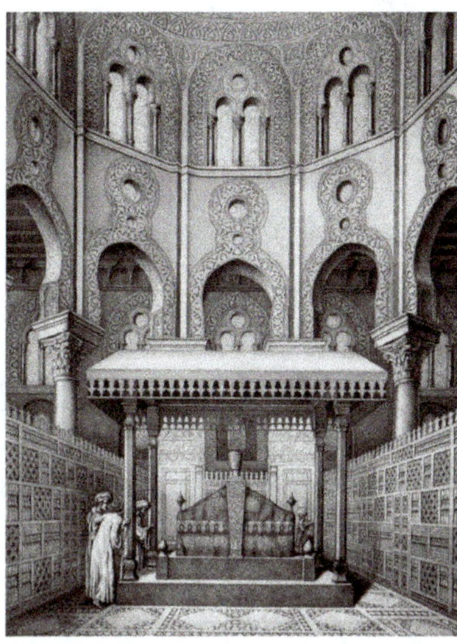

Mausolée du sultan al-Mansour Qalawun, intérieur, Le Caire (Prisse d'Avennes, 1999, avec l'aimable autorisation de l'Université Américaine du Caire).

ses sultans repoussèrent les attaques des croisés et des Mongols, ce qui eut d'importantes conséquences dans différents secteurs de la vie sociale et économique de l'État. Le sultan al-Achraf Khalil (r. 689/1290-693/1294) poursuit l'œuvre entamée par son père le sultan al-Mansour Qalawun, et enlève Acre aux croisés en 690/1291, mettant ainsi un terme à la présence de la chrétienté en Syrie. Al-Nasir Muhammad, dernier fils de Qalawun, remporte lui aussi une victoire décisive sur les Mongols en Syrie, à la bataille de Chakhab, au sud de Damas.

Ces victoires eurent des conséquences positives sur la situation intérieure et extérieure de l'Égypte, où se développe une intense activité constructive et où les arts prennent un essor considérable. Les édifices de la famille Qalawun représentent toujours le sommet artistique et l'apogée de cette civilisation. Les bâtiments les plus importants sont la *koubba*,

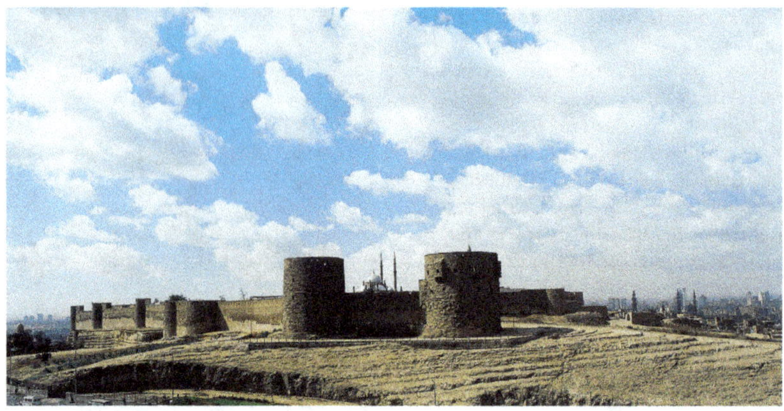

La Citadelle, vue générale, Le Caire.

la *madrasa* et l'hôpital du sultan Qalawun (Circuit III); la *madrasa* de al-Nasir Muhammad Ibn Qalawun, et les monuments qui se trouvent à l'intérieur de la Citadelle du Caire, tels le palais al-Ablaq et la mosquée (Circuit I). Al-Nasir Muhammad restaure le Phare d'Alexandrie qui avait été détruit à la suite d'un tremblement de terre en 702/1302, et l'une de ses grandes prouesses est le nouveau creusement du canal d'Alexandrie en 710/1310, alors que les eaux avaient déjà cessé d'y couler, entreprise qui facilita la communication avec l'intérieur du pays. Tout ceci contribua à faire de la ville de Fuwa (Circuit VIII) un important centre commercial.

Les sultans mamelouks ne sont pas les seuls à se consacrer à l'activité constructive; des émirs comme Salar al-Ghawli, al-Tunbugha al-Maridani, Qusun al-Saqi, Bachtak, Cheikhu al-'Umari et Sarghatmich y participent aussi. Le peuple égyptien récolte les fruits de cette vitalité commerciale et politique dont témoignent clairement les manifestations de richesses, de luxe et d'opulence qui se généralisent alors dans la société égyptienne.

Les faits les plus importants, et qui eurent une influence majeure sur l'histoire des sultans mamelouks *bahrides*, sont la réinstauration du califat en Égypte par Baybars, la résistance à la menace mongole qui avait dévasté l'Asie et le subséquent rétablissement des routes commerciales, qui retrouvèrent leur ancienne splendeur, ce qu'atteste la construction de nombreux établissements commerciaux.

S. B. et M. H. D.

Les Mamelouks *burguides* ou circassiens (784/1382-923/1517)

Le second État mamelouk resta en continuité avec le premier pour ce qui est des particularités culturelles, des tendances économiques et de l'organisation administrative. En 784/1382, al-Dahir Sayf al-Din Barquq ravit le pouvoir au dernier descendant de la famille Qalawun et instaure l'État des Mamelouks *burguides* ou circassiens. C'est al-Mansour Qalawun qui fonda ce corps de garde dont les casernes étaient les tours (*burg*) de la Citadelle du Caire.

Pendant cette seconde période, la succession des sultans au trône était basée sur une relation de tutelle, étant donné que la plupart des successeurs de Barquq furent ses Mamelouks, les Mamelouks de ses Mamelouks et ainsi de suite. En réalité, Barquq, le premier *burguide*, sut imposer son fils comme successeur, et un deuxième fils accéda également au trône, même s'il n'y resta qu'un an à peine. Après lui, les Mamelouks abolirent la succession héréditaire, et établirent fermement le principe de non-hérédité du trône; aucun fils de sultan proclamé héritier du trône ne put se maintenir comme souverain plus de quelques mois (à l'exception de al-Nasir Muhammad, fils de Qaytbay, qui se maintint presque deux ans).

Tout comme son prédécesseur, l'État des Mamelouks *burguides* doit faire front au péril mongol représenté par l'État timouride. Le sultan Barquq reçoit une mise en garde des Timourides et y répond en assassinant leurs émissaires et en se préparant à aller affronter leur armée. En même temps, il réduit les impôts pour s'assurer le soutien du peuple, ce que rappelle l'inscription qui se trouve à gauche de l'entrée de la mosquée de al-Qina'i, dans la ville de Fuwa, et qui évoque l'abolition d'un certain nombre de taxes.

L'époque du sultan Barsbay, qui accède au pouvoir en 825/1422, est une période de stabilité pendant laquelle la souveraineté égyptienne s'étend sur une vaste zone de la mer Méditerranée. Barsbay conquiert Chypre en 829/1426 et conduit son roi Janus prisonnier au Caire. Sa souveraineté s'étend jusqu'au port de Djeddah et aux ports de la mer Rouge. Le sultan Barsbay inaugure une politique de monopole du commerce tant intérieur qu'extérieur, et, pour la mettre en pratique, creuse à nouveau le canal d'Alexandrie dans le but de faciliter la navigation fluviale et la communication entre les différentes villes, ce qui devait l'aider à atteindre son objectif. Bien que cette politique de monopole ait été préjudiciable aux intérêts du peuple égyptien, elle procura au sultan les ressources spécifiques indispensables pour payer ses Mamelouks, éviter les insurrections et les préparer à la défense du pays.

Le sultan Jaqmaq, en accédant au trône en 842/1438, poursuit la politique d'hostilité aux pirates initiée par Barsbay pour assurer la sécurité du commerce en Méditerranée. Cependant, il ne parvient pas à conquérir l'île de Rhodes où l'ordre des Frères Hospitaliers ou Hospitaliers de Saint-Jean de Jérusalem avait sa base, mais il parvient à négocier une trêve et signer un traité avec eux.

Quant au sultan Inal (857/1453-865/1461), il réussit un tour de force politique en établissant une trêve avec le sultan ottoman Muhammad al-Fatih, auquel il envoie une ambassade pour le féliciter de la conquête de Constantinople en 857/1453. Cependant, sous le règne de son successeur, Khuchqadam al-Ahmadi – qui était grec d'origine, contrairement aux autres sultans d'ascendance circassienne –, les relations entre les Mamelouks et les Ottomans se détériorent dangereusement.

Lorsque Qaytbay arrive au pouvoir en 872/1468, il restaure l'autorité du sulta-

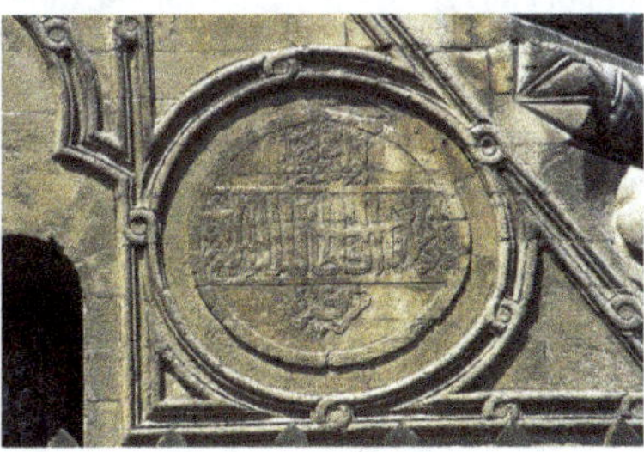

Madrasa et mosquée du sultan Qaytbay, coupole du mausolée, détail de l'emblème du sultan sculpté sur le tambour, Le Caire.

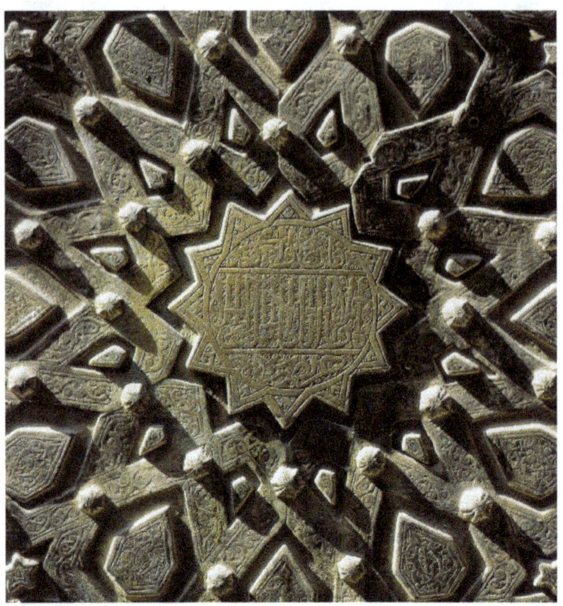

Madrasa du sultan al-Ghuri, détail de la décoration de la porte principale avec l'emblème du sultan, Le Caire.

nat mise à mal par les turbulences politiques et stabilise l'économie; l'Égypte traverse alors une période de suprématie. Grâce aux victoires remportées par le sultan, c'est un État redouté, avec lequel les rois du monde aspirent à signer des accords. D'autre part, la stabilité généralisée du pays se manifeste clairement dans la renaissance artistique sans précédent de l'ensemble des édifices que le sultan et ses émirs nous ont laissés. Parmi les plus importants se comptent les fortifications des côtes égyptiennes comme la forteresse d'Alexandrie (Circuit VI), la tour de Rosette (Circuit VII) et différents établissements commerciaux, notamment sa *wikala*, près de Bab al-Nasr au Caire (Circuit II) et celle située derrière la mosquée al-Azhar. Il érigea aussi des mosquées au Caire, comme celle du Cimetière des Mamelouks, et fonda des établissements de bienfaisance, tels le *sabil* et le *kuttab* de la rue al-Saliba, toujours au Caire (Circuit IV), sans compter ses ouvrages en Syrie. Les constructions de son règne, qui s'étendit sur vingt-huit années, sont plus remarquables par leur élégance et par leur style harmonieux que par leurs dimensions.

Bien que l'Égypte connaisse une époque de troubles à la mort de Qaytbay, la situation se normalise en 906/1501 avec l'arrivée au pouvoir du sultan Qansuh al-Ghuri, qui poursuit la ligne d'action de son prédécesseur, s'occupe des fortifications de la côte, restaure la Citadelle de Qaytbay à Alexandrie et les murailles de la ville de Rosette. Il se consacre aussi à la construction d'édifices. Parmi les plus importants, on retiendra la mosquée, la *madrasa*, le *sabil*, la *khanqa,* la résidence et la *wikala* de al-Ghuri (Circuit V) dans la ville du Caire, dans le quartier qui porte son nom.

Cependant, la situation politique et économique se voit fortement affectée, en premier lieu par la découverte de la route du cap de Bonne-Espérance et par les ambitions des Portugais sur l'Orient après leur arrivée en Inde; en second lieu parce que les intérêts commerciaux des Ottomans se portaient aussi vers l'Est. En 922/1516, les Mamelouks sont défaits à la bataille de Marj Dabiq, et la situation achève de se détériorer avec la mort du sultan al-Ghuri – occasionnée par la trahison de Khayr Bek, gouverneur d'Alep. Tumanbay tente de poursuivre les visées de al-Ghuri, mais lui aussi est trahi et capturé par les Ottomans qui le pendent à Bab Zuwayla, une des portes du Caire. Sa mort signe la fin de l'État mamelouk en Égypte et en Syrie.

S. B. et M. H. D.

La suprématie de l'État mamelouk

L'État mamelouk d'Égypte et de Syrie fut l'une des grandes puissances islamiques à l'époque médiévale. Ses sultans réussirent à faire front aux dangers extrêmes qui pesaient sur les pays du monde islamique, à commencer par les croisés, qu'ils mirent en déroute, et les Mongols. La première tâche des sultans mamelouks fut de procéder à l'unification de l'empire. Les adversaires les plus redoutables, les Mongols, furent vaincus en 658/1260 à Ayn Djalout (Palestine); et les croisés furent anéantis par les sultans Baybars, Qalawun et Khalil. Leur domination fut finalement renforcée et légitimée par les Ayyoubides – qui avaient conservé de petits territoires souverains – grâce au fait que Baybars donna l'asile, au Caire, à l'héritier du calife abbasside de Bagdad assassiné par les Mongols, et parce qu'il rétablit le califat en 659/1261, non sans s'être fait désigner comme membre du gouvernement (*qasim al-dawla*) par le calife avant de se faire attribuer solennellement le pouvoir du calife. C'est ainsi que l'État mamelouk devint l'une des plus grandes forces islamiques du Moyen Âge, ce qui devait avoir des conséquences considérables sur ses relations avec les États islamiques autant qu'avec les États chrétiens.

Tous ces facteurs, outre le transfert du siège du califat abbasside en Égypte après la chute de Bagdad 656/1258, influèrent sur la stabilisation des relations extérieures égyptiennes avec les États islamiques. En effet, une fois le transfert effectué, les gouvernants des pays musulmans devaient obtenir de l'Égypte la délégation d'autorité nécessaire pour que leurs gouvernements soient considérés comme légitimes. Tant que dura la domination mamelouke, chaque calife rendait allégeance au sultan et lui cédait tous les droits dès son avènement. Il perdait ainsi toute puissance, et, sans pouvoir, sans fortune et sans influence aucune, le personnage du calife ne fut plus que l'ombre d'un souverain. De temps en temps, des souverains hindous sollicitaient une investiture auprès du calife, tel le sultan Muhammad Ibn Taghliq, émir du royaume d'Indoustan, qui s'adressa au calife abbasside du Caire pour obtenir ladite délégation à l'époque où al-Nasir Muhammad, fils de Qalawun, était au pouvoir.

S'agissant des relations avec les États chrétiens, la subordination de l'église éthiopienne à l'église d'Alexandrie, fondée par saint Marc, imposait que la désignation de son archevêque revînt à un Égyptien, ce qui impliquait que l'Éthiopie devait établir de bonnes relations avec cet État. D'autre part, l'Égypte était un lieu de passage pour les pèlerins chrétiens qui, venant d'Éthiopie ou d'Espagne, se dirigeaient sur Jérusalem. C'est pourquoi les rois de ces pays avaient eux aussi tout intérêt à être au mieux avec les Mamelouks, auxquels ils envoyaient des cadeaux et des ambassades afin de garantir la sécurité de la route des pèlerins jusqu'à Jérusalem. Depuis l'Espagne, le roi Jacques II le Juste d'Aragon (r. 1291-1327) envoya un de ces présents à al-Nasir Muhammad Ibn Qalawun en le priant de faciliter la traversée des pèlerins et d'assurer leur arrivée à la Ville Sainte.

Les facteurs politiques jouèrent un rôle important quant à l'expansion des relations extérieures de l'Égypte. Al-Dahir Baybars, qui arrive au pouvoir en 658/1260, s'allie à l'État seldjoukide contre le danger que représentait l'État ilkhanide en Perse, qui tenta à son tour d'établir une alliance avec les Mongols et les croisés contre l'État mamelouk. Cette tentative hypothéquera la signature d'un

traité entre Baybars et le chef mongol Barakat Khan.
Plus tard, en 678/1279, l'État mamelouk consolidera sa position grâce aux nouveaux accords signés par le sultan al-Mansour Qalawun (678/1279-689/1290) avec l'État byzantin, la France, la Castille, la Sicile, la République de Gênes et la République de Venise.
Ultérieurement, en 693/1293, son fils al-Nasir Muhammad s'allie d'une part avec l'État byzantin pour faire face à la menace ottomane, d'autre part avec les forces européennes pour s'assurer leur neutralité dans la lutte qu'il continuait à mener contre les croisés. C'est dans ce but qu'il signe un traité avec le roi Manfred, fils de Frédéric II, empereur du Saint Empire Romain Germanique, de Sicile et de Naples. Il maintient également de bonnes relations avec Alphonse X, roi de Castille.
Il n'est pas de meilleur témoignage de la diversité des relations extérieures de l'Égypte pendant le gouvernement des sultans mamelouks que le nombre considérable de missives reçues et envoyées par la chancellerie du Caire, qui tenait lieu de ministère des affaires étrangères à l'époque.
Grâce à sa position privilégiée à la croisée des routes commerciales, en particulier de celles qui se dirigeaient vers l'Europe depuis la Chine et l'Inde, en Asie orientale, l'État mamelouk dominait les centres commerciaux maritimes et terrestres du monde entier. Son hégémonie s'étendit au point que la mer Rouge devint une mer islamique à laquelle n'accédaient que des navires battant pavillon musulman. De même, les sultans mamelouks sécurisèrent le commerce en mer Méditerranée contre les attaques des pirates.
Avec le transfert du califat abbasside en Égypte à l'époque de Baybars, en 658/1261, c'est aussi le centre culturel de l'islam qui se déplaçait de Bagdad vers Le Caire. La capitale de l'État mamelouk, après que les Mongols eurent mis à mal la prospérité abbasside en Iraq, devient le centre à partir duquel on protège et on défend la civilisation arabo-islamique. Vers cette ville convergent les artisans, les politiciens et les érudits arabes et musulmans des quatre coins du monde en quête de la sécurité et de la stabilité qu'elle procure. C'est pourquoi les activités culturelles, scientifiques et artistiques connaissent des moments de grand dynamisme, tout comme dans des villes dépendant du Caire, telles Damas et Jérusalem.

S. B. et M. H. D.

L'ART MAMELOUK: SPLENDEUR ET MAGIE DES SULTANS

Salah El-Bahnasi, Tarek Torky

L'art islamique en Égypte atteint son apogée à l'époque mamelouke. De même qu'ils remportèrent leurs plus éclatantes victoires sur les violentes attaques de croisés et de Mongols, les sultans mamelouks développèrent les arts, en exploitant à cette fin le considérable héritage culturel qui était celui de l'Égypte. Avec leur savoir-faire, les artisans et les artistes furent capables d'assimiler les singularités du patrimoine égyptien et de travailler avec maestria les abondants matériaux dont ils disposaient. Ils parvinrent à marier habilement les éléments artistiques provenant des différentes cultures où ils puisaient leur inspiration, et plus particulièrement celles des peuples dont les Mamelouks étaient originaires; au cours de cette période, ils érigèrent des édifices à la construction parfaite et aux éléments harmonieux, et créèrent des œuvres d'art de fine facture, d'une décoration sans précédent. Ils empruntèrent de nombreux éléments à l'art seldjoukide, comme la *madrasa*, dont le schéma à quatre *iwans* autour d'une cour connut une grande diffusion depuis le premier édifice auquel on donna ce nom, construit en 438/1046 à Nishapour, une ville iranienne. Les accès qui peuvent se voir sur les façades principales des *madrasas* du sultan Hassan (Circuit II) reflètent l'influence du type des hauts portails des Seldjoukides d'Anatolie, dont l'arc inscrit dans un encadrement rectangulaire évoque un *iwan* de faible profondeur.

Parmi les autres éléments fondamentaux utilisés se trouvent l'*iwan* à *sabil* – tel celui de l'hôpital (*bimaristan* ou *maristan*) du sultan al-Mansour Qalawun (Circuit III) –; les coupoles à tambour élevé et arcs brisés à trois ou quatre centres – que l'on peut voir dans la *madrasa* de l'émir Sarghatmich (Circuit IV) –; et la coupole qui couvre les trois nefs précédant le *mihrab* que l'on peut observer dans la mosquée du sultan al-Nasir Muhammad (I.1.e). Quant aux revêtements de carreaux et de mosaïque de céramique, on peut les voir respectivement sur le minaret de la mosquée de al-Nasir Muhammad et sur le *mihrab* de la mosquée de Ibn Touloun (Circuit IV), dont la réforme est attribuée au sultan Husam al-Din Lajin.

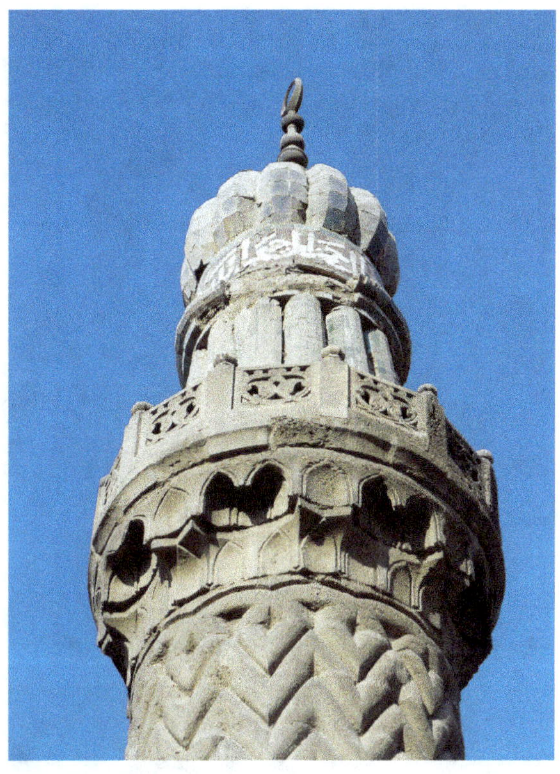

Mosquée du sultan al-Nasir Muhammad, minaret, détail du revêtement de carreaux de céramique, Le Caire.

On intégra aussi les formes artistiques arrivées en Égypte avec l'émigration d'artisans fuyant les hordes mongoles en Iran, en Iraq et en Syrie. L'utilisation de baies dans la partie supérieure des arcs donnant

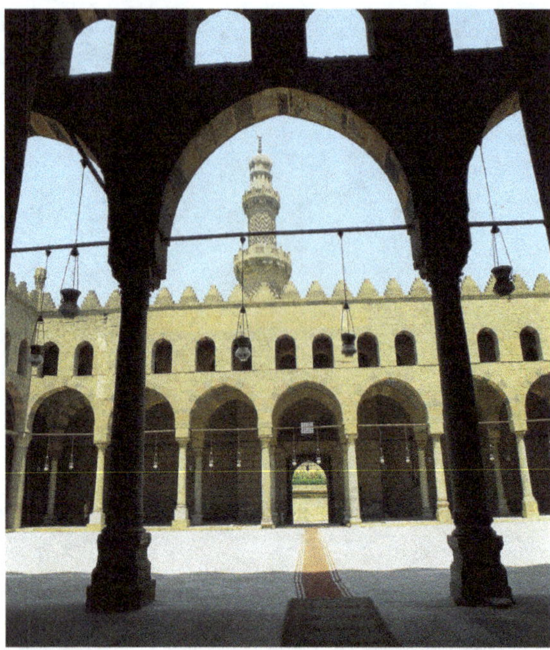

Mosquée du sultan al-Nasir Muhammad, baies dans la partie supérieure des arcs donnant sur la cour, Le Caire.

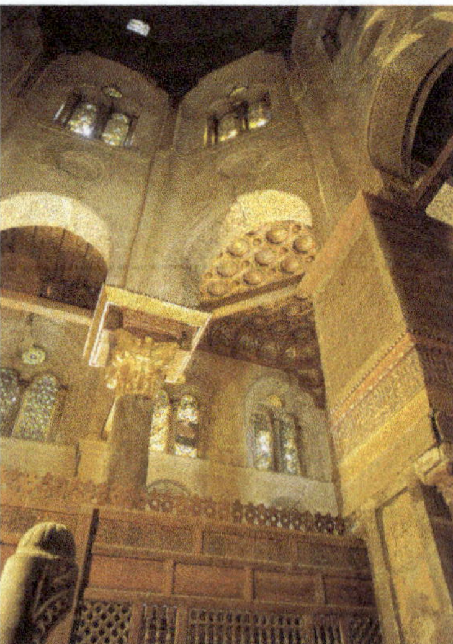

Complexe du sultan al-Mansour Qalawun, mausolée, alternance de colonnes et de piliers dans les supports de la coupole, Le Caire.

sur la cour de la mosquée de al-Nasir Muhammad Ibn Qalawun (Circuit I) fut empruntée au modèle de la mosquée omeyyade de Damas. L'alternance de colonnes et de piliers dans la composition des supports de la coupole du mausolée du sultan al-Mansour Qalawun (Circuit III) a son parallèle dans des monuments typiques de la tradition syrienne, et l'hôpital du même ensemble (III.1.c) répond au schéma de celui de al-Nouri, à Damas. Quant aux mosaïques découvertes dans les ruines du palais al-Ablaq (Circuit I), elles rappellent fortement celles qui décoraient la façade du palais du même nom érigé par Baybars à Marja, Damas.

La sensibilité artistique de l'époque mamelouke assimila aussi les arts des peuples avec lesquels l'Égypte entretenait des relations politiques ou économiques, et s'inspira de certains de leurs éléments. L'incorporation au vocabulaire local de dessins et motifs orientaux se reflète dans les inscriptions de style coufique carré qui ornent le revêtement de marbre des murs de la *koubba* du sultan al-Mansour Qalawun (Circuit III), qui rappellent les sceaux chinois de type carré. L'oiseau mythologique, le dragon, les nuages et la fleur de pivoine que l'on peut voir sur la *dikkat al-muballigh* (tribune du répétiteur) de la *khanqa* de Cheikhu (Circuit IV) sont quelques-uns des éléments décoratifs d'origine chinoise qui se retrouvent dans de nombreuses œuvres d'art de l'époque mamelouke. Également d'inspiration chinoise, les feuilles de papier durcies et vernies à la laque, appelées "*kadahi*" (papier mâché), et qui étaient utilisées pour la fabrication d'ustensiles jusque-là fabriqués en métal, comme les plumeaux, les encriers, etc.

On note également l'apparition de quelques éléments d'origine maghrébine dans les édifices de l'époque mamelouke, comme la typologie du minaret à plan carré que l'on rencontre dans l'ensemble architectural de Qalawun, et dans le mausolée et la *khanqa* de Salar et Singar al-Ghawli (Circuit IV); dans le minaret de la mosquée Ibn Touloun (Circuit IV) – remanié par Husam al-Din Lajin – , on observe des fenêtres géminées à arcs outrepassés, ces derniers également utilisés dans le minaret du complexe de Qalawun.

D'autre part, avec le rapprochement des relations Mamelouks-Mongols sous le règne de al-Nasir Muhammad, les techniques et les motifs persans devinrent plus

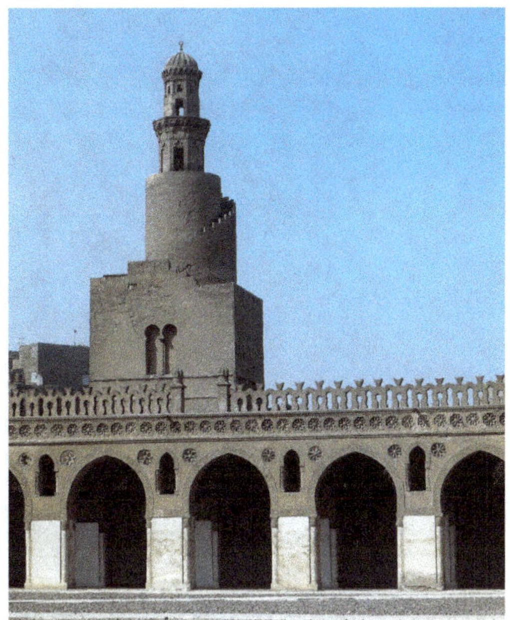

Mosquée de Ibn Touloun, minaret, fenêtre géminée à arcs outrepassés, Le Caire.

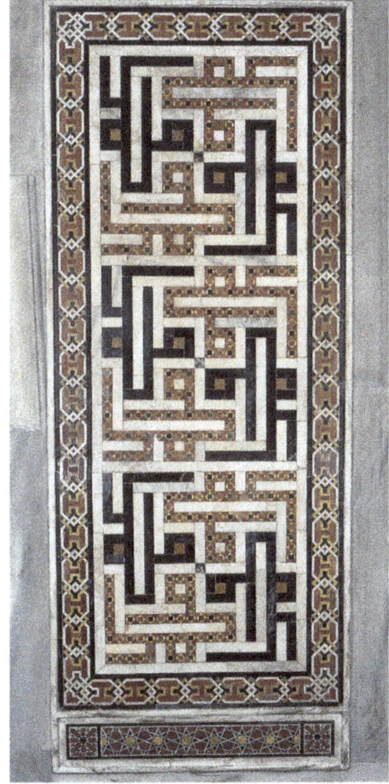

Complexe du sultan al-Mansour Qalawun, mausolée, inscription de style coufique carré sur le revêtement de marbre des murs, Le Caire.

accessibles: la forme cannelée du couronnement des deux minarets de la mosquée de al-Nasir Muhammad (Circuit I) témoigne d'influences héritées des Ilkhanides – des Mongols de Perse. Certaines sources historiques, tel al-Maqrizi, mentionnent que l'architecte al-Tabrizi (originaire de Tabriz, au nord-ouest de l'Iran) arriva en Égypte avec une ambassade mamelouke qui revenait de visiter le *khan* Abou Sa'id en 735/1335, date à laquelle intervint la seconde réforme de la mosquée de al-Nasir.

L'artiste de la période mamelouke crée donc un patrimoine aussi beau que varié, reflet des différents aspects du mode de vie du peuple égyptien de l'époque.

Si les *madrasas* disséminées par toute la ville du Caire témoignent à l'évidence de l'extraordinaire intérêt des Mamelouks pour

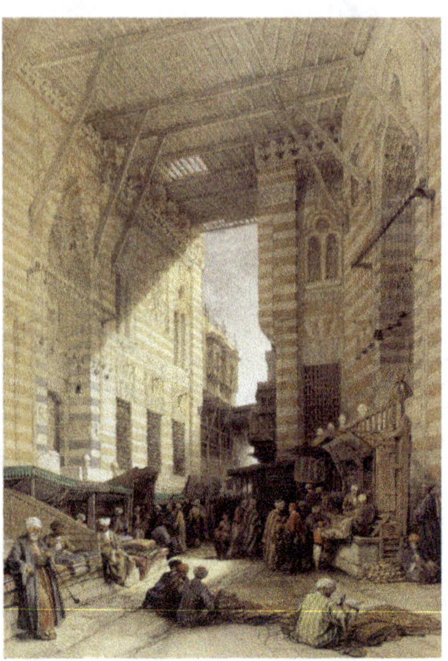

Souk al-Haririyin et complexe du sultan al-Ghuri, Le Caire (D. Roberts, 1996, avec l'aimable autorisation de l'Université Américaine du Caire).

l'éducation, les forteresses qui se répandent le long des côtes égyptiennes montrent à quel point le contrôle de ces mêmes côtes était capital pour parer aux constantes menaces venant de l'extérieur; les profonds sentiments religieux du peuple, et le désir des sultans et des émirs de se rapprocher de Dieu, s'affichent dans la construction de différents édifices comme les mosquées, dont les minarets s'élèvent très haut au-dessus de la ville; les *khanqas*, dont le nombre augmente au fur et à mesure que se répand la pratique du soufisme à l'époque mamelouke; les *sabils*, qui se généralisent dans les rues de la ville pour désaltérer les assoiffés dans le caniculaire été égyptien; les *kuttabs* pour l'éducation des orphelins, situés au-dessus de ces *sabils,* et encore les abreuvoirs pour les animaux. Cette diversité d'édifices religieux, éducatifs et charitables est un témoignage de la compassion, du désir de faire œuvre pieuse, et de la solidarité qui régnait entre les habitants de la ville. Les *hammams*, qui ne manquaient dans aucune rue, renseignent sur le niveau de développement de la civilisation et sur le goût pour la propreté qui caractérisait les habitants de l'Égypte. Les souks, les *wikalas* et l'intense activité qui se déployait dans leurs environs attestent la vitalité économique de l'époque. Ces établissements s'étaient constitués en *habous* pour supporter les dépenses des édifices religieux, et un contrôleur (*muhtasib*) veillait au bon fonctionnement des échanges commerciaux.

Les palais et demeures, avec leurs éléments architecturaux et décoratifs, évoquent les différentes manifestations de la vie sociale de l'époque mamelouke. De même, les ustensiles d'usage quotidien qu'on y rencontre font l'orgueil de nombreux musées de par le monde, où sont conservés des objets de grande valeur qui sont la preuve irréfutable du remarquable niveau atteint par l'art et qui témoignent de l'habileté des artistes et de la réelle évolution de la sensibilité artistique à cette époque.

Jusqu'à la fin du règne des Mamelouks, l'Égypte a conservé une position éminente dans le domaine des arts. Après avoir vaincu les sultans égyptiens en 923/1517, le sultan ottoman Sélim Ier transféra à Istanbul, par voie maritime et terrestre, les trésors artistiques du pays, de la même façon qu'il emmena avec lui nombre des meilleurs artisans, ce qui entraîna la disparition d'une cinquantaine de métiers en Égypte, d'après ce que rapporte l'historien Ibn Iyas.

S. B.

La créativité de l'architecture mamelouke

Nombreux sont les aspects créatifs qui ont marqué les différents domaines de l'architecture islamique à l'époque mamelouke. S'il est bien évident que les Mamelouks conservèrent certaines caractéristiques des modèles traditionnels dans quelques constructions, comme le plan hypostyle des mosquées qui se maintient clairement dans la mosquée de al-Dahir Baybars, dans celle de al-Nasir Muhammad dans la Citadelle du Caire, ou dans celle de al-Tunbugha al-Maridani entre autres, le désir d'innovation n'en a pas moins caractérisé cette période. L'époque mamelouke a donc contribué aux réussites architecturales les plus représentatives, dans lesquelles le vocabulaire architectural s'est modifié de différentes façons.

Les édifices destinés à des fonctions diverses (religieuses, éducatives et charitables) sont rassemblés en d'impressionnants complexes – abritant souvent la tombe du mécène – conçus pour glorifier la mémoire du fondateur. Dans le quartier al-Nahhasin, le complexe du sultan al-Mansour Qalawun, qui combine une *madrasa* et un mausolée avec un hôpital, est considéré comme le plus ancien et le plus grand du nouveau style architectural mamelouk qui nous soit parvenu dans un état proche de l'original. Tout au long de l'époque mamelouke, ces complexes étaient situés de préférence dans les rues principales, sur des parcelles de plus en plus petites et irrégulières du fait de la saturation du tissu urbain. Plus l'espace se raréfiait, plus les édifices gagnaient en hauteur pour compenser l'étroitesse de la surface occupée. La typologie des plans se diversifie, et l'on voit apparaître une surprenante variété de plans des plus ingénieux – un des traits les plus caractéristiques de l'architecture mamelouke –, tandis que se multiplient les constructions à usage public tels les *sabils*, *kuttabs*, hôpitaux, *hammams* et autres.

L'incorporation des *sabils* aux *madrasas* trouve sa plus ancienne expression dans celui que al-Nasir Muhammad annexa en 726/1326 à la façade est de la *madrasa* construite par son père al-Mansour Qalawun.

La fusion entre les différents types de plans de mosquées et de *madrasas* conduit à la division de l'*iwan* de la *qibla* en nefs au moyen d'arcades. La *madrasa* de al-Mansour Qalawun, à al-Nahhasin, fournit le premier exemple de cette configuration. L'organisation raffinée des *madrasas* à *iwans* se révèle dans sa structure, composée d'une cour centrale découverte flanquée de quatre *iwans* disposés en croix, dont le plus grand correspond à celui de la *qibla*. L'exemple le plus ancien, celui de la *madrasa* de al-Dahir Baybars, située dans la rue al-Mu'izz, date de 662/1263, tandis que le plus représentatif correspond à la *madrasa* du sultan Hassan.

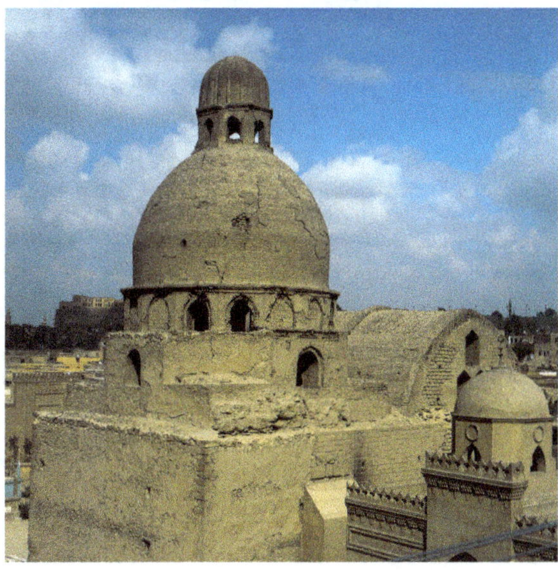

Koubba de al-Manufi, gawsaq, Le Caire.

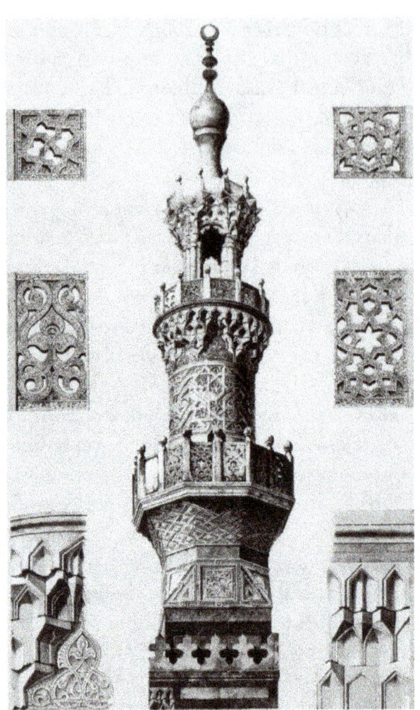

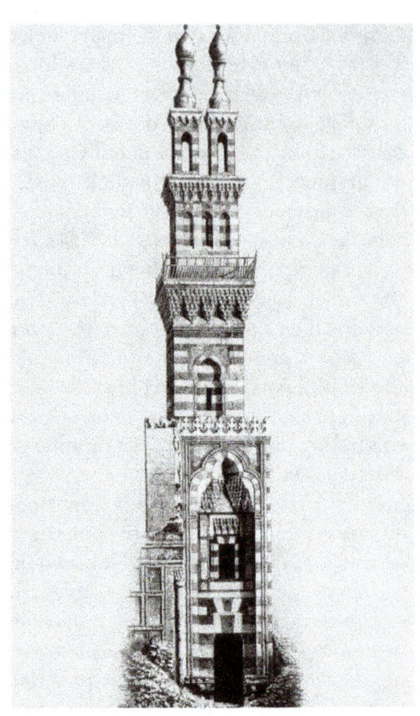

Mosquée du sultan Qaytbay, minaret, ensemble et détails, Le Caire (Prisse d'Avennes, 1999, avec l'aimable autorisation de l'Université Américaine du Caire).

Mosquée de Qanibay Émir Akhur, minaret à double couronnement (Prisse d'Avennes, 1999, avec l'aimable autorisation de l'Université Américaine du Caire).

Couronnant la *koubba* de al-Monufi, située dans le Petit Cimetière du Caire et qui date de la fin du VIIe/XIIIe siècle, apparaît le premier spécimen de *gawsaq* (kiosque), alors que cet élément sur colonnes se manifeste pour la première fois sur le minaret de al-Tunbugha al-Maridani (739/1340).

Un nouveau type de minaret apparaît, caractérisé par la diversité de ses plans, qui passent de la forme carrée à la forme octogonale et à la circulaire, et par la délicate et parfaite décoration de son fût. Ces minarets sont remarquables non seulement par leur hauteur extrême, mais aussi parce qu'ils représentent l'apogée de leurs propres valeurs architecturales et artistiques. Au VIIIe/XIVe siècle, le couronnement du minaret égyptien se développe jusqu'à adopter cette forme de bulbe qui le différencie des autres minarets du monde islamique et, à la fin de l'époque mamelouke, apparaît le minaret à double couronnement (ou couronnement jumeau). Cette dernière typologie peut être observée avec le minaret de la mosquée de al-Ghuri, avec celui construit par le même sultan dans la mosquée al-Azhar, et avec celui de Qanibay Émir Akhur, sur la place Salah al-Din (place de la Citadelle). Les coupoles prennent de l'ampleur, et ne couvrent plus seulement une travée unique devant le *mihrab*, à la manière des coupoles de l'époque fatimide – parmi lesquelles figure celle du *mihrab* de la mosquée de al-Hakim bi-Amr Allah, le modèle le plus représentatif de celles qui ont été conservées –, mais elles sont agrandies pour couvrir dorénavant les

trois travées qui font face au *mihrab*. On en trouve des exemples dans la mosquée de Baybars al-Bunduqdari, dans celle de al-Nasir Muhammad dans la Citadelle et dans celle de al-Tunbugha al-Maridani, dans la rue al-Tabbana.
Un soin tout particulier est apporté à la décoration des façades, réalisée en pierre et en stuc et dont le répertoire comprend des motifs géométriques et floraux, des bandeaux d'inscriptions et d'autres registres sur les arcs et les murs, comme *al-ablaq* ou *al-muchahhar* (tous deux en maçonnerie bicolore en noir et blanc ou blanc et rouge). C'est au cours de cette période qu'apparaît, avec l'accès à la *madrasa* du sultan Baybars, dans le quartier al-Gamaliyya, le premier modèle d'entrée à *mouqarnas* de l'architecture islamique en Égypte. Autre innovation, les pendentifs à *mouqarnas*, qui meublent les zones de transition avec les coupoles et dont l'application la plus ancienne se trouve sur les arcs de la *koubba* de Tankizbugha (VIIIe/XIVe siècle), dans le Petit Cimetière. Durant l'époque des Mamelouks circassiens, la maîtrise du travail des *mouqarnas* progresse considérablement et atteint un niveau élevé qui en fait un art d'une suprême maestria, en multipliant le nombre de rangées, qui va jusqu'à osciller entre huit et treize.
D'autre part, l'utilisation des matériaux disponibles dans les environs répond à la nécessité de pallier les rigueurs du climat. C'est ainsi qu'on emploie la pierre pour la construction des murs extérieurs, les étages inférieurs, les coupoles et les voûtes, tandis que la brique cuite est utilisée pour la construction des lieux d'aisance dans les différents édifices, les citernes d'eau dans les *sabils* et la salle chaude des *hammams*; pour le revêtement des murs, sols, *sabils* et colonnes, on emploie le marbre; et le bois est utilisé pour les toits, les *machrabiyyas* (ou moucharabieh), les claires-voies, les portes, les fenêtres, les *minbars* et les *dikkat al-muballigh* (tribunes des répétiteurs) – autant d'éléments caractéristiques de l'époque mamelouke.
En dehors du Caire, épicentre du mécénat mamelouk, des styles régionaux se développent dans d'autres villes aux-

Madrasa du sultan al-Ghuri, façade principale en maçonnerie bicolore, détail de la décoration et fragment de la frise à inscription, Le Caire.

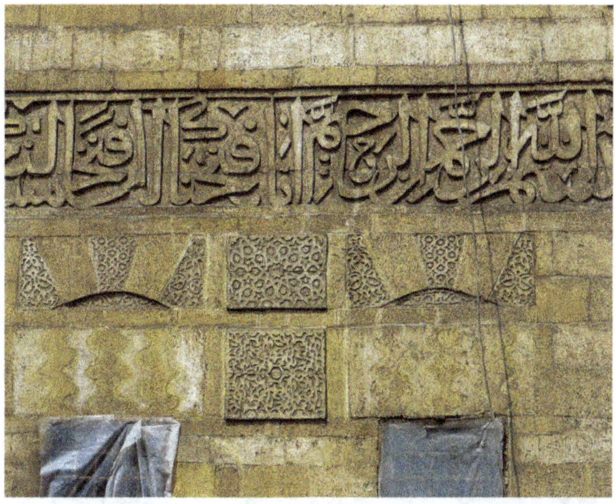

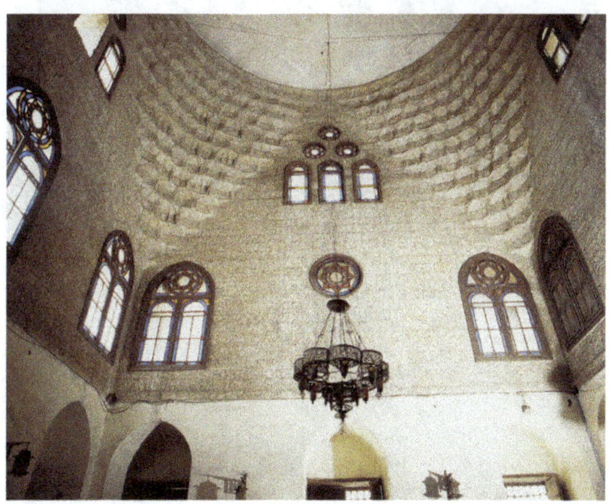

Madrasa du sultan al-Ghuri, stalactites dans le dôme du mausolée, Le Caire.

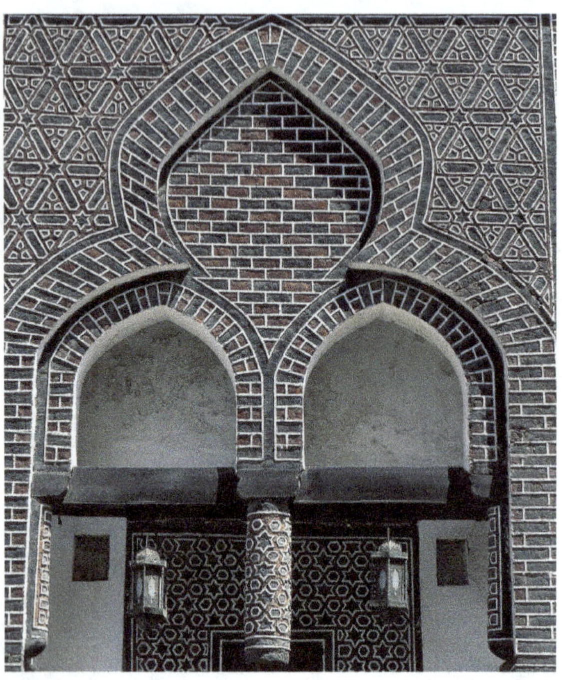

Mosquée de Abou al-Makarim, détail de l'entrée avec maçonnerie bicolore, Fuwa.

quelles se consacrèrent moins d'émirs mamelouks. Par exemple, dans la plupart des villes du Delta – dont les plus importantes sont Rosette (Circuit VII) et Fuwa (Circuit VIII) –, on a recours à un style local de décor architectural appelé *al-mangur*, caractérisé par l'emploi alterné de brique de couleur rouge et noir – à mi-cuisson, la brique rouge est cuite une seconde fois pour prendre la couleur noire – avec des joints réalisés au moyen d'un mortier blanc qui tranche, si bien que la construction elle-même revêt à son tour une forme décorative caractéristique.

Aussi bien les documents d'époque que les inscriptions des constructions font état des noms des architectes qui réalisèrent ces grands monuments, au premier rang desquels il faut citer Ibn al-Suyufi, le plus important architecte du sultanat de al-Nasir Muhammad Ibn Qalawun. Parmi ses œuvres les plus emblématiques figurent la *madrasa* al-Aqbughawiyya, incorporée à la mosquée al-Azhar par l'émir Aqbugha Abd al-Wahid en 740/1339, et la mosquée de al-Tunbugha al-Maridani. Parmi les architectes de la seconde période mamelouke, la famille toulounide occupe aussi une place éminente. Elle eut le mérite d'ériger la *madrasa* du sultan Barquq, le premier des sultans circassiens, ainsi que les bâtiments construits par Qaytbay au cours de son règne. À la fin de l'époque mamelouke brillera aussi l'étoile de l'architecte Inal, qui supervisa la construction de la mosquée du sultan al-Ghuri.

D'une manière générale, les architectes mamelouks étaient confrontés à trois contraintes principales: la localisation des édifices dans les rues principales et leur intégration dans des parcelles irrégulières, l'orientation en direction de La Mecque de tout espace destiné à la prière, et le désir des mécènes que leurs édifices soient visibles depuis un maximum de points de la ville.

Tous les architectes de cette époque se distinguent pour avoir conçu leurs édifices selon ces critères, ce qui est particulièrement évident dans les mosquées de al-Tunbugha al-Maridani et de Qujmas al-Ishaqi.

S. B.

Les réussites de l'époque mamelouke dans le domaine des arts mineurs

L'époque mamelouke connaît un véritable renouveau artistique. Les artistes ne se contentent pas de s'inspirer de motifs décoratifs provenant des différentes ethnies d'origine des Mamelouks – ou rencontrés à la faveur de l'élargissement des relations politiques et commerciales avec les États du monde islamique et européen. Ils s'attachent aussi à développer les arts décoratifs et à reproduire les œuvres artistiques qui jouissent de la faveur des citadins. C'est ce qui les conduit à se lancer dans l'imitation de certains types de céramique chinoise comme la porcelaine ou le céladon, et de modèles iraniens comme la céramique de Sultanabad.

Parmi les principales expressions artistiques qui connurent une nette évolution au cours de cette époque, il faut noter le développement du travail du bois sculpté et tourné, utilisé dans la fabrication des *machrabiyyas*, jusqu'à devenir un trait artistique distinctif des édifices civils de l'époque mamelouke, surtout dans les palais, les demeures et les *wikalas*. Les artistes mamelouks firent preuve d'une extrême habileté dans l'agencement de fins morceaux de bois pour composer différents éléments décoratifs géométriques ou floraux, ainsi que des décors architecturaux et des inscriptions.

L'utilisation d'azulejos pour le revêtement partiel des édifices était un procédé jusque-là inconnu en Égypte. Ce mode de décoration fut employé pour la première fois dans l'architecture islamique égyptienne pour couvrir certaines parties des édifices dans le *sabil* de al-Nasir Muhammad, annexé à la *madrasa* de son père al-Mansour Qalawun. Il fut également utilisé sur des minarets, comme sur le couronnement de la mosquée de al-Nasir Muhammad dans la Citadelle, et sur le revêtement des tambours des coupoles comme à la *koubba* de Tuchtumur et à la mosquée de al-Ghuri.

Une des productions les plus caractéristiques du mécénat des derniers Mamelouks est le tapis à nœuds; plusieurs douzaines d'entre eux ont été préservés jusqu'à nos jours et doivent à leurs structure, technique et dessin caractéristiques d'être appelés "mamelouks". Il en existe un ensemble unique dans le monde islamique en ce qu'ils présentent certaines fois la trame, la chaîne et le poil en soie, ou, d'autres fois, la trame et la chaîne en lin, et le poil en soie.

Les techniques de manufacture de verre atteignirent leur plein épanouissement dans des objets destinés à la consommation domestique et à l'exportation. On pouvait fabriquer pratiquement n'importe quelle forme, comprenant des coupes, des bouteilles, des flacons, des vases, des terrines

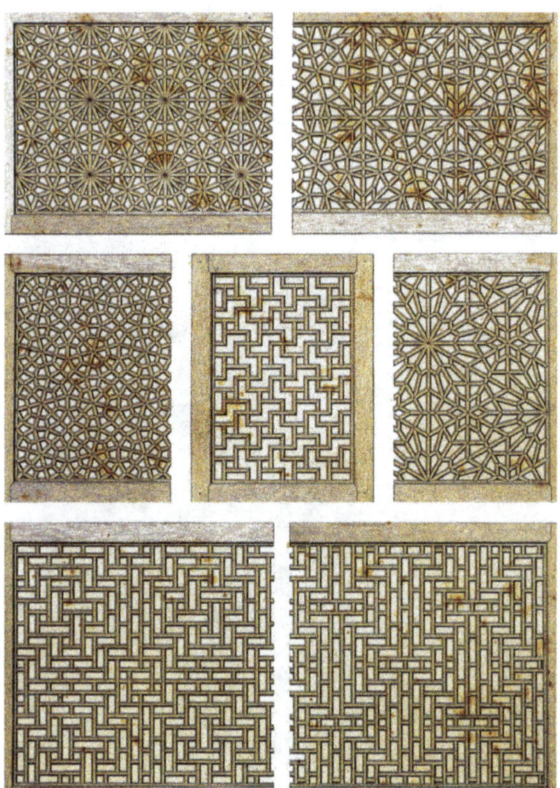

Jalousie en bois, ensembles et détails, Le Caire (Prisse d'Avennes, 1999, avec l'aimable autorisation de l'Université Américaine du Caire).

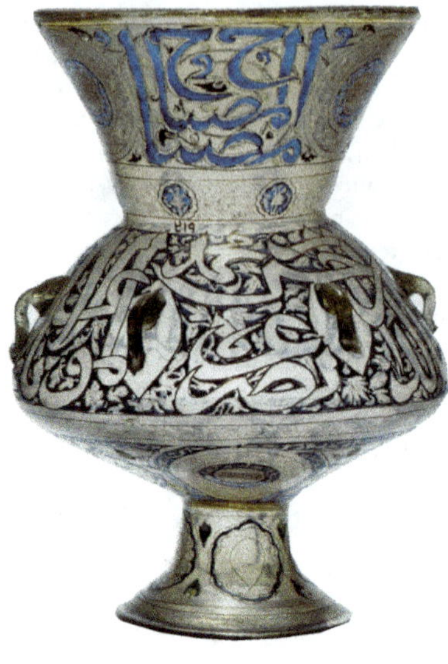

Lampe en verre au nom du sultan Hassan Ibn al-Nasir Muhammad, Musée d'Art Islamique (n° réf. 319), Le Caire.

sur pied et des vasques, mais les verriers mamelouks furent surtout célèbres pour les lampes. Une collection unique de lampes de verre émaillé à décoration géométrique, florale et calligraphique, sans équivalent à aucune époque antérieure ni postérieure, est exposée au Musée d'Art Islamique du Caire. La décoration des lampes du règne de Hassan Ibn al-Nasir Muhammad Ibn Qalawun (s. m. VIIe/XIVe siècle) montre tout le répertoire de motifs décoratifs développé par les artistes mamelouks. Parmi les plus importantes collections de ce genre se trouvent celle composée de dix-neuf lampes portant l'inscription de son nom, et celle du sultan al-Achraf Cha'ban, toutes deux conservées au Musée d'Art Islamique du Caire.

L'art du damasquinage, et plus particulièrement l'incrustation d'or et d'argent sur des pièces de métal, atteignit un haut degré de précision et de perfection, et présente une décoration des plus variées. L'exemple le plus emblématique est constitué par *kursi al-'acha'* (table de repas) du sultan al-Nasir Muhammad, fabriqué en cuivre et incrusté d'or et d'argent, qui est conservé au Musée d'Art Islamique du Caire. La production de damasquinage à la cour de al-Nasir Muhammad fut particulièrement prolifique. Les pièces conservées et que l'on peut attribuer au mécénat du sultan ou de ses émirs sont caractérisées par un fini d'une éblouissante perfection, une préférence plus marquée pour l'épigraphie que pour la décoration figurative, et l'incorporation de blasons dans le langage ornemental. Outre les objets destinés au cérémonial de la cour, on réalisa de splendides portes, grilles de fenêtres, lustres et boîtes à manuscrits coraniques.

Quant aux arts décoratifs, ils évoluèrent aussi bien dans le domaine architectural –

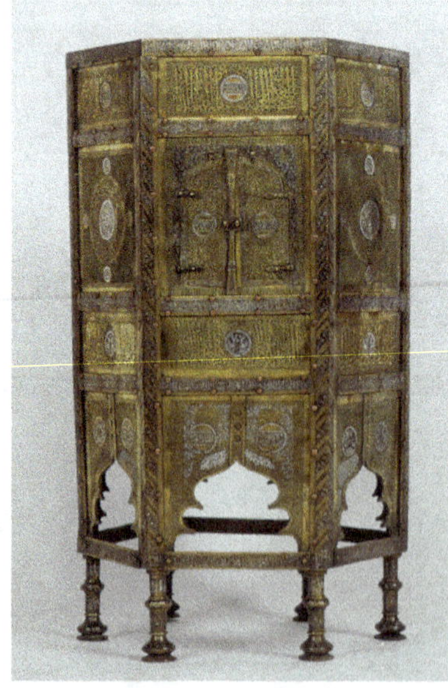

Kursi al-'acha' du sultan al-Nasir Muhammad, Musée d'Art Islamique (n° réf. 139), Le Caire.

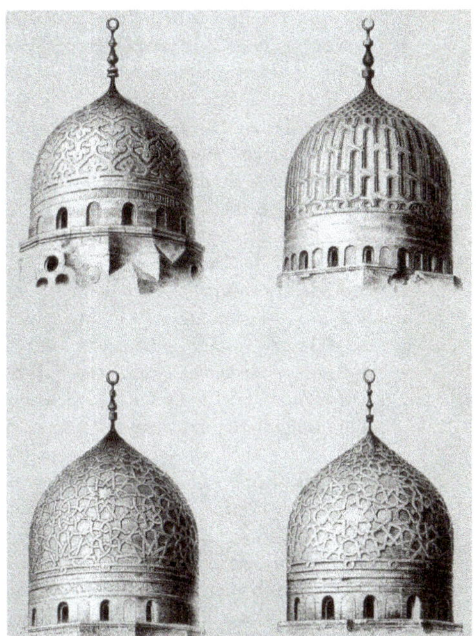
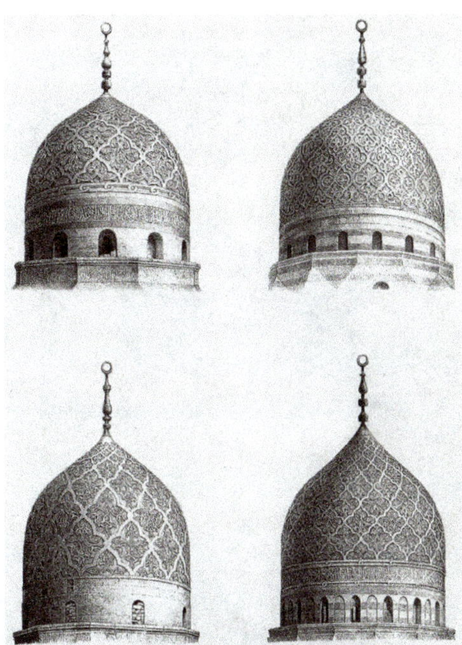

Coupoles présentant différents types de décoration, Le Caire (Prisse d'Avennes, 1999, avec l'aimable autorisation de l'Université Américaine du Caire).

par leur utilisation sur les extérieurs – que dans celui des arts mineurs. La décoration, qui aux époques fatimide et ayyoubide était réalisée presque exclusivement en stuc et plâtre, s'exécute désormais sur pierre. Les exemples les plus significatifs de coupoles couvertes d'ornements végétaux et géométriques se trouvent dans la *madrasa* al-Gawhariyya de la mosquée al-Azhar, dans la *koubba* du sultan Qansuh Abi Sa'id et dans la *madrasa* de l'émir Qurqumas.

D'autre part, la diversification des styles calligraphiques concerne l'écriture *thoulouth,* employée dans l'ornementation des bâtiments et des arts mineurs, et le style coufique carré, utilisé depuis le début de l'époque mamelouke, comme on peut l'observer sur les inscriptions de la moulure du socle de marbre de la tombe de Zayn al-Din Youssouf, dans le quartier al-Qadiriyya au Caire. Plus tard, Muhammad Ibn Sunqur créa une technique basée sur la reproduction à l'infini de caractères coufiques en modules sophistiqués, une technique que l'on peut voir sur *kursi al-'acha'* (table de repas) de al-Nasir Muhammad et qui, plus tard, fut appliquée aux œuvres d'art de l'époque mamelouke. Un seul exemple d'introduction du verre dans la décoration en stuc nous est parvenu, que l'on peut voir dans la partie supérieure du *mihrab* de la *koubba* de Ahmad Ibn Sulayman al-Rifa'i, daté de 691/1291.

Les œuvres d'art de l'époque, et particulièrement les pièces de céramique, ont consacré de nombreux artistes tels Ghaybi Ibn al-Tawrizi, Guzayl, Abou al-'Izz et

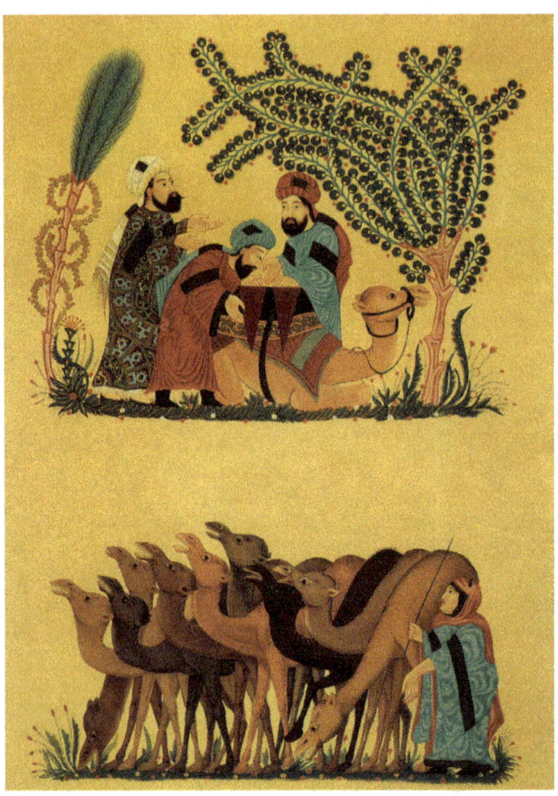

Scènes des Maqamat (Séances) de al-Hariri (Prisse d'Avennes, 1999, avec l'aimable autorisation de l'Université Américaine du Caire).

Charaf al-Atwani. Curieusement, le premier nom de cette époque qui soit parvenu jusqu'à nous est celui d'une femme céramiste. Les fouilles archéologiques réalisées à Fustat ont permis de mettre au jour un vase au fond duquel est écrit "œuvre de Khadija". Ce cas révèle la participation féminine à la réalisation de différents travaux, dont la fabrication de céramique.

En ce qui concerne l'illustration des manuscrits, l'Égypte a suivi jusqu'au Xe/XVIe siècle le principe de l'exécution par un seul artiste – principe qui était appliqué par l'école arabe traditionnelle –, alors qu'en Iran et en Iraq les invasions mongoles avaient aboli cette pratique dès le VIIe/XIIIe siècle, répartissant le travail entre le scribe et l'illustrateur. La plupart des manuscrits mamelouks furent produits entre la fin du VIe/XIIIe siècle et la première moitié du VIIe/XIVe. Les œuvres littéraires et les traités scientifiques, comme les *Maqamat* (Séances) de al-Hariri, les fables animalières *Kalila wa-Dimna*, *al-Hiyal al-mikanikiyya* (les Automates) de al-Jazari, *al-Tanjim* (Astronomie) et *al-Furusiyya wa-funun al-mubaraza* (Arts de l'équitation et de la cavalerie), jouissaient d'une singulière popularité à des époques antérieures, et l'on continua à en faire des copies illustrées selon des modèles traditionnels de composition et d'exécution. Une traduction du perse vers le turc, en deux tomes, de *al-Chahnama* fut réalisée pour Qansuh al-Ghuri, et, avec 62 peintures, c'est l'unique cas que nous connaissions de manuscrit illustré commandé par un sultan mamelouk. L'art mamelouk influa aussi sur les expressions artistiques élaborées par d'autres cultures. Le damasquinage sur métal passa d'Égypte aux villes italiennes, notamment à Venise au IXe/XVe siècle, par l'intermédiaire des combattants croisés et des commerçants qui se rendaient en pèlerinage à Jérusalem. Un bon exemple en est fourni par une fontaine de cuivre incrustée d'or et d'argent fabriquée dans la ville de Venise et qui porte le blason de la famille Occhidicane, gouverneurs de Legnago (1256) ou de Campagna (1404), petits bourgs près de Vérone (Italie).

En France, au cours du second VIIe/XIIIe siècle, se fabriquent de petites pièces décoratives de cuivre à incrustations d'émaux. La ville de Limoges se spécialise dans la fabrication de ces pièces, que l'on connaît sous le nom de "jumeaux" parce qu'elles se fabriquent par paires: leur décoration est nettement islamique. Nous avons connaissance, dans la France du XIIIe/XVIIe siècle, de l'utilisation à des fins religieuses d'une vasque d'époque mamelouke. Il s'agit du Baptistère de saint Louis, qui est conservé au musée du Louvre à Paris. Cette vasque ne porte aucune date ni identification d'un quelconque mécène. Cependant, la perfection de la conception, la qualité de l'exécution et la précision du détail excluent qu'elle ait été fabriquée pour le marché public. Ces vasques servaient au lavement de mains protocolaire et étaient généralement accompagnées de brocs.

L'influence de l'art mamelouk sur les arts européens se révèle aussi dans l'emploi de la calligraphie *thoulouth* pour la décoration d'œuvres comme la statue de David achevée par Verrocchio en 1476 et qui se trouve au Musée du Bargello à Florence. La calligraphie *thoulouth* située sur les bords du vêtement est une imitation de lettres arabes. De même, l'inscription pseudo-coufique que l'on peut voir sur le tableau de Gentile da Fabriano l'*Adoration des Mages*, achevé en 1423 et conservé au Musée des Offices de Florence, témoigne de l'influence artistique à mettre au compte des accords commerciaux établis entre Florence et l'Égypte en 1421-1422.

L'art mamelouk du tissage de tapis influença considérablement la production ottomane, aussi bien dans la méthode de fabrication que dans la décoration. On trouve des exemples de tapis de style mamelouk dans la nouvelle mosquée de al-Walida, à Istanbul, érigée à l'époque du sultan ottoman Murad III (r. 981/1574-1106/1595). Le style des tapis de l'époque mamelouke se reconnaît aussi dans certaines œuvres d'art européennes, en particulier dans les tableaux de Carpaccio.

Certains chercheurs voient une influence des minarets mamelouks dans la forme des clochers de la fin de la Renaissance, forme qui sera reprise par l'architecte anglais Cristopher Wren pour le plan de la structure de ses tours.

De même, on attribue à l'influence de l'architecture mamelouke du Caire l'utilisation des formes rayées *(al-ablaq)*, c'est-à-dire l'alternance de rangées de pierre foncée et de pierre claire, que l'on remarque dans de nombreuses villes italiennes.

Ces aspects prééminents de l'impressionnant héritage architectural et artistique de l'époque mamelouke témoignent à l'évidence de l'habileté et de la créativité de ses artistes. S'il est vrai que tous les peuples possèdent un art auquel ils s'identifient, il n'en reste pas moins que la capacité des architectes et des artistes

Vasque, "Baptistère de saint Louis", Musée du Louvre (n° réf. 93CE2182), Paris.

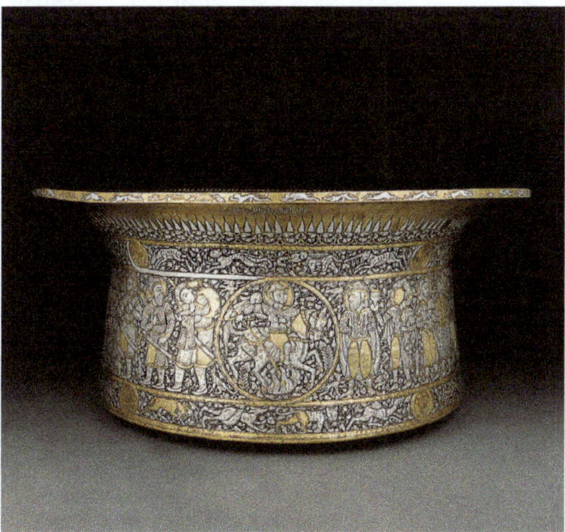

égyptiens à assimiler les arts des autres peuples, à s'en inspirer et à les réélaborer en introduisant des innovations issues de leurs propres réflexion et créativité est la meilleure preuve du génie des créateurs de la période mamelouke, un génie qui suivit une méthode semblable à celle des artistes dédiés aux beaux-arts dans les civilisations antiques et qui savaient mettre à profit les apports d'autres cultures.

S. B.

Présentation de l'exposition

Parmi les huit circuits sélectionnés pour offrir au visiteur un panorama complet des cultures et des arts qui s'épanouirent en Égypte durant la période mamelouke (648/1250-923/1517), les cinq premiers sont centrés sur la ville du Caire, principal siège du mécénat des sultans et des émirs.
Le Circuit I commence avec la visite au Musée d'Art Islamique, véritable porte d'accès à l'art mamelouk; les œuvres maîtresses choisies illustrent de façon tout à fait significative la production et le talent des artistes égyptiens dans leurs différentes spécialités (bois, céramique, damasquinage, verre, tapis), tout au long de cette époque. Puis nous explorerons l'intérieur de la Citadelle, siège du gouvernement et résidence du sultan d'Égypte et de Syrie, pour découvrir les tours des fortifications militaires où les Mamelouks *burguides* ou circassiens recevaient leur instruction. Entre autres édifices religieux et civils, nous nous arrêterons aux vestiges du palais de al-Nasir Muhammad Ibn Qalawun, qui doit à l'alternance de lignes blanches et noires le nom de Qasr al-Ablaq. À l'extérieur de la Citadelle, nous visiterons les palais des émirs et d'importants complexes religieux comme les mosquées et les *madrasas*.
Le circuit II, d'une durée de deux jours, parcourt l'itinéraire que suivait le cortège du sultan, l'une des plus importantes processions de l'époque mamelouke. C'est surtout l'importance de cet événement qui conduisit les sultans, les émirs et les hauts dignitaires de l'État à ériger leurs édifices le long des rues qui composaient cette promenade de luxe. Nous commencerons par le Cimetière Nord (ou des Mamelouks), où Farag Ibn Barquq inaugura la tradition qui consistait à construire de magnifiques ensembles funéraires. Toujours sur les traces du cortège à travers les rues résidentielles et commerçantes, nous visiterons de somptueux monuments qui nous révéleront les subtiles particularités architecturales et décoratives des époques *bahride* et *burguide*.
Le Circuit III permet d'apprécier l'épanouissement de l'activité culturelle dans la ville du Caire, qui influa fortement sur la multiplication des institutions éducatives. À travers la visite des édifices les plus remarquables, comme les *madrasas*, les mosquées, les *khanqas* et les hôpitaux, on mettra plus spécialement l'accent sur les différentes sciences étudiées, de même que sur les mécanismes utilisés pour financer et entretenir ces établissements par le biais du système du *waqf*.
Le Circuit IV a pour fil conducteur le Nil, source vitale de l'Égypte depuis des temps immémoriaux, qui nous fera constater l'importance majeure accordée à l'installation de nilomètres pour la mesure du niveau de l'eau qui permettaient de prévoir les risques d'inondations. En suivant le même chemin qu'empruntait le sultan pendant la célébration de la crue du Nil, c'est-à-dire quand le

fleuve atteignait le niveau approprié pour garantir les réserves d'eau nécessaires à la consommation domestique et à l'arrosage agricole, nous contemplerons différents ouvrages hydrauliques comme le nilomètre, l'aqueduc et les *sabils*, ainsi que les édifices construits par les grands émirs tout au long de cette partie du lit fluvial.

Le Circuit V se consacre d'une façon monographique à la prospérité commerciale acquise grâce aux succès des sultans face aux attaques mongoles et aux invasions franques. La garantie d'un marché stable entraîna la revitalisation des souks, et les sultans se consacrèrent à la construction d'établissements commerciaux. Nous visiterons un ensemble varié de ces édifices, comme les *wikalas* et les souks, pour nous familiariser avec l'ambiance et les caractéristiques des marchés de l'époque, dont beaucoup se sont maintenus jusqu'à nos jours.

Le Circuit VI nous conduit à Alexandrie, la porte de l'Occident, dont le port devint le plus important d'Égypte et le plus grand centre commercial du monde à l'époque mamelouke. Pour protéger les richesses et les marchandises qui arrivaient d'Orient, les sultans érigèrent des citadelles et des fortifications militaires, parmi lesquelles nous visiterons la Citadelle de Qaytbay, construite sur les fondations du phare antique, et les anciennes murailles de la Vieille Ville.

Le Circuit VII nous emmène vers l'embouchure du Nil dans la Méditerranée, dans la ville de Rosette, dont la situation stratégique incita le sultan al-Dahir Baybars à concevoir le port comme un poste d'observation efficace pour surveiller et contrôler la mer. C'est du port de Rosette que levèrent l'ancre les navires qui envahirent l'île de Chypre et la soumirent au pouvoir mamelouk. Dans ce centre commercial du delta de l'époque mamelouke, nous observerons les fortifications militaires construites sur les rives du Nil et de la mer, et nous aurons l'occasion d'identifier le style architectural local spécifique des édifices de la ville.

Avec le Circuit VIII, nous arrivons à la ville de Fuwa, d'où nous pourrons profiter d'une splendide vue panoramique sur le Nil. Située sur le bras du Nil qui débouche à Rosette, dans la province du riz, elle fut l'un des principaux centres commerciaux de l'époque mamelouke, et l'un des plus importants ports fluviaux. Parmi le grand nombre d'édifices séculiers et religieux répartis dans ses rues, nous visiterons les plus représentatifs de l'art mamelouk et découvrirons la manufacture de tapis et kilims qui font toujours la réputation de la cité.

T. T.

LA VILLE DU CAIRE À L'ÉPOQUE MAMELOUKE

Mohamed Hossam El-Din

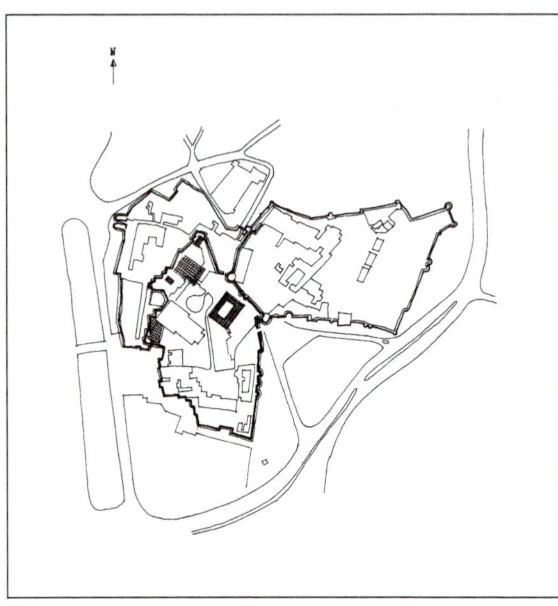

Plan de la Citadelle (dessin de Mohammed Rushdy), Le Caire.

À l'époque mamelouke, la configuration de la ville du Caire résulte de la fusion des précédentes capitales de l'Égypte islamique: la ville de Fustat, construite en 21/641 par Amr Ibn al-As, conquérant de l'Égypte; la ville de al-'Askar, élevée au nord-est de Fustat par les Abbassides en 133/750; toujours au nord-est, la ville de al-Qata'i', fondée en 256/870 lorsque Ahmad Ibn Touloun s'établit en Égypte et crée un État indépendant du califat abbasside; enfin la ville du Caire, construite un peu plus au nord en 358/969 par le général fatimide Gawhar al-Siqilli (le Sicilien). Le plan général de ces villes comportait une Grande Mosquée, le siège du gouvernement ou palais du calife et, dans les environs, les terrains sur lesquels s'élevaient les demeures réservées aux fonctionnaires de l'État et aux groupes de soldats. Les trois premières capitales avaient déjà été édifiées dans le prolongement l'une de l'autre lorsque Gawhar al-Siqilli entreprit la construction du Caire au nord-est de ces villes.

Sous le règne des Fatimides, la ville s'étendit dans toutes les directions. Ce phénomène se produisit naturellement, et s'explique vraisemblablement par l'augmentation des effectifs de l'armée et des personnels de l'État fatimide après l'installation en 362/973 du calife al-Mu'izz li-Din Allah, accompagné de sa vaste famille et d'un impressionnant contingent de soldats. Les habitants originaires du pays vivaient dans les agglomérations antérieures, tandis que la ville fatimide du Caire était occupée par le calife, son gouvernement et son armée.

Non content de mettre fin au califat fatimide en 569/1173, Salah al-Din al-Ayyoubi commence à forger pour son État le projet d'un nouveau centre incluant la Grande Mosquée, le palais du gouvernement et ses chancelleries, et les logements de l'armée. Il engage donc la construction d'une grande muraille destinée à englober les villes du Caire, de al-Qata'i', al-'Askar et Fustat pour en assurer le contrôle et la protection, et érige la Citadelle pratiquement au milieu du côté est de l'enceinte, sur une petite colline au pied du mont al-Muqattam. C'est ainsi que la ville du Caire se constitue comme une entité unique, et que s'ouvre une longue période au cours de laquelle elle atteindra une dimension impériale. C'est la première fois qu'est mené à bien le projet consistant à réunir l'ensemble des villes à l'intérieur d'une même enceinte, qui se transforme en véritable fortification. Mais l'entreprise ne put être achevée sous le règne de Salah al-Din; seul le pan nord de l'époque fatimide fut prolongé jusqu'au Nil. La muraille qui devait relier Fustat et *al-Qahira* ne put être terminée, et celle qui devait longer le Nil ne fut jamais construite.

À l'époque du sultan Baybars, le transfert du califat abbasside de Bagdad au Caire influa considérablement sur le développement et l'expansion de la ville, qui devint le siège du califat abbasside et la capitale de l'État mamelouk d'Égypte et de Syrie. Parallèlement, le pôle culturel de l'Islam se déplaçait au Caire, entraînant la revitalisation de la vie culturelle, scientifique et religieuse; les institutions éducatives et religieuses comme les *madrasas* et les *khanqas* se multiplièrent et se remplirent d'érudits et d'étudiants venant d'Orient et d'Occident. Par ailleurs, le climat de sécurité et de stabilité que garantissait l'État mamelouk au commerce arrivant d'Orient, ainsi que le fort développement démographique du Caire occasionné par l'immigration et par l'affluence des visiteurs, impulsèrent un tel essor aux marchés de la ville que la construction de différents établissements commerciaux s'avéra bien vite indispensable; si bien que les souks, regorgeant de toutes sortes de marchandises, étaient en perpétuelle ébullition. Les activités économiques acquirent une importance de premier plan, et l'on édifia quantité de *wikalas*, *caravansarays* et *khans*. Une bonne partie de cette activité se concentrait autour du principal axe nord-sud de la ville où les marchés, regroupés en corporations, donnaient leur nom à l'intersection correspondante de la rue. D'autres marchés se rassemblèrent à proximité de l'enceinte, au sud et à l'ouest, au niveau des axes transversaux.

Les souverains mamelouks commencèrent l'urbanisation à l'intérieur de la ville du Caire, mais leur action s'étendit aussi à l'extérieur. Dans la zone nord se trouvait le camp Qaraquch, spécialement dévolu aux sports militaires, où le sultan Baybars s'adonnait à la diane (*al-qabaq*, "le blanc"), un des jeux de tir et d'équitation. Il y érigea une Grande Mosquée et sur le reste du terrain, il fit construire des bâtiments qui furent constitués en *habous* pour couvrir les frais d'entretien de sa mosquée. Ce terrain de jeux, appelé place noire ou place de la diane, fut alors transféré dans la zone est – dite Désert ou Cimetière des Mamelouks –, qui s'étend de l'aire de al-Darrasa jusqu'à l'actuelle place al-Sayyida Aicha, et fut utilisé comme tel jusqu'à l'époque de al-Nasir Muhammad Ibn Qalawun. Plus tard, sultans et émirs commencèrent à construire des *madrasas* et des *khanqas*, auxquelles vinrent s'ajouter leurs tombes.

Au cours de la seconde moitié du IXe/XVe siècle, puis à l'époque des Mamelouks circassiens, l'activité constructive s'étend à l'est du camp Qaraquch dans la zone de al-Raydaniyya, actuelle al-'Abbasiya. Sous le sultan Qaytbay (872/1468-901/1496), l'émir Yachbak min Mahdi construit deux *koubbas*, l'une, dans la zone de al-Matariyya, face au palais de al-Koubba, en 882/1477; l'autre, connue sous le nom de *koubba* al-Fidawiyya, dans le quartier

Vue générale du Désert des Mamelouks: khanqas des sultans al-Achraf Barsbay et Farag Ibn Barquq, Le Caire.

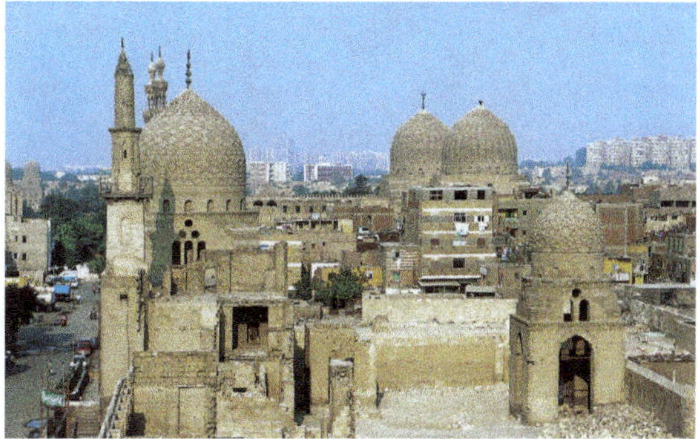

de al-'Abbasiyya, en 886-1481. De son côté, al-Muhammadi al-Damardach se fit construire une *koubba* dans la même zone, avant 901/1496. On bâtit tellement d'édifices autour de ces *koubbas* que lorsque le sultan Qaytbay et ses successeurs allaient se promener et se distraire, ils arrivaient jusqu'au monument funéraire de Yachbak à al-Matariyya, à l'extrême nord – mais peut-être Le Caire mamelouk englobait-il la zone des actuels jardins de *al-Koubba*.

Dans la partie occidentale de la ville, qui se déploie de l'ouest du canal au bord du Nil, et du Vieux-Caire au sud jusqu'à Chubra au nord, les terrains alluviaux du Nil finissent par former la zone qui s'étend de l'actuelle place de Ramsès jusqu'au quartier de Bulaq; l'île *al-Fil* est reliée à la terre ferme et permet au secteur de l'actuelle Chubra de se développer. Par conséquent, le port nord du Caire est transféré au VIIIe/XIVe siècle de la zone de la place de Ramsès à celle de Bulaq, laquelle, à partir de l'époque de al-Nasir Muhammad, se couvre de quantité de bâtiments, surtout commerciaux; les activités liées aux affaires du sultanat se déplacent également dans le secteur. Par ailleurs, au début du IXe/XVe siècle, à l'époque du sultan Barsbay, on construit dans la même zone le port fluvial et les hangars.

À l'est de la zone de Bulaq, à Bab al-Luq et Abidin, l'activité constructive commence avec l'arrivée des Mongols qui se convertissent à l'islam, à partir de l'époque du sultan Baybars, qui les loge dans cette zone.

Al-Nasir Muhammad Ibn Qalawun construisit à son tour la place *al-Sultani* et fit creuser à proximité le bassin al-Nasiriyya – où se trouve aujourd'hui le quartier du même nom –, tandis qu'alentour, les émirs élevaient nombre de bâtiments qui sont toujours sur pied. Plus tard, au cours de la seconde moitié du IXe/XVe siècle, à l'époque des Mamelouks circassiens, la construction reprend dans cette zone, et l'émir Azbak min Tatakh, sous le sultan Qaytbay, fait construire dans les

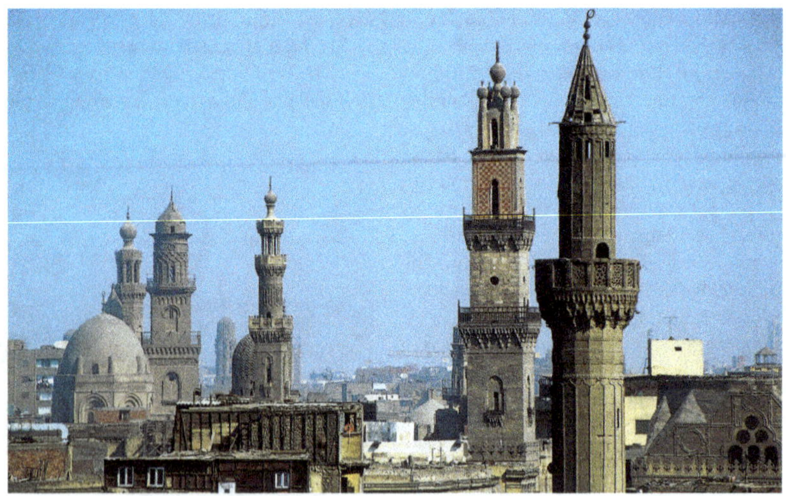

Vue générale depuis le haut de la rue al-Mu'izz : complexe du Sultan al-Ghuri, madrasa du Sultan Barsbay, complexe du Sultan al-Mansour Qalawun et madrasa du Sultan al-Nasir Muhammad, Le Caire.

environs du bassin de al-Azbakiya (dont le nom était réservoir de Batn al-Baqara). Vers 410/1019, le calife al-Dahir li-'I'zaz Din Allah fit aménager au même endroit les jardins al-Muqas, vers lesquels étaient canalisées les eaux du Nil depuis le canal al-Dikr.

À partir de la période comprise entre les années 880/1475 et 882-1477, la zone est connue sous le nom de Azbakiyya, en référence à l'émir Azbak, lequel, avec la construction de son propre palais et d'autres édifices alentour, en devient le principal promoteur. Non seulement il fit recreuser le réservoir, mais il en pava le périmètre et y transféra la source d'alimentation depuis le canal de al-Nasiri. Il faut signaler enfin le palais de Qasr al-Ayni, construit par al-Chahabi Ahmad Ibn al-Ayni à l'ouest de Bab al-Luq et qui, aujourd'hui encore, donne son nom à la zone.

La ville du Caire se distinguait par ses nombreux édifices, dont les multiples fonctions couvraient toute la gamme d'activités de l'époque. La plupart de ces bâtiments ont été conservés, parmi lesquels nombre de mosquées, *madrasas*, *khanqas*, *zaouïas* et *wikalas*, étant donné que si la ville était une capitale commerciale attirant les marchands et les négociants d'Orient et d'Occident, elle représentait aussi une destination privilégiée pour les étudiants et les lettrés. Entouré d'espaces de loisirs publics et de réservoirs industriels, Le Caire était une capitale débordante d'activité, mais en même temps tout à fait propice à la quiétude et au délassement de l'esprit.

Pour toutes ces raisons, Le Caire devint pour toutes les villes islamiques un véritable phare, dont l'opulence fascinait le monde. Par sa magnificence et son dynamisme, la société cairote attira des admirateurs venus des plus lointaines contrées. La ville du Caire a été décrite dans toute sa somptuosité, et à différentes époques, non seulement par ses propres enfants, mais aussi par de nombreux érudits du monde islamique qui vinrent visiter la métropole depuis l'Orient et l'Occident, tels Abd al-Latif al-Baghdadi, Yaqut al-Hamawi, Ibn Jubayr al-Andalusi et le voyageur le plus célèbre, Ibn Battuta.

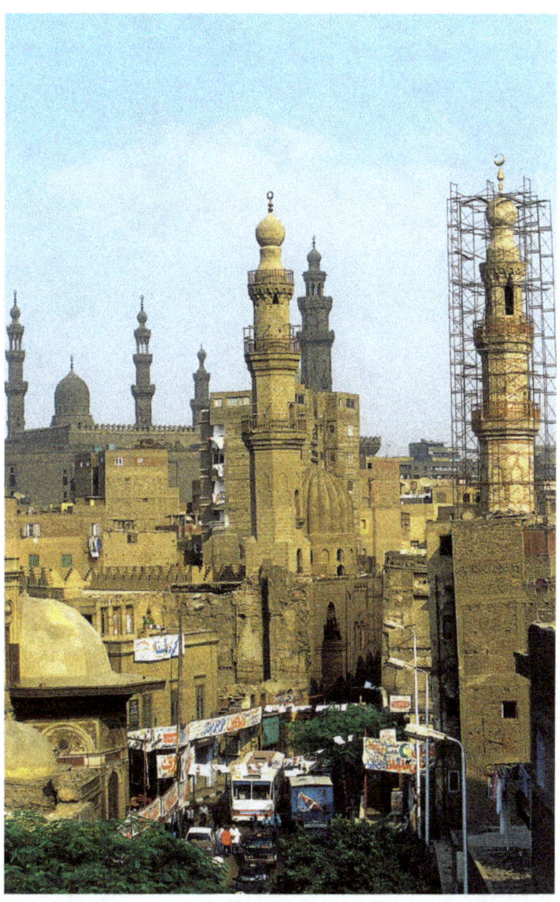

Rue al-Saliba: khanqa et koubba de Cheikhu, minarets de la mosquée du sultan Hassan, Le Caire.

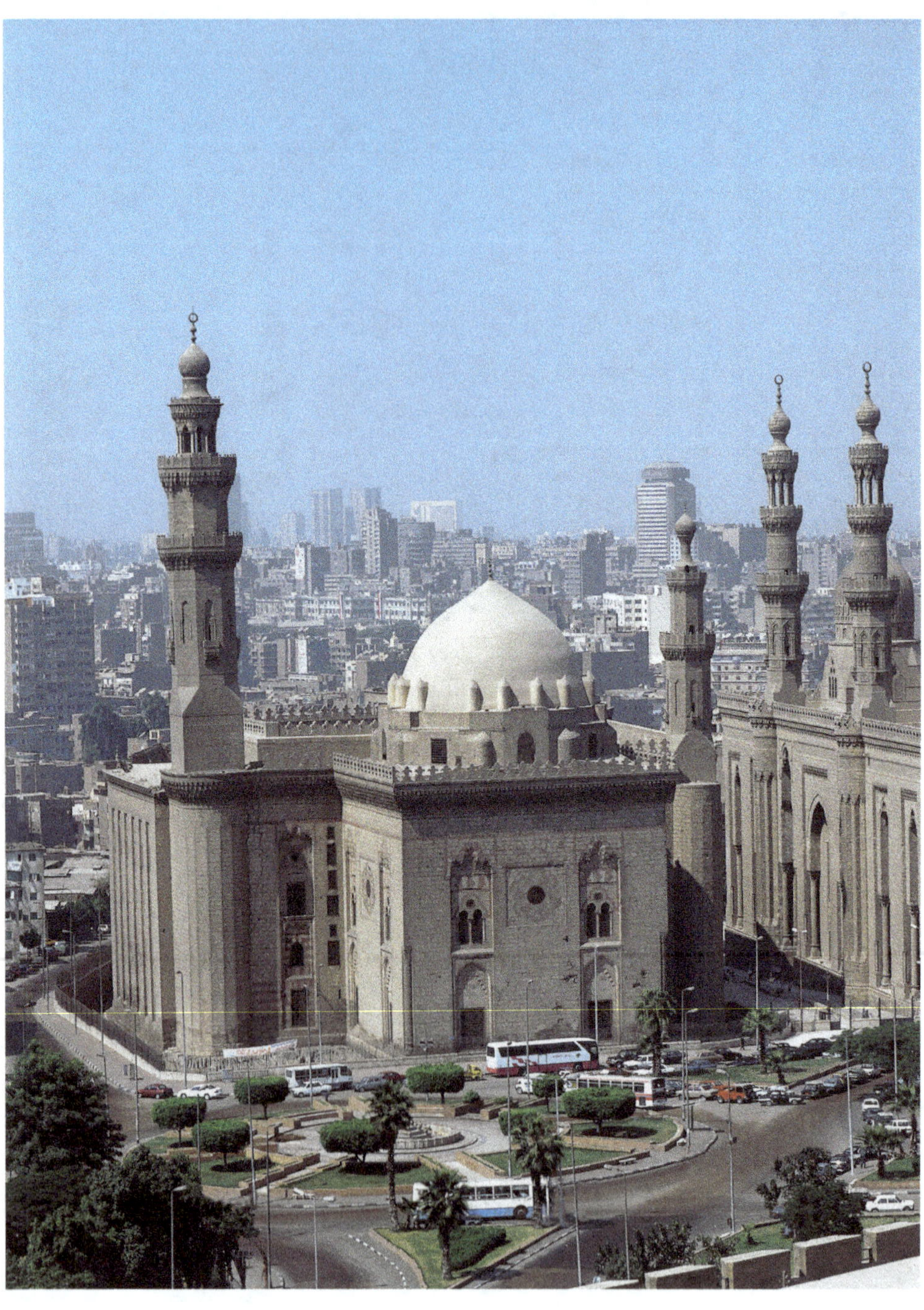

Le siège du sultanat (Citadelle et alentours)

Salah El-Bahnasi, Mohamed Hossam El-Din, Gamal Gad El-Rab, Tarek Torky

I.1 LE CAIRE

- I.1.a Musée d'Art Islamique
- I.1.b Les tours de la Citadelle: al-Ramla et al-Haddad
- I.1.c Tour du Sultan Baybars al-Bunduqdari
- I.1.d Ruines du palais al-Ablaq
- I.1.e Mosquée du Sultan al-Nasir Muhammad
- I.1.f Madrasa de Qanibay Émir Akhur
- I.1.g Mosquée et madrasa du Sultan Hassan
- I.1.h Madrasa de Gawhar al-Lala
- I.1.i Entrée du palais de Manjak al-Silahdar
- I.1.j Entrée du palais de Yachbak min Mahdi

Les costumes mamelouks
Sports et jeux à l'époque mamelouke

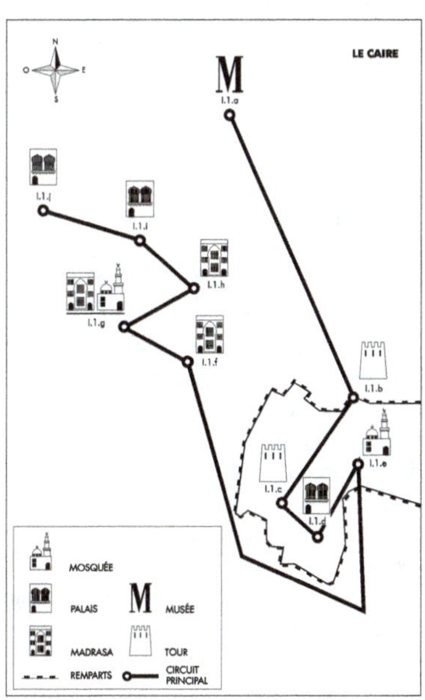

Mosquée et madrasa du sultan Hassan, vue générale, Le Caire.

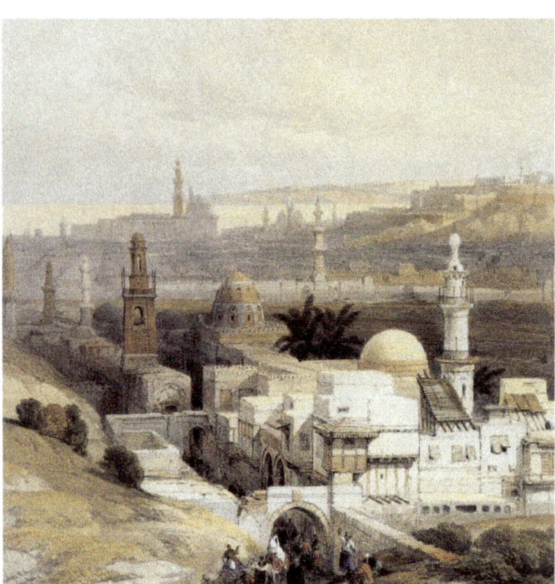

La Citadelle, vue depuis le Cimetière Nord, Le Caire (D. Roberts, 1996, avec l'aimable autorisation de l'Université Américaine du Caire).

En construisant sa Citadelle, Salah al-Din al-Ayyoubi avait l'intention d'en faire une forteresse défensive – et probablement aussi d'y installer le siège du sultanat – suffisamment éloignée des habitants du Caire dont, au début de son gouvernement, il doutait de la loyauté. Pour l'édification, il s'inspira du modèle en vigueur chez les croisés, et introduisit certaines innovations architecturales découvertes à la faveur de son séjour à Alep et des campagnes qu'il avait menées contre les croisés en Syrie et en Palestine; c'est le cas par exemple des portes en forme de coude, qui rendent l'accès difficile et qui assurent une meilleure défense, ou encore des mâchicoulis qui permettent d'observer et de harceler l'ennemi. C'est un point de vue rigoureusement défensif qui présida au choix de l'emplacement de la Citadelle, puisqu'elle domine la ville du Caire au nord et la ville de Fustat au sud, tandis qu'elle est limitée par le désert ou les collines rocheuses au nord et à l'ouest.

Muraille nord de la Citadelle (secteur militaire)

Salah al-Din confia la construction de la Citadelle à son ministre Baha' al-Din Qaraquch al-Asadi, qui commença l'ouvrage par le mur nord, auquel il donna un aspect irrégulier à titre d'élément défensif. Sur le mur ouest s'ouvre la porte principale, *al-Bab al-Mudarrag* (la Porte du Perron), surmontée d'une inscription fondatrice datée de 579/1183 et qui fut restaurée ultérieurement, en 709/1309, par le sultan al-Nasir Muhammad Ibn Qalawun. La muraille est ponctuée de nombreuses tours semi-circulaires, parmi lesquelles al-Ramla et al-Haddad, situées dans l'angle oriental (I.1.b). Dans cette partie, qui était réservée à l'armée, on construisit pour le logement des Mamelouks des appartements dont il ne reste plus rien aujourd'hui.

En 901/1496 le chevalier allemand Arnold Von Haref, qui se rendait à Jérusalem, arriva au Caire et obtint du sultan d'Égypte, al-Nasir Muhammad Ibn Qaytbay, l'autorisation de voyager en Palestine et en Syrie. Le sultan s'intéressa à sa personne et l'invita à séjourner dans la Citadelle. C'est pourquoi le livre que Von Haref rapporta de son voyage fourmille d'observations sur les palais, les maisons et l'école des Mamelouks, où étudiaient 500 jeunes qui s'entraînaient à l'art de l'équitation et apprenaient à lire et à écrire.

À côté de Bab al-Mudarrag, trois plaques de marbre mentionnent les successives restaurations menées à bien par différents sultans: la première, réalisée par le sultan Jaqmaq (842/1438), fut celle de la porte; la deuxième correspond au sultan Qaytbay (872/1468), et la troisième est due au sultan al-'Adil Tumanbay (922/1516) – toutes deux destinées à consolider les murailles de la Citadelle.

Muraille sud de la Citadelle (secteur résidentiel)

Il est attesté que le premier élément qui fut construit dans cette zone est un puits creusé par Qaraquch, pendant que s'élevait le mur nord de l'enceinte. Ce puits, qui assurait l'approvisionnement en eau de la garnison et dans lequel on descendait par un escalier en colimaçon, est divisé en deux parties: une noria équipée de godets en argile élevait l'eau jusqu'à un dépôt situé à mi-hauteur, puis d'autres roues prenaient la relève pour remonter l'eau jusqu'à la surface.
Plus tard, le sultan al-Kamil Ibn al-'Adil al-Ayyoubi édifia les palais royaux, dans lesquels il établit le siège du pouvoir et où il s'installa avec sa famille et son gouvernement. Depuis lors, la Citadelle resta siège du gouvernement et résidence des gouverneurs d'Égypte jusqu'en 1291/1874, époque du khédive Isma'il. Avec l'arrivée des sultans mamelouks, on reconstruisit les palais royaux érigés par al-Kamil pour édifier à leur place trois résidences royales: les palais al-Guwaniyya, près du palais al-Ablaq (I.1.d). De même, le sultan al-Nasir Muhammad construisit le grand *iwan* dans lequel se réunissait le conseil du sultan. Le mur sud de l'enceinte fut entouré par une autre muraille dont on peut encore observer les vestiges dans la tour al-Siba' (I.1.c), qui remonte à l'époque du sultan Baybars al-Bunduqdari.
Ces murailles séparaient la zone résidentielle des écuries du sultan. Parmi les plus importants bâtisseurs de la Citadelle figurent le sultan Baybars et la famille Qalawun, qui y établirent le siège du sultanat mamelouk de façon effective. Contrairement à ce qui s'était passé à la première époque de la Citadelle, où les gouverneurs ayyoubides s'appliquaient à éviter le contact avec les habitants, ces deux sultans s'attachèrent à ouvrir la Citadelle à la ville. Dans la zone des écuries se trouve la mosquée connue sous le nom de Ahmad Katkhuda al-'Azab, qui remonte à l'époque des Mamelouks *burguides*; elle fut construite en 801/1399 sous le règne de Farag Ibn Barquq.

Monuments mamelouks à l'extérieur de la Citadelle

À l'époque des sultans mamelouks, la façade qui donne sur la place de la Citadelle (al-Rumayla) fut magnifiée par un ensemble de splendides palais reflétant parfaitement la grandeur et l'opulence du sultanat. La place de la Citadelle est consi-

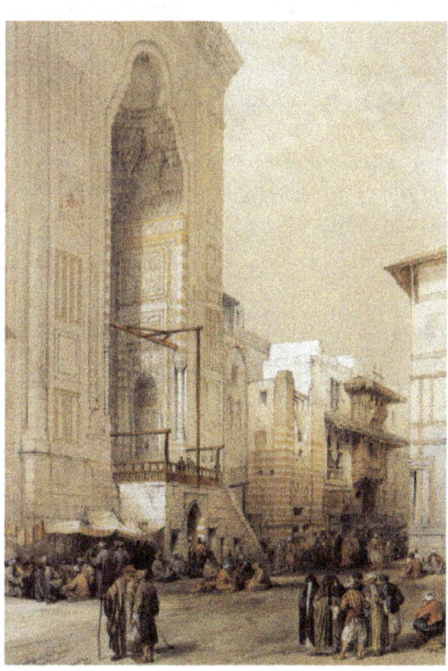

Mosquée et madrasa du sultan Hassan, entrée, Le Caire (D. Roberts, 1996, avec l'aimable autorisation de l'Université Américaine du Caire).

dérée comme l'une des plus anciennes du Caire. Dès le début du VIe/XIIe siècle, sous le gouvernement des Ayyoubides, elle devint le centre de gravité de la capitale. Le sultan al-Nasir Muhammad Ibn Qalawun urbanisa la place, y planta des palmiers et d'autres arbres; tout autour fut construit un mur de pierre, si bien que la place devint un vaste espace qui s'étendait sous les murailles de la Citadelle depuis la porte des écuries jusqu'à la porte de l'actuelle place Sayyida Aicha.

À l'époque mamelouke, l'activité constructive se poursuivit à l'extérieur de la Citadelle et aux alentours de la place du même nom, où, sous le sultan Baybars, s'édifièrent les demeures des émirs et de leurs successeurs. Parmi les bâtiments remarquables, il faut mentionner les palais de Yachbak min Mahdi (I.1.j), de Manjak al-Silahdar (I.1.i) et de Alin Aq al-Husami. Dans la zone furent également transférés le souk des chevaux (*al-Khuyul*) et le souk des armes (*al-Silah*), situé à proximité de la mosquée du sultan Hassan, et que l'on considère comme un parfait modèle de souk spécialisé.

Autour de la Citadelle s'élevèrent de nombreux monuments religieux, notamment les *madrasas* de Qanibay Émir Akhur (I.1.f), du sultan Hassan (I.1.g) et de Gawhar al-Lala (I.1.h).

M. H. D. et T. T.

I.1 LE CAIRE

I.1.a Musée d'Art Islamique

Il est situé dans la zone de Bab al-Khalq, en face de la Direction de la Sécurité du Caire. Horaires : de 9:00 à 16:00; vendredi fermeture de 11:30 à 12:30 en hiver et de 13:00 à 14:00 en été. Entrée payante

C'est en 1880 que fut constituée la Commission pour la Conservation des Monuments Arabes, qui entreprit de réaliser l'inventaire complet des œuvres d'art provenant des maisons et palais islamiques et des mosquées. 110 de ces pièces furent transférées dans un édifice érigé dans la cour de la mosquée fatimide de al-Hakim bi-Amr Allah, à côté de la muraille nord de la ville du Caire, et qu'on appela Musée Archéologique Arabe. La collection s'enrichit progressivement des œuvres remises par la Commission, et le premier catalogue de cet ensemble fut publié en 1895. Étant donné l'exiguïté du lieu, on construisit en 1903 sur la place de Bab al-Khalq, à côté de la Bibliothèque Nationale Égyptienne, un vaste musée où l'on transféra les acquisitions du Musée Archéologique Arabe. L'édifice, construit dans le style islamique pour rester en harmonie avec les œuvres exposées, conserva le même nom. En 1953, étant donné que les fonds réunis dans le musée ne relevaient plus du seul héritage artistique des pays arabes, mais incluaient diverses collections d'œuvres d'art provenant de pays islamiques non arabes comme l'Iran, l'Inde, la Turquie, etc., il fut décidé de le rebaptiser Musée d'Art Islamique.

Le Musée abrite la plus grande collection archéologique islamique du monde – quelque 100 000 pièces – présentée dans 25 salles réparties sur deux étages, par ordre chronologique – de l'époque omeyyade jusqu'à la fin de la période ottomane –, et classée selon les matériaux de fabrication utilisés et les pays d'origine. Parmi les acquisitions, l'ensemble d'œuvres d'art de la période mamelouke occupe une place de choix, et comprend entre autres une collection de récipients de céramique – imitations de la porcelaine et du céladon chinois, et de la céramique iranienne de Sultanabad – et une collection d'œuvres de

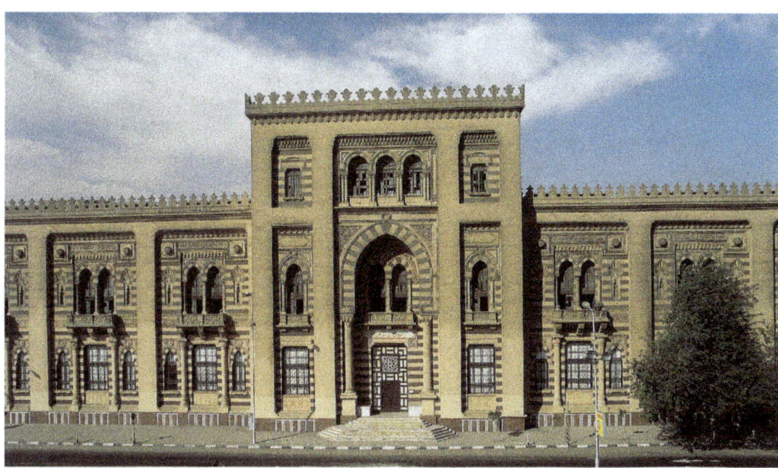

Musée d'Art Islamique, façade principale, Le Caire.

terre cuite émaillée caractérisées par l'utilisation d'inscriptions et de devises ou blasons des sultans et des émirs mamelouks.

De même, la collection de pièces de bois du musée présente les différentes techniques utilisées dans la décoration de ce matériau, comme la sculpture, le bois tourné et la marqueterie. Parmi les pièces les plus importantes, on remarquera une jalousie de bois exécutée selon la technique du bois tourné, qui provient de la *madrasa* du sultan Hassan, et le coffre à Coran, décoré de marbre et d'ébène, provenant de la *madrasa* de Oum al-Sultan Cha'ban.

Parmi les chefs-d'œuvre mamelouks conservés dans le musée, une collection d'objets de métal permet d'apprécier le degré de perfection atteint à cette époque, en même temps que l'habileté des artisans à réaliser tout type de décorations en or et en argent sur les récipients en cuivre. Sans doute le candélabre de Zayn al-Din Katbugha, *kursi al-'acha'* (table à repas) du sultan al-Nasir Muhammad et le candélabre de Qaytbay sont-ils

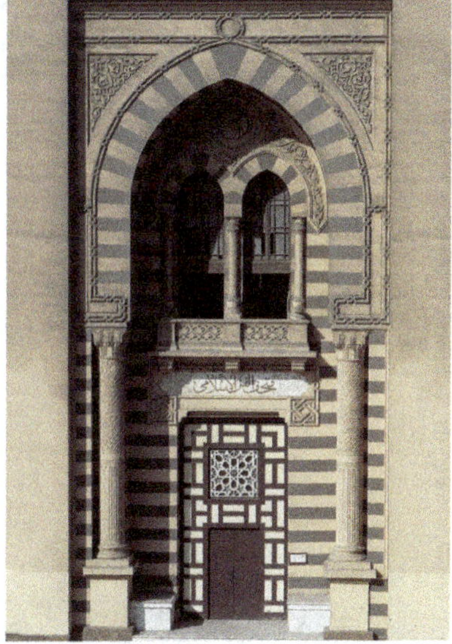

Musée d'Art Islamique, entrée, Le Caire.

les exemples les plus représentatifs de l'art du métal de la période mamelouke. C'est encore à cette époque que la technique de décoration sur verre émaillé atteignit son plus haut niveau de précision et de

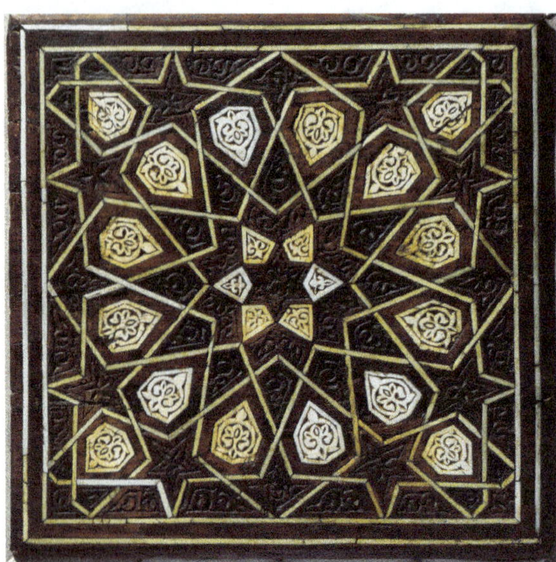

Panneau en bois, Musée d'Art Islamique (n° reg. 11719), Le Caire.

perfection. En témoigne à l'évidence la collection de lampes de verre de l'époque mamelouke, composée de 60 pièces – parmi les 300 lampes réparties dans les différents musées de la planète – dont les plus remarquables sont celles du sultan al-Nasir Muhammad Ibn Qalawun, qui proviennent de la *madrasa* al-Nahhasin, les 19 lampes qui portent le nom et les titres du sultan Hassan, fils de al-Nasir Muhammad Ibn Qalawun, et celles du sultan al-Achraf Cha'ban. La collection de textiles de la période mamelouke met en relief les caractéristiques de cet art. Une pièce de soie à décor de léopards et sur laquelle figure le nom du sultan al-Nasir Muhammad se distingue par la finesse du tissage et la beauté du décor. L'extrême habileté dont firent preuve les artisans dans la confection des tapis explique l'engouement des Européens, qui en importèrent massivement. La diffusion des tapis mamelouks en Europe est aussi attestée par l'influence qu'ils ont exercée sur les œuvres de certains artistes de la Renaissance, notamment en Italie et principalement dans les tableaux de Carpaccio. Au rang des œuvres majeures, il faut citer un certain nombre de manuscrits qui permettent de comprendre la technique de production bibliographique de l'époque, depuis la calligraphie, l'enluminure et la dorure jusqu'à la reliure. Ces manuscrits, et plus particulièrement celui connu sous le nom de *Al'ab al-Furusiyya*, démontrent que l'école d'enluminure égyptienne conserva les caractéristiques de l'école arabe, alors que celle-ci avait déjà disparu en Iran et en Iraq à la suite de l'invasion mongole.

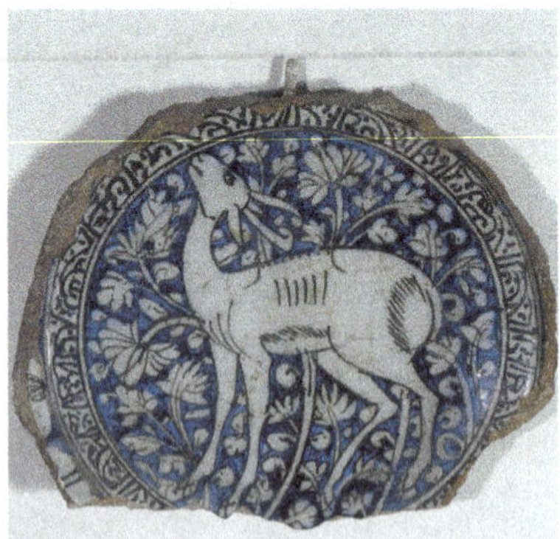

Terrine en céramique, Musée d'Art Islamique (n° reg. 5707), Le Caire.

Parmi les acquisitions les plus importantes du Musée d'Art Islamique du Caire se trouve la collection numismatique mamelouke, composée de dinars en or, de dirhams en argent et de monnaies de cuivre, riches en inscriptions.

S. B.

Panneau en bois décoré

(Salle mamelouke, n° de registre 11719, VIIIe/XIVe siècle)

La décoration de ce panneau en bois est réalisée avec un assemblage de fins élé-

Musée d'Art Islamique (n° reg. 4463), Le Caire.

ments qui adoptent des formes géométriques. Au centre apparaît une figure étoilée incrustée de marbre et d'ébène.

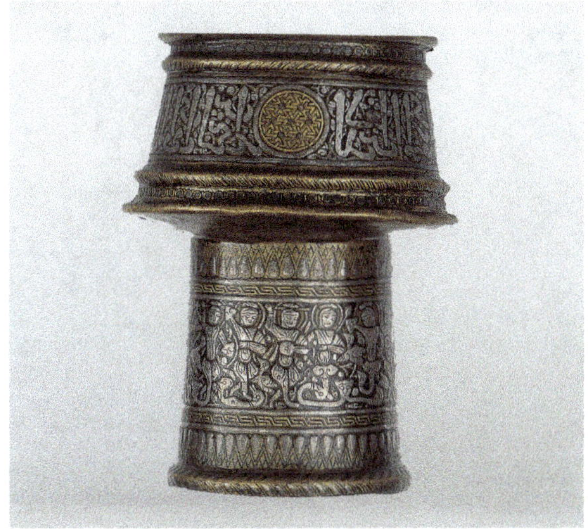

Terrine en céramique
(Salle mamelouke, n° de registre 5707, VIIIe/XIVe siècle)

Cette grande terrine en céramique est décorée, sous l'émail vernissé, d'une gazelle levant la tête comme pour manger les feuilles des arbres. Le dessin est cerné de blanc sur fond bleu, lui-même décoré de branches couvertes de feuilles et de fleurs de lotus de style chinois. Les dessins sont ceints d'un bandeau circulaire semblable aux inscriptions calligraphiées de style *naskhide* avec des lettres délicates d'une suprême élégance.

Chandelier en laiton
(Salle mamelouke, n° de registre 4463, VIIe/XIIIe siècle)

Ce chandelier en laiton incrusté d'argent (14 cm de hauteur et 8 cm de diamètre dans la partie supérieure) possède une base cylindrique qui s'étrécit en forme de cône et se termine par une bobèche à bords en saillie. La base est entourée d'un large bandeau portant une inscription *naskhide* dont les hampes des lettres prennent la forme de ballerines et sur laquelle on peut lire: "la gloire et la vie éternelle sont le triomphe sur les ennemis". Sur les bords de la bobèche court une calligraphie également *naskhide* sur un fond de petites feuilles éparses séparées les unes des autres, avec le texte suivant: "La *tachtakhana* (resserre spécialement affectée à la vaisselle et aux ustensiles de cuisine du sultan) de ce noble lieu a été peinte par l'excellent maître Zayn al-'Abidin Katbugha, le victorieux, le glorieux".

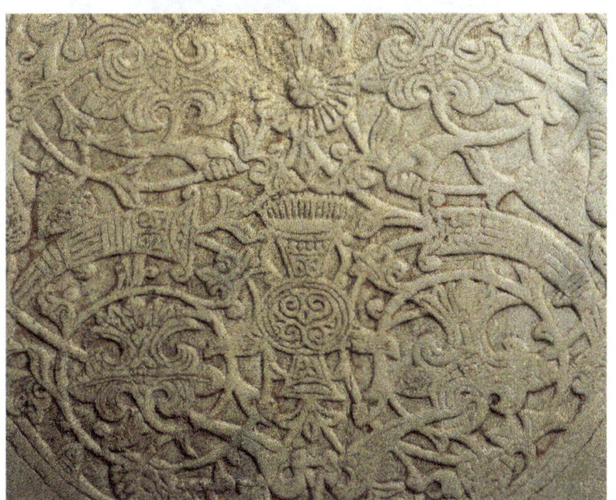

Plaque de marbre, Musée d'Art Islamique (n° reg. 278), Le Caire.

Plaque de marbre décorée
(Salle mamelouke, n° de registre 278, VIIIe/XIVe siècle)

Au centre de cette plaque de marbre décorée figure un grand médaillon ovale. La décoration, en bas-relief, présente un

Lampe en verre, Musée d'Art Islamique (n° reg. 33), Le Caire.

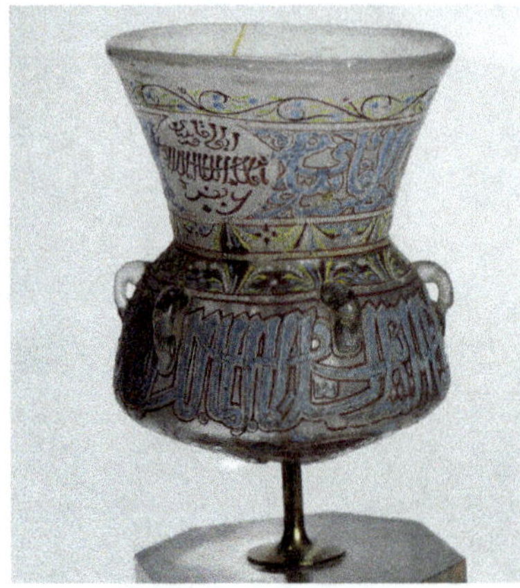

Lampe en verre, Musée d'Art Islamique (n° reg. 270), Le Caire.

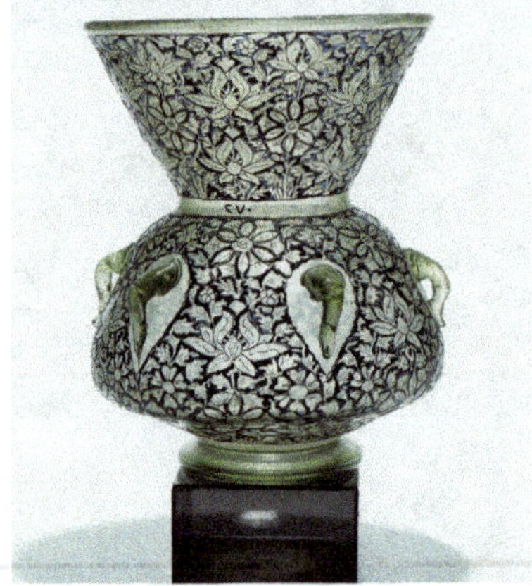

fond orné de fleurs, de branches, d'oiseaux et de mains accrochées aux branches. La plaque provient de la mosquée que l'émir Sarghatmich fit construire au Caire en 757/1356 (IV.1.h).

Lampe en verre (Salle du verre, n° de registre 33, IXe/XVe siècle)

Cette lampe en verre décorée d'émail rouge et bleu est ornée d'inscriptions sur lesquelles figure le nom du sultan Qaytbay. La base a disparu, mais le col est entouré d'un bandeau à décoration florale dont les motifs renaissants prouvent qu'elle est de fabrication européenne, probablement de Venise, Italie.

Lampe en verre (Salle du verre, n° de registre 270, VIIIe/XIVe siècle)

Cette lampe en verre émaillé rouge et bleu, avec un peu de doré, mesure 33 cm de hauteur et 25 cm de diamètre au col. Elle est décorée de dessins symétriques de fleurs de lotus et de pivoines, motifs courants dans le style chinois, sur un fond de fleurs plus petites à six pétales et de petites feuilles végétales. Les dessins sont cernés d'un trait d'émail rouge sur fond d'émail bleu. La lampe, à anses appliquées, provient de la mosquée du sultan Hassan (I.1.g).

Fragment de tapis
(Salle des tapis, n° de registre 1651)

Ce fragment de tapis de style mamelouk est décoré de motifs géométriques et mesure 20,9 m de long sur 1,94 m de large. Au

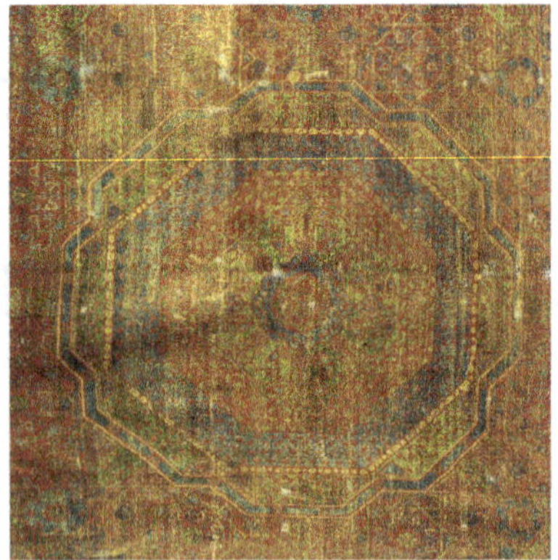

Fragment de tapis, Musée d'Art Islamique (n° reg. 1651), Le Caire.

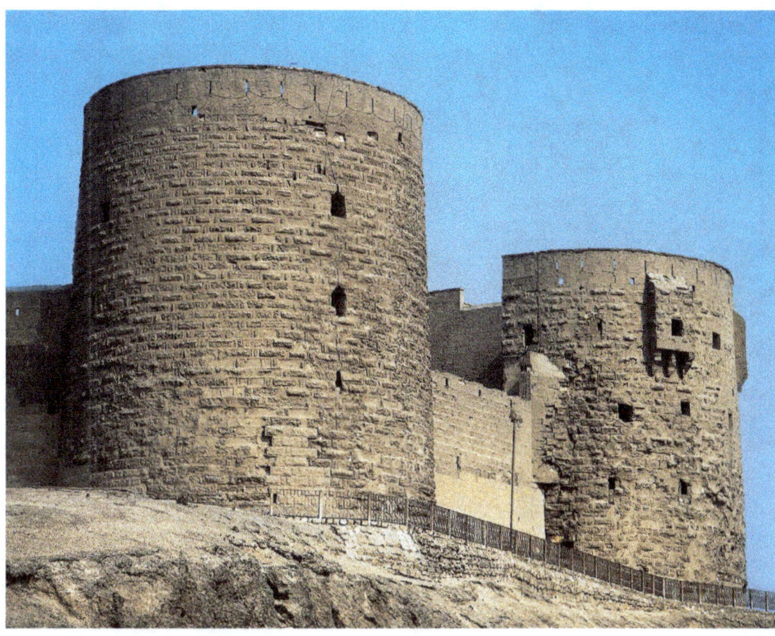

Tours al-Ramla et al-Haddad, Le Caire.

centre figure un grand médaillon octogonal à étoiles à huit branches de couleur rouge, violet, bleu ciel et blanc.

T. T.

I.1.b **Les tours de la Citadelle: al-Ramla et al-Haddad**

On peut arriver à la citadelle par l'avenue Salah Salim, en direction du mont al-Muqattam, puis entrer par l'actuelle porte principale, devant laquelle se trouve un parc de stationnement pour les autobus de tourisme et les voitures. Les tours al-Ramla et al-Haddad se trouvent dans le secteur militaire de la Citadelle, sur sa limite orientale.
À côté de la muraille et des tours se trouve un théâtre de plein air (Mahka al-Qal'a), inauguré en 1994, qui accueille des expositions et des représentations artistiques, des concerts et des festivals d'été.
À côté de l'amphithéâtre se trouvent des toilettes, de même qu'à l'intérieur de la Citadelle, qui dispose aussi d'une cafétéria.
Horaires: de 8:00 du matin jusqu'au coucher du soleil. Entrée payante.

Dès qu'elles furent construites, les tours (sing. *burg*) de la Citadelle servirent de casernements aux soldats, mais elles sont plus spécialement associées aux Mamelouks circassiens à partir du règne du sultan al-Mansour Qalawun qui les y installa dès leur arrivée en Égypte, d'où leur appellation de Mamelouks *burguides*.
Parmi les tours situées sur le secteur nord de la muraille de la Citadelle, al-Ramla et al-Haddad se trouvent à l'extrémité orientale. D'une hauteur totale de 21 m,

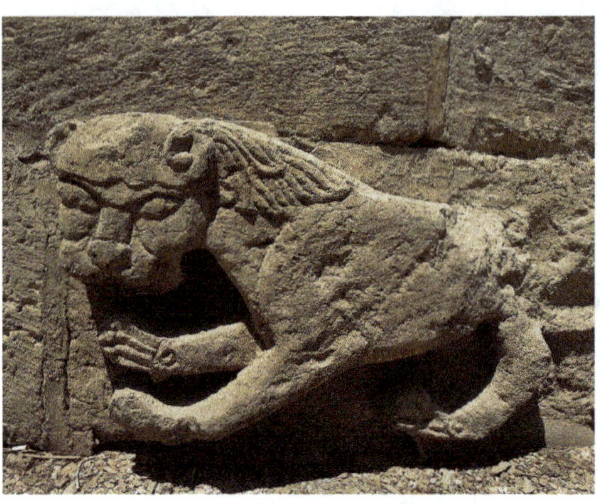

Tour du sultan Baybars al-Bunduqdari (Burg al-Siba'), emblème du sultan Baybars sur la façade, Le Caire.

ces tours circulaires comportent trois niveaux, dont celui de la terrasse. Dans les murs de pierres appareillées en bossage s'ouvrent des meurtrières, plus larges dans la partie intérieure qu'à l'extérieur. Ces embrasures furent élargies sous le règne du sultan al-'Adil, frère de Salah al-Din, et l'on y accède depuis une plateforme couverte d'une voûte.

Un escalier intérieur conduit au dernier étage découvert dont le parapet ménage des ouvertures à travers lesquelles on exécutait les tâches de surveillance et de contrôle.

La tour al-Haddad se distingue tant de al-Ramla que des autres tours en ce qu'elle est dotée d'un niveau intermédiaire en forme d'octogone, dont l'organisation rappelle celle d'une *durqa'a*, et de quatre mâchicoulis soutenus par des consoles.

G. G. R.

Du haut des tours, le visiteur peut contempler la vue panoramique qu'offre le mont al-Muqattam et embrasser d'un seul regard la mosquée de al-Guyuchi, l'avenue Salah Salim et les ruines des tours de la Citadelle et de la muraille qui l'entoure.

I.1.c Tour du Sultan Baybars al-Bunduqdari

Cette tour se trouve dans le secteur résidentiel de la Citadelle, à l'angle de la muraille nord et de la muraille ouest, où l'on a construit en 1983 le Musée de la Police, qui dispose d'une cafétéria.

Le sultan Baybars al-Bunduqdari érigea la tour connue sous le nom de Burg al-Siba' (Tour des Lions) à l'intérieur de la Citadelle, à l'intersection des murs nord et ouest du secteur sud de l'enceinte; ce qui explique qu'elle soit mentionnée comme "Tour de l'Angle" sous la plume des historiens. Elle doit son nom à la décoration de la partie supérieure de sa façade – mise au jour lors de la construction du Musée de la Police – qui fait intervenir des figures de lions, l'emblème du sultan Baybars que l'on retrouve sur tous ses édifices. Sur les façades du palais al-Ablaq, qu'il fit construire à Marja, Damas, on peignit pas moins de 100 lions sur la façade est et 12 sur la façade nord. Des lions figuraient aussi sur les ponts – aujourd'hui disparus – qu'il construisit au Caire (dans l'actuel quartier de al-Sayyida Zaynab), et qui étaient donc appelés "Ponts al-Siba'".

S. B.

L'endroit offre une vue panoramique sur le Vieux-Caire et sur le Caire moderne. En se tournant vers la place de la Citadelle, on a une vision d'ensemble des monuments les plus importants; parmi eux, les mosquées du sultan Hassan et de al-Rifa'i, les madrasas de Qanibay Émir Akhur et de Gawhar al-Lala, la mosquée al-Mahmudiyya, celle d'Ibn Tou-

loun, ainsi que des centaines de minarets épars, qui composent un tableau aussi splendide qu'inoubliable.

I.1.d **Ruines du palais al-Ablaq**

Les ruines du palais al-Ablaq se trouvent à proximité de la tour du sultan Baybars al-Bunduqdari, au-dessous du niveau actuel du sol.

En 713/1313, le sultan al-Nasir Muhammad Ibn Qalawun construisit son palais, appelé al-Ablaq, sur le côté ouest de la zone sud de la Citadelle de Salah al-Din. On peut supposer qu'il s'étendait du mur extérieur de la Citadelle jusqu'au vestibule du palais al-Gawhara, puisque cette zone a livré des vestiges appartenant au même palais. Celui-ci était réservé aux réceptions quotidiennes du sultan et, plus particulièrement, à la gestion des affaires du pays; il s'y tenait aussi des cérémonies spéciales. Quant à son nom, il fait référence à la technique de construction dite système *ablaq*, qui consiste à alterner des lits de pierres noires et blanches, couleur qui est devenue jaune au fil du temps.
La mise au jour des vestiges archéologiques a permis de révéler l'organisation du plan, composé de deux *iwans* et d'une *durqa'a*, conformément à la disposition des palais de l'époque, tels ceux de Alin Aq al-Husami et de Bachtak (Circuit II). On peut donc établir que le palais comptait deux *iwans*, entre lesquels se trouvait une *durqa'a*, couverte au centre par une coupole. Depuis l'*iwan* septentrional, plus grand que l'*iwan* méridional, le sultan pouvait voir ses écuries impériales, le souk des chevaux *(al-Khuyul)* sur la place de la Citadelle et la ville du Caire, puis tout le panorama depuis le Nil jusqu'à Gizeh. Par l'*iwan* méridional, on accède aux autres dépendances du palais et à l'ensemble des édifices construits par al-Nasir Muhammad dans la Citadelle, tels le grand *iwan* et les palais al-Guwaniyya. Bien que le palais ait perdu de son apparence de richesse et de somptuosité pour cause d'abandon – l'époque ottomane le transforma en atelier réservé à la confection de la *kiswa* de la *Ka'ba*, et Muhammad Ali Pacha (1220/1805-1265/1849) éleva sa mosquée sur la partie du palais qui était occupée par la salle des colonnes –, nous sommes tout de même documentés sur quelques caractéristiques de la décoration grâce aux *Khitat* de l'historien al-Maqrizi, dans lesquels il

Ruines du palais al-Ablaq dans la Citadelle, Le Caire (dessin de Mohammed Rushdy).

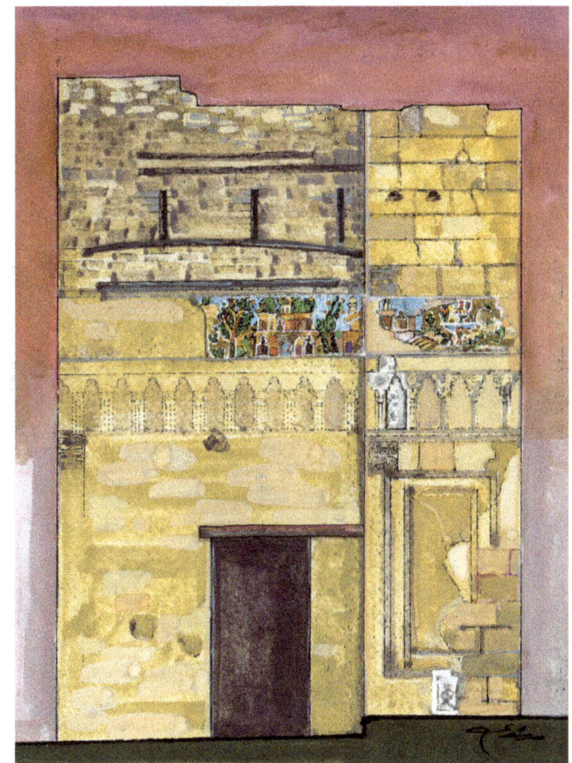

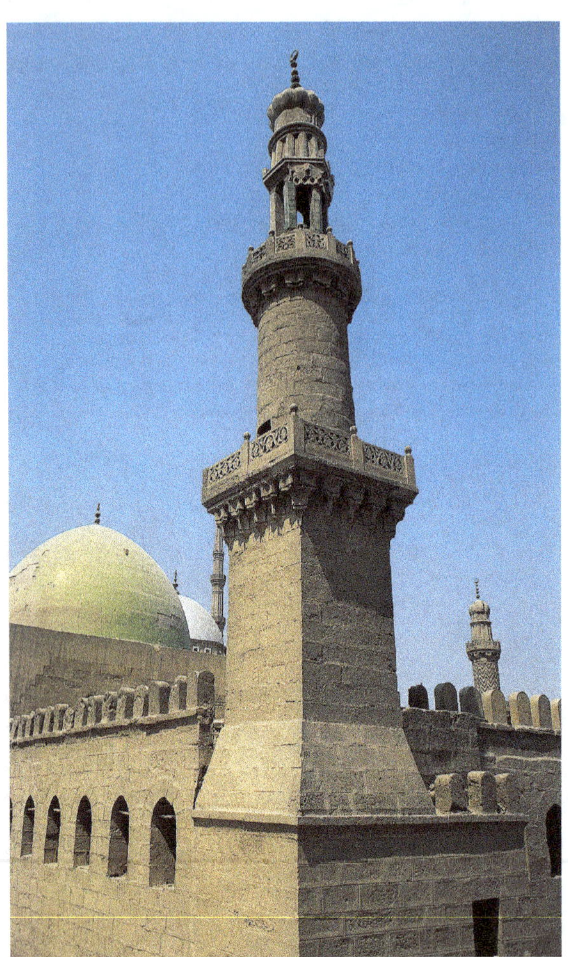

Mosquée du sultan al-Nasir Muhammad, coupole et minaret, Le Caire.

précise que les sols et les murs étaient dallés de marbre, tandis que les toits étaient revêtus d'or et de lapis-lazuli. La partie inférieure de l'une des parois de la *durqa'a* conserve encore quelques fragments du revêtement de marbre; sur la partie supérieure de la même paroi, des vestiges de mosaïque de marbre doré indiquent que c'est bien un panneau complet qui recouvrait tout le mur. Cette mosaïque présente des éléments floraux et géométriques très proches des panneaux que l'on peut voir dans la mosquée omeyyade de Damas.

S. B.

I.1.e Mosquée du Sultan al-Nasir Muhammad

Cette mosquée se trouve dans l'enceinte de la Citadelle, face à Bab al-Qulla; on y arrive après avoir laissé la zone du Musée de la Police.

Le troisième règne de al-Nasir Muhammad (709/1310-740/1340) fut marqué par le considérable développement du Caire et par l'intensité de l'édification monumentale dans la ville. Le sultan lança un vaste programme constructif dans la Citadelle, et les énormes coupoles de son palais (al-Ablaq) et de sa mosquée (respectivement 8 et 15 m de diamètre) dominèrent l'horizon du Caire jusqu'au XIIIe-XIXe siècle, époque à laquelle Muhammad Ali y érigea sa propre mosquée.
En 718/1318, le sultan al-Nasir Muhammad Ibn Qalawun fit construire cette mosquée dans la partie méridionale de la Citadelle. Plus tard, en 735/1335, elle fut agrandie pour atteindre une capacité de près de 5 000 fidèles, et demeura mosquée du vendredi pour les habitants de la Citadelle et des environs jusqu'à la fin de l'administration mamelouke, puis à l'époque ottomane.
La mosquée semble comme suspendue, puisqu'on aperçoit une partie des arcs du niveau inférieur. De forme rectangulaire (63 m x 57 m), elle s'organise autour d'une cour centrale entourée de quatre

portiques à deux niveaux – le plus grand est celui de la *qibla* – dont les arcs en fer à cheval reposent sur des colonnes de marbre et de granit provenant d'édifices d'époques antérieures (époques Ptolémée, romaine et copte) qui furent utilisées en remploi dans la mosquée. Face au *mihrab* de cette salle de prière, les deux premières nefs ont été amputées de deux colonnes pour ménager un espace carré comportant un total de 9 travées et surmonté d'une coupole originairement en bois, mais qui a été remaniée à plusieurs reprises et récemment reconstruite.

Le reste de la toiture de la salle *qibla* est en bois, et son plafond lambrissé est formé de petits octogones. Sur le mur de *qibla*, le *mihrab* est flanqué de deux niches étroites qui s'élèvent jusqu'à sa propre hauteur depuis le niveau du sol; l'ensemble de ce panneau est revêtu de marbre et de nacre.

La salle de prière est composée de 4 nefs parallèles au mur de la *qibla*, tandis que les trois autres portiques de la cour en comptent deux chacun. La mosquée possède deux entrées et deux minarets.

Les deux minarets de pierre, qui s'élèvent l'un à l'angle sud-est, sur la zone résidentielle de la Citadelle, et l'autre au-dessus du portique nord-ouest de l'entrée principale, vers le secteur militaire, constituent la caractéristique la plus étonnante de la mosquée. Le premier est composé d'une base rectangulaire et d'un deuxième fût cylindrique couronné par un *gawsaq*; le second minaret comporte deux fûts cylindriques; le premier est décoré de zigzags horizontaux vigoureusement sculptés; le deuxième est orné de zigzags verticaux; le dernier corps est profondément cannelé. Les deux minarets sont couronnés de coupoles bulbeuses et ornés au sommet du dernier corps d'azulejos émaillés de couleur verte – tout comme la coupole – et d'un bandeau épigraphique à inscription blanche sur fond bleu.

Cette décoration tout à fait inhabituelle relève de la campagne de restauration de la mosquée achevée en 736/1335 et au cours de laquelle on éleva les murs, on reconstruisit le toit et l'on revêtit de briques et d'azulejos vernissés les éléments supérieurs des minarets. Les techniques de la brique et de la céramique émaillée, de même que la forme des coupoles bulbeuses, sont manifestement étrangères à la tradition cairote.

Il est vrai que, sous le règne de al-Nasir Muhammad, la prospérité du Caire avait attiré vers la ville nombre d'artisans étrangers, et qu'avec le réchauffement des relations Mamelouks-Mongols, les techniques et motifs perses étaient devenus plus accessibles dans la décennie 720/1320. C'est ce dont témoigne al-Maqrizi, qui

Mosquée du sultan al-Nasir Muhammad, plan, Le Caire.

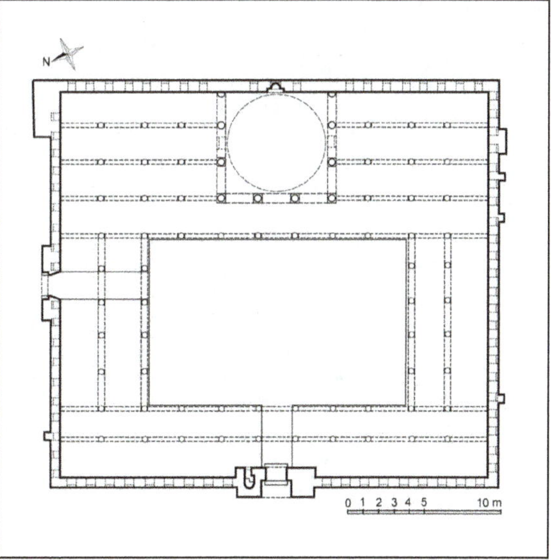

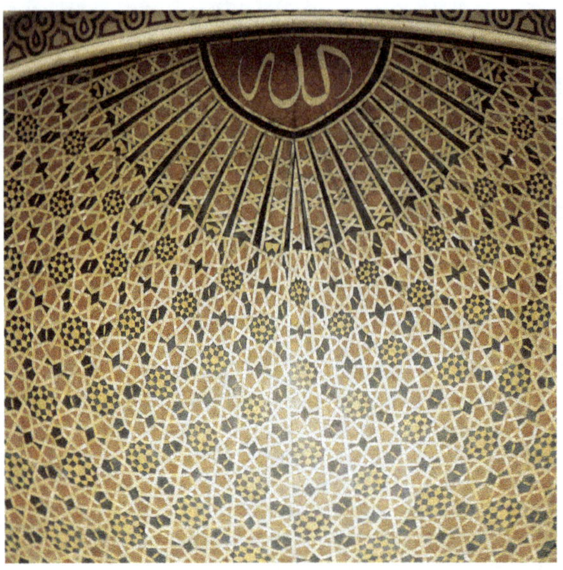

Mosquée du sultan al-Nasir Muhammad, décoration du dôme du mihrab, Le Caire.

nous signale qu'un maître maçon de Tabriz (une ville du nord-ouest de l'Iran) avait participé à la réhabilitation de cette mosquée, où il réalisa les minarets sur le modèle de la mosquée de Ali Shah à Tabriz.
L'entrée principale, située sur la façade nord-ouest, consiste en un porche à arc trilobé. La seconde entrée est située sur la façade nord-est, face à Bab al-Qulla, qui relie les sections nord et sud de la muraille de la Citadelle. Tout comme l'entrée principale, celle-ci possède un porche surmonté d'un arc trilobé. On pense qu'une troisième porte située sur le mur sud-ouest, à la hauteur de la deuxième nef de la *qibla*, servait d'accès privé au sultan depuis la zone réservée au harem (*al-harim*), mais cette porte est actuellement condamnée.
Dans la partie supérieure des arcades qui donnent sur la cour, on peut observer des baies dont les arcs rappellent fortement ceux de la mosquée omeyyade de Damas, tandis que les angles du patio coiffé de créneaux sont rehaussés de couronnements en "encensoir".
Bien que cette mosquée ait fait l'objet d'un vif intérêt à l'époque mamelouke, et de l'attention particulière du sultan Qaytbay qui restaura le *minbar* de marbre polychrome, elle cessa d'être utilisée à l'époque ottomane; la coupole et le *minbar* tombèrent alors en ruine. Pendant l'occupation britannique, elle servit d'arsenal militaire et de prison. En 1947, la Commission pour la Conservation des Monuments Arabes se chargea de sa restauration; la coupole fut reconstruite et l'on ajouta un *minbar* de bois sur lequel figure le nom du roi Faruq Ier.

S. B.

I.1.f **Madrasa de Qanibay Émir Akhur**

La madrasa *de Qanibay Émir Akhur se trouve sur la place Salah al-Din face à Bab al-Silsila (aujourd'hui Bab al-'Azab), qui conduit aux écuries du sultan.*
Horaires: toute la journée sauf pendant les prières de la mi-journée (12:00 en hiver; 13:00 en été). Actuellement en travaux de restauration, on ne peut accéder à l'intérieur.

L'émir Qanibay, émir *akhur* (responsable des écuries du sultan), fit ériger cette *madrasa* à l'époque du sultan al-Ghuri. Ces données figurent sur l'entrée et sur l'une des parois du mausolée. L'émir éleva sa *madrasa* près du souk des chevaux (*al-Khuyul,* sing. *al-Khayl*) et des écuries situées dans la partie basse de la Citadelle.
Le constructeur résolut de manière fort ingénieuse le problème posé par la décli-

vité du terrain en dessinant le plan des composantes de l'édifice sur différents niveaux; au niveau inférieur se trouvent un *sabil* et un *kuttab,* tandis que la mosquée et la *madrasa*, auxquelles on accède par quelques marches d'escalier, furent construites au-dessus des greniers des entrepôts. La *madrasa* se trouve sur la face sud-ouest et l'entrée présente un arc trilobé. La porte d'entrée possède un linteau sur lequel se superpose un arc, tous deux composés de voussoirs assemblés en forme de feuilles végétales triples; entre le voussoir et l'arc s'ouvre un espace ajouré. Le minaret, à gauche de l'entrée, est formé d'un fût à section carrée de deux étages, dont chacun se termine par un balcon soutenu par des consoles de *mouqarnas* de pierre. Au-dessus du second niveau s'élève un autre étage, composé de deux éléments allongés à base rectangulaire, chacun terminé par une corniche de *mouqarnas* et couronné par une coupole en forme de bulbe; le minaret possède donc deux couronnements ou "têtes", et adopte la typologie du double minaret. Il s'agit du plus ancien minaret de ce type au Caire, puisqu'il est antérieur à celui de al-Ghuri, dans la mosquée al-Azhar.

La *madrasa* est composée d'une *durqa'a* découverte entourée de deux *iwans* et de deux *sadlas* (*iwans* de petites dimensions). Le plus grand *iwan* correspond à celui de la *qibla*, et comporte un *mihrab* de pierre et un petit *minbar* de bois. L'*iwan* de la *qibla* est rehaussé d'une coupole hémisphérique surbaissée, tandis que celui qui lui fait face est couvert par une voûte d'arête et les deux *sadlas* par une voûte en berceau brisé.

On accède au mausolée par une porte située dans l'angle sud-est de la *durqa'a*; la sépulture épouse une surface carrée surmontée d'une coupole qui repose sur des pendentifs de *mouqarnas*, tandis que des lampes sont insérées sur les côtés du tambour octogonal.

En 1939, la Commission pour la Conservation des Monuments Arabes a réhabilité le minaret et procédé à la restauration du *sabil* et du *kuttab* conformément au style adopté par les architectes d'origine. Par la richesse de ses éléments architecturaux et décoratifs, et par les innovations dont ils font preuve, cette *madrasa* est considérée comme l'une des réalisations les plus impressionnantes de l'art mamelouk. Ces éléments peuvent s'apprécier sur l'aspect extérieur de la façade, sur la coupole à décoration florale et sur le minaret à double couronnement autant que dans la diversité des couvertures des deux *iwans* et des deux *sadlas*, et dans l'intéressant programme ornemental des parois intérieures.

En 1939, la Commission pour la Conservation des Monuments Arabes a restauré le

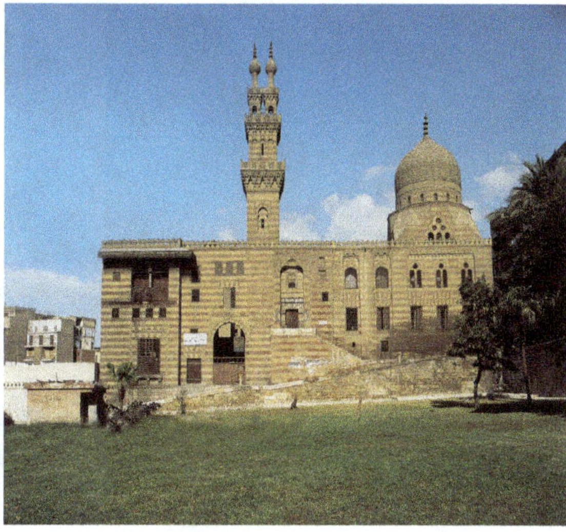

Madrasa de Qanibay Émir Akhur, façade principale, Le Caire.

sabil et le *kuttab* d'après le style architectural d'origine, ainsi que le minaret.

S. B.

I.1.g Mosquée et madrasa du Sultan Hassan

La mosquée et la madrasa *du sultan Hassan donnent sur la place de la Citadelle et font face à la* madrasa *de Qanibay al-Sayfi. En face se trouve la mosquée de al-Rifa'i, construite au début du* XX*e siècle et dans laquelle sont enterrés le khédive Isma'il et le roi Fu'ad, et qui reçut récemment la sépulture du shah d'Iran. La place piétonne, délimitée par les deux mosquées et dallée de pierre blanche, est agrémentée d'un jardin et d'une cafétéria qu'apprécieront ceux qui veulent se reposer et profiter de l'ambiance du lieu.*
Horaires: toute la journée sauf pendant les prières de la mi-journée (12:00 en hiver; 13:00 en été) et de l'après-midi (15:00 en hiver; 16:00 en été).

Mosquée et madrasa du sultan Hassan, décoration du plafond de la derka de l'entrée, Le Caire.

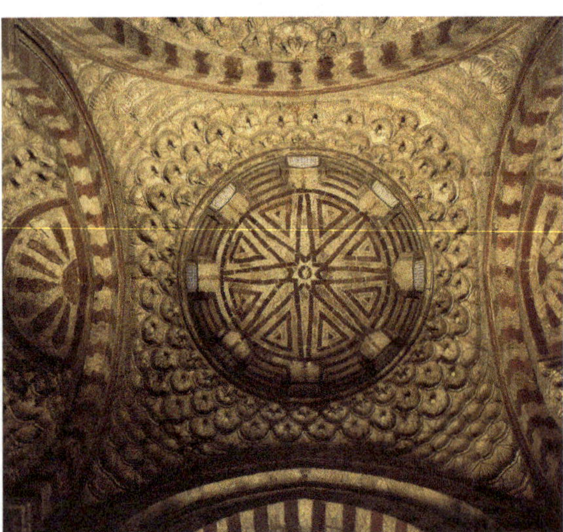

En 757/1356, le sultan Hassan Ibn al-Nasir Muhammad Ibn Qalawun fit démolir les palais des émirs Yalbugha al-Yahyawi et Tunbugha al-Maridani qui occupaient l'emplacement du souk des chevaux (*al-Khuyul*), sur la place de la Citadelle, pour y ériger son propre complexe architectural. Une des caractéristiques de cet ensemble réside dans sa vaste façade, couronnée par une corniche de *mouqarnas* et rythmée de niches verticales peu profondes et régulièrement espacées, qui s'étire en pente douce d'ouest en est. Cette localisation conjugue habilement l'ambition d'une visibilité urbaine maximale et le respect de l'orientation vers La Mecque, tout en se trouvant sur le parcours suivi à l'époque par le cortège du sultan. Elle permet à quiconque se dirige vers l'édifice depuis la zone du souk des armes (*al-Silah*) en direction de la Citadelle de contempler la façade avec tous ses détails, mais pas à celui qui s'en approche depuis la direction opposée.
Dans le complexe de Hassan, formé par la combinaison d'une mosquée et d'une *madrasa* – une configuration courante chez les sultans mamelouks tout au long de leur gouvernement – culminent de nombreux éléments architecturaux de la précédente époque *bahride*, mais ses dimensions et sa situation en font un édifice tout à fait exceptionnel, qui mérite réellement d'être considéré comme le chef-d'œuvre de l'architecture mamelouke du Caire. L'imposant porche, haut de 36,70 m et couronné d'une majestueuse demi-coupole de *mouqarnas*, constitue la plus somptueuse des entrées mameloukes. Il livre accès à un vestibule cruciforme à coupole conduisant lui-même à la zone de service d'une part, et, par un couloir doublement coudé, au centre de l'édifice d'autre part. Le bloc de service, en même temps que

l'entrée, forme un angle oblique avec l'édifice qui abrite la mosquée, la *madrasa* et le mausolée.

L'ensemble comprend les chambres des professeurs et des étudiants, les appartements des fonctionnaires de la *madrasa*, un certain nombre de dépendances comme les endroits réservés aux médecins, la bibliothèque, les bains, les cuisines, etc., le *sabil* avec, au-dessus, le *kuttab*, tous deux situés du côté du souk des armes (*al-Silah*). Toutes les personnes qui se trouvaient dans ce souk furent tuées lors de l'effondrement du minaret qui s'élevait à droite de la porte principale. On suppose que le plan initial de la *madrasa* prévoyait quatre minarets; deux d'entre eux, de chaque côté du porche d'entrée, n'ont pas été achevés, tandis que les deux autres, restaurés au XXe siècle, s'élèvent de chaque côté de la *koubba*, sur la façade sud-est.

La mosquée s'organise autour d'une cour dallée de marbre dont le centre est orné d'une fontaine octogonale destinée aux ablutions rituelles et rehaussée d'une coupole de bois reposant sur huit colonnes de marbre. La cour est entourée de quatre *iwans*, dont le plus grand correspond à la *qibla*; au milieu du mur sud-est se trouve un *mihrab* en marbre de trois couleurs rehaussé d'inscriptions dorées. À côté de ce dernier, le *minbar* de marbre est dépourvu de décoration, mais sa porte de bois est revêtue de cuivre incrusté d'or et d'argent. Devant le *mihrab*, à l'arrière de cet *iwan*, se trouve la splendide *dikkat al-muballigh* de marbre (ou tribune du répétiteur), d'où le lecteur des prières du jour pouvait être entendu de tous les fidèles présents. Les portes qui flanquent le *mihrab* conduisent à la *koubba* du tombeau. Cette localisation du mausolée derrière l'*iwan* permettait que trois de ses côtés ressortent de l'édifice principal, pour en optimiser au maximum la visibilité depuis la Citadelle, siège du pouvoir mamelouk.

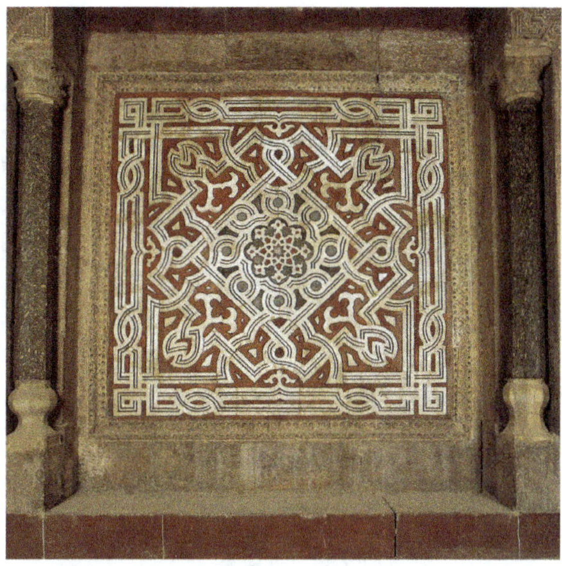

Mosquée et madrasa du sultan Hassan, détail de la décoration sur le mur de la derka, Le Caire.

L'*iwan* de la *qibla* est surmonté d'une énorme voûte, dont l'arc est tenu pour le plus grand de tous les arcs s'élevant au-dessus d'un *iwan* en Égypte. À la hauteur du sommier de la voûte, les murs de l'*iwan* conservent un bandeau de stuc sur lequel figurent des versets du Coran, ciselés en calligraphie de style coufique sur fond à motif végétal.

Les trois autres *iwans*, de forme rectangulaire et occupant une surface plus petite que l'*iwan* de la *qibla*, sont couverts par une voûte. Quant aux portes qui flanquent les côtés des *iwans* nord et sud, elles conduisent à chacune des quatre *madrasas* (*shafiite, malékite, hanafite* et *hanbalite*) destinées à l'enseignement des quatre orthodoxies juridiques. La plus grande est la *madrasa hanafite*, sur laquelle figure le nom de l'architecte qui en a dirigé la construc-

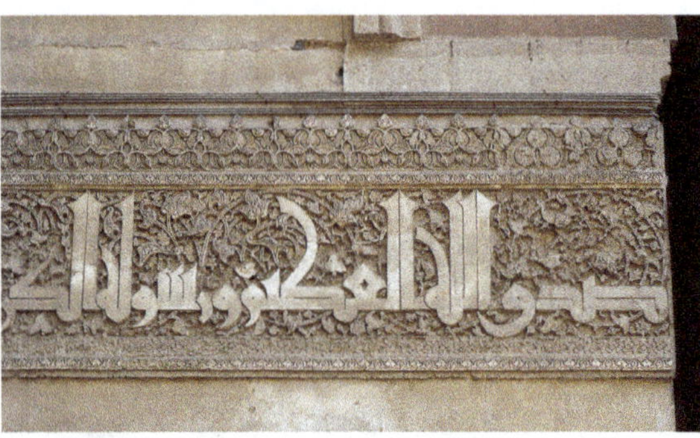

Mosquée et madrasa du sultan Hassan, iwan de la qibla, calligraphie coufique sur fond à motif végétal, Le Caire.

tion, Muhammad Ibn Bilik al-Muhsini. Chaque *madrasa* est formée d'une cour découverte entourée de quatre *iwans* et au centre de laquelle se trouve une fontaine à ablutions rituelles. À chaque *madrasa* sont annexées les cellules des étudiants, réparties sur six étages.

Le mausolée, qui donne sur la place Salah al-Din (place de la Citadelle), consiste en une enceinte carrée au centre de laquelle se trouve une grille de bois qui enferme un haut cénotaphe de marbre, lequel était destiné à recevoir la dépouille du sultan Hassan. Mais c'est en fait son fils al-Chihab Ahmad qui y fut enterré; le corps du sultan assassiné n'a jamais été récupéré.

De nos jours, la grande coupole de pierre qui rehausse le mausolée est le fruit d'une restauration du XVIIe siècle, la coupole d'origine, en bois, ayant été détruite par un incendie. Mais les pendentifs de bois sculpté et les *mouqarnas* luxueusement peints et dorés qui soutenaient la première coupole de bois ont été épargnés et sont parvenus jusqu'à nous. Ce mausolée, qui dispose d'un *mihrab* et d'un pupitre à Coran qui passe pour le plus ancien exemplaire connu en Égypte, est le plus grand mausolée à coupole du Caire avec ses 21 m de côté et ses 30 m de hauteur. Au-delà de ses éléments innovants comme l'emplacement de la *koubba* derrière l'*iwan*, le vestibule à coupole ou les deux minarets dont il avait été prévu d'encadrer le porche, l'édifice se distingue aussi par son système de distribution de l'eau. Le sultan Hassan utilisa le bief déjà existant dans la zone nord-ouest de l'édifice pour amener l'eau et la distribuer dans les différentes dépendances de la *madrasa* et dans les chambres des étudiants, situées aux différents étages. Sur la façade sud-ouest, on peut voir les consoles qui soutenaient les tuyaux conduisant l'eau dans toutes les zones de l'édifice.

S. B.

I.1.h **Madrasa de Gawhar al-Lala**

On arrive à la madrasa *de Gawhar al-Lala depuis la place de la Citadelle (place Salah al-Din) par une montée d'escaliers escarpée que l'on trouve derrière la mosquée de al-Rifa'i. La* madrasa *s'élève à côté de celle de Qanibay Émir Akhur.*

Horaires: toute la journée sauf pendant les prières de la mi-journée (12:00 en hiver; 13:00 en été) et de l'après-midi (15:00 en hiver; 16:00 en été). Actuellement en travaux de restauration, on ne peut accéder à l'intérieur.

La *madrasa* fut érigée par l'émir Gawhar al-Lala (*al-Lala* est le titre du précepteur des fils du sultan), un fonctionnaire du palais du sultan Barsbay. Cet esclave émancipé qui fut un temps au service du fils de Barsbay mourut brutalement en prison d'une crise d'épilepsie.

Le plan de la *madrasa* fut conçu sur le modèle des *madrasas* cruciformes qui connurent une grande diffusion à l'époque des Mamelouks circassiens, au

IXe/XVe siècle. Un *sabil*, un *kuttab* et une *koubba* dans laquelle est enterré le fondateur de l'établissement sont annexés à la *madrasa*, ainsi que des entrepôts et des chambres pour les étudiants et les fonctionnaires. La façade sud-ouest, au milieu de laquelle s'ouvre l'entrée principale, donne sur la rue Darb al-Labbana. Le *sabil*, dont la façade est en bois, est situé dans la zone sud; il est du type des *sabil*s à colonne d'angle, modèle qui fit son apparition au VIIIe/XIVe. Le *kuttab* surmonte le *sabil*, tandis qu'au-dessus de la façade s'élève le minaret du style appelé *al-qilla* ou "pommeau", à balcon unique. À l'extrême ouest se trouve la *koubba* du tombeau. La porte de bois de l'entrée se distingue par sa décoration en cuivre, fréquente à cette époque. La porte, flanquée de deux bancs de pierre, conduit à la *derka* (vestibule rectangulaire) donnant sur la *durqa'a* par un couloir coudé dans lequel se trouvent une *muzammala* et une porte secrète livrant accès à la demeure de Gawhar al-Lala. Dans la *durqa'a* de la *madrasa,* revêtue d'un magnifique marbre polychrome et couverte d'une claire-voie de bois décoré, se trouvent deux *iwans*, le plus grand étant celui de la *qibla*, et deux *sadla*s.

G. G. R.

I.1.i Entrée du palais de Manjak al-Silahdar

*Le palais de Manjak al-Silahdar est situé au début de la rue Suq al-Silah, près du souk des armuriers (*al-Silah*) qui se trouve à côté de la mosquée du sultan Hassan.*
Fermé, on ne visite que l'extérieur.

Le palais doit son nom à l'émir Manjak al-Youssoufi al-Silahdar, qui portait le titre de *amir al-silah* ou émir des armuriers à l'époque du sultan Hassan; tous les émirs qui assumèrent cette charge y résidèrent,

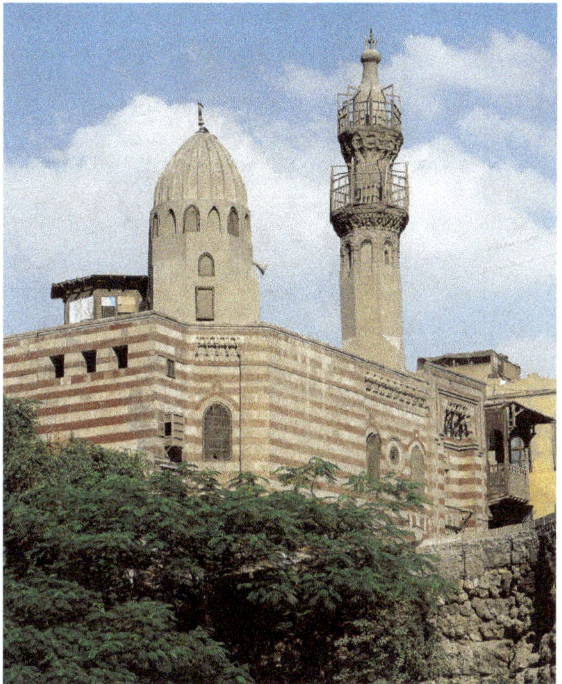

Madrasa de Gawhar al-Lala, vue générale, Le Caire.

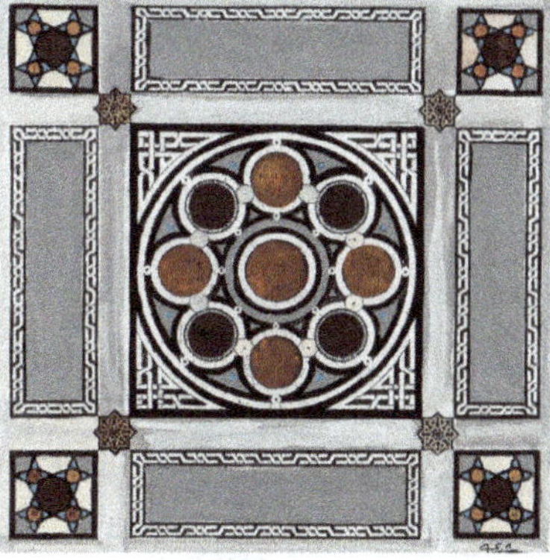

Madrasa de Gawhar al-Lala, dallage de marbre dans la cour, Le Caire (dessin de Mohammed Rushdy).

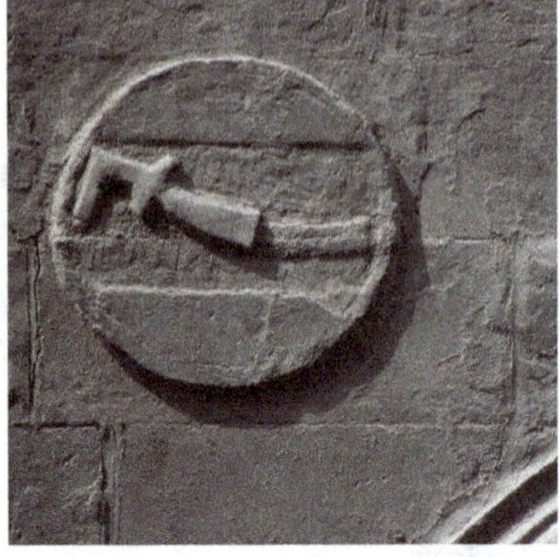

Entrée du palais de Manjak al-Silahdar, blason du fondateur, Le Caire.

et notamment l'émir Taghri Bardi, père de l'historien Abou al-Mahasin, qui naquit au palais.
Le palais fut détruit lorsqu'on procéda à l'ouverture de la rue Muhammad Ali au XIXe siècle; seule a été conservée l'entrée principale en forme d'arc plein cintre à *alfiz* de pierre en relief qui s'étrécit dans la partie centrale et épouse la forme de la lettre *mim* de l'alphabet arabe. Dans les écoinçons apparaît le blason du fondateur: un cercle divisé en trois parties au centre duquel figure une épée. L'entrée conduit à une *derka* autrefois couverte par une coupole surbaissée qui reposait sur de simples pendentifs.

G. G. R.

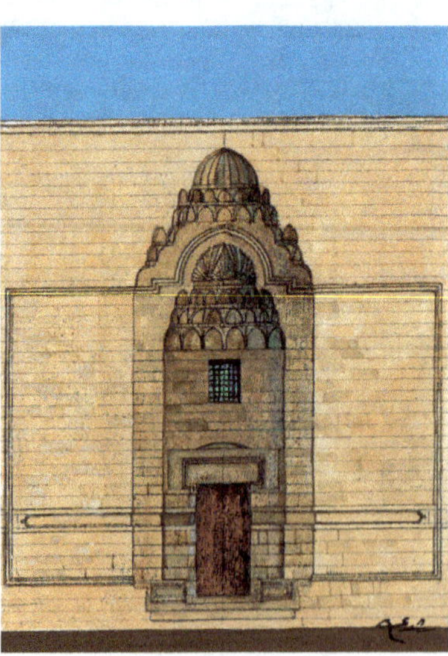

Entrée du palais de Yachbak min Mahdi, Le Caire (dessin de Mohammed Rushdy).

I.1.j **Entrée du palais de Yachbak min Mahdi**

Le palais de Yachbak min Mahdi est situé dans la partie ouest de la Citadelle, près de la madrasa *du sultan Hassan, sur la place Salah al-Din.*
Fermé, on ne visite que l'extérieur.

Bien que seuls l'entrée principale, une partie de la grande salle et quelques vestiges épars aient survécu, le palais de Yachbak min Mahdi est la mieux conservée des résidences d'émirs du VIIe/XIVe siècle. Il fut érigé pour l'émir Sayf al-Din Qusun, *saqi* (échanson) et gendre du sultan al-Nasir Muhammad Ibn Qalawun, cependant, il fut occupé par ceux qui portèrent le titre d'*atabek* ou commandant en chef des armées. Lorsque l'émir Yachbak min Mahdi, le premier Mamelouk à exercer à la fois les fonctions de premier secrétaire, de régent du royaume et de commandant en chef, habita le palais à l'époque de Qaytbay, il s'attela à sa restauration vers 880/1475.
La plupart des vestiges conservés remontent à cette époque. Les ruines du palais se trouvent au même emplacement que celles des palais des émirs, à proximité du siège du gouvernement dans la Citadelle, étant donné que cette résidence était le siège de l'*atabek* des armées et que, à

l'époque, les palais des émirs étaient plus ou moins proches de la Citadelle selon l'importance de leurs fonctions.

Le porche grandiose, seulement surpassé par celui de la mosquée de Hassan, s'ouvre sur la façade nord-ouest, où la porte principale est couronnée d'un arc trilobé décoré de marbre polychrome et de motifs ornementaux sculptés dans la pierre. Dans cet accès, une inscription portant les noms du sultan al-Nasir Muhammad Ibn Qalawun et de l'émir Yachbak min Mahdi nous renseigne sur les différentes étapes de construction et de réhabilitation du palais. Ce porche profond, couronné d'un extraordinaire larmier de *mouqarnas* supportant une coupole godronnée, porte la signature de deux artistes qui ont participé à sa construction: Muhammad Ibn Ahmad et Ahmad Zaghlich al-Chami, le Syrien.

Les massives salles voûtées du rez-de-chaussée servaient d'écuries et d'entrepôts, et soutenaient différentes pièces, ainsi que la somptueuse salle de réceptions du premier niveau. Celle-ci épousait la forme typique d'un grand patio couvert (*durqa'a*), de quelque 12 m de côté, doté de vastes *iwans* dans l'axe longitudinal et de *sadlas* dans l'axe transversal. Malgré son état de délabrement, on peut juger de l'importance de cette résidence par la qualité et les dimensions des arcs en fer à cheval brisés, appareillés selon la technique *ablaq*, qui en dégagent les lignes principales. Il faut imaginer les splendides dallages de marbre, les plafonds de bois sculpté, peint et doré, la fontaine centrale, les vitraux et les jalousies de bois tourné qui en magnifiaient jadis l'intérieur.

G. G. R.

Entrée du palais de Yachbak min Mahdi, détail, Le Caire.

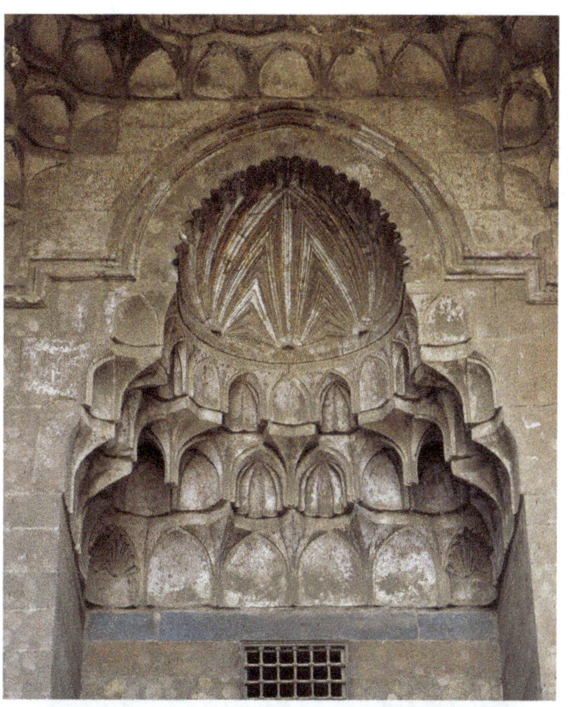

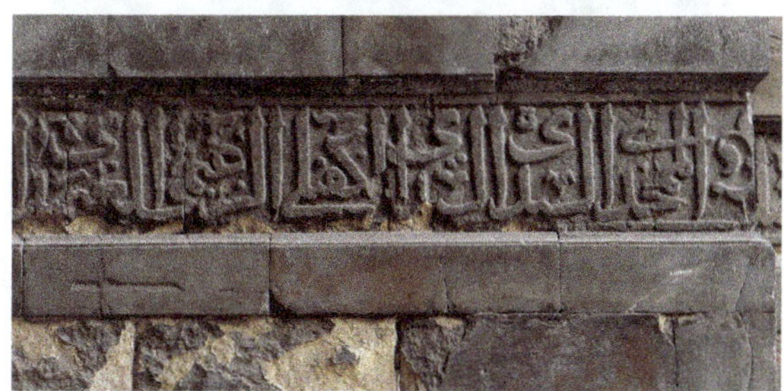

Entrée du palais deYachbak min Mahdi, inscription naskhide, Le Caire.

Salah El-Bahnasi

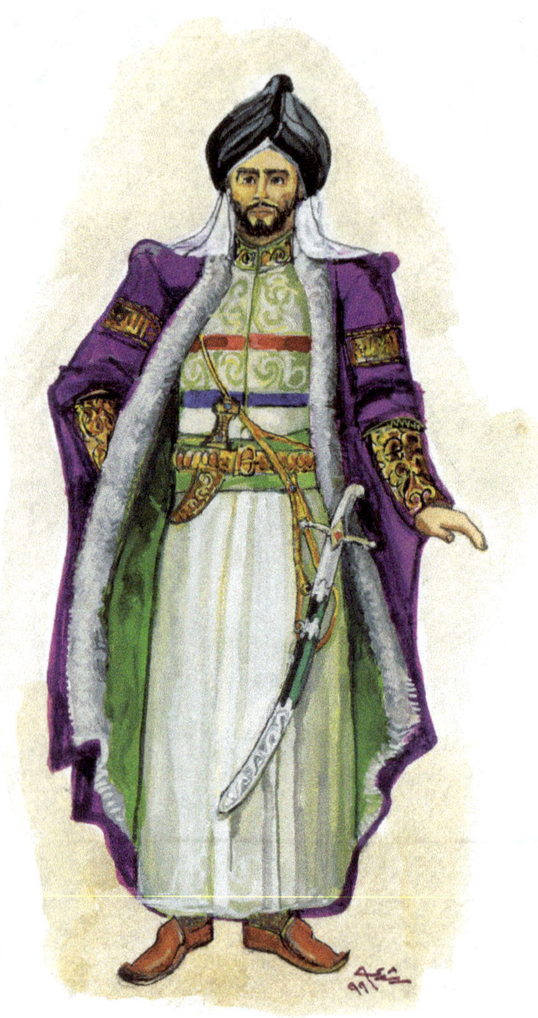

Sultan mamelouk (dessin de Mohammed Rushdy).

Les costumes mamelouks sont caractérisés par la riche diversité des formes et des ornements, qui variaient avec l'usage qui en était fait selon les différentes circonstances. À cette époque, le vêtement était associé à l'une des industries les plus importantes, celle du textile, notamment à celle des tissus imprimés avec des moules de bois et aux tissus de soie, qui apportèrent une grande notoriété à la ville d'Alexandrie. Selon l'historien al-Qalqachandi, les tissus alexandrins n'avaient pas leurs pareils au monde, aussi le sultan al-Achraf Cha'ban décida-t-il de visiter les ateliers d'Alexandrie et s'en montra vivement impressionné.

Parmi les facteurs qui favorisèrent la variété des costumes mamelouks se trouve le fait que chaque classe sociale se reconnaissait à un vêtement spécifique. D'autre part, les relations commerciales et diplomatiques des Mamelouks avec l'Europe, l'Inde, l'Iran et la Chine fournirent à l'Égypte l'occasion d'importer des motifs et de voir apparaître sur les tissus mamelouks certains détails décoratifs inspirés des expressions artistiques de ces pays.

Les costumes portés par la classe sociale des Mamelouks, caractérisée par son esprit guerrier, étaient associés aux armes et en particulier aux armures, épées, casques, boucliers et haches, que l'on n'arborait qu'à l'occasion des cérémonies.

Le vêtement officiel du sultan était composé d'un turban et d'un pourpoint noirs, et d'un ceinturon doré auquel était suspendue une épée; l'usage de la couleur noire était un signe de loyauté envers le calife abbasside, puisque l'étendard de l'État abbasside était de cette couleur. En certaines circonstances, le sultan revêtait une pelisse par-dessus un habit de laine ou de soie rehaussée de fils d'or; à d'autres occasions, il préférait le velours, et en été, il portait un vêtement blanc.

Au lieu du turban, les émirs coiffaient le fez qui, comme le manteau ou le châle, était la marque des religieux. En hiver, ils se couvraient de manteaux de drap appelés *jukha*.

Le vendredi, le prédicateur (*khatib*) revêtait un costume noir, il portait une bannière de même couleur et une épée, attributs de son rang, en évitant les vêtements de soie dont l'usage contrevenait aux prescriptions religieuses. Les turbans des religieux musulmans étaient blancs, tandis que le turban bleu désignait le clergé chrétien et que le jaune était l'apanage des juifs. Ces couleurs étaient d'ailleurs la marque distinctive des vêtements des chrétiens et des juifs en général.

Les cadis et les sages se reconnaissaient à leurs vêtements à longues et larges manches. La plupart des hommes portaient un turban et une tunique de coton échancrée et à manches longues. En certaines circonstances, les turbans tenaient lieu de bourses pour les pièces de monnaie, si bien que les bandits s'essayaient parfois à leur arracher le turban de la tête.

Quant au costume féminin, il était composé d'une longue chemise et de pantalons par-dessus lesquels était portée une robe. Les femmes s'enveloppaient dans une longue mante blanche appelée *izar*, se couvraient la tête d'un fichu et, à l'exception des danseuses et des chanteuses, portaient le *hijab* qui leur dissimulait le visage.

Les costumes de l'époque mamelouke étaient généralement d'une richesse remarquable; on portait des peaux importées, ornées d'or et d'argent. Nous sont parvenus certains témoignages selon lesquels, pour la circoncision de son fils (al-'Aziz Youssouf), l'épouse du sultan Baybars s'était fait confectionner un costume d'une valeur de 30 000 dinars. À chaque type de costume correspondait un souk spécialisé avec ses propres artisans. Parmi les souks les plus importants, le souk de *al-charabchiyyin* se consacrait à la vente de couvre-chefs réservés au sultan, aux émirs, aux vizirs et aux hommes de loi.

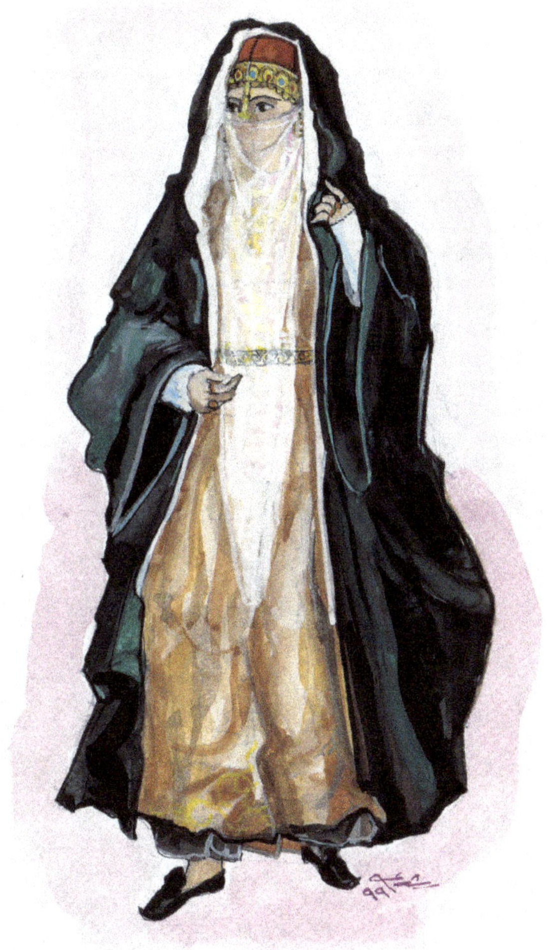

Femme mamelouke (dessin de Mohammed Rushdy).

Salah El-Bahnasi

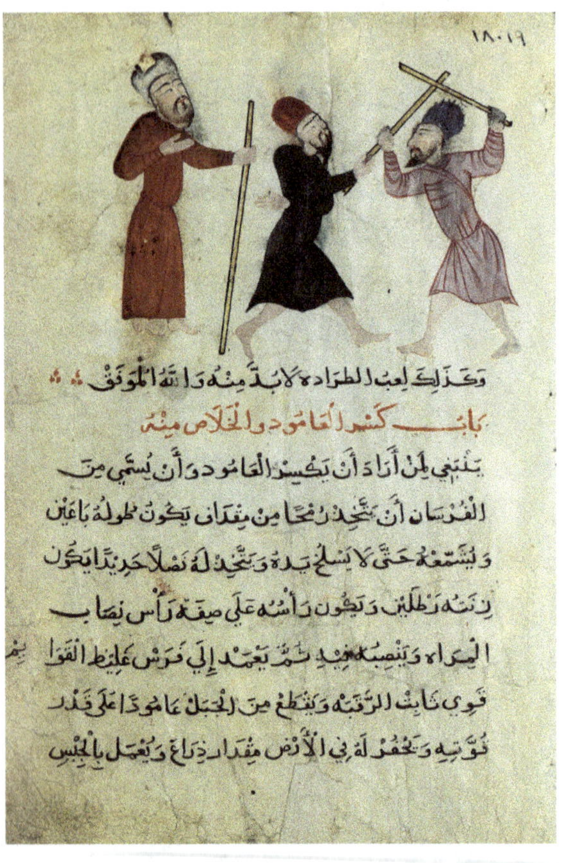

Manuscrit traitant d'équitation et d'escrime, scène d'escrime, IXe/XVe siècle, Musée d'Art Islamique (n° reg. 180199), Le Caire.

En vertu du principe de "la loi du plus fort" qui prévalait à l'époque, les Mamelouks s'appliquaient à se forger des qualités de vigueur et d'endurance par le biais de sports propices à cet état d'esprit.
La pratique de l'équitation était indispensable chez eux, qu'ils soient soldats, émirs ou même sultans. C'est pourquoi les dirigeants mamelouks, en particulier al-Nasir Muhammad Ibn Qalawun, dépensèrent des sommes inconsidérées à l'achat d'excellents chevaux. On créa une administration spécialement destinée à gérer les écuries du sultan et connue sous le nom de *al-rikkab khana* ou dépendance des cavaliers.
Le sultan al-Achraf Qaytbay veilla à ce que, outre les Mamelouks, d'autres classes sociales apprennent à monter. Parmi les différents événements dont l'organisation était dévolue aux juges d'équitation à l'époque de al-Achraf Qaytbay, le principal avait lieu le jour de la procession du convoi qui apportait en hommage la *kiswa* à La Mecque, puisque monter à cheval faisait partie des pratiques préconisées par l'islam. Il n'est pas de meilleure preuve de l'importance accordée aux chevaux à l'époque mamelouke que l'emplacement du souk réservé à leur vente, près de la Citadelle, siège du gouvernement. En témoignent aussi les quelque 7 000 chevaux que le sultan Barquq laissa derrière lui à sa mort.
Dans le manuscrit de *al-Baytara* (pratique vétérinaire; profession et art du maréchal-ferrant) conservé à la Bibliothèque Égyptienne, un dessin représente deux cavaliers faisant la course. Au Musée d'Art Islamique se trouve un autre manuscrit consacré aux jeux équestres et aux compétitions d'escrime et qui remonte à l'époque mamelouke. Les manuscrits consacrés à l'équitation nous ont fourni des scènes de duel entre deux escrimeurs accompagnés d'une tierce personne tenant un bâton et semblant tenir le rôle de l'arbitre.
Parmi les sports favoris des Mamelouks se trouvait le *qabaq*, qui consistait à lancer une flèche vers un récipient en or ou en argent à l'intérieur duquel se trouvait une colombe; celui qui faisait mouche et décapitait la colombe gagnait la compétition et se voyait remettre le récipient en or à titre de trophée. Un terrain était tout spécialement réservé à la pratique de ce sport dans les environs de Bab al-Nasr. Sur l'une des enluminures ornant un manuscrit mame-

louk de 875/1471, conservé à la Bibliothèque Nationale de France, deux cavaliers pointent leurs flèches sur une diane représentée par un récipient posé en hauteur.
La chasse était également l'un des sports de prédilection des Mamelouks, qui y voyaient une manifestation de pouvoir et de prestige. Pour chasser, on utilisait des oiseaux et des chiens dressés, et l'on tirait à l'escopette. Les oiseaux et bêtes de proie que l'on tirait étaient considérés comme les plus précieux cadeaux chez les dirigeants de l'époque, et il était coutume d'aller à la chasse au printemps. Cette activité n'était pas considérée comme un simple sport, mais aussi comme une distraction; au cours de leurs parties de chasse, les sultans se faisaient accompagner de chanteurs, de musiciens et de bouffons. Cependant, il pouvait advenir que ces excursions finissent tragiquement, puisque, à l'extérieur des villes, les ennemis du sultan voyaient là l'occasion idéale d'en finir avec lui, comme cela arriva aux malheureux Qutuz et al-Achraf Khalil.
Les sultans mamelouks se passionnaient aussi pour le jeu de la pelote et du *jawkan*, qui se pratiquait à cheval, avec une pelote et un long bâton à l'extrémité recourbée. On disait que le sultan Baybars en faisait trois parties tous les samedis de l'agréable saison qui suit la crue annuelle du Nil. Les Mamelouks portaient un intérêt considérable à ce jeu, au point qu'on en vint à nommer des fonctionnaires tout spécialement affectés à cette activité, tel celui qui était connu sous le nom de *jawkandar* et dont le rôle consistait à tenir ses instruments de jeu à la disposition du sultan. Certaines scènes inspirées de ce jeu figurent sur les œuvres d'art mameloukes, par exemple sur un récipient en cuivre incrusté d'or et d'argent de la fin du VIIe/XIIIe siècle qui est conservé au Musée Panaki d'Athènes, et sur un flacon de verre émaillé conservé au Musée Islamique de Berlin.

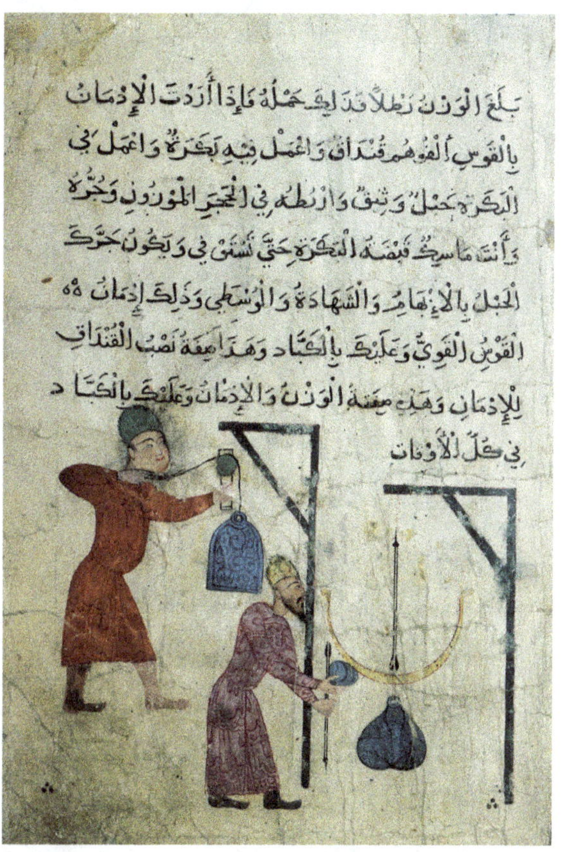

Manuscrit traitant d'équitation et d'escrime, scène de lever de poids, IXe/XVe siècle, Musée d'Art Islamique (n° reg. 18235), Le Caire.

La natation était aussi au nombre des sports pratiqués à l'époque. Le niveau d'excellence était atteint par celui qui se montrait capable de traverser le Nil d'une rive à l'autre. L'un des sultans les plus réputés pour leur maîtrise de ce sport fut al-Mu'ayyad Cheikh.
La lutte comptait de nombreux adeptes, mais elle était réservée aux émirs: les sultans ne pouvaient y participer puisqu'elle requérait des postures peu dignes de leur condition.

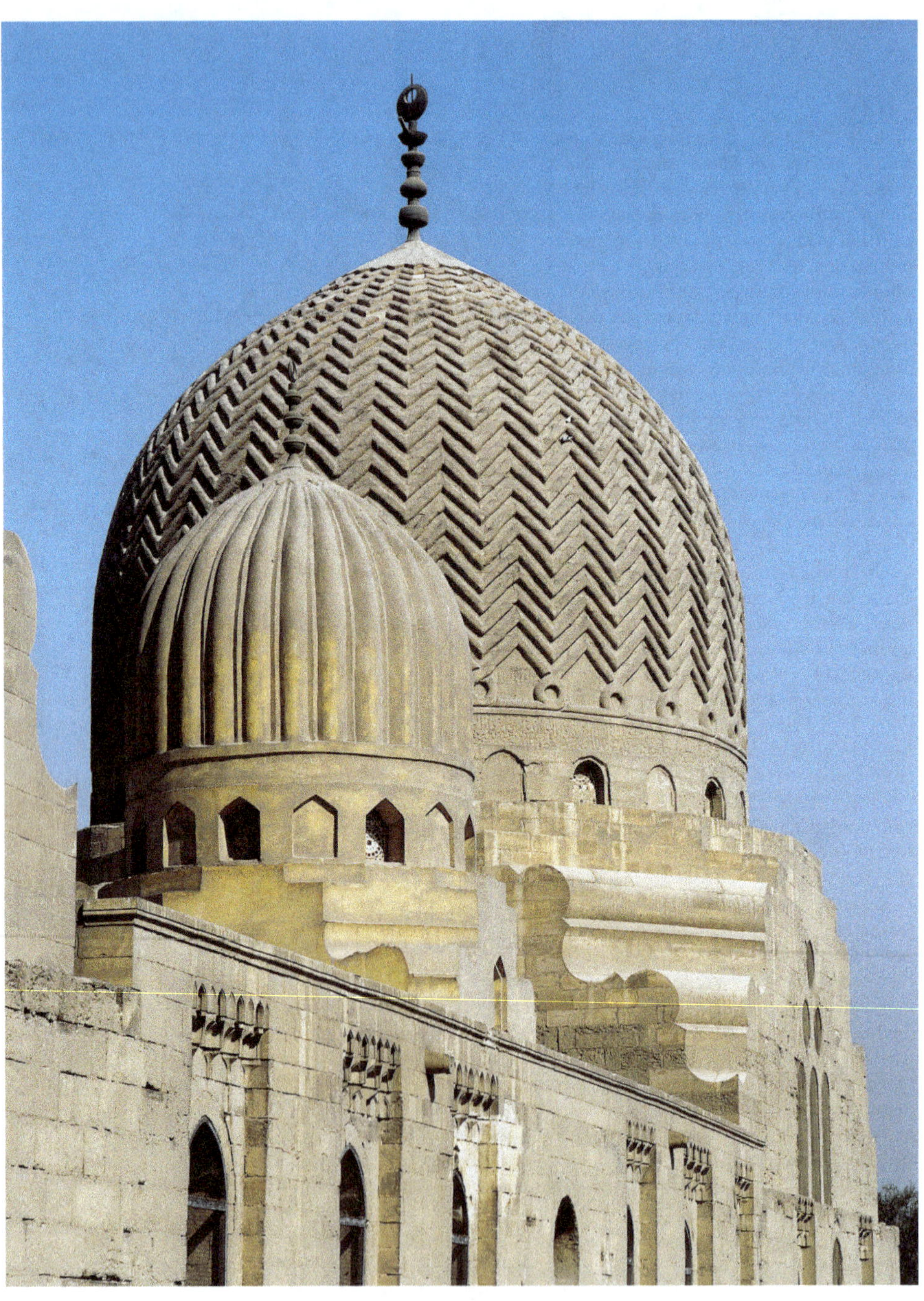

Le cortège du sultan

Ali Ateya, Salah El-Bahnasi, Mohamed Hossam El-Din, Medhat El-Menabbawi, Tarek Torky

II.1 LE CAIRE

Premier jour

- II.1.a Madrasa et mosquée du Sultan Qaytbay
- II.1.b Khanqa du Sultan al-Achraf Barsbay
- II.1.c Khanqa du Sultan Farag Ibn Barquq
- II.1.d Complexes de Qurqumas Émir Kabir et du Sultan Inal
- II.1.e Wikala du Sultan Qaytbay
- II.1.f Palais de Bachtak
- II.1.g Salle de Muhib al-Din
- II.1.h Salon de réceptions de l'Émir Mamay al-Sayfi

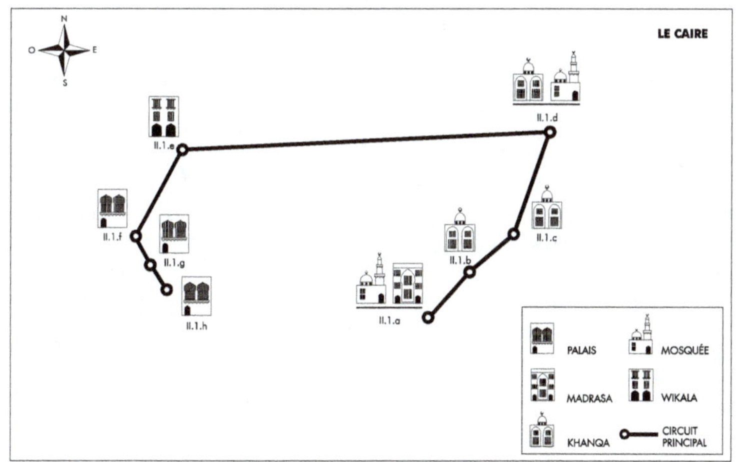

Khanqa du sultan Farag Ibn Barquq, détail des coupoles, Le Caire.

Khanqa du sultan Farag Ibn Barquq, minaret, Le Caire.

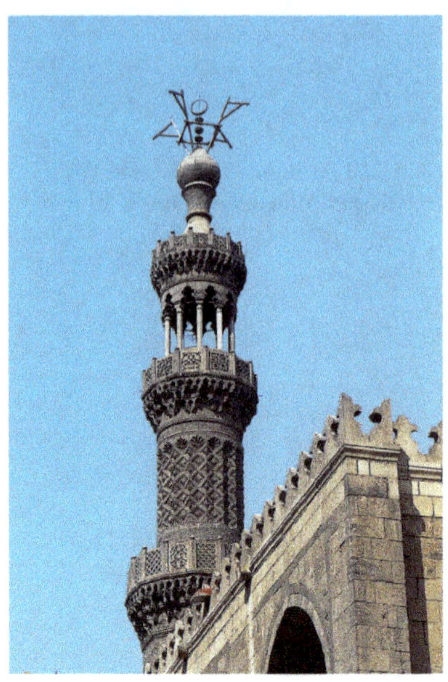

Depuis l'époque fatimide, et plus tard sous le gouvernement des Ayyoubides et des Mamelouks, califes et sultans fêtaient les grands événements – fêtes religieuses, investitures à des postes éminents, campagnes victorieuses, etc. – en organisant un défilé. Pour le peuple, c'étaient les rares occasions annuelles d'assister au déploiement des fastes de la cour et de contempler les richesses du sultan. Ces manifestations étaient des plus variées, et l'une des plus spectaculaires et des plus riches en symboles et en harnachement était la procession célébrée à l'occasion de l'investiture d'un nouveau sultan.

Le protocole de la prise de pouvoir du sultan, qui se déroulait en grande pompe au palais, se terminait, dans la liesse générale, avec une longue procession qui traversait la ville. Le cérémonial voulait que le sultan sorte entouré de ses émirs et de ses Mamelouks. Suivi de ses hommes à cheval, le chef de la garde du sultan ouvrait la marche. Les Mamelouks revêtaient pour l'occasion une tunique de soie jaune brodée d'or et des rubans dorés les enlaçaient au souverain. Celui-ci montait un pur-sang paré d'un tissu noir brodé d'or, et au-dessus de sa tête coiffée d'un turban noir – la couleur des Abbassides –, un émir de haut rang tenait le parasol royal de couleur jaune, brodé de fils d'or et couronné d'un oiseau d'argent doré. Le sultan, épée dorée à la ceinture, portait une tunique à manches longues en soie noire ou verte brodée de fils d'argent. Des hallebardiers entouraient le sultan, suivis d'écuyers qui lançaient de la monnaie à la multitude et de porte-étendards commandés par un haut dignitaire qui arborait la banderole royale. La ville était pavoisée et illuminée et, tout au long du circuit, les émirs disposaient des banderoles de soie que le peuple enlevait une fois que le sultan était passé.

Celui-ci sortait par l'arrière de la Citadelle et faisait le tour de la muraille extérieure en direction de l'ouest, puis du nord en s'engageant dans le Désert des Mamelouks dans les environs du Caire, jusqu'à l'actuelle Porte de Qaytbay qui se trouve à proximité de la *madrasa* et de la mosquée du même nom, point de départ de ce circuit. Le cortège poursuivait son chemin jusqu'à la *koubba* du sultan Abou Sa'id Qansuh avant de tourner vers l'ouest pour entrer dans la ville par Bab al-Nasr, la "Porte de la Victoire", contiguë à la mosquée fatimide de al-Hakim bi-Amr Allah. Les recherches ont pu établir que Bab al-Nasr était la seule porte à être utilisée par les sultans pour entrer dans la ville du Caire. Toutefois, le sultan al-Ghuri enfreignit la règle quand, partant combattre les Ottomans en Syrie en 922/1516 – bataille qui lui coûta la vie –, il sortit de la ville par Bab al-Nasr.

Après Bab al-Nasr, le cortège du sultan empruntait la rue du même nom (Bab al-Nasr) jusqu'à la *madrasa* de l'émir Gamal al-Din al-Ustadar. Ensuite, il prenait sur la droite la rue al-Tumbukchiyya, jusqu'au *sabil* de l'émir Abd al-Rahman Katkhuda, et tournait à gauche par la rue al-Qasba ou *al-A'dam* (grand rue, actuelle Mu'izz li-Din Allah) jusqu'à atteindre Bab Zuwayla. De là, il prenait sur la gauche la rue Darb al-Ahmar – qui, à partir du carrefour avec la rue du souk des armes (*Suq al-Silah*), prend le nom de Bab al-Wazir –, et continuait tout droit jusqu'à s'engager sur la gauche dans la rue al-Mahgar pour regagner la Citadelle.

Ce parcours, appelé "chemin du sultan" (*al-tariq al-sultani*), était identique à celui que suivait le sultan lorsqu'il rentrait à la Citadelle en venant de la zone nord du Caire.

On organisait le même cortège lorsque les cadis et les émirs de rang supérieur accédaient à leurs charges. Les processions par lesquelles on célébrait l'apparition de la nouvelle lune empruntaient également le même itinéraire – avec un éclat particulier lorsque la nouvelle lune indiquait le début du mois sacré du *ramadan* –, à cette différence près qu'ils s'arrêtaient à côté du complexe du sultan Qalawun, où les clercs montaient en haut du minaret pour se livrer à l'observation de la nouvelle lune.

La procession du *Mahmal* – le convoi qui accompagnait le palanquin doré transportant la *kiswa* de la *Ka'ba* avant de l'envoyer à La Mecque avec les pèlerins – parcourait elle aussi le même chemin, mais cette fois-ci, parvenu à Bab Zuwayla, le cortège continuait tout droit par les rues al-Khayamiyya et al-Suruguiyya, jusqu'à arriver sur la place de la Citadelle. Là, le sultan attendait sur un fauteuil de cérémonie préparé pour l'occasion; le chameau qui portait la *kiswa* de la *Ka'ba* avançait et s'agenouillait devant le souverain pour que celui-ci puisse examiner la qualité du tissu et les détails de sa décoration avant de donner son approbation.

C'est en raison de l'importance de cet itinéraire que la plupart des sultans et des hauts dignitaires de l'État ont choisi d'élever leurs constructions monumentales sur les emplacements les plus proches du parcours. Dans le cimetière des Mamelouks – entre l'avenue Salah Salim et la grande artère, face à la zone de al-Azhar –, nous verrons nombre de ces édifices, à commencer par la *madrasa* et mosquée du sul-

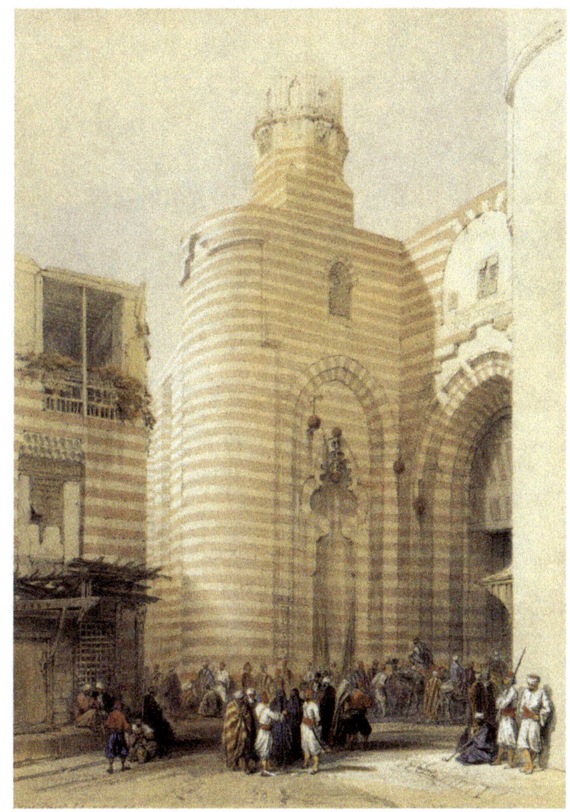

Bab Zuwayla et minaret de la mosquée du sultan al-Mu'ayyad Cheikh, Le Caire (D. Roberts, 1996, avec l'aimable autorisation de l'Université Américaine du Caire).

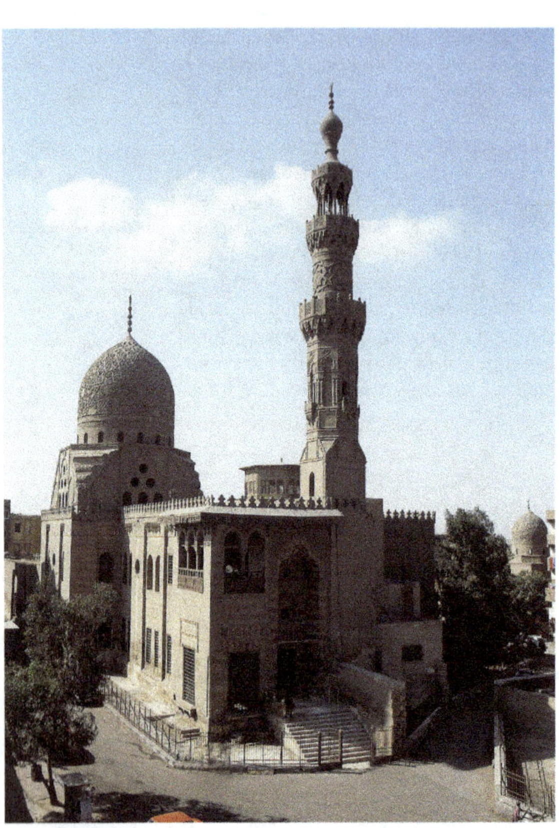

Madrasa et mosquée du sultan Qaytbay, vue générale, Le Caire.

tan Qaytbay, puis les *khanqas* du sultan al-Achraf Barsbay et celle du sultan Farag Ibn Barquq, et enfin les complexes de Qurqumas Émir Kabir et du sultan Inal. Près de Bab al-Nasr se trouvent la *wikala* du sultan Qaytbay, puis le palais Bachtak, la salle de Muhib al-Din et le salon de réceptions (*maq'ad*) de Mamay al-Sayfi, autant de monuments que l'on visitera le premier jour. Le deuxième jour, la visite commencera près de Bab Zuwayla où nous verrons la mosquée de al-Mu'ayyad Cheikh, avant de visiter la *madrasa* de Qujmas al-Ishaqi, la mosquée de al-Tunbugha al-Maridani et la *madrasa* de Oum al-Sultan Cha'ban.

M. H. D. et T. T.

II.1 LE CAIRE

II.1.a Madrasa et mosquée du sultan Qaytbay

La madrasa *de Qaytbay et ses annexes se trouvent dans le Cimetière des Mamelouks (ou Cimetière Nord). Depuis l'avenue Salah Salim, prendre à droite la rue Farag Ibn Barquq jusqu'à la* khanqa *du même nom, puis à droite en direction du sud en passant par la* khanqa *de Barsbay jusqu'à déboucher devant le monument. Il faut signaler que c'est cet ensemble architectural qui est dessiné sur les billets de 1 livre égyptienne.*
Horaires: toute la journée sauf pendant les prières de la mi-journée (12:00 en hiver; 13:00 en été) et de l'après-midi (15:00 en hiver; 16:00 en été).

C'est le sultan al-Malik al-Achraf Abi al-Nasr Qaytbay, né en 826/1423, qui fit construire ce complexe. Avant d'arriver au pouvoir en 872/1468, Qaytbay avait assumé différentes responsabilités au sein de l'État des Mamelouks circassiens. C'est le sultan d'origine circassienne qui resta le plus longtemps aux affaires puisqu'il se maintint près de 29 ans sur le trône, jusqu'à sa mort en 901/1496. Son règne fut exceptionnel, non seulement par sa durée, mais aussi par son efficacité à gouverner le pays et par l'importance de ses victoires militaires. Il stabilisa l'économie et favorisa une renaissance artistique sans précédent, laissant son nom dans l'Histoire comme l'un des sultans les plus vivement intéressés par la construction. Il fut le pro-

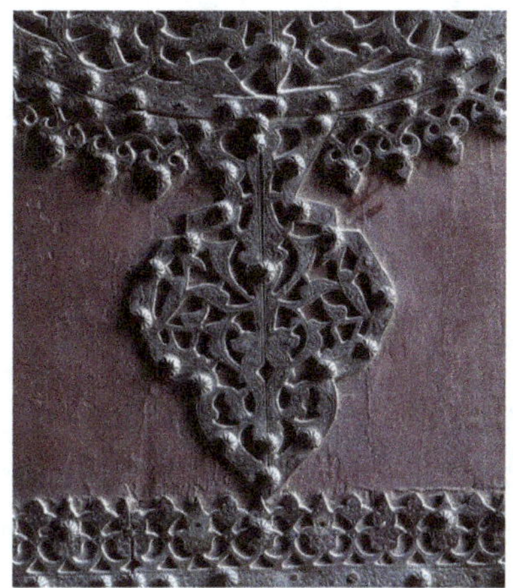

Madrasa et mosquée du sultan Qaytbay, porte, décoration en métal, Le Caire.

moteur de plus de 60 projets – dont beaucoup comprenaient plusieurs édifices – dans tous les quartiers du Caire, à La Mecque, à Médine, Damas et Jérusalem. Les édifications qui marquent son règne – mosquées, demeures et *wikalas*, comme la *wikala* de Bab al-Nasr, entre autres – sont remarquables non par leurs dimensions, mais par leur élégance et par l'harmonie de leur style. Avec une décoration qui sut exploiter les atouts d'industries artisanales renouvelées, notamment le damasquinage et les manuscrits, elles représentent le paradigme de l'architecture mamelouke.

Cet ensemble architectural, édifié aux fins de remplir différentes fonctions, est considéré comme le joyau de l'architecture mamelouke: les arts décoratifs y atteignirent incontestablement leur apogée.

Cette grande enceinte se compose d'une *madrasa* spécialisée dans les quatre doctrines religieuses et qui, située dans la partie principale, fait aussi office de Grande Mosquée, puisqu'elle dispose d'un *minbar* et qu'elle est dotée d'un minaret. Elle comporte aussi des chambres pour les étudiants, une *koubba* funéraire, un *sabil* permettant aux passants de se désaltérer, et, au-dessus de ce dernier, un *kuttab* dédié à l'éducation des enfants. L'ensemble étant à l'époque situé en plein désert – au carrefour des routes commerciales avec la Syrie du sud au nord et avec la mer Rouge d'est en ouest –, il disposait d'un bâtiment à étage (*rab'*) alloué aux voyageurs et aux marchands, et servait ainsi de centre commercial.

À côté de cet ensemble se trouvent les tombeaux de la famille de Qaytbay, la

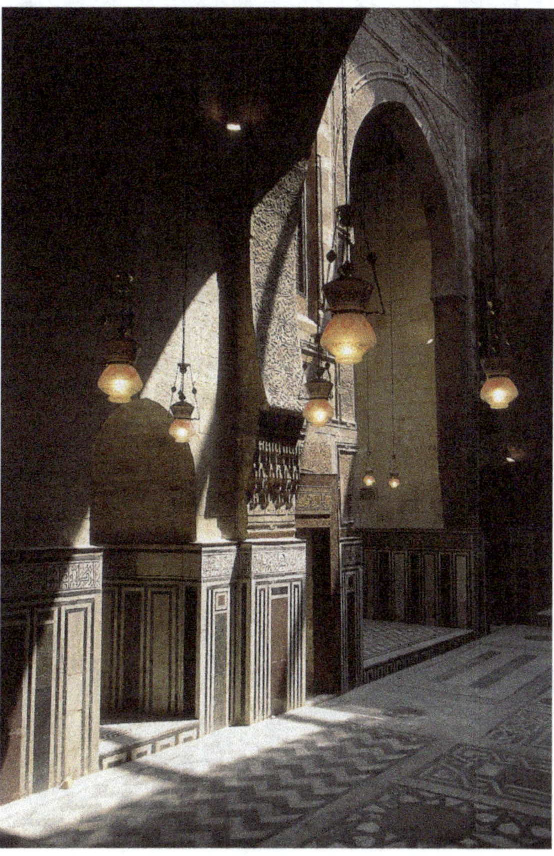

Madrasa et mosquée du sultan Qaytbay, iwan de la qibla, Le Caire.

Madrasa et mosquée du sultan Qaytbay, plafond de la durqa'a, Le Caire.

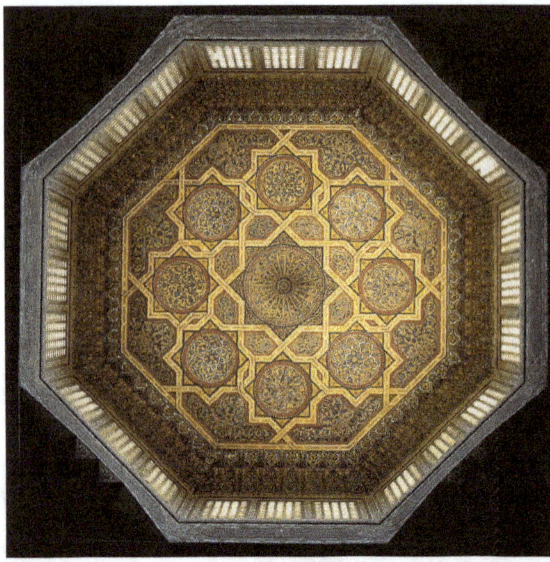

Madrasa et mosquée du sultan Qaytbay, minbar en bois, détail décoratif avec incrustations d'ivoire et de nacre, Le Caire.

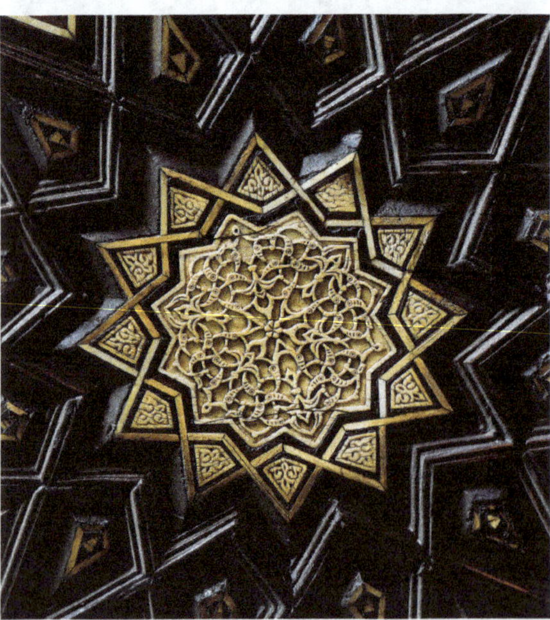

madrasa de ses fils, un abreuvoir pour les animaux et une salle de réceptions (*maq'ad*), autant d'édifices d'un impressionnant style architectural.

La façade principale comporte l'accès monumental, la façade du *sabil* et le minaret. Sur la façade sud-est, sommée d'une rangée de merlons décoratifs en forme de feuilles triples, on peut distinguer celle de l'*iwan* de la *qibla*, symétriquement divisée en deux défoncements verticaux. Une volée d'escaliers mène jusqu'en haut de l'accès, typique de l'époque mamelouke, couronné d'un arc trilobé et flanqué de deux banquettes de pierre (*mastaba*). La porte conduit à une *derka* (vestibule) rectangulaire, avec en face un banc revêtu de marbre de plusieurs couleurs. À gauche, une porte ouvre au rez-de-chaussée sur la pièce du *sabil*, surmontée par la galerie ouverte du *kuttab*, tandis qu'à droite, on arrive par une autre porte aux quelques marches qui conduisent au minaret, au *kuttab* et aux chambres des soufis et des étudiants. La *derka* donne sur un couloir coudé – dans lequel se trouve une *muzammala*, un habitacle dans lequel est placée une jarre – par lequel on accède à la cour de la *madrasa* et au tombeau. La *madrasa* s'organise autour d'un petit patio, appelé *durqa'a*, carré et couvert d'un toit de bois au centre duquel se trouve une claire-voie. Deux côtés présentent deux *sadlas*, et les deux autres deux *iwans*; le plus grand, dans la *qibla*, tient lieu de salle de prière avec son *mihrab* couronné de quatre fenêtres de stuc incrusté de verre coloré. Les parois de cette salle étaient totalement plaquées de marbre, qui a disparu avec le temps; le plafond est en bois peint en couleurs et doré. Sur la partie supérieure de cet *iwan* de la *qibla* court un bandeau à inscription qui fait apparaître les titres du sultan et la date de construction de la *madrasa*, l'an 877/1472. Le *minbar* de bois est orné d'incrustations de marbre et de nacre qui composent des polygones étoilés d'une grande précision. Au même endroit se trouve un banc de bois orné d'incrustations sur lequel le lecteur du Coran s'asseyait le vendredi. À droite de l'*iwan* de la *qibla* se trouve le tombeau, le cénotaphe du sultan étant situé derrière une jalousie de bois; le sol, les murs et le *mihrab* étaient recouverts d'un splendide marbre de couleur. De forme carrée (9,25 m de côté sur 31 m de hauteur), ce mausolée est pourvu de murs de plus de 2 m d'épaisseur pour supporter le poids et absorber les poussées de l'énorme coupole. À l'intérieur, la zone de transition de la coupole est meublée de 9 rangées de fins *mouqarnas* peu profonds réalisés en pierre, entre d'étroites fenêtres triples surmontées de trois oculus. Un étroit tambour percé de 16 fenêtres soutient la coupole, totalement lisse. L'extérieur de la coupole, cependant, présente deux réseaux différenciés de décoration; l'un à entrelacs géométriques, l'autre à arabesques: partant du même centre, tous deux sont parfaitement ajustés à la surface en pente de la coupole et se font suite en une belle harmonie. C'est la différence entre les traitements de surface qui provoque le contraste entre les deux réseaux. La trame géométrique qui forme des polygones étoilés a été laissée lisse, tandis que la zone décorée de feuilles végétales est striée d'entailles biseautées. Cette complexité du dessin, cette élégance et ce raffinement dans l'exécution sont considérés comme la plus parfaite expression de l'art décoratif sur pierre de l'époque mamelouke, et la désignent comme le chef-d'œuvre des coupoles en pierre sculptée. Par ailleurs, on a mis à profit les espaces triangulaires des côtés des fenêtres pour graver des médaillons circulaires dans lesquels se distingue l'emblème épigraphique du sultan Qaytbay. Le svelte et élégant minaret se dresse à droite de l'entrée principale; par l'harmonie de sa construction et de sa décoration, c'est l'un des plus parfaits exemples de minaret mamelouk. Il s'élève à plus de 40 m au-dessus d'une base carrée en une succession de niveaux – octogonal, circulaire et ouvert (*gawsaq*) – séparés par des balcons sur encorbellements de *mouqarnas*. La décoration en pierre du fût cylindrique rappelle celle de la coupole, et la partie supérieure, ouverte avec des arcs soutenus par des colonnes (*gawsaq*), est rehaussée d'un fleuron bulbeux.

A. A.

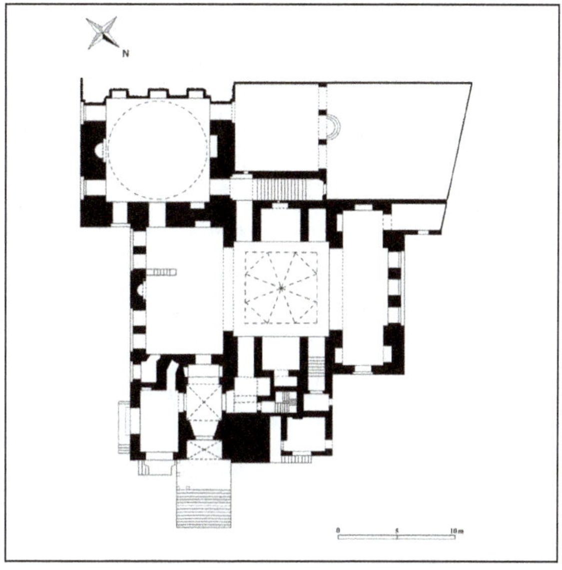

Madrasa et mosquée du sultan Qaytbay, plan, Le Caire.

Sur la petite place qui fait face à la façade principale de la madrasa, *un atelier popu-*

laire se consacre à la fabrication de verre traditionnel ou local. Aujourd'hui, on utilise toujours des procédés transmis depuis des temps fort lointains et dont les origines remontent aux pharaons (Moyen Empire). Dans les tombes de l'antique nécropole de Bani Hassan, à El-Minya, on peut voir une peinture murale figurant la fabrication du verre selon la technique du soufflage.

II.1.b **Khanqa du sultan al-Achraf Barsbay**

Cette khanqa *se trouve dans le cimetière nord des Mamelouks, à mi-chemin du trajet de retour entre la* madrasa *et mosquée de Qaytbay et la* khanqa *de Farag Ibn Barquq en direction du nord.*
Horaires: toute la journée sauf pendant les prières de la mi-journée (12:00 en hiver; 13:00 en été) et de l'après-midi (15:00 en hiver; 16:00 en été).

Khanqa du sultan al-Achraf Barsbay, vue générale, Le Caire.

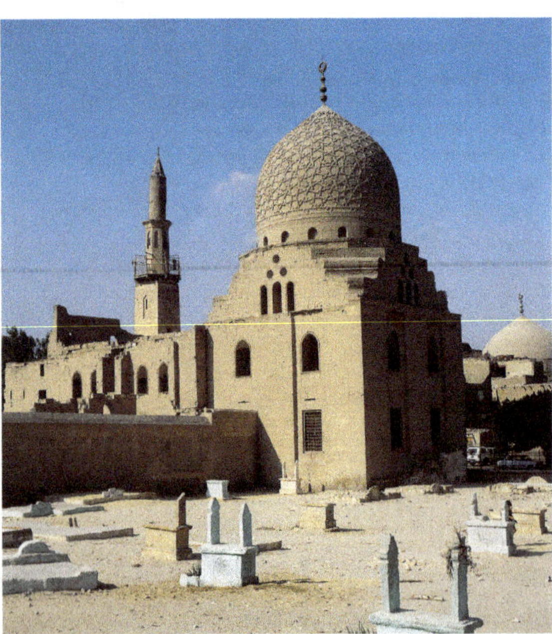

Il s'agit d'un complexe architectural à fonctions multiples érigé par le sultan al-Achraf Barsbay (780/1378-841/1438). Celui-ci fut l'un des Mamelouks du sultan Barquq et occupa plusieurs charges; d'abord celle de *saqi* (échanson), et plus tard, à l'époque de al-Mu'ayyad Cheikh, celle d'émir avant d'accéder enfin au pouvoir en 825/1421. Son époque fut dominée par la stabilité et la sécurité.
Cet ensemble comporte une *khanqa* réservée aux soufis, qui y avaient leurs logements, une petite mosquée, le mausolée privé du sultan et deux tombeaux pour sa parentèle. Il comprenait en outre deux *sabils* et une cuisine pour la préparation des aliments. L'édifice a subi plusieurs effondrements et éboulements successifs, le minaret s'est écroulé et, à l'époque ottomane, on en a construit un autre à sa place. Seule la mosquée a survécu.
Sur la façade, une inscription mentionne la constitution d'un *habous* spécial pour l'ensemble et précise les attributions de chaque dépendance, ainsi que les dispositions relatives aux dépenses de l'établissement et l'origine de son financement. D'après l'inscription, la construction de l'édifice fut achevée en 835/1431.
L'ensemble est caractérisé par une vaste façade qui donne sur la rue principale et sur laquelle se trouvent réunies les façades de la *khanqa*, du *sabil*, de la *koubba* et de la *madrasa*. On accède à la mosquée par la porte ouest, une entrée de type monumental à arc trilobé de style mamelouk. L'accès conduit à une *derka* couverte d'une toiture en bois polychrome. À sa gauche, un couloir conduit à la *madrasa* ou mosquée, composée d'une *durqa'a* rectangulaire flanquée de deux *iwans*. Résul-

tat de la fusion entre le plan de la mosquée hypostyle et de la *madrasa* cruciforme, chacun des deux *iwans* est divisé en nefs parallèles au mur de la *qibla* au moyen de colonnes de marbre supportant les arcs, lesquels, à leur tour, soutiennent le toit orné de belles couleurs. Le *mirhab* de l'*iwan* de la *qibla* est dépourvu de décor, tandis que le *minbar*, qui fut offert à la mosquée en 857/1453, est, par l'élégance de sa décoration étoilée et de ses incrustations de marbre, l'un des plus beaux de l'époque mamelouke qui soient conservés au Caire.
La *koubba* est une pièce carrée aux murs revêtus de marbres de couleur; au centre se trouve la tombe de marbre où est enterré le sultan Baybars. Le *mihrab* est décoré à profusion de mosaïques de marbre et de nacre, tandis que la partie extérieure de la coupole s'orne de motifs géométriques composant des polygones étoilés. Le minaret se dresse sur trois niveaux; le premier, carré, est le seul qui ait été conservé de l'époque de construction de l'édifice; audessus s'élèvent un étage octogonal et un étage circulaire, le couronnement effilé date de l'époque ottomane.

A. A.

II.1.c Khanqa du sultan Farag Ibn Barquq

Cette khanqa *se trouve dans le Cimetière des Mamelouks, près de la* khanqa *de Baybars en direction du nord.*
Horaires: toute la journée sauf pendant les prières de la mi-journée (12:00 en hiver; 13:00 en été) et de l'après-midi (15:00 en hiver; 16:00 en été).

Elle fut érigée par al-Nasir Nasir al-Din Farag, fils du sultan Barquq et deuxième des sultans de l'État des Mamelouks circassiens. Il naquit en 791/1388 et accéda au pouvoir en Égypte après la mort de son père en 801/1399, à seulement 10 ans; déposé en 808/1405, il remonta sur le trône un an plus tard. En 810/1412, il mourut aux mains de l'émir Cheikh qui lui succéda et devint sultan sous le nom de al-Mu'ayyad Cheikh.
En construisant cet édifice sur l'emplacement qui avait servi d'hippodrome à une époque antérieure, l'objectif du sultan Farag Ibn Barquq était d'intégrer cette zone au tissu urbain de la ville. On dévia le parcours de la procession qui inaugurait le pèlerinage à La Mecque pour qu'il puisse la traverser, et le sultan préconisa la construction de souks, de logements pour les voyageurs, de *hammams*, de fours et de moulins; mais il mourut avant d'avoir pu mener à terme son projet de transformer cette zone dénuée de constructions en une zone résidentielle. Située dans le désert, sur un terrain ouvert à l'est des murailles de l'époque fatimide, la construction de cette *khanqa* put être réalisée sans avoir à composer

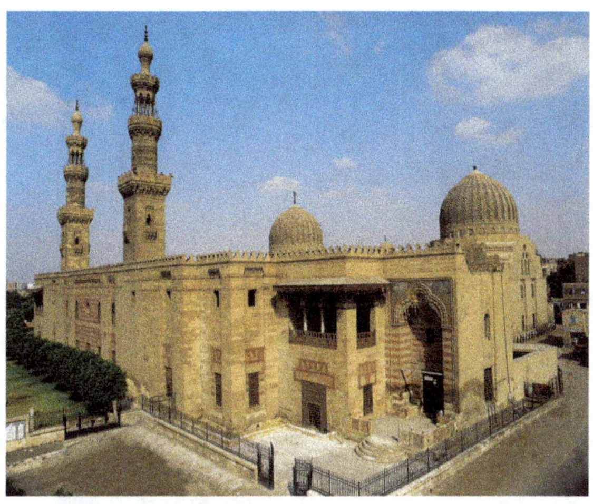

Khanqa du sultan Farag Ibn Barquq, vue générale, Le Caire.

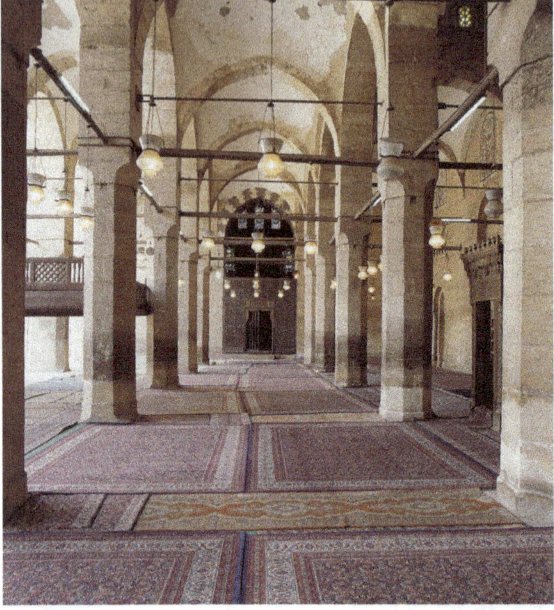

Khanqa du sultan Farag Ibn Barquq, nef dans la salle de prière, Le Caire.

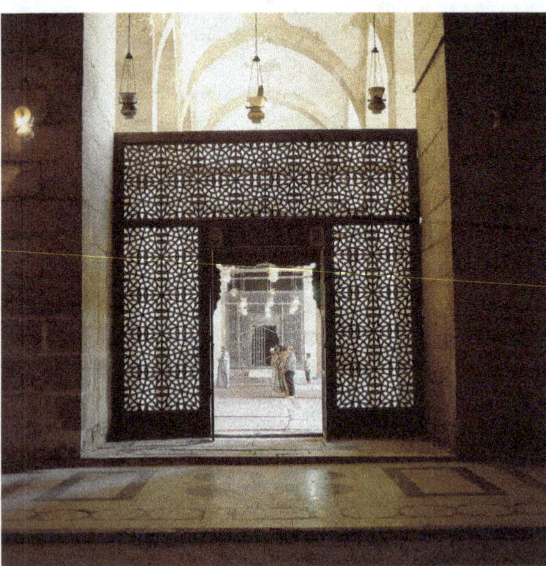

Khanqa du sultan Farag Ibn Barquq, jalousie en bois du tombeau du sultan, Le Caire.

avec les contraintes urbaines. L'édifice remplissait différentes fonctions. Tout d'abord, elle servait de sépulture au père du fondateur, le sultan Barquq, dont le testament stipulait qu'il voulait être enterré dans le Cimetière Nord. Il comporte deux *koubbas*, une pour les hommes, une pour les femmes. Sur la façade nord-ouest, deux minarets indiquent que l'édifice jouait le rôle de mosquée; l'existence d'un *minbar* et d'une *dikkat al-muballigh* (tribune du répétiteur) montre qu'il s'agissait d'une Grande Mosquée où l'on accomplissait la prière du vendredi.

L'édifice faisait aussi office de *khanqa* puisqu'il disposait d'appartements et de chambres annexées qui servaient de résidence aux soufis, et de classes où l'on dispensait des cours aux étudiants. Une autre fonction de cet édifice consistait à procurer de l'eau aux voyageurs qui transitaient par le désert: c'est à cette fin que furent édifiés sur la façade deux *sabils* surmontés par deux *kuttabs* consacrés à l'enseignement des orphelins.

Les quatre façades de cet ensemble architectural sont dépourvues de décoration. La façade nord-est, la principale, est rythmée de défoncements verticaux couronnés dans leur partie supérieure par un alignement de *mouqarnas*. Chacun d'eux présente deux fenêtres superposées, les fenêtres du bas, plus grandes, étant encadrées d'une maçonnerie bichrome. Sur cette façade, sommée d'une frise de merlons décoratifs en forme de feuilles triples, se trouvent les deux minarets symétriquement disposés au milieu, tandis que les deux *sabils* occupent chacun une extrémité. Vient ensuite, par ordre d'importance, la façade sud-est, également scandée de défoncements verticaux; à chacun de ses angles s'élèvent les coupoles des *koubbas*.

L'édifice est doté de deux accès jumeaux, chacun d'entre eux étant situé à l'un des angles de la façade nord-ouest (l'entrée ouest est celle que l'on utilise actuellement); ils relèvent du type des entrées monumentales coiffées d'un arc trilobé dont le flanc intérieur est tapissé de *mouqarnas*. Les entrées sont flanquées de deux banquettes de pierre, et la porte dessert une *derka* couverte par une voûte d'ogives. Des couloirs avec une *muzammala* et plusieurs portes – dont l'une ouvre sur le *sabil* – conduisent à la vaste cour découverte et entourée de quatre portiques. Le plus grand correspond à la *qibla* et est composé de trois nefs séparées par des arcades parallèles au mur du *mihrab*. Perpendiculairement à ces nefs se croisent des arcs qui configurent dans le toit des zones carrées couvertes de petites coupoles peu profondes, à l'exception de celle qui précède le *mihrab,* qui est plus haute et qui repose sur un tambour. Le mur de *qibla* présente des fenêtres rectangulaires barreaudées de bronze, et, sur la partie supérieure, un dais de stuc incrusté de verre coloré.

Cette salle abrite un *minbar* de pierre offert en 888/1483 par le sultan Qaytbay, qui se distingue par la finesse de sa décoration – la sculpture compose des polygones étoilés semblables aux ouvrages qui étaient exécutés en bois – et une *dikkat al-muballigh* (tribune du répétiteur) en bois qui fait aussi partie des réformes réalisées par Qaytbay. Dans les collatéraux de cette salle hypostyle s'ouvrent deux portes conduisant à chacune des *koubbas* funéraires. Les vantaux des portes sont dissimulés derrière des jalousies de bois dont la décoration à motifs géométriques rehaussés d'incrus-

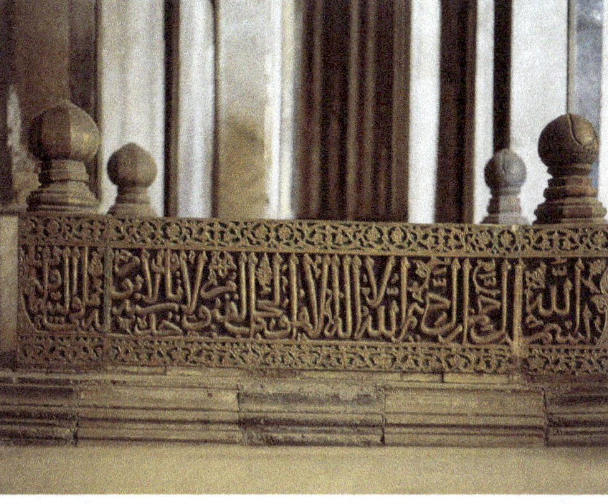

Khanqa du sultan Farag Ibn Barquq, tombeau du sultan, Le Caire.

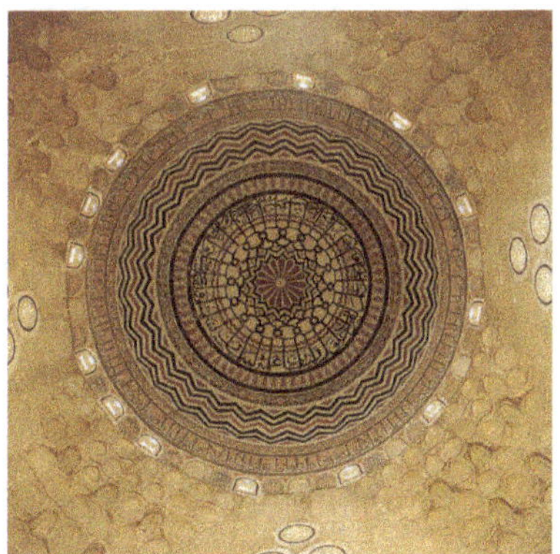

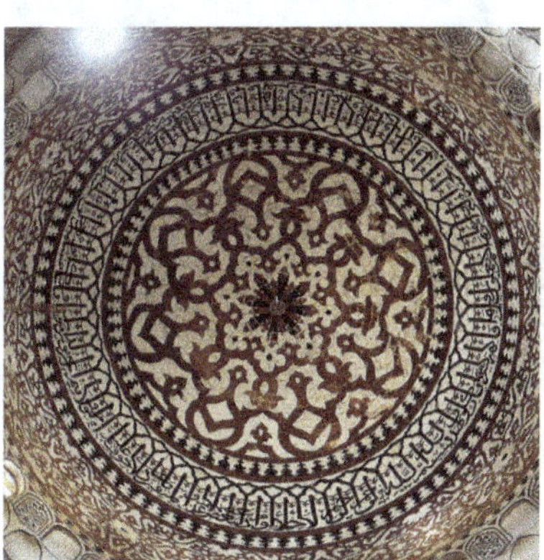

Khanqa du sultan Farag Ibn Barquq, coupole de la koubba des femmes, détail de la décoration, Le Caire.

Khanqa du sultan Farag Ibn Barquq, coupole de la koubba des hommes, détail de la décoration, Le Caire.

tations rappelle les *machrabiyyas* de l'ensemble architectural de Barquq, dans la rue al-Mu'izz.

Chaque mausolée est formé d'une pièce carrée dotée d'un *mihrab* et couverte par une très haute coupole dont l'intérieur est peint de motifs floraux rouge et noir imitant le marbre, matériau qui aurait été trop lourd et trop coûteux. Les pendentifs sont constitués de neuf rangées d'impressionnants *mouqarnas* de pierre, tandis que la partie extérieure des coupoles est décorée de registres horizontaux de zigzags qui s'amincissent en largeur pour s'ajuster aux pierres, dont les dimensions vont en décroissant jusqu'à la partie supérieure. Les énormes poussées de ces coupoles jumelles sont contrebutées par de massives zones de transition en maçonnerie, allégées visuellement par un ingénieux dispositif de moulures concaves et convexes. Avec un peu plus de 14 m de diamètre, ces deux coupoles symbolisent l'évolution des ouvrages en pierre – dans le cas présent, ils ont remplacé les nervures verticales des exemples précédents – qui ont fini par représenter le type de décor le plus répandu dans les coupoles cairotes. Toutes deux comptent parmi les premières coupoles en pierre d'une telle ampleur à avoir été construites au Caire et attestent le degré de développement atteint par l'architecture mamelouke.

Dans la *koubba* nord est enterré le sultan Barquq, à côté de son fils Abd al-Aziz; son fils Farag Ibn Barquq fut assassiné en Syrie, où son cadavre est resté, tandis que la sépulture sud contient les dépouilles des filles de Barquq et de leur gouvernante.

Les logements des soufis sont situés dans la partie arrière de la salle nord-est. Il s'agit d'un ensemble de chambres rectangulaires réparties sur trois étages. Les deux minarets, identiques, se dressent sur la partie supérieure de la façade nord-ouest; chacun présente une succession de fûts d'abord carré, puis cylindrique avec un décor tressé, et enfin un *gawsaq*, chaque transition étant soulignée par un balcon sur corniche de *mouqarnas*. Les deux minarets sont coiffés de couronnements bulbiformes, caractéristiques des minarets mamelouks.

A. A.

Complexe de Qurqumas Émir Kabir, vue générale, Le Caire.

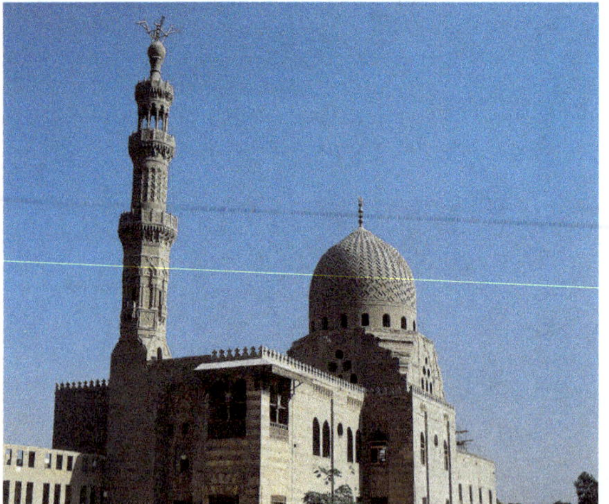

II.1.d **Complexes de Qurqumas Émir Kabir et du Sultan Inal**

Ces deux grands ensembles architecturaux se trouvent dans le Cimetière des Mamelouks, proches l'un de l'autre et cantonnés à l'intérieur de la même clôture. Depuis le monument précédent, prendre la direction de l'avenue Salah Salim puis tourner à droite dans la rue Ahmad Ibn Inal.

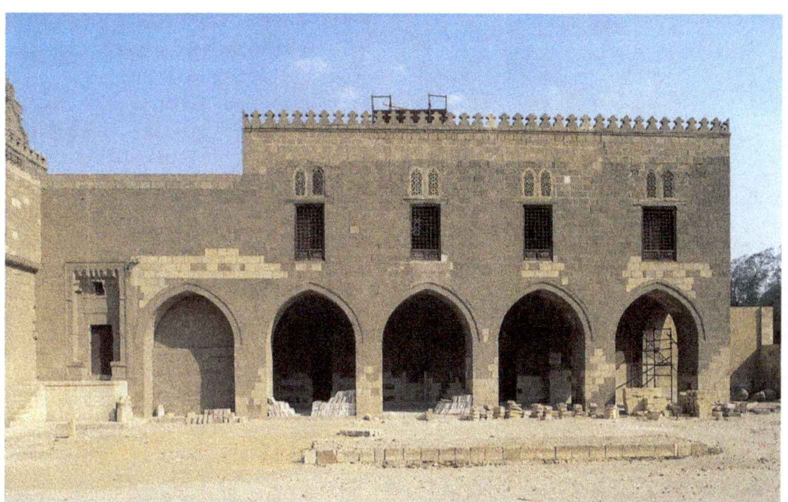

Complexes de Qurqumas Émir Kabir et du sultan Inal, vue du palais résidentiel, Le Caire.

Horaires: toute la journée sauf pendant les prières de la mi-journée (12:00 en hiver; 13:00 en été) et de l'après-midi (15:00 en hiver; 16:00 en été). Le bâtiment étant actuellement en cours de restauration, on ne peut pénétrer à l'intérieur.

Complexe de Qurqumas Émir Kabir

Qurqumas fut l'un des Mamelouks circassiens du sultan Qaytbay et assuma différentes fonctions militaires. C'est sous le règne du sultan al-Ghuri (r. 906/1501-922/1516), qui en fit un de ses proches, qu'il atteignit le sommet de la gloire. Il fut nommé émir, et plus tard commandant en chef des armées.

Qurqumas édifia ce complexe en plusieurs étapes. On érigea d'abord la *koubba* du cimetière en 911/1506, puis le palais résidentiel et enfin l'enceinte funéraire située sur la partie arrière. Plus tard, on construisit la *madrasa*, la mosquée et ensuite le *sabil*, le *kuttab* et, devant la *koubba*, une pièce carrée réservée aux banquets; la dernière étape fut consacrée à la construction des deux étages réservés aux soufis. Les travaux s'achevèrent au mois de *rajab* de l'année 913/novembre 1507.

Ce complexe multifonctionnel est caractérisé par l'harmonie architecturale des éléments. L'entrée, couronnée par un arc trilobé, est flanquée sur la gauche du *sabil* surmonté du *kuttab*, et, sur la droite, du minaret très stylisé au magnifique décor de pierre sculptée. Composé de quatre corps (carré, hexagonal, cylindrique et *gawsaq*), il s'élance depuis le niveau du sol, conférant ainsi une impression de stabilité à l'ensemble du minaret. La coupole en pierre sculptée présente dans la partie inférieure trois rangées de losanges qui se transforment en décor de type zigzag dans la zone supérieure.

Équilibre maîtrisé, harmonie de la décoration et multiplicité des fonctions font de ce complexe l'un des plus impressionnants de ceux construits par les Mameloukes circassiens. On notera qu'il présente une

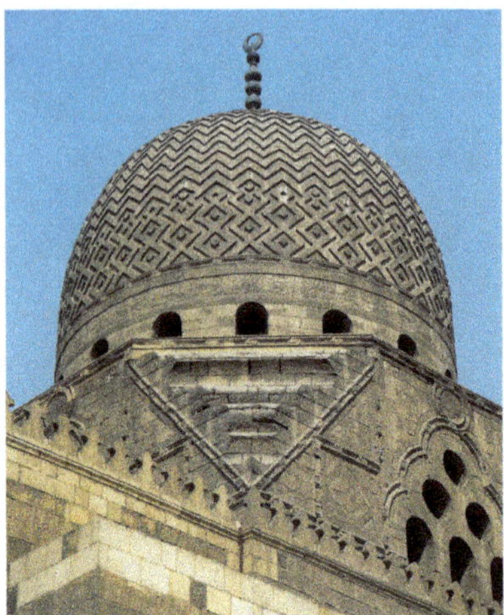

Complexe de Qurqumas Émir Kabir, coupole du mausolée, Le Caire.

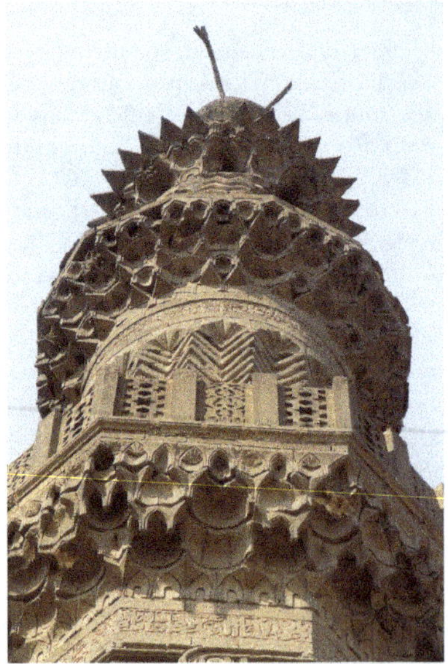

Complexe du sultan Inal, détail du minaret, Le Caire.

grande similitude d'organisation et de dimensions avec l'ensemble du sultan Qaytbay; l'accès flanqué sur sa gauche du *sabil* surmonté du *kuttab*, et sur sa droite du minaret s'élevant à partir du niveau du sol; et la coupole du mausolée qui, sur un deuxième plan, émerge de l'édifice.

Au moment de la construction, ce complexe incluait des magasins, des cuisines, des logements, des puits, des norias, des écuries et des cours réservées aux ablutions rituelles. Seul a survécu l'édifice actuel, qui comprend la mosquée, la *madrasa*, le *sabil*, le *kuttab*, les résidences particulières et le mausolée. Parmi les éléments conservés, les plus remarquables sont les chambres situées à l'arrière de l'édifice, et que l'on désigne sous le nom de palais. Il s'agit du seul exemple de cette importante composante des complexes architecturaux à usages multiples construits dans le désert qui soit encore sur pied. Au rez-de-chaussée se trouvent des entrepôts et des écuries, et au niveau supérieur un espace ouvert, la salle de réception, un dortoir et des latrines.

Complexe du Sultan Inal

Ce complexe architectural fut construit par le sultan Inal, qui arriva au pouvoir en 857/1453, à l'âge de 73 ans. Le complexe est composé de plusieurs édifices à usages divers; la *madrasa* – de plan cruciforme à quatre *iwans*, très semblable aux *madrasas* de Qurqumas et de Qaytbay –, la *khanqa* où résidaient les soufis, une *koubba* funéraire qui fut construite par l'émir al-Gamali Youssouf, une enceinte pour la sépulture des soufis, un *sabil* pour désaltérer les passants, un abreuvoir pour les animaux, un palais et un salon de réceptions (*maq'ad*). La construction de cet ensemble commença en 855/1451 et fut achevée en cinq années.

La façade principale de ce complexe architectural, appareillée selon la tech-

nique *muchahhar* (maçonnerie bichrome), donne sur la rue avec une orientation sud-est. Elle comprend les façades de la *koubba*, de la *madrasa* et de l'entrée où apparaît le texte de fondation.
L'*iwan* de la *qibla* donne accès à la *koubba* funéraire, dans laquelle les pendentifs de la coupole présentent des *mouqarnas*. Le décor extérieur de la coupole fait appel à des motifs en zigzags semblables à ceux des coupoles de la *khanqa* de Farag Ibn Barquq. Le minaret, situé au sud de l'édifice, s'élève sur une base carrée prolongée par un fût octogonal dont la partie supérieure est coiffée d'un couronnement bulbiforme, comme les autres minarets circassiens.
L'édifice s'est effondré à plusieurs reprises, seule en a survécu la partie décrite ci-dessus.

A. A.

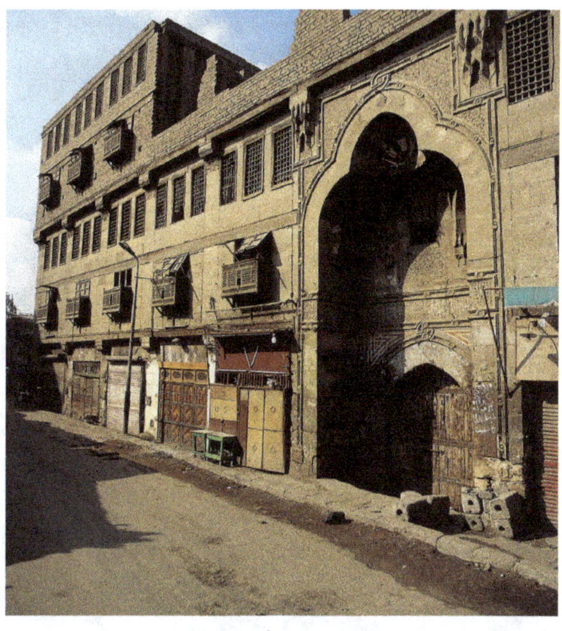

Wikala du sultan Qaytbay, façade, Le Caire.

II.1.e **Wikala du Sultan Qaytbay**

Cet établissement commercial se trouve à droite de l'accès par Bab al-Nasr. En venant des complexes de Qurqumas et Inal, se diriger vers l'avenue Salah Salem et prendre la rue Galal jusqu'à Bab al-Nasr.
Horaires: de 8:00 au coucher du soleil. Le bâtiment étant actuellement en cours de restauration, on ne peut pénétrer à l'intérieur, mais dans l'entrée un panneau en figure le plan et procure une vision générale de l'ensemble du monument.

Au cours de son pèlerinage à La Mecque en 884/1479, le sultan Qaytbay se trouva très affecté par la situation de pénurie dans laquelle se trouvaient les indigents; de retour au Caire, il décida en 885/1480 de construire cette *wikala* dans l'intention d'investir une partie de ses revenus dans l'achat de *dachicha* (grain trituré) pour le distribuer aux pauvres des Lieux Saints. C'est pourquoi l'établissement est connu sous le nom de *wikala* de la *dachicha*; c'est l'archétype de la *wikala* servant de magasin, de dépôt de marchandises et de résidence des commerçants.
Au-dessus de l'arc de la porte, une inscription en calligraphie de style *thoulouth* invoque: "Au nom de Dieu le Clément, le Miséricordieux, ce lieu béni a été construit par notre Seigneur, notre Protecteur et notre Roi, Sa plus haute Majesté al-Malik al-Achraf Abi al-Nasr Qaytbay, que Dieu glorifie sa victoire, et il l'a constitué en *waqf* pour subvenir à l'entretien des proches du Prophète à Médine, pour acheter du blé et le transformer en *dachicha* pour les nécessiteux de la ville et pour ceux qui y arrivent, en l'honneur de Dieu".
De la *wikala* ont survécu une partie des entrepôts du rez-de-chaussée et, au premier

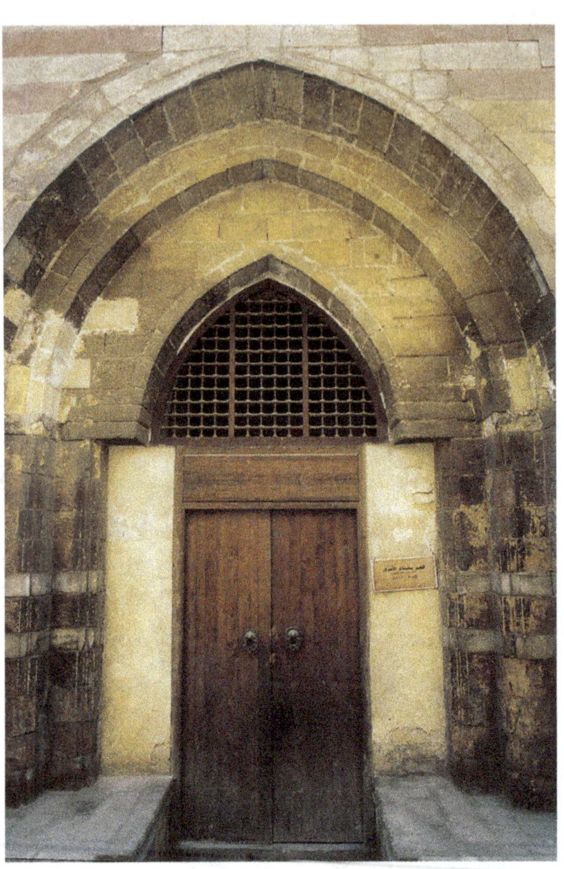

Palais de Bachtak, accès actuel, Le Caire.

étage, quelques pièces contiguës à l'arrière de la mosquée de al-Hakim bi-Amr Allah.
La façade de la *wikala*, qui donne sur la rue Bab al-Nasr, est allongée et divisée en trois hauteurs par des lignes horizontales. Au milieu se trouve l'entrée principale, flanquée de chaque côté de cinq boutiques, chacune étant couronnée, à la hauteur intermédiaire, par un *machrabiyya* lui-même surmonté, à la hauteur supérieure, de trois ouvertures protégées par une grille de fer. Au même niveau que ces fenêtres vient s'achever l'arc trilobé de l'entrée principale, dont les écoinçons sont décorés de motifs floraux en relief entourant un médaillon circulaire à l'emblème du sultan Qaytbay.
Des cinq accès que possédait la *wikala*, trois seulement ont survécu. Sur l'un des côtés de l'entrée, un texte en calligraphie *thoulouth* proclame: "Maudit fils de maudit, celui qui frauderait dans cette *wikala*, la *wikala* du Prophète, ou qui tricherait sur le poids".
L'entrée conduit à un corridor couvert par deux types de voûtes: une voûte d'arêtes à décor nervuré et une voûte en berceau.
Le document constitutif du *habous* précise que la *wikala* était composée d'une cour où étaient situés les entrepôts, auxquels on accédait par des escaliers, et que les portes latérales desservaient les pièces de l'étage supérieur, qui disposait d'unités résidentielles où logeaient les commerçants. De nos jours s'ouvrent sur la cour 30 magasins formés de pièces voûtées qui servaient de stockage et d'étal pour les marchandises.

M. H. D.

II.1.f **Palais de Bachtak**

Le palais de Bachtak se trouve dans la rue al-Mu'izz li-Din Allah, face à la madrasa *de Barquq et à la* madrasa *al-Kamiliyya. On y arrive en empruntant la rue Bab al-Nasr jusqu'à la* khanqa *Sa'id al-Su'da', où l'on tourne à gauche. Continuer tout droit jusqu'au croisement avec la rue al-Mu'izz li-Din Allah. La prendre sur la gauche et continuer jusqu'au prochain carrefour avec la rue Qurmuz où se trouve l'actuelle entrée du palais.*
La première phase de réhabilitation du palais, qui s'est achevée en 1984, grâce à un accord entre l'Organisme des Monuments Égyptiens et l'Institut Allemand des Monuments Orientaux

du Caire, a permis de découvrir de nombreux aspects du palais.
Horaires: de 8:00 au coucher du soleil.

Le palais fut construit par l'émir Bachtak al-Nasiri, époux de l'une des filles du sultan al-Nasir Muhammad, sur une partie de l'emplacement occupé par le grand palais oriental fatimide. Il connut plusieurs propriétaires avant d'être laissé à l'abandon et de se trouver sur le point de tomber totalement en ruine. Malgré cela, les vestiges qui nous sont parvenus révèlent la splendeur et la beauté du palais. Les *Khitat* de al-Maqrizi livrent une description du palais, qui s'élevait sur cinq étages. Le constructeur a délibérément situé le rez-de-chaussée du palais sur les rues principales, où l'activité commerciale était très dense, pour pouvoir y intégrer des échoppes.
La façade ouest du palais donne sur la rue al-Mu'izz li-Din Allah, la façade nord sur la rue Qurmuz, et l'entrée d'origine du palais, actuellement condamnée, se trouve dans la rue Bayt al-Qadi. L'entrée actuelle, formée par la succession de trois arcs brisés inscrits dans l'épaisseur du mur et flanquée de deux *mastabas* de pierre, conduit à une *derka* dont chaque collatéral est percé d'une porte; celle de gauche dessert un corridor voûté conduisant à l'écurie, celle de droite donne accès à l'étage supérieur par un escalier.
Depuis la terrasse du deuxième niveau, on gagne la salle principale qui s'organise autour d'une *durqa'a* à quatre *iwans*. Les plafonds lambrissés sont composés d'un magnifique décor très élaboré que prolongent trois rangées de *mouqarnas* à chaque angle. Au centre de la *durqa'a*, une fontaine de marbre de couleurs humidifie l'atmosphère en diffusant une bruine pendant les entretiens de l'émir avec ses visiteurs.

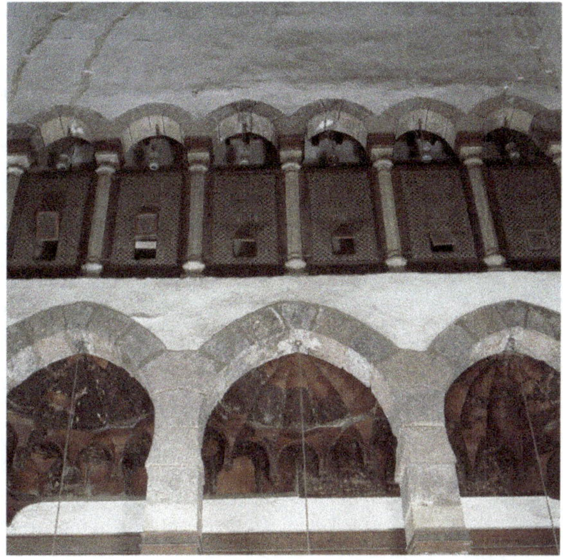
Palais de Bachtak, aghani sur la façade de la durqa'a, Le Caire.

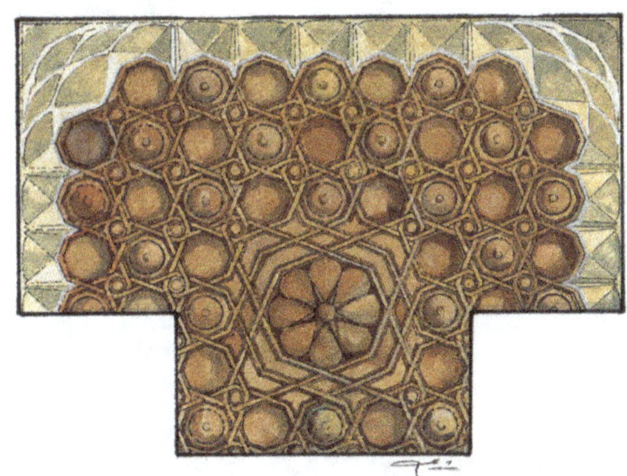
Palais de Bachtak, plafond de la durqa'a, Le Caire (dessin de Mohammed Rushdy).

Quant au troisième étage, il dispose de nombreuses pièces utilisées comme logements et qui constituaient le *haramlek* du palais (résidence des femmes). Au-dessus de l'*iwan* principal, on peut observer six arcs brisés reposant sur six colonnes de marbre à section octogonale entre lesquelles on a placé des claustra de bois tourné percés de petites fenêtres. C'est ce que l'on appelle *aghani*, l'endroit où les femmes s'asseyaient derrière les *machrabiyyas* pour assister, sans être vues, aux concerts de chant (*aghani*) qui se tenaient dans la *durqa'a* et qui étaient l'apanage des hommes.

Il faut signaler que les matériaux de construction étaient adaptés aux conditions climatiques et aux températures élevées du Caire. Ainsi, pour la construction de l'édifice principal, on a privilégié les pierres qui favorisaient l'isolation thermique; le marbre était utilisé à profusion sur les sols et le revêtement intérieur des parois, tandis que quantité de *machrabiyyas* préservaient la vie privée des habitants du palais tout en tamisant la lumière aveuglante du soleil et en rafraîchissant l'air à l'intérieur.

M.M.

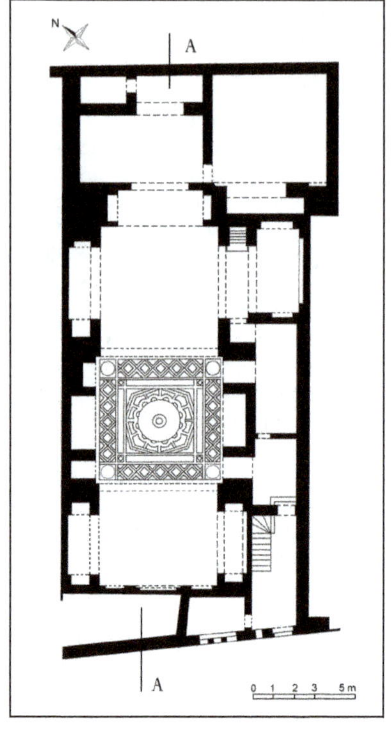

Salle de Muhib al-Din, plan, Le Caire.

II.1.g **Salle de Muhib al-Din**

La salle de Muhib al-Din se trouve dans la rue Bayt al-Qadi, face au salon de réceptions de l'émir Mamay al-Sayfi. On y arrive depuis la rue al-Mu'izz en direction de Bab Zuwayla.

Salle de Muhib al-Din, section AA, Le Caire (dessin de Mohammed Rushdy).

À la hauteur du complexe de Qalawun, prendre sur la gauche la rue Bayt al-Qadi.
Horaires: de 8:00 au coucher du soleil.

Les données disponibles sur cet édifice sont malheureusement trop lacunaires pour permettre d'en préciser les caractéristiques. On sait seulement que cette salle constitue tout ce qui reste d'un palais construit par l'ouléma Muhib al-Din Ibn al-Mu'aqqi al-Chafi'i et qu'elle fut connue plus tard sous le nom de Salle de Othman Katkhuda (l'émir ottoman Othman Katkhuda al-Qazugli), lorsqu'il en fut propriétaire en 148/1735 et qu'il en fit l'un de ses *habous*.

Oblongue ou de forme rectangulaire, la salle se compose, comme à l'accoutumée, d'une *durqa'a* centrale carrée, flanquée sur deux de ses côtés de deux *iwans* et de deux *sadlas* sur les deux autres côtés. La pièce conserve tous ses plafonds de bois et les *machrabiyyas* pratiquement dans leur état d'origine, même si la plus grande partie du revêtement qui couvrait la partie inférieure des murs a disparu.

On notera que le défoncement à *mouqarnas* situé au centre de l'*iwan* sud indique la présence d'une ancienne fontaine murale. Au centre de la *durqa'a* existait une autre fontaine à jet d'eau datant de l'époque de construction de l'édifice, mais la fontaine actuelle provient de Dar Waqf Aicha (maison *habous* de Aicha, dans la rue al-Alfi au Caire), dont elle a été déplacée en 1330/1911.

Les boiseries des plafonds, peintes et dorées, portent des inscriptions et des versets coraniques, tandis que dans la partie supérieure de la *durqa'a* une inscription mentionne le nom de son fondateur et la date de construction de l'édifice.

Les deux *iwans* sont délimités par de grandes poutres de bois qui soutiennent la toiture de la *durqa'a* et qui s'appuient chacune sur deux consoles de bois ornées d'amples *mouqarnas*, connus à l'époque ottomane sous le nom de *al-kurdi*. Les consoles sont disposées deux par deux en vis-à-vis et forment ainsi une grande arcade qui occupe entièrement l'ouverture de l'*iwan*. Le plafond de la *durqa'a* est situé à une hauteur supérieure à celle du plafond des *iwans*. Il s'agit d'une charpente octogonale qui repose sur un tambour dont les côtés sont percés de fenêtres assurant l'éclairage et la ventilation. Dans les angles du prolongement des murs de la *durqa'a*, on peut apercevoir des vestiges de *mouqarnas*.

Dans l'*iwan* nord était ménagé un évent (*malqaf*) qui consistait en un espace libre entre les murs du fond de l'*iwan*, couvert dans sa partie supérieure par un toit incliné et ouvert sur les côtés nord et ouest pour capter l'air humide – qui souffle la plus grande partie de l'année depuis le nord-ouest. Cet air humide pénètre à travers le toit incliné jusqu'à la partie inférieure de la salle où il se substitue à l'air chaud qui reflue par les ouvertures pratiquées dans la partie supérieure de la *durqa'a*. Ce système assure une excellente ventilation à la salle; de plus, la hauteur atteinte par le toit suggère une sensation de gloire et de majesté.

M. M.

II.1.h Salon de réceptions de l'émir Mamay al-Sayfi

Le salon de réceptions de l'émir Mamay al-Sayfi se trouve au bout de la rue Bayt al-Qadi; en sortant du précédent monument, se diriger sur la gauche.
Horaires: toute la journée sauf pendant les prières de la mi-journée (12:00 en hiver; 13:00 en été) et de l'après-midi (15:00 en hiver; 16:00 en été), étant donné qu'il est utilisé comme mosquée.

Ce salon de réceptions est une partie de ce qui fut le palais de l'émir Mamay, l'un des émirs mamelouks qui vécurent sous les règnes du sultan Qaytbay et de son fils al-Nasir Muhammad. Il gravit successivement tous les échelons des responsabilités de l'État avant d'accéder au titre de *muqaddim alf* (commandant d'une troupe de mille soldats) de l'armée mamelouke; il mourut assassiné en 901/1496. La date de construction du salon de réceptions et du palais remonte probablement à une

Salon de réceptions de Mamay al-Sayfi, vue partielle de la façade, Le Caire.

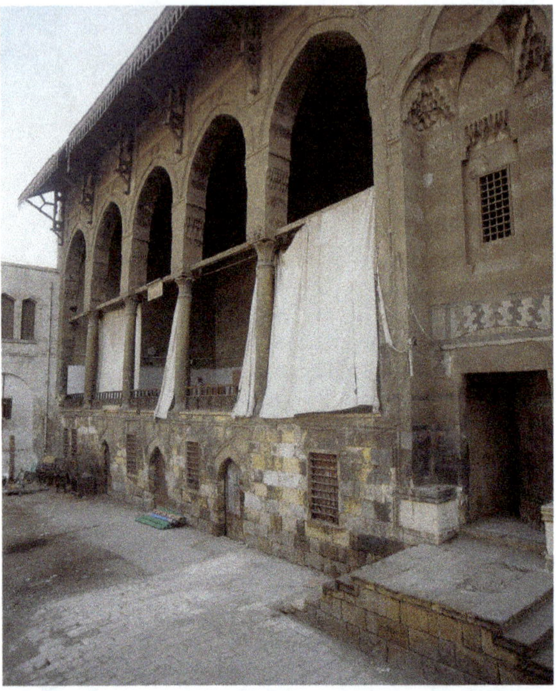

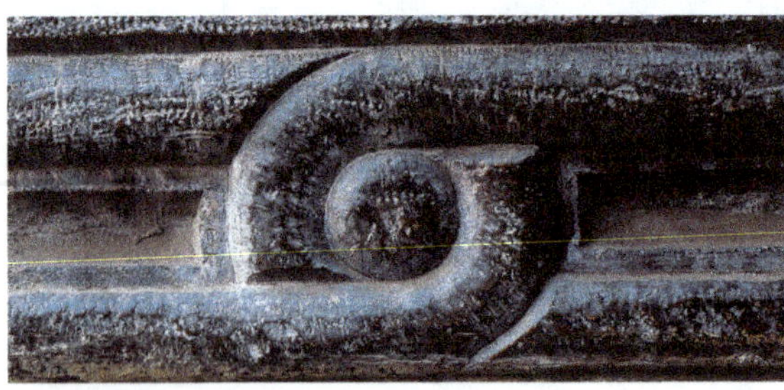

Salon de réceptions de Mamay al-Sayfi, détail de la décoration dans l'entrée, Le Caire.

époque antérieure à Mamay, puisque l'historien Ibn Iyas attribue une restauration du palais à Mamay.

Le palais fut détruit en 1315/1897 et seul en subsiste le salon de réceptions, composé d'une salle rectangulaire de 32 m de long sur 8 m de large et 11,5 m de hauteur. Il est plafonné d'un lambris en bois profilé de doré dont la base présente une frise de bois ornée d'inscriptions en calligraphie *thoulouth* tandis que les angles sont rehaussés de *mouqarnas* de bois.

Sur la droite de la façade, l'entrée monumentale de la salle est formée par un arc trilobé et un couronnement en pierre appareillé selon la technique *muchahhar* (maçonnerie bicolore). Dans les piédroits de l'entrée, flanquée de deux banquettes de pierre, se trouve une inscription fondatrice.

La façade du salon de réceptions est formée de cinq arcs brisés reposant sur quatre colonnes de marbre à fût cylindrique, dont les bases sont composées de chapiteaux romains retournés, tandis que les chapiteaux sont en forme de fleur de lotus. Les cordes des arcs sont matérialisées par des tirants de bois, et de petits parapets de bois sculpté ont été placés entre les colonnes.

Le salon de réceptions se déploie au-dessus d'un sous-sol formé de quatre espaces couverts par une coupole voûtée d'arêtes et auxquels on accède par un arc brisé.

À l'époque ottomane, le cadi des militaires prit ce palais pour résidence et établit le siège de ses audiences dans le salon de réceptions. C'est pourquoi on finit par appeler ce dernier *Bayt al-Qadi* ou Maison du Cadi, nom qui désigne aussi le quartier où il est situé.

M. M.

Le cortège du sultan

Ali Ateya, Salah El-Bahnasi, Mohamed Hossam El-Din,
Medhat El-Menabbawi, Tarek Torky

II.1 LE CAIRE

Deuxième jour

II.1.i Mosquée du Sultan al-Mu'ayyad Cheikh
II.1.j Madrasa de Qujmas al-Ishaqi
II.1.k Mosquée de al-Tunbugha al-Maridani
II.1.l Porte de la maison de Qaytbay dans celle de al-Razzaz (option)
II.1.m Madrasa de Oum al-Sultan Cha'ban
II.1.n Mosquée de Aqsunqur (option)
II.1.o Palais de Alin Aq al-Hussami (option)

Les célébrations de la fête du ramadan *et de l'observation de la nouvelle lune*

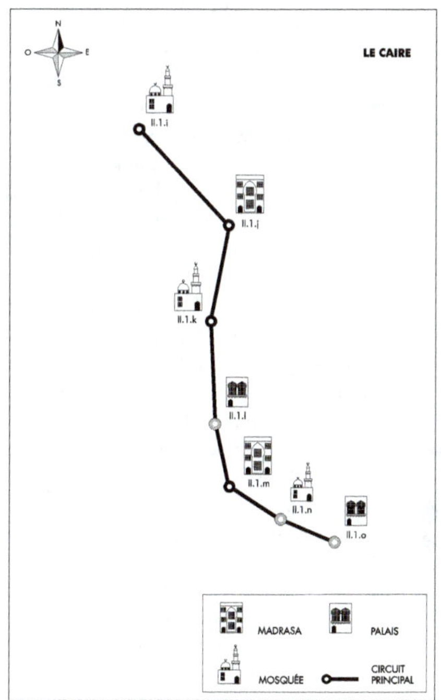

II.1.i Mosquée du Sultan al-Mu'ayyad Cheikh

Contiguë à la porte fatimide Bab Zuwayla, cette mosquée se trouve à l'extrémité sud de la rue al-Mu'izz li-Din Allah.
Horaires: toute la journée sauf pendant les prières de la mi-journée (12:00 en hiver; 13:00 en été) et de l'après-midi (15:00 en hiver; 16:00 en été). Le bâtiment étant actuellement en cours de restauration, on ne peut pénétrer à l'intérieur.

Le sultan al-Mu'ayyad Cheikh construisit la mosquée sur l'emplacement qu'occupait la prison où il fut incarcéré lorsqu'il était émir du sultan Farag Ibn Barquq. Il fit le vœu de transformer la prison en lieu d'étude et de prière si Dieu lui accordait de devenir souverain d'Égypte. La vaste fondation pieuse, qui incluait une Grande Mosquée, trois minarets, deux mausolées et une *madrasa* pour les quatre rites destinée aux étudiants soufis, fut commencée en 818/1415; à la mort du sultan, elle n'était pas encore achevée. C'est l'une des plus grandes mosquées du Caire, et lorsque le sultan ottoman Sélim Ier la contempla, il s'exclama: "À l'évidence, cet édifice est un édifice de rois." Quelques historiens l'évoquent comme la mosquée du péché, parce que le sultan al-Mu'ayyad préleva nombre de ses éléments sur d'autres mosquées. Bien qu'il ait investi des sommes colossales dans la construction et la dotation de l'édifice, lorsqu'il ne pouvait disposer de matériaux coûteux, il s'appropriait des éléments de fondations plus anciennes. Même s'il s'acquittait des dotations de ces dernières, la pratique n'en était pas moins inique, étant donné qu'une fois qu'ils étaient dotés, les édifices et leur mobilier ne pouvaient plus changer de propriétaire. C'est ainsi qu'il paya 500 dinars les lustres et les battants de la porte principale revêtus de bronze damasquiné du complexe du sultan Hassan (I.1.g). Les grands panneaux, les plinthes et les frises de marbre proviennent du mur *qibla* de la mosquée de Qusun, ainsi que d'autres mosquées et demeures. Le sultan obligea ses émirs à payer les peintures de la mosquée, et les artisans furent contraints de prendre à leur charge les dépenses des travaux en bois.

Sur la façade sud-est, l'entrée, revêtue de bandeaux alternés de marbre blanc et noir et surmontée d'un arc trilobé, est composée d'une profonde niche couronnée d'une voûte de 9 rangées de *mouqarnas*; l'ensemble est inscrit dans un encadrement rectangulaire s'élevant au-dessus de

Mosquée du sultan al-Mu'ayyad Cheikh, entrée et coupole, Le Caire.

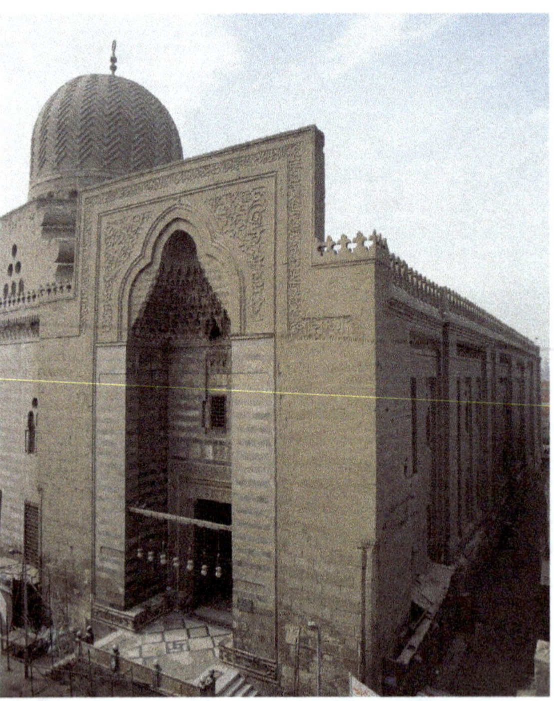

la corniche, une caractéristique très répandue dans l'architecture iranienne. Les piédroits et le linteau de granit rose sont encadrés d'une bande blanche entrelacée à incrustations d'argile rouge et turquoise. L'entrée conduit à une *derka*, couverte d'une voûte d'ogives; sur la droite, un corridor à dallage de marbre conduit à la cour de la mosquée, dans laquelle un bassin à ablutions rituelles remplace l'ancienne fontaine centrale; et par la gauche on accède au mausolée où sont enterrés le sultan et son fils aîné Ibrahim. De forme carrée, il dispose d'un *mihrab* orné de marbre et est surmonté d'une coupole sur pendentifs à plusieurs rangées de *mouqarnas*, dont l'extérieur est décoré de bandes horizontales de zigzags identiques à ceux des coupoles de la *khanqa* de Farag Ibn Barquq. De la même façon, la salle de prière devait être flanquée de deux mausolées à coupole, mais seul le mausolée qui abrite les cénotaphes du sultan et de son fils en est encore surmonté. Le second mausolée, réservé aux femmes et couvert d'un plafond plat, se trouve à l'extrémité sud de la salle de la *qibla*, au pied de l'un des deux minarets.

Des trois minarets orientés dans l'axe sud-ouest, celui de l'extrémité ouest s'est effondré. Les deux autres, qui s'appuient sur les tours de Bab Zuwayla, sont également tombés peu après leur construction en 842/1438, mais ils ont été reconstruits peu de temps après.

Le fait que les tours de Bab Zuwayla aient été utilisées comme bases des minarets confère à ces derniers une prééminence qui les rend parfaitement visibles depuis la Citadelle, pourtant fort éloignée. Avec ses deux fûts octogonaux et le *gawsaq* couronné d'un fleuron bulbiforme – chaque transition étant soulignée par un balcon sur corniche de *mouqarnas* –, ils s'élèvent à quelque 50 m au-dessus du niveau de la rue et sont l'emblème de la ville du Caire. Le plan de la mosquée obéit au modèle des mosquées hypostyles traditionnelles;

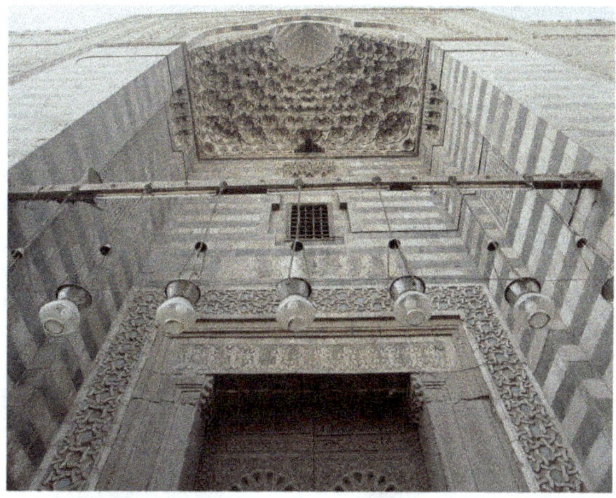

Mosquée du sultan al-Mu'ayyad Cheikh, entrée, détail de l'arc trilobé, Le Caire.

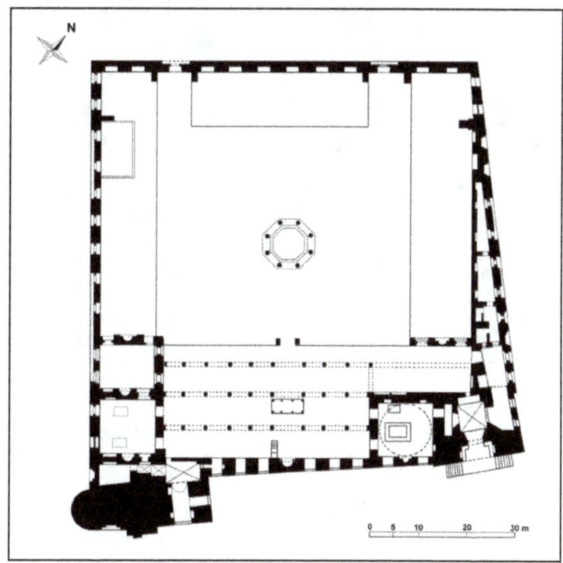

Mosquée du sultan al-Mu'ayyad Cheikh, plan, Le Caire.

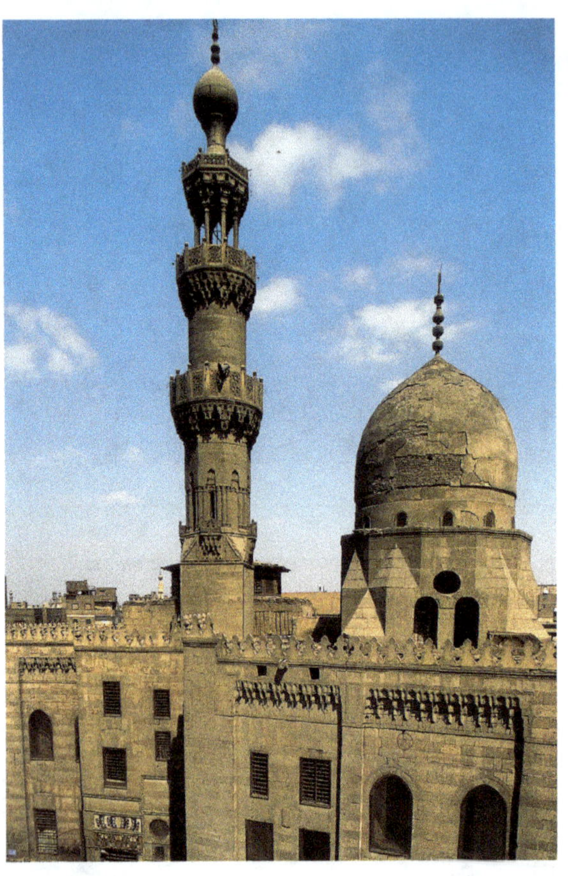

Madrasa de Qujmas al-Ishaqi, minaret et coupole, Le Caire.

la cour centrale découverte était à l'origine entourée de quatre portiques, mais seule la salle de prière, sur le côté de la *qibla*, a survécu. Les fouilles archéologiques réalisées sur place ont montré que les trois autres portiques étaient composés de deux nefs séparées par des arcades.
Parallèles au mur de la *qibla*, trois rangées de colonnes de marbre soutiennent un toit de bois luxueusement décoré. Tous les murs de la salle de la *qibla* sont plaqués de marbre de couleur provenant d'édifices plus anciens, mais c'est au mur de la *qibla* que fut réservée la plus grande emphase décorative. Le haut socle du *mihrab*, divisé en deux zones différenciées par le type d'ornementation de marbre, est couronné d'une frise de paires de colonnettes bleu turquoise. À sa droite s'élève le *minbar* d'origine, en bois, dont l'ornementation en assemblage de fines pièces de bois marquetées de marbre et de nacre en fait un magnifique témoignage de la richesse de l'ébénisterie de l'époque. Au centre de la seconde nef de la salle de la *qibla*, la *dikkat al-muballigh* (tribune du répétiteur) en marbre repose sur 8 colonnes également en marbre.
Son ample dotation, avec plus de 200 chambres pour les étudiants et sa grande bibliothèque, fit de cette mosquée une des institutions éducatives les plus réputées du IXe/XVe siècle; ses chaires furent occupées par les plus éminents érudits, tels Ibn Hajar al-Asqalani (774/1372-853/1449), originaire d'Ascalon (une ancienne ville de Palestine) et expert en interprétation coranique.

S. B.

II.1.j **Madrasa de Qujmas al-Ishaqi**

La madrasa *de Qujmas al-Ishaqi, connue sous le nom de Abou Hriba, se trouve dans la rue Darb al-Ahmar, quand on sort de Bab Zuwayla par la gauche.*
Il faut signaler que sa façade principale est dessinée sur les billets de 50 livres égyptiennes.
Horaires: toute la journée sauf pendant les prières de la mi-journée (12:00 en hiver; 13:00 en été) et de l'après-midi (15:00 en hiver; 16:00 en été).

La *madrasa* fut construite par l'émir Qujmas al-Ishaqi, l'un des émirs du sultan Abou Sa'id Yaqmaq. Sa date de naissance n'est pas connue avec exactitude, mais on sait qu'il fut contemporain de huit sultans mamelouks circassiens et qu'il est mort en 892/1486 à Damas où il fut enterré. Qujmas a travaillé au palais du gouvernement, puis occupé les fonctions de *khaznadar* (trésorier) avant d'être nommé gouverneur de Syrie à l'époque du sultan Qaytbay.
Ce haut édifice fut construit au-dessus d'un groupe de boutiques dont les bénéfices servaient à couvrir ses frais d'entretien. Composé d'une *madrasa*, d'une *koubba*, d'un *sabil*, de chambres pour les soufis, d'un abreuvoir surmonté d'un *kuttab*, d'une noria et d'une fontaine pour les ablutions rituelles, il représente le modèle des complexes religieux qui connurent une si grande diffusion à l'époque des Mamelouks circassiens. Bien que la distribution intérieure de l'édifice soit semblable à celle des *madrasas* cruciformes (*durqa'a* à 4 *iwans*), le document de fondation indique clairement que sa fonction est d'être une Grande Mosquée.
Érigé sur un emplacement triangulaire, l'architecte dut composer avec le tracé de la rue pour disposer les différentes dépendances et exploiter chaque parcelle de terrain. Outre qu'elle intègre la façade de l'*iwan* nord-ouest et la façade sud-ouest de la *koubba*, la façade principale, située sur la rue Darb al-Ahmar parallèle à la muraille fatimide, présente donc deux retraits dans lesquels on a placé l'entrée et le *sabil*. L'entrée principale, surmontée d'un arc trilobé tapissé de *mouqarnas* et élevée au-dessus du niveau de la rue, est flanquée de banquettes de pierre au-dessus desquelles une inscription reprend le verset coranique suivant: "Au nom de Dieu de Clémence et de Compassion, les

Madrasa de Qujmas al-Ishaqi, plafond de la durqa'a, Le Caire.

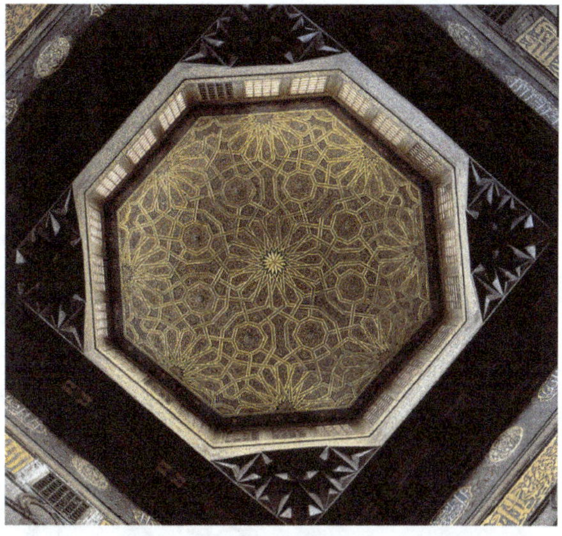

Madrasa de Qujmas al-Ishaqi, entrée, Le Caire.

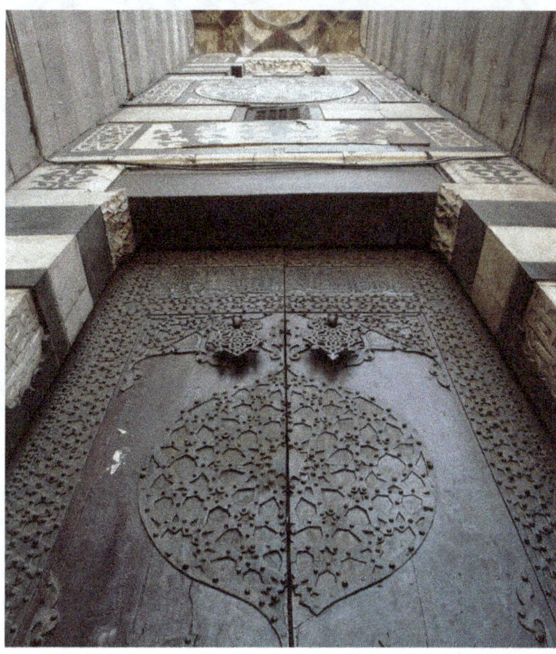

Mosquée de al-Tunbugha al-Maridani, détail de la décoration de l'entrée, Le Caire.

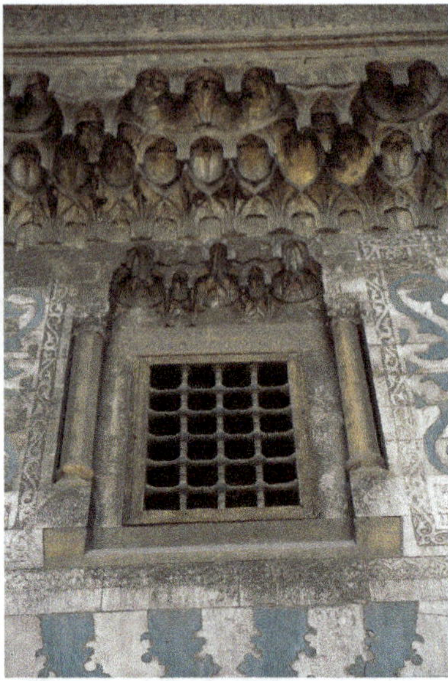

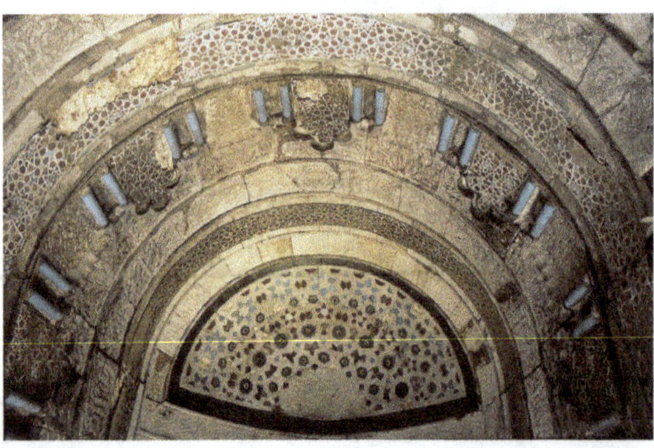

Mosquée de al-Tunbugha al-Maridani, détail de la décoration du mihrab, Le Caire.

mosquées sont faites pour Dieu, aussi que personne [d'entre vous] ne s'avise de calomnier Dieu." Ce verset se réfère sans ambiguïté à la fonction de mosquée qui était celle de l'édifice. Une autre inscription précise la date d'achèvement de la construction de l'édifice (886/1481).

Cette *madrasa* est considérée comme l'une des plus importantes parmi toutes celles construites à l'époque de Qaytbay, et compte parmi les plus remarquables au niveau artistique tant par la décoration que par l'homogénéité des couleurs des revêtements de marbre, les sculptures de pierre qui ornent les murs et les innovants plafonds de bois décoré et peint de splendides motifs.

A. A.

II.1.k Mosquée de al-Tunbugha al-Maridani

La mosquée de al-Tunbugha al-Maridani est située dans la rue Darb al-Ahmar, en direction de la Citadelle.
Horaires: toute la journée sauf pendant les prières de la mi-journée (12:00 en hiver; 13:00 en été) et de l'après-midi (15:00 en hiver; 16:00 en été).

L'émir al-Tunbugha al-Maridani al-Saqi (échanson), né vers 719/1319, fut l'un des émirs du sultan al-Nasir Muhammad, son gendre et futur gouverneur d'Alep où il mourut à l'âge de vingt-cinq ans.
La parenté de plan entre sa mosquée et celle de al-Nasir Muhammad dans la Citadelle n'est pas pour surprendre puisque toutes deux sont l'œuvre du même architecte de la cour, le maître (*mu'alim*) al-Suyufi. Quelques éléments les différencient cependant. L'accès de la mosquée de al-Tunbugha, encadré par un arc brisé, est dépourvu de *mouqarnas*, et le centre de la cour est agrémenté d'un bassin octogonal en marbre couvert d'une coupole en bois provenant de la *madrasa* du sultan Hassan. Et dans la salle de la *qibla*, on peut observer que la coupole face au *mihrab* couvre la largeur de deux nefs, au lieu de trois

dans celle de al-Nasir Muhammad. Il s'agit d'une coupole de dimensions similaires à celles qui surmontent les *mihrabs* de l'époque fatimide et à celle de la mosquée du sultan Baybars, le premier des sultans mamelouks *bahrides*. Bien qu'elle ait été restaurée en 1905, les pendentifs conservent encore leurs encorbellements de *mouqarnas* de bois sous lesquels un bandeau épigraphique en bois porte des inscriptions dorées sur fond bleu reprenant des versets coraniques.

L'ornementation intérieure de la mosquée est particulièrement splendide et affiche la plus grande partie du répertoire décoratif de l'époque, comme les entrelacs de marbre à incrustations de nacre, les stucs et les bois sculptés, et les fenêtres à azulejos. Un des éléments les plus caractéristiques de cette mosquée est la superbe jalousie de *machrabiyya* qui sépare la salle de prière de la cour, une des plus anciennes qui soient conservées en Égypte.

Le minaret de la mosquée de al-Tunbugha al-Maridani est tenu pour le plus ancien des minarets à couronnement bulbeux, formule qui fut diffusée comme l'une des caractéristiques de l'époque mamelouke.

A. A.

II.1.l **Porte de la maison de Qaytbay dans celle de al-Razzaz** (option)

La maison de al-Razzaz se trouve dans la rue Bab al-Wazir, dans le prolongement de la rue Darb al-Ahmar. Pour voir la porte de Qaytbay, il faut accéder à la cour de la maison de al-Razzaz. Horaires: de 8:00 au coucher du soleil.

La maison du sultan Qaytbay fut construite au IXe/XVe siècle, et seule a survécu la porte, qui représente l'entrée typique de l'époque mamelouke, quoique moins haute s'agissant de l'accès à une maison. Couronné d'un arc trilobé et décoré de *mouqarnas*, il est flanqué de deux banquettes de pierre qui en occupent toute la largeur. Le linteau de pierre, au-dessus duquel figure l'emblème du sultan, présente une décoration florale sculptée en relief, tandis que dans les impostes un texte de fondation mentionne le nom du sultan, al-Achraf Cha'ban Abi al-Nasr Qaytbay.

T. T.

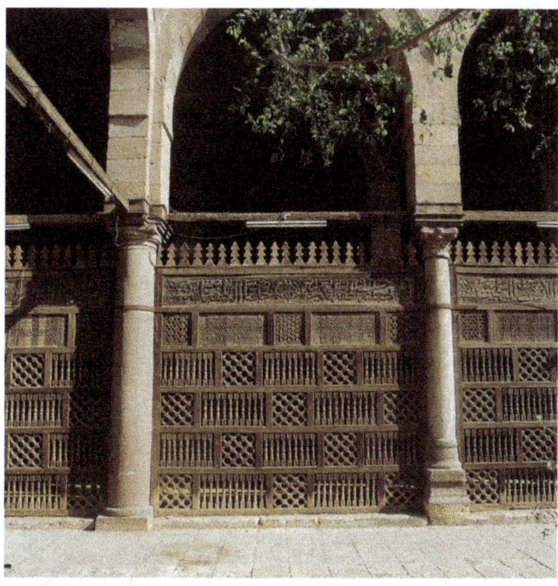

Mosquée deal-Tunbugha al-Maridani, jalousie de machrabiyya séparant la salle de prière de la cour, Le Caire.

II.1.m **Madrasa de Oum al-Sultan Cha'ban**

La madrasa *de Oum al-Sultan Cha'ban est contiguë à la maison de al-Razzaz, dans la rue Bab al-Wazir.*

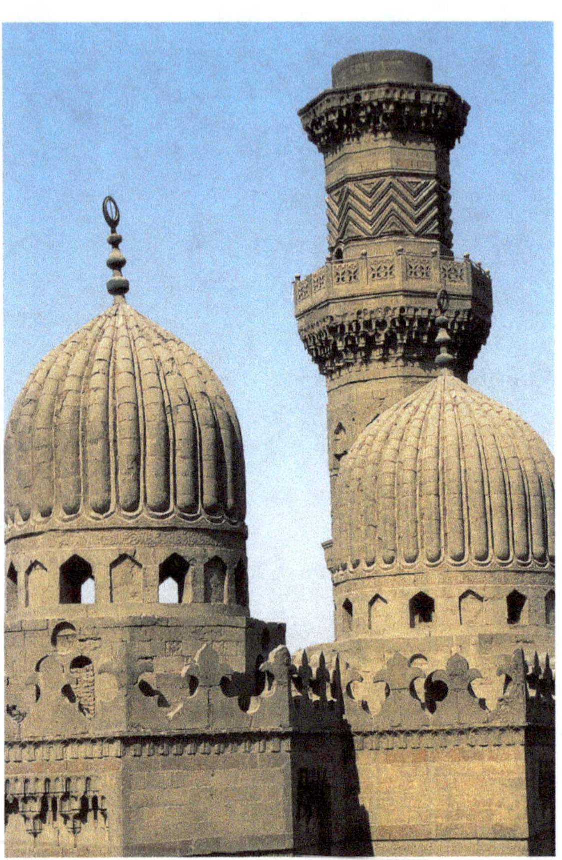

Madrasa de Oum al-Sultan Cha'ban, minaret et coupoles, Le Caire.

Horaires: toute la journée sauf pendant les prières de la mi-journée (12:00 en hiver; 13:00 en été) et de l'après-midi (15:00 en hiver; 16:00 en été).

Le sultan Cha'ban, petit-fils de al-Nasir Muhammad, fit construire cette *madrasa* pour sa mère Khuwand Barka en 770/1369. Cette *madrasa* à plan cruciforme s'organise avec quatre *iwans* autour d'une *durqa'a* ou cour centrale découverte. Dotée des classiques annexes dédiées aux différentes fonctions (abreuvoir, *sabil*, *kuttab*, chambres pour les étudiants, salle de prière, minaret et deux mausolées), une de ses particularités réside dans son imbrication dans le tissu urbain.

Donnant sur la rue principale, Bab Zuwayla, qui conduit jusqu'à la Citadelle, à l'angle d'une rue secondaire, le minaret et la *koubba* principale ont été placés de manière stratégique à l'extrémité sud-est de la *madrasa* pour être visibles pendant la procession du sultan, sur le trajet de retour à la Citadelle.

Des deux accès de cette *madrasa*, le principal se signale par le côté insolite de sa physionomie d'inspiration seldjoukide. L'arc brisé lancéolé est meublé de neuf rangées de *mouqarnas* dorés et décorés de motifs végétaux.

À gauche de cette innovante entrée, sur la rue Bab al-Wazir, la façade du *sabil* se compose d'une jalousie en bois assemblé qui, avec ses motifs géométriques, est considérée comme le premier exemple de ce type.

Quant aux *koubbas* qui flanquent l'*iwan* de la *qibla*, celle du sud-ouest abrite les tombes de Khuwand Barka (enterrée en 774/1373) et de sa fille, tandis que celle du sud-est, plus grande, abrite celles du sultan Cha'ban (enterré en 778/1377) et de l'un de ses fils. Les deux coupoles godronnées en pierre sont décorées de profondes nervures verticales, tandis que le minaret ne conserve que deux de ses trois fûts d'origine. Le premier, de forme octogonale, présente sur les côtés des arcs angulaires sur colonnes doubles – un arc aveugle alternant avec un arc à fenêtre et balcon sur *mouqarnas*. Le second, également octogonal, est de plus petites dimensions et présente une décoration de zigzags horizontaux.

A. A.

II.1.n **Mosquée de Aqsunqur** (option)

La mosquée de Aqsunqur, connue sous le nom de Mosquée Bleue, se trouve sur le côté gauche de la rue Bab al-Wazir, en direction de la Citadelle.
Horaires: toute la journée sauf pendant les prières de la mi-journée (12:00 en hiver; 13:00 en été) et de l'après-midi (15:00 en hiver; 16:00 en été).

L'émir Aqsunqur fut l'un des émirs de al-Nasir Muhammad, un de ses gendres et plus tard gouverneur de Tripoli, une ville du nord du Liban. Parmi les nombreuses édifications dues à cet émir, dans la même rue Bab al-Wazir se trouvent sa maison, plusieurs fontaines publiques et un abreuvoir. Intéressé par la construction, l'émir se chargea lui-même de superviser les travaux d'édification de sa mosquée, laquelle, construite en 747/1347, obéit au modèle à plan hypostyle traditionnel avec une cour centrale entourée de quatre portiques, dont le plus grand, à deux nefs, est celui du mur de la *qibla*.
Elle doit son nom de mosquée bleue au revêtement qui, du sol au plafond, orne la paroi est de majoliques de belles couleurs – parmi lesquelles prédomine le bleu –, résultat de l'une des réformes entreprises par l'Ottoman Ibrahim Agha Mustahfazan en 1062/1652.
L'élément le plus remarquable de cette mosquée réside dans son *minbar* de marbre sculpté, dont l'originale décoration de grappes de raisin et de feuilles de vigne est incrustée de pierres de couleur; il fait partie des rares exemples réalisés dans ce matériau si coûteux, et des plus anciens qui soient conservés au Caire.

A. A.

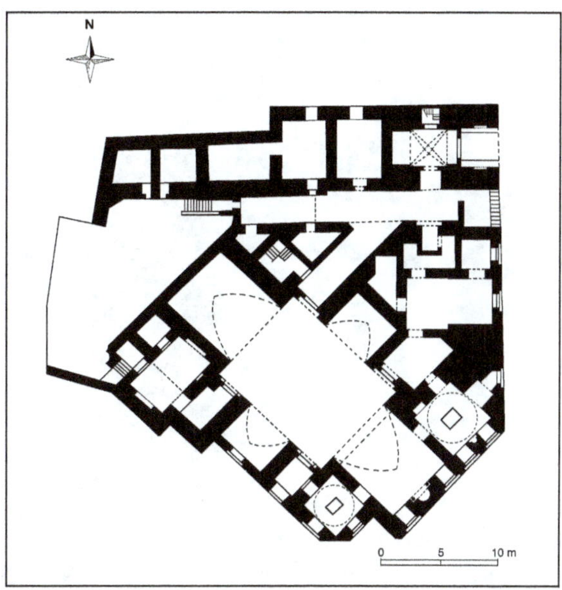

Madrasa de Oum al-Sultan Cha'ban, plan, Le Caire.

II.1.o **Palais de Alin Aq al-Hussami** (option)

Le palais de Alin Aq al-Hussami se trouve dans la rue Bab al-Wazir, dans le prolongement du monument précédent.
Fermé en raison de son état de délabrement, seul l'extérieur peut se visiter.

Les vestiges de ce palais construit par Alin Aq al-Hussami, un des émirs du sultan Qalawun, indiquent qu'il s'agissait d'un palais résidentiel à deux étages, parmi les plus nobles de l'époque des Mamelouks *bahrides*. Au niveau inférieur, auquel on accède par une entrée coudée, se trouvaient des magasins, les écuries, un moulin, une cour et un *takhtabuch*. L'étage supérieur comporte un belvédère qui donne sur la cour et qui consiste en petites pièces surmontées de voûtes en berceau ou d'arêtes.

T. T.

LES CÉLÉBRATIONS DE LA FÊTE DU *RAMADAN* ET L'OBSERVATION DE LA NOUVELLE LUNE

Salah El-Bahnasi

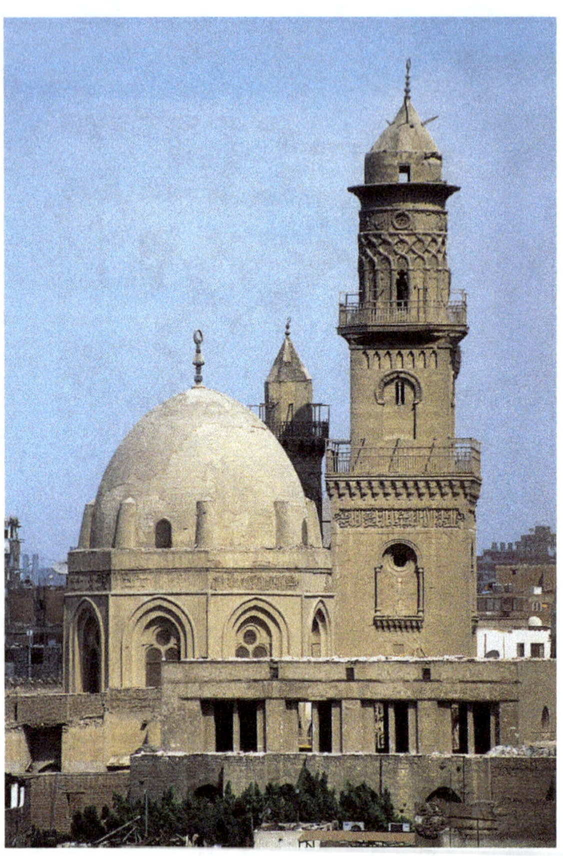

Complexe du sultan Qalawun, coupole et minaret de la madrasa, Le Caire.

Les débuts des mois islamiques se déterminent par la constatation de la lune nouvelle et à l'époque mamelouke, l'observation se pratiquait au cours d'un cortège auquel participaient le grand cadi, les cadis des quatre écoles juridiques sunnites (*shafiite, hanafite, hanbalite, malékite*), les oulémas et le public en général des différentes classes sociales d'Égypte. Pendant les trois premiers siècles de l'hégire, on procédait à l'observation du croissant depuis la mosquée de Mahmud qui était adossée au mont al-Muqattam. Plus tard, on construisit une *dikka* (tribune) au sommet du mont, connue sous le nom de *dikka* des cadis, pour qu'ils puissent se reposer après avoir gravi la colline pour observer la nouvelle lune. Quand le vizir fatimide Badr al-Din al-Gamali construisit sa mosquée sur le flanc du mont al-Muqattam, en 478/1085, celle-ci devint le lieu réservé à cette mission.

À l'époque mamelouke, c'est le minaret de la *madrasa* du complexe du sultan al-Mansour Qalawun (III.1.c), dans le quartier de al-Nahhasin, qui fut choisi comme poste d'observation.

Si l'apparition du croissant de lune est un événement très important dans la vie des musulmans, celle qui détermine le début du mois de *ramadan* donnait lieu à un cérémonial tout particulier en raison du respect et de la grâce que ce mois inspire à l'âme des musulmans. De nombreux historiens signalent que le cortège qui se formait à cette occasion égalait les cortèges du sultan: les rues étaient pavoisées, de tous côtés on allumait des cierges, et dès lors que le début du mois de *ramadan* était officiellement constaté, les fêtes battaient leur plein dans l'allégresse générale pendant que l'on faisait donner du canon.

Il pouvait arriver que l'unanimité ne se fasse pas sur le résultat de l'observation de la nouvelle lune et les gens restaient perplexes puisqu'ils ne savaient pas s'ils devaient manger ou jeûner. Un de ces curieux paradoxes se produisit du temps du sultan Barquq (r. 784/1382-801/1398). Il n'y eut pas unanimité autour de l'observation de la nouvelle lune, et le lendemain, le sultan se disposait à manger en compagnie de quelques convives lorsque les crieurs se mirent à parcourir le Caire en annonçant que le croissant était apparu. Alors le sultan renvoya ses invités, fit retirer les mets et déclara officiellement l'ouverture du jeûne.

Après avoir observé le jeûne du mois de *ramadan*, les musulmans célébraient la fête de la Rupture du Jeûne, une importante célébration islamique, au cours de laquelle le sultan sortait pour accomplir la prière de la fête en un cortège solennel. À la fin de la prière, les fidèles commençaient à se congratuler mutuellement, tandis que le sultan et les émirs distribuaient des vêtements, des cadeaux et des bourses d'argent à ceux qui les félicitaient. On préparait aussi de grandes quantités de nourriture à l'attention de quiconque pouvait en avoir envie. Sur les places et dans les parcs, on donnait des fêtes avec musique, chant et jeux acrobatiques, comme celui qui consistait à marcher sur une corde tendue entre la partie supérieure de Bab al-Nasr et le sol, ou entre la *madrasa* du sultan Hassan et la Citadelle.

Sous le règne du sultan al-Ghuri (r. 906/1501-922/1516), le roi de l'Inde envoya deux énormes éléphants parés de velours rouge qui exécutèrent un numéro de combat; ce spectacle combla de plaisir le cœur du sultan et de tout le public.

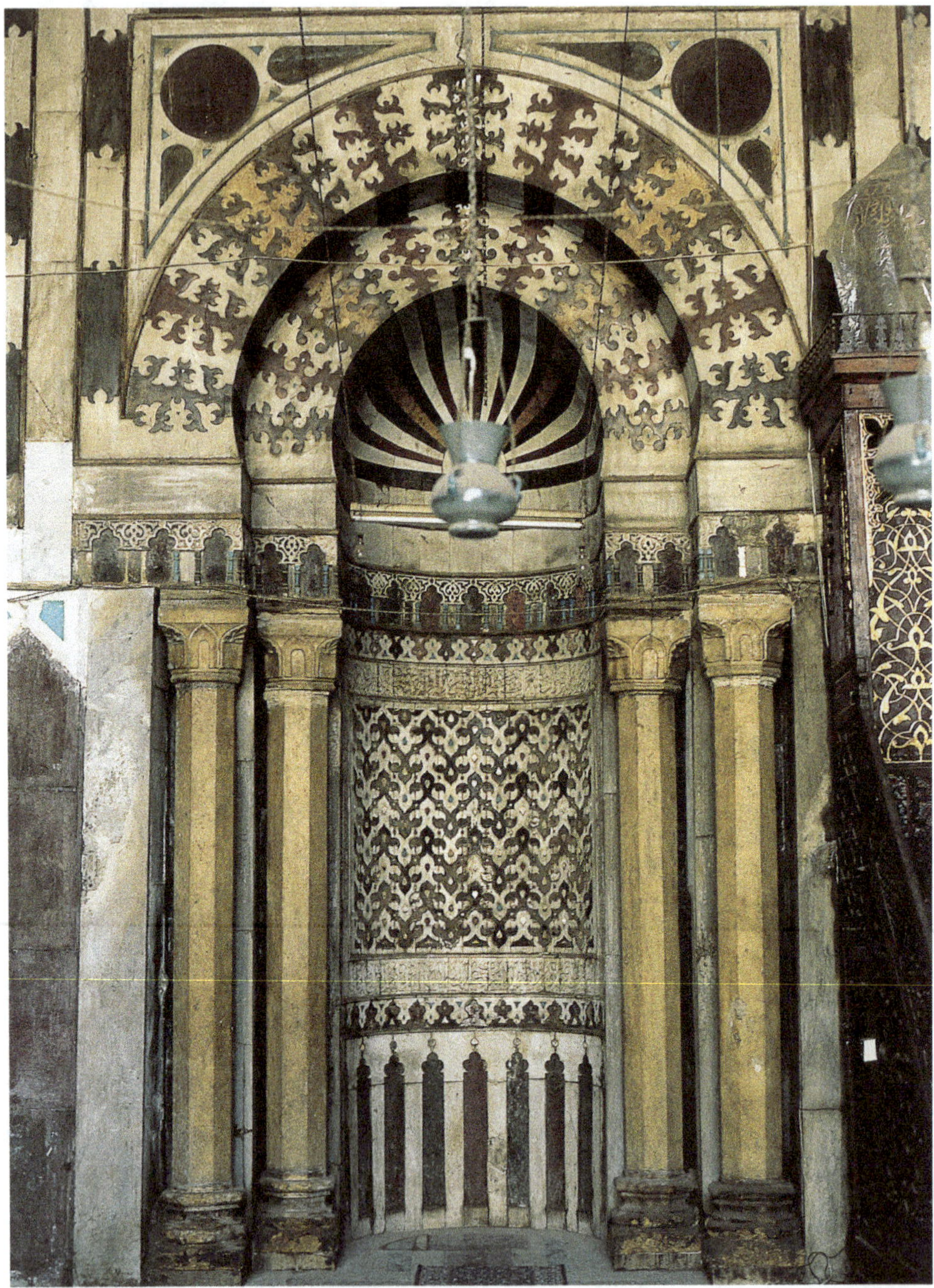

La science et les sages

Salah El-Bahnasi, Medhat El-Menabbawi, Mohamed Abd El-Aziz, Mohamed Hossam El-Din, Tarek Torky

III.1 LE CAIRE

III.1.a La mosquée al-Azhar et ses madrasas mameloukes
III.1.b Madrasa du Sultan al-Ghuri
III.1.c Complexe du Sultan al-Mansour Qalawun
III.1.d Khanqa et madrasa du Sultan Barquq
III.1.e Khanqa du Sultan Baybars al-Gachankir

Organisation du waqf *à l'époque mameloukе*

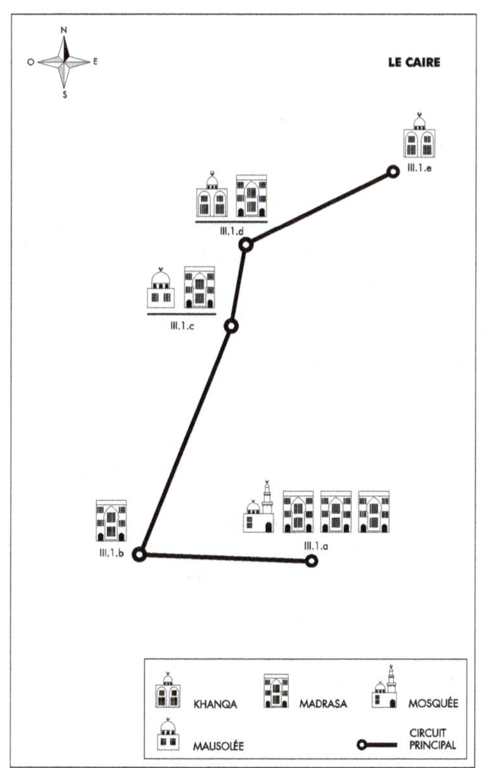

Khanka et madrasa du sultan Barquq, mihrab, Le Caire.

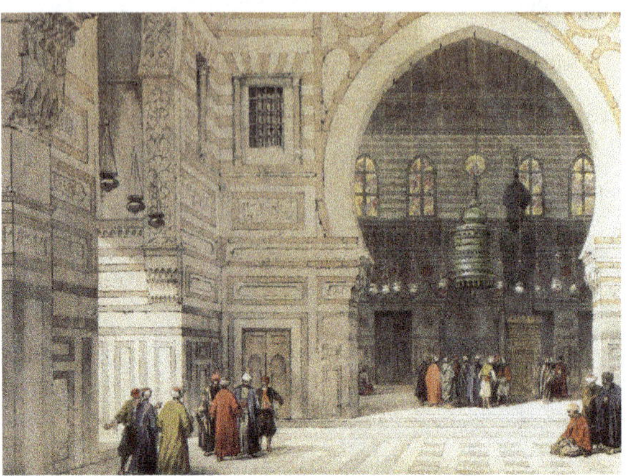

Intérieur de la mosquée du sultan al-Ghuri, Le Caire (D. Roberts, 1996, avec l'aimable autorisation de l'Université Américaine du Caire).

À l'époque mamelouke, la ville du Caire regorgeait d'institutions éducatives, dans lesquelles se rassemblaient de nombreux érudits et étudiants. Les sultans et les émirs contribuaient à la prospérité de cette activité pédagogique en construisant des établissements éducatifs, telles les *madrasas* et les *khanqas*.

En raison de la sécurité dont bénéficiait l'Égypte à cette époque – loin des invasions mongoles et une fois qu'il fut mis fin à la menace latente des croisés –, le pays attirait les savants de tous les horizons du monde islamique, et plus particulièrement ceux des régions de l'Est et de l'Ouest que les affrontements avec les Mongols et les croisés exposaient aux destructions entraînées par les guerres. Un phénomène rigoureusement similaire se produisait en al-Andalus, où la reconquête progressive des territoires musulmans avait commencé, provoquant l'émigration de nombreux Andalousiens vers l'Égypte.

Aussi le pays devint-il, d'après la description de al-Suyuti (n. 849/1445), un "centre de résidence des oulémas et l'étape des voyageurs les plus virtuoses". Au VIIIe/XIVe siècle, le voyageur maghrébin al-Balawi, l'un des grands cadis d'al-Andalus qui visita Le Caire à l'époque du sultan al-Nasir Muhammad, déclara que l'Égypte était "le berceau de la science", et que "même s'il n'y avait au Caire qu'un seul de ces établissements désignés comme *al-maristan* (III.1.c), ce serait suffisant, car c'est un palais majestueux, qui compte parmi les plus prodigieux par sa beauté, son élégance et ses vastes dimensions".

De même, le voyageur marocain Ibn Battuta se trouva en Égypte dans la première moitié du VIIIe/XIVe siècle et put observer l'épanouissement de la vie scientifique qu'il décrivit, dans ses récits de voyages, à travers le rôle des *khanqas* dans la diffusion des sciences, en signalant la concurrence à laquelle se livraient émirs et sultans pour se surpasser mutuellement dans la construction de ces résidences. Chaque *khanqa* était destinée à un groupe ethnique de soufis – la plupart d'entre eux étant d'origine non arabe –, des mystiques musulmans pétris de culture, d'instruction et de bonnes mœurs qui ont donné naissance à une attitude spirituelle originale.

Ibn Khaldun, le célèbre philosophe tunisois qui arriva jusqu'en Égypte où il passa le restant de ses jours (784/1382-809/1406) – il y acheva ses ouvrages et assura l'administration de la *khanqa* de Baybars al-Gachankir (III.1.e) en 792/1389 –, écrivit aussi à propos de l'Égypte:

"... palais et *iwans* resplendissent sur leur visage, *khanqas* et *madrasas* fleurissent en harmonie, et la pleine lune et les étoiles brillent par ses oulémas. Et c'est ainsi que se multiplièrent les *habous* et qu'augmenta le nombre d'assoiffés de savoir et de leurs maîtres stimulés par des rétributions élevées, et qu'émigrèrent vers elle [l'Égypte] les personnes en quête de science depuis l'Iraq et le Maghreb".

À l'époque des sultans mamelouks, les érudits égyptiens et ceux qui étaient arrivés jusque-là jouissaient d'un accueil bienveillant de la part des gouvernants, qui leur accordaient leur amitié et leur offraient l'hospitalité dans des maisons appropriées à leur rang. Les livres d'histoire mentionnent que le sultan al-Nasir Muhammad Ibn Qalawun était un ami de l'historien Abou al-Fida et que les sultans Barquq, al-Mu'ayyad, Jaqmaq, Barsbay, Qaytbay et al-Ghuri éprouvaient une véritable passion pour les réunions de savants et d'écrivains. Barsbay faisait asseoir à son côté l'historien Badr al-Din al-'Ayni pour se faire raconter l'histoire des Ottomans, et al-Ghuri se montrait généreux envers la science et les savants. On mesure bien cet intérêt à la lecture des documents de fondation des *habous*, dans lesquels les donateurs spécifiaient à quelle activité devaient être affectés les revenus et précisaient les salaires alloués aux sages et aux maîtres.

Un tel intérêt entraîna l'apparition de nombreuses encyclopédies, aussi bien dans le domaine des humanités que dans celui des sciences appliquées. Parmi celles-ci se trouvent les encyclopédies historiques comme *al-Suluk li-ma'rifat duwal al-muluk* (Histoire des Ayyoubides et des Mamelouks) de al-Maqrizi, *al-Nujum al-zahira fi muluk Misr wa al-Qahira* (Histoire de l'Égypte depuis la conquête arabe jusqu'à l'époque mamelouke) de Abou al-Mahassin Ibn Taghri Bardi, *Bada'i' al-zuhur fi waqa'i' al-duhur* (Histoire de l'Égypte à l'époque mamelouke, et particulièrement du Caire) de Ibn Iyas; des traductions comme *Wafayat al-a'yan* (Dictionnaire biographique des éminents oulémas et sages égyptiens du monde islamique) de Ibn Khalikan, *al-Daw' al-lami' li-ahl al-qarn al-tasi'* (Dictionnaire biographique des oulémas et des savants égyptiens de l'époque mamelouke) de al-Sakhawi, *al-Nahl al-safi* de Ibn Taghri Bardi et *'Aqd al-juman fi tarikh ahl al-zaman* de al-'Ayni, entre autres.

En matière d'encyclopédies littéraires, il faut citer *Subh al-a'cha fi sina'at al-incha'* de al-Qalqachandi et *Nihayyat al-arb fi funun al-adab* (Histoire de l'Égypte et de l'Orient islamique depuis les débuts de l'islam jusqu'à l'époque mamelouke) de al-Nuwayri. Ibn Mandur composa aussi son dictionnaire *Lisan al-'arab*, et al-Busiri

Leçon à l'intérieur de la mosquée du sultan al-Mu'ayyad Cheikh, Le Caire (D. Roberts, 1996, avec l'aimable autorisation de l'Université Américaine du Caire).

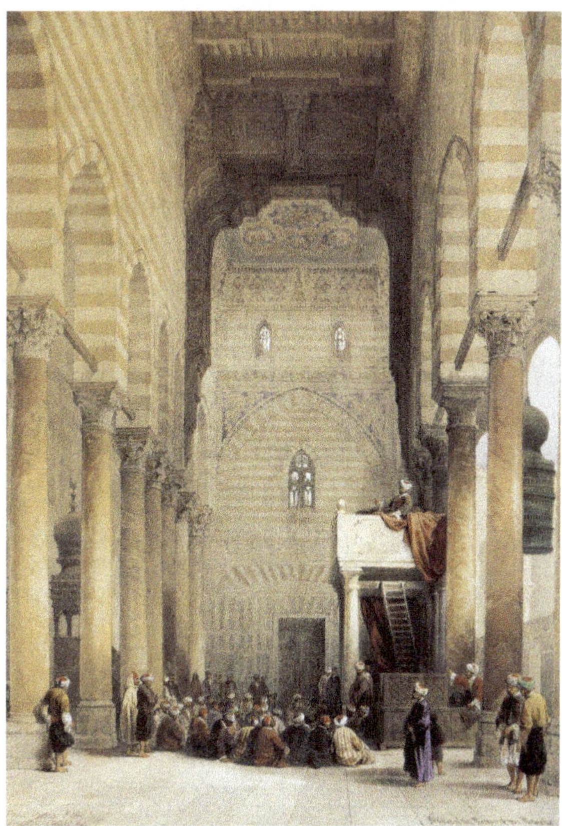

écrivit sa célèbre *qasida* (composition poétique) *al-Kawakib al-durriyya fi madh khayr al-barriyya*, connue sous le nom de *al-Burda*. Nous trouvons aussi des livres de géographie décrivant les différents pays et leur topographie, le caractère de leurs habitants et l'origine de leur richesse, comme *al-Intisar li-wasitat 'aqd al-amsar* et *Masalik al-absar fi mamalik al-amsar* de al-'Umari, entre autres.

Parmi les écrits politiques, il faut citer le livre intitulé *Athar al-awwal fi tadbir al-duwal* de Hassan Ibn Abd Allah al-'Abbas, ainsi que bien d'autres ouvrages de valeur dont les rois des États voisins réclamaient des copies.

Dans le domaine des sciences religieuses et de la jurisprudence apparurent quelques commentaires et exégèses du Coran et de la *sunna*. Parmi les plus remarquables, signalons *Fath al-bari bi-charh sahih al-bukhari* de l'imam Ibn Hajr al-'Asqalani, qui le dicta dans la *khanqa* de Baybars al-Gachankir (III.1.e).

Le renouveau scientifique égyptien ne se manifesta pas seulement dans le domaine des humanités; on vit aussi surgir quantité d'érudits versés dans la médecine, l'astrologie et diverses autres disciplines. Le surnom attribué à de nombreux savants désignés comme *al-miqati* (celui qui détermine l'usage horaire) est d'ailleurs révélateur de l'intérêt porté à l'astronomie et à l'astrologie; il est en effet notoirement connu que l'astronomie est étroitement liée à l'établissement du début des mois, des heures exactes auxquelles on doit commencer les prières ou accomplir d'autres devoirs religieux comme le jeûne ou le pèlerinage.

La médecine était enseignée en différents endroits comme le *maristan* (hôpital) de Qalawun (III.1.c) ou à la mosquée toulounide, où le sultan Lajin organisa des classes de médecine auxquelles assistaient dix élèves en 696/1296. La renommée des médecins égyptiens était telle que le sultan ottoman Bayazid Ier envoya une ambassade au sultan mamelouk Barquq pour lui demander un médecin expérimenté et quelques médecines. Parmi les contributions dont cette science est redevable aux médecins de l'époque mamelouke figure celle de Ibn al-Nafis (VIIe/XIIIe) qui, avec sa description du principe de l'hématose pulmonaire, mit un terme à la plus grande erreur du médecin grec Galien (129-201) sur la communication inter-ventriculaire. Bien que ses observations aient été totalement ignorées des Européens, il anticipa de près de trois siècles le médecin et théologien Michel Servet (1511-1553) – lequel confirma l'existence de la circulation pulmonaire – et le médecin et anatomiste italien Realdo Colombo (1516-1559), qui réfuta la physiologie cardiaque de Galien. Ibn al-Nafis composa l'encyclopédie *al-Chamil fi al-tibb* et l'on disait de lui que, de son temps, il n'existait personne à la surface de la terre qui pût se comparer à lui.

Parmi les médecins les plus célèbres, il faut encore citer le précepteur religieux connu sous le nom de Abou Haliqa, qui étudia la médecine à l'hôpital de Qalawun, ainsi que Ibn al-'Afif, médecin du sultan et dont le Musée d'Art Islamique conserve un de ses manuscrits qui contient des recettes pour le traitement des maladies intestinales, ou encore Chams al-Din al-Qusuni et Abou Zakariya Yahya Ibn Moussa, qui se rendit célèbre par ses connaissances sur les maladies des os.

Le grand intérêt dont firent preuve les sultans mamelouks à l'égard des sciences de la médecine va de pair avec les centres de traitement qu'on appelait *maristans*. Le voyageur al-Balawi, qui visita l'Égypte au

VIIe-XIVe siècle, décrivit le mobilier de l'hôpital de Qalawun comme pouvant rivaliser avec celui qui décorait les palais des émirs et des califes. Il comportait une section de thérapie musicale documentée grâce à la charte de constitution du *habous*, par lequel le sultan Qalawun stipulait que "toutes les nuits, quatre musiciens devraient se présenter, équipés de leurs instruments, et jouer du luth pour veiller les malades". De leur côté, les chanteurs, depuis le minaret, psalmodiaient des vœux et des oraisons jaculatoires pendant la nuit "pour apaiser les malades et pour que l'insomnie les abandonne".
Sur le terrain des sciences vétérinaires, al-Dumayri composa l'encyclopédie *Hayat al-hayawan al-kubra*, dans laquelle il étudie la plupart des animaux connus et les décrit avec une remarquable précision. À cette époque excelle Chahab al-Din Abi al-'Abbas, qui mourut en 684/1285 et qui se rendit célèbre par son étude scientifique *Kitab al-istibsar fi-ma tudrikuhu al-absar* écrite sur la demande expresse du sultan al-Kamil pour l'envoyer à l'empereur Frédéric, et qui traite de l'arc-en-ciel. On considère qu'il s'agit du premier ouvrage consacré à un thème de physique aussi important. Tout ceci nous donne une idée de l'état des sciences et des savoirs dans l'Égypte mamelouke.

S. B., M. H. D. et T. T.

III.1 LE CAIRE

III.1.a La mosquée al-Azhar et ses madrasas mameloukes

La mosquée al-Azhar se trouve dans la rue al-Azhar, dans le quartier du même nom, face à la mosquée al-Hussein.

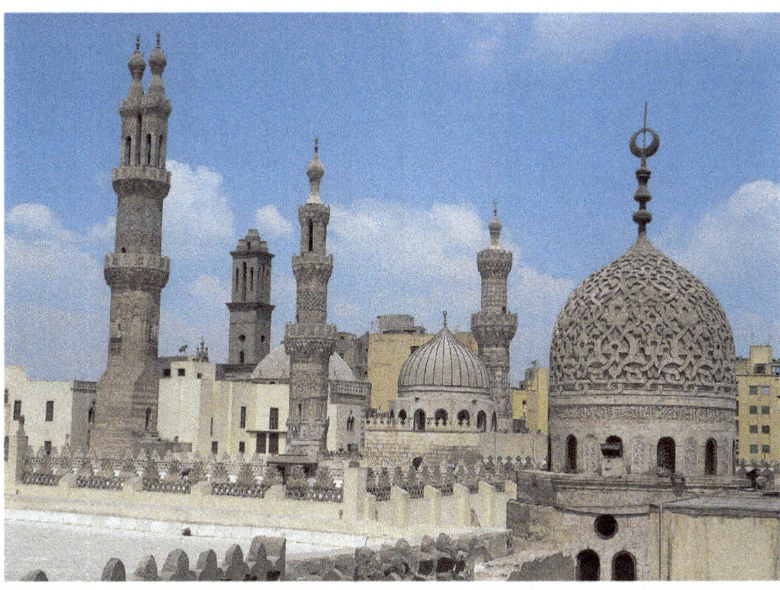

Mosquée al-Azhar, vue avec la coupole de la madrasa al-Gawhariyya, Le Caire.

Horaires: toute la journée sauf pendant les prières de la mi-journée (12:00 en hiver; 13:00 en été) et de l'après-midi (15:00 en hiver; 16:00 en été).

La mosquée al-Azhar passe pour la plus ancienne et la plus grande université du monde islamique; elle est fréquentée par des étudiants originaires de tous les pays musulmans.

C'est la première mosquée qui fut construite au Caire, érigée par le général Gawhar al-Siqilli sur commande de son maître l'imam al-Mu'izz li-Din Allah, Prince des Croyants, le quatrième calife fatimide et le premier à gouverner en Égypte.

La construction débuta en 359/970 et fut achevée deux ans plus tard. L'intention de son fondateur était d'en faire la Grande Mosquée du Caire, au même titre que la mosquée de 'Amr Ibn al-'As pour Fustat et celle de Ahmad Ibn Touloun pour al-Qata'i'. Un autre projet du commanditaire était de fonder dans l'établissement un centre de diffusion de la jurisprudence *chiite* à travers l'enseignement d'un groupe bien déterminé de disciples. Le corps de bâtiment initial occupe la moitié de la superficie actuelle de la mosquée al-Azhar. Elle fut agrandie ultérieurement, on y adjoignit des dépendances; puis des remaniements intervinrent à différentes époques avant que la mosquée n'acquière sa configuration actuelle. Au moment de sa construction, le plan comprenait une cour entourée de trois portiques; celui qui est situé à l'est comportait cinq nefs parallèles au mur de la *qibla*, les portiques nord et sud en comptaient trois. Les portiques qui donnent sur la cour reposaient sur des piliers de brique. Au centre du côté nord-ouest, dépourvu de portique, s'ouvrait la porte principale – vraisemblablement en saillie sur la façade – au-dessus de laquelle s'élevait le minaret. Deux autres portes se trouvaient l'une sur le côté sud-est, l'autre sur le côté est.

Dans la salle de la *qibla*, la nef centrale, au fond de laquelle est situé le *mihrab*, est plus large et plus haute. Les arcs de cette nef perpendiculaire au mur de la *qibla* sont ornés d'inscriptions en calligraphie coufique et de différents motifs floraux, les seuls qui soient conservés de la mosquée d'origine. Le *mihrab*, qui remonte lui aussi à l'époque fatimide, est décoré d'inscriptions en calligraphie également coufique, tandis que, remplaçant l'ancienne coupole fatimide, la coupole qui le surmonte date de l'époque mamelouke (IXe/XVe). À l'époque de Salah al-Din et des califes *sunnites*, la mosquée al-Azhar fut fermée car elle passait pour un centre de propagande de la doctrine *chiite*.

Mosquée al-Azhar, plan, Le Caire.
1. Madrasa al-Taybarsiyya
2. Madrasa al-Aqbughawiyya
3. Madrasa al-Gawhariyya

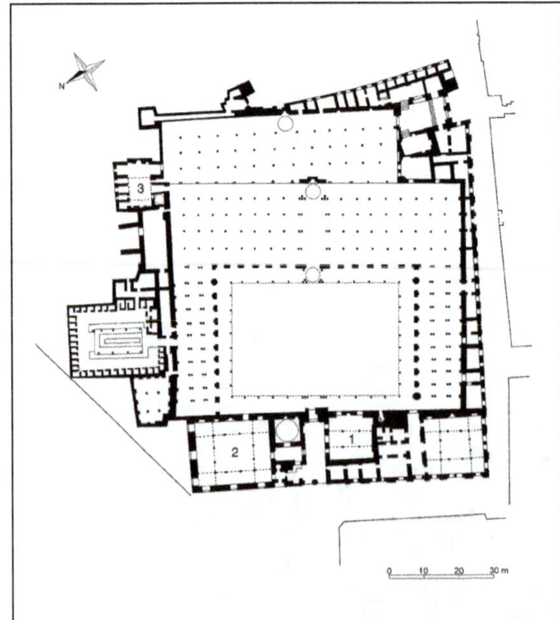

Lorsque le sultan Baybars rétablit le califat abbasside au Caire, il se rapprocha des oulémas, des cadis et des docteurs de la loi, et fit du Coran et des *hadiths* (tradition prophétique), des sciences religieuses et autres, la matière principale de l'éducation et de la culture.
En 665/1267, Baybars accomplit la prière du vendredi à la mosquée al-Azhar, lui rendant ainsi son rang de première mosquée du Caire après presque cent ans d'abandon. De toutes les réformes réalisées par Baybars ne subsiste que la fine décoration de stuc qui apparaît sur la partie supérieure du *mihrab* fatimide.
Plus tard, en 873/1468, le sultan Qaytbay fit démolir la porte principale au-dessus de laquelle s'élançait le minaret, et la fit reconstruire telle que nous pouvons la contempler de nos jours, avec sa décoration florale et ses inscriptions en calligraphie de style coufique. À sa droite s'élève l'élégant et svelte minaret dont les trois fûts, avec leur belle silhouette et leur décoration délicate, sont caractéristiques de l'époque de Qaytbay.
À la fin de l'époque mamelouke, le sultan al-Ghuri fit construire un second minaret en 915/1510. Situé à droite du minaret de Qaytbay, il se distingue par sa hauteur exceptionnelle, par d'originales incrustations de céramique bleue en forme de flèches sur le deuxième fût, et par le double couronnement (ou jumeau) semblable à celui de la *madrasa* de Qanibay Émir Akhur (I.1.f).
Ce minaret présente la caractéristique d'être équipé de deux escaliers, séparés par un mur, qui conduisent chacun à l'un des deux couronnements bulbiformes. D'autres minarets du Caire présentent cette même structure à deux escaliers: celui de Qusun (736/1336) et celui de Azbak al-Yusufi (900/1495).

M. M.

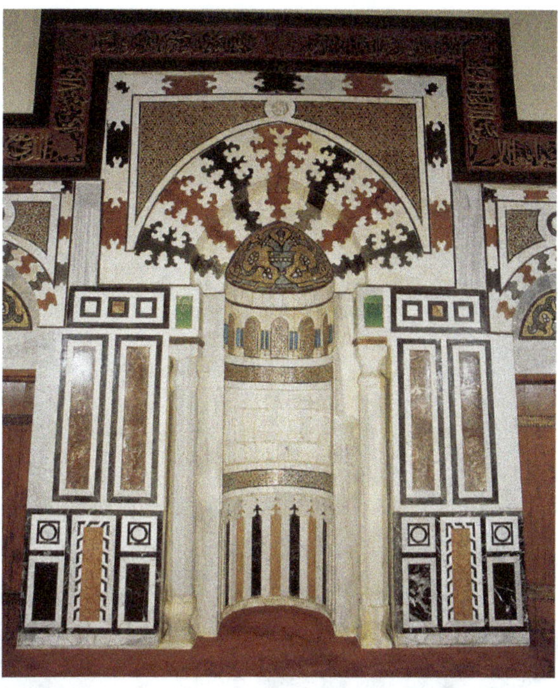

Mosquée al-Azhar, madrasa al-Aqbughawiyya, Le Caire.

Madrasa al-Taybarsiyya

Cette madrasa *est située à l'intérieur de la mosquée, à droite de l'entrée. De nos jours, elle abrite la bibliothèque où est conservée la plus illustre collection de manuscrits rares de al-Azhar.*

Consacrée comme mosquée annexée à al-Azhar, cette *madrasa* fut construite par l'émir 'Ala' al-Din Taybars, *khaznadar* (trésorier) et capitaine des armées à l'époque de al-Nasir Muhammad. Dotée d'un abreuvoir et d'un coin à ablutions, l'émir y organisa des cours pour les docteurs de la loi des écoles juridiques *shafiite* et *malékite*.
La dorure des plafonds est totalement novatrice; sur ses marbres élégants, une frise représente des petits *mihrabs* de fine facture,

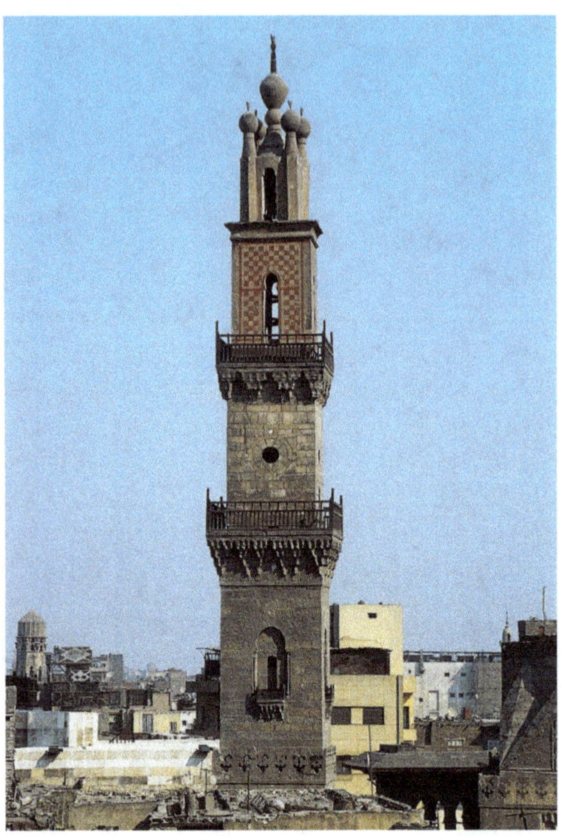

Madrasa du sultan al-Ghuri, minaret, Le Caire.

décoration bien plus élaborée dans le *mihrab* lui-même, qui remonte à la première époque des *bahrides* et qui est considéré comme le chef-d'œuvre de l'art mamelouk. La construction de la *madrasa* fut achevée en 709/1309 et pendant la période ottomane, l'émir Abd al-Rahman Katkhuda en rénova la façade en 1167/1753.

Madrasa al-Aqbughawiyya

Située à l'intérieur de la mosquée, à gauche de l'entrée, elle abrite la bibliothèque de al-Azhar, fondée au début du XXe siècle par le khédive Abbas Hilmi II, où sont conservés des manuscrits et des corans d'une valeur inestimable.

L'émir Ala' al-Din Aqbugha, *ustadar* (précepteur) de al-Nasir Muhammad, est le fondateur de cette *madrasa* construite en 740/1340. Les éléments d'origine qui ont survécu sont l'entrée, la façade de la *koubba*, le *mihrab* et le minaret, le deuxième qui ait été construit en pierre après le minaret du complexe du sultan al-Mansour Qalawun – jusque-là, ils étaient bâtis en briques.
Le minaret et la *madrasa* furent construits par le maître Ibn al-Suyufi, architecte en chef de la cour à l'époque de al-Nasir Muhammad.

Madrasa al-Gawhariyya

Elle se trouve à l'extrême ouest de la mosquée al-Azhar.

Érigée en 844/1440 par l'émir Gawhar al-Qunquba'i al-Habachi, *khaznadar* (trésorier) du sultan Barsbay, c'est la plus petite des trois *madrasas* de al-Azhar. Composée de quatre *iwans* entourant une *durqa'a* dallée de marbre de couleur et couverte d'une claire-voie, les portes sont en bois incrusté de marbre et d'ébène et les fenêtres sont garnies de verres de couleurs. À gauche de l'entrée depuis la mosquée al-Azhar se trouve le mausolée où fut enterré le fondateur en 844/1440. La coupole est caractérisée par une décoration extérieure sculptée dans la pierre dont il est généralement admis que les motifs floraux entrelacés, d'une extrême beauté, constituent l'une des étapes importantes du développement de la décoration des coupoles à l'époque mamelouke.

M. M.

Madrasa du sultan al-Ghuri, plan, Le Caire.

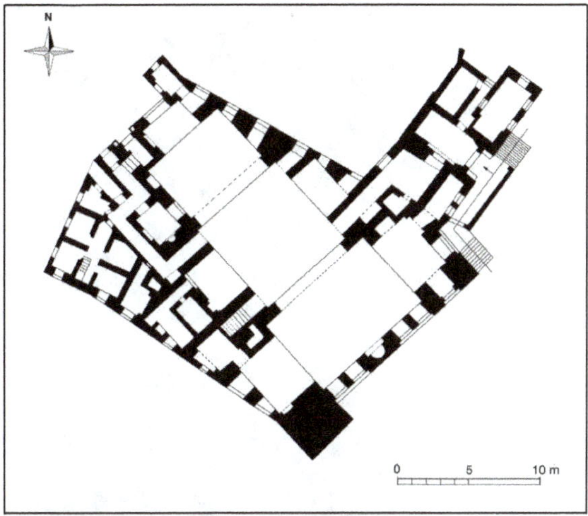

III.1.b Madrasa du Sultan al-Ghuri

Cette madrasa*, que l'on appelle aussi mosquée, est située dans la rue al-Mu'izz li-Din Allah, au croisement de la rue al-Azhar.*
Horaires: toute la journée sauf pendant les prières de la mi-journée (12:00 en hiver; 13:00 en été) et de l'après-midi (15:00 en hiver; 16:00 en été).

Mukhtass l'Eunuque, échanson en chef du sultan Qansuh Abi Sa'id (r. 904/1498-905/1499), avait entrepris la construction d'une mosquée à l'emplacement actuel de cette *madrasa* à plan cruciforme. Lorsque le sultan al-Ghuri arriva au pouvoir en 906/1501, il le fit emprisonner, confisqua tous ses biens et exigea un règlement complémentaire. Comme il ne disposait pas des liquidités nécessaires, Mukhtass céda le terrain de la mosquée avec tout ce qui s'y trouvait à titre de compensation partielle des sommes réclamées.
Le sultan fit détruire les bâtiments du terrain, qu'il agrandit grâce à l'acquisition de propriétés contiguës. Au cours de la construction, il apporta un soin tout particulier au choix des marbres et de la décoration jusqu'à la fin des travaux en 909/1503. L'architecte se surpassa, et ne laissa pas le moindre recoin dépourvu de décoration: tous les linteaux furent sculptés avec des inscriptions et des motifs floraux, de même que les intrados, les voussoirs et les jambages des arcs.
La façade principale donne sur la rue al-Mu'izz; au sommet, une frise d'inscriptions *naskhides* reprend un verset coranique et formule des louanges à l'adresse d'un sultan évoqué comme un "... homme d'épée, de plume, de sagacité, de science...".
On accède à l'entrée située au carrefour avec la rue al-Azhar par une double volée d'escaliers, chacune donnant sur l'une des deux rues. Cet accès monumental est

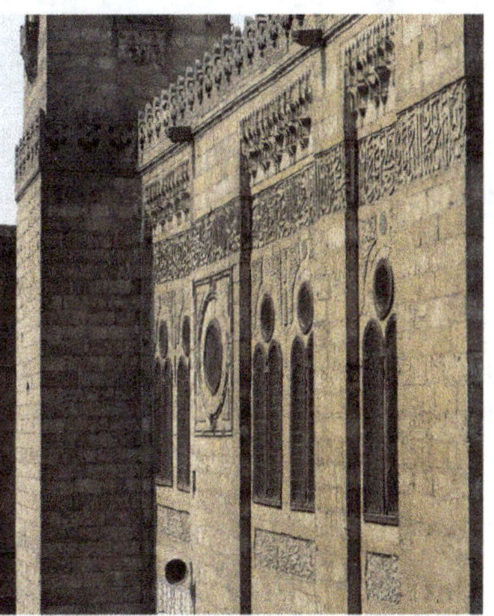

Madrasa du sultan al-Ghuri, vue partielle de la façade, Le Caire.

couronné d'un arc trilobé meublé de plusieurs rangées de *mouqarnas* qui forment une originale composition géométrique; dans les écoinçons, des cercles figurent l'emblème du sultan.
Depuis la *derka*, un couloir coudé à *muzammala* conduit à la cour intérieure

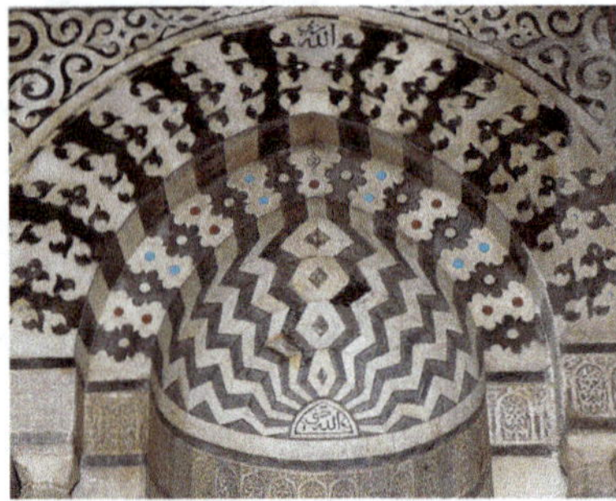

Madrasa du sultan al-Ghuri, mihrab, détail de l'arc, Le Caire.

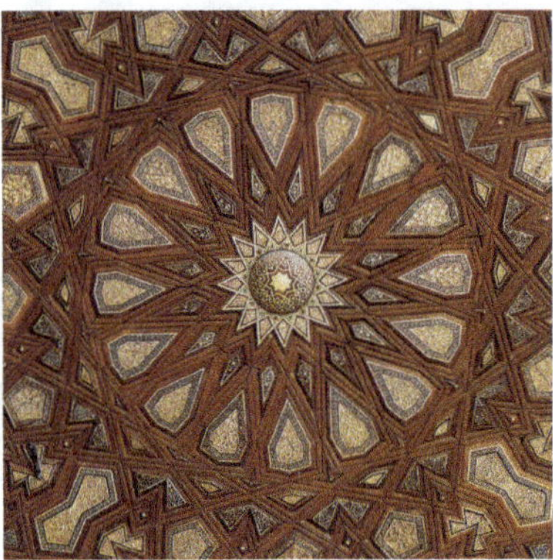

Madrasa du sultan al-Ghuri, minbar en bois, détail, Le Caire.

découverte. De forme carrée, celle-ci est ornée dans la partie supérieure de son périmètre de quatre rangées de *mouqarnas* en bois doré, tandis que jusqu'à une hauteur de 2 m, les murs sont revêtus de bandes verticales de marbre de couleur surmontées d'une frise d'inscriptions en coufique fleuri comportant des incrustations d'une pâte noire dans le marbre blanc. Autour de ce patio s'organisent les quatre *iwans* où les étudiants assistaient aux cours, tandis qu'à l'étage supérieur se répartissent les nombreuses cellules qui leur servaient de logement.

L'*iwan* de la *qibla*, le plus grand, s'ouvre par un arc brisé outrepassé reposant sur des piédroits surmontés de *mouqarnas* en pierre en guise de chapiteaux. Cet *iwan* est présidé par un *mihrab* de marbre fin, couronné par un arc brisé reposant sur deux colonnes de marbre blanc. À droite du *mihrab* se trouve le *minbar* de bois, composé d'assemblages de petites pièces formant des figures géométriques marquetées de marbre et de nacre. Dans l'*iwan* opposé, on remarquera la *dikkat al-muballigh* en bois qui, encastrée à mi-hauteur dans l'ouverture de l'arc brisé qui rejoint le toit, repose majestueusement sur deux consoles en bois peint à inscriptions et motifs floraux dorés.

La base du minaret, situé à l'extrême sud-est de la *madrasa*, s'élève à la même hauteur que la façade couronnée de merlons trifoliés. Les trois fûts sont séparés par des balcons en bois soutenus par de fins *mouqarnas* de pierre; le troisième niveau présente une décoration géométrique en damier. Quant au curieux couronnement, il était en pierre à l'origine, et se composait de quatre têtes coiffées d'un fleuron bulbeux. Peu de temps après sa construction, le poids de cette structure – le seul exemplaire du genre – fit pencher dangereusement le minaret, menaçant d'en provoquer la chute. Le sultan al-Ghuri décida de réduire à deux le nombre de têtes, et il demeura en l'état jusqu'au XIIe/XVIIIe siècle, époque où il fut réformé avec les cinq couronnements de bois actuels.

Le sultan al-Ghuri fut le dernier des grands constructeurs parmi les sultans mamelouks d'Égypte, et ses édifications révèlent une volonté particulière de mettre en valeur certaines zones urbaines bien déterminées et de favoriser l'éducation et les sciences. L'historien Ibn Iyas nous restitue l'enthousiasme suscité par cette *madrasa* dans l'opinion publique: "... c'est une construction splendide, d'une somptueuse élégance...

cette *madrasa* est l'une des merveilles de cette époque".

M. M.

III.1.c Complexe du Sultan al-Mansour Qalawun

Le complexe architectural du sultan Qalawun se trouve dans la rue al-Mu'izz li-Din Allah, de l'autre côté de la rue al-Azhar, en face de la salle de Muhib al-Din (Bayt al-Qadi).
Horaires: toute la journée sauf pendant les prières de la mi-journée (12:00 en hiver; 13:00 en été) et de l'après-midi (15:00 en hiver; 16:00 en été).
Horaires d'ouverture du mausolée et de l'hôpital : de 8:00 au coucher du soleil.
Actuellement en cours de restauration, on ne peut accéder à l'intérieur du complexe.

Lorsqu'il était l'un des émirs du sultan Baybars al-Bunduqdari, Qalawun tomba malade à Damas où il fut soigné dans le *maristan* (hôpital) de al-Nuri. L'hôpital l'impressionna et le combla de satisfactions, au point qu'il formula le vœu de construire une institution semblable au Caire si Dieu lui accordait d'accéder au trône d'Égypte. Peu de temps après être parvenu au pouvoir 678/1279, il acheta le terrain et les bâtiments aux propriétaires des lieux – qui à l'époque faisaient partie du palais fatimide occidental ou petit palais –, où il entreprit l'édification de l'hôpital de ce vaste complexe qui compte également une *madrasa* et un mausolée. Les travaux commencèrent en 683/1284 et la construction fut achevée, dans des délais exceptionnellement brefs, au bout de treize mois. L'historien al-Maqrizi nous rapporte quelques anecdotes; le responsable du chantier faisait transporter les matériaux de construction jusqu'à

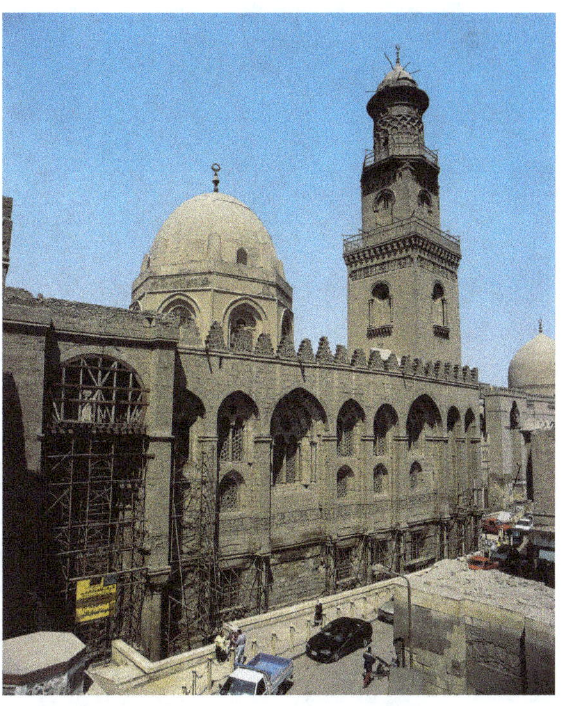

Complexe du sultan Qalawun, vue générale, Le Caire.

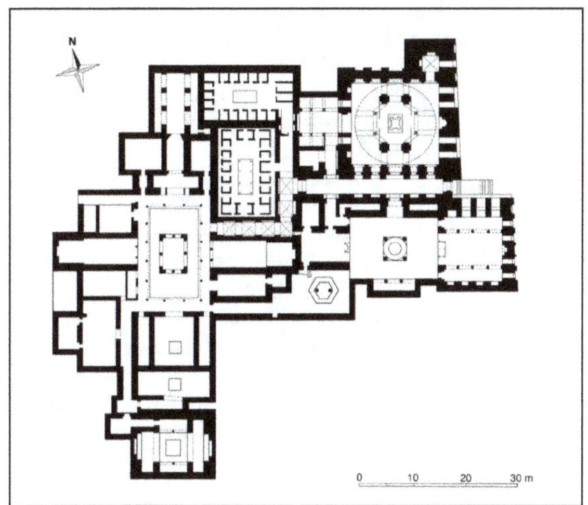

Complexe du sultan Qalawun, plan, Le Caire.

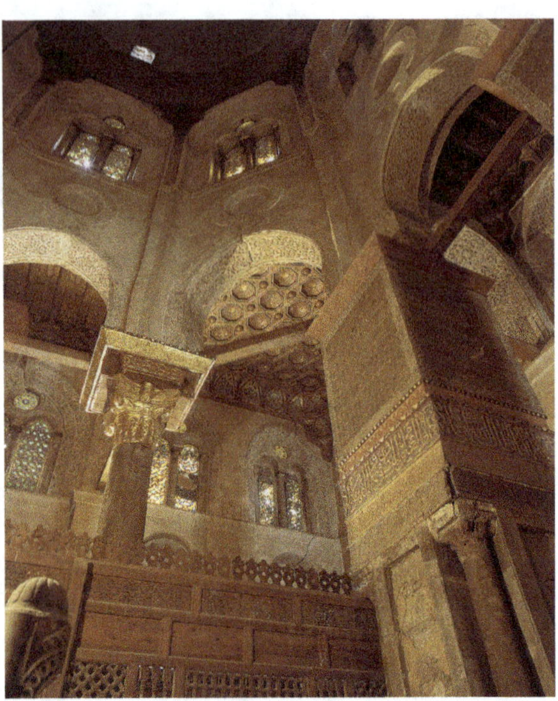

Complexe du sultan Qalawun, intérieur du mausolée, Le Caire.

l'intérieur de l'édifice par les passants. La nouvelle fit rapidement le tour de la ville, et très vite nombre d'habitants évitèrent de passer par l'endroit.
On considère que cet ensemble marque le début d'un nouveau modèle de bâtiment, les complexes architecturaux, composés de plusieurs unités de différentes dimensions et à usages divers – modèle qui, plus tard, serait prévalent pendant la période ottomane.
Le choix du lieu d'établissement de cet imposant complexe sur le côté occidental de la rue al-Mu'izz li-Din Allah fut déterminé par la volonté de faire coïncider les murs *qibla* de la *madrasa* et de la *koubba* avec la façade de la rue – mais il fut aussi dicté par l'importance structurelle de cet axe nord-sud depuis l'époque fatimide.
L'architecte résolut le problème de l'accès aux trois édifices par une entrée unique qui dessert un long couloir coudé large de 5 m, lequel distribue à son tour l'accès aux différentes unités. Cet accès unique, qui facilitait le contrôle du complexe, est composé de deux arcs superposés au-dessus du linteau de la porte; le premier est légèrement brisé; le second, outrepassé, est le premier de cette typologie dans l'architecture mamelouke du Caire.
Sur la façade sur rue, longue de 67 m, de subtiles variations distinguent le mausolée, situé à droite, de la *madrasa* qui se détache de quelque 10 m en ressaut sur la gauche. Destiné à abriter la tombe du fondateur, le mausolée représente l'unité sur laquelle on a concentré le plus de soins, comme en témoignent ses éléments architecturaux. Après avoir dépassé, à droite du couloir, une *derka* à coupole conduisant à un patio découvert à arcades, on accède à la magnifique *koubba* du sultan al-Mansour Qalawun et de son fils al-Nasir Muhammad à travers une jalousie de bois sculpté couronnée par l'une des plus impressionnantes décorations de stuc qui aient été conservées. Le mausolée est surmonté d'une grande coupole, qui repose sur un haut tambour octogonal soutenu par quatre colonnes et quatre piliers intercalés de deux en deux; cette disposition constitue l'une des influences syriennes qui se font jour dans l'édifice. Par la variété de sa décoration, qui inclut l'utilisation de mosaïques, le *mihrab* quant à lui est considéré comme l'un des plus splendides de l'architecture islamique.
À gauche du couloir, deux entrées conduisent à la *madrasa* formée d'une cour centrale entourée de quatre *iwans*, le plus grand étant celui de la *qibla* (sud-

est). L'acte de fondation précise la disposition des chambres des étudiants autour des *iwans* et l'emplacement des logements des oulémas à l'étage supérieur.
L'*iwan* sud-est comporte trois nefs perpendiculaires au mur de la *qibla* et séparées par des arcs, la nef centrale étant la plus large et la plus haute – une disposition où se lit l'influence du modèle de plan des basiliques chrétiennes.
Bien qu'il ne reste pas grand-chose de l'hôpital, auquel on accède depuis l'extrémité du couloir, le plan a pu être reconstitué grâce aux sources historiques et aux fouilles archéologiques qui y ont été réalisées.
Il est resté en fonction jusqu'au milieu du XIIIe-XIXe siècle, mais de l'édifice original ne subsistent que les deux grands *iwans* est et ouest. Sur les autres éléments, le Ministère des Waqfs a construit en 1915 un hôpital spécialisé en ophtalmologie.
L'hôpital s'élevait sur les vestiges du palais ouest, le palais fatimide, et les fouilles archéologiques ont permis de mettre au jour des fragments de bandeaux de bois sculpté d'époque fatimide sur lesquels figurent des musiciens, des danseuses, des scènes de libations, de pêche et de chasse. Ces fragments étaient placés face contre mur étant donné qu'à l'époque, ils étaient considérés comme blasphématoires. Actuellement, on peut les voir au Musée d'Art Islamique du Caire.
Il a pu être établi par ailleurs que la distribution du plan de l'édifice, semblable en cela à l'hôpital al-Nuri à Damas, était basée sur une claire ségrégation entre les sexes dans les dépendances réservées aux différents traitements. Il disposait de 100 chambres réparties entre les différentes unités: chirurgie, réduction de fractures, maladies intestinales, ophtalmologie, neurologie, psychologie, sans compter les unités de consultation externe, les pavillons d'isolement pour les malades contagieux, la pharmacie et les dépendances réservées au stockage du matériel – et d'autres encore affectées à différents services.
À l'hôpital, qui disposait d'une bibliothèque, on dispensait aussi des cours de médecine. La salle principale, qui était l'une des salles du palais fatimide, tenait lieu d'unité de surveillance et de soins intensifs post-opératoires.
À l'extrémité est, le minaret incorporé à la façade du mausolée se compose de trois fûts de taille décroissante; les deux premiers sont carrés, le troisième est circulaire. C'est l'œuvre du sultan al-Nasir Muhammad fils de Qalawun, qui le fit construire en 703/1303 après que le tremblement de terre qui se produisit cette

Khanqa et madrasa du sultan Barquq, coupole et minaret, Le Caire.

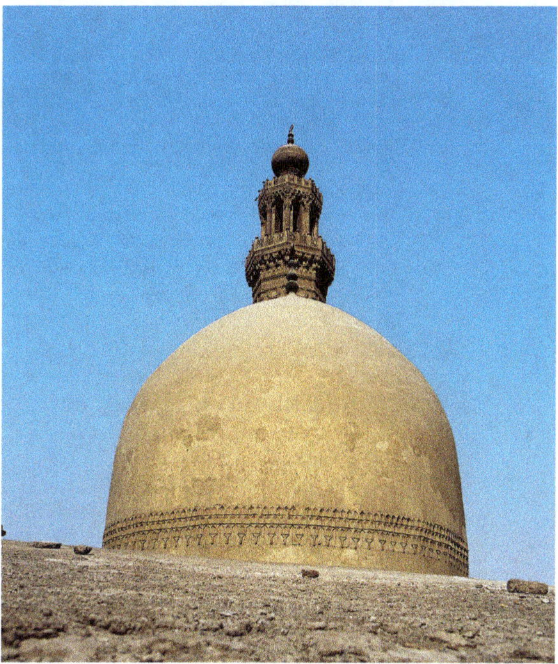

Khanqa et madrasa du sultan Barquq, passage entre la khanqa et la derka, Le Caire.

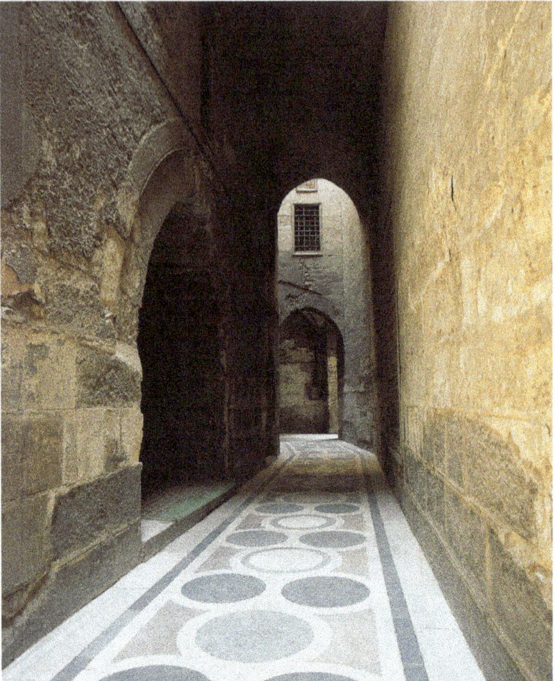

année-là eut entraîné la chute du minaret d'origine. Une inscription située au sommet du premier fût rappelle l'événement et mentionne le nom du fondateur, ses titres et la date de construction.

S. B.

III.1.d Khanqa et madrasa du Sultan Barquq

La khanqa *et la* madrasa *du sultan Barquq se trouvent dans la rue al-Mu'izz li-Din Allah, dans le prolongement du complexe du sultan Qalawun.*
Horaires: toute la journée sauf pendant les prières de la mi-journée (12:00 en hiver; 13:00 en été) et de l'après-midi (15:00 en hiver; 16:00 en été).

Le sultan Barquq – ainsi nommé (*barquq*: prunes) parce qu'il avait les yeux en boules de loto – accéda au pouvoir en 784/1382 et fut le premier sultan circassien d'Égypte. La construction de l'édifice, qui s'étendit sur deux années entre 786/1384 et 788/1386, fut supervisée par l'émir Jarkas al-Khalili; l'architecte en fut le grand maître Chihab al-Din Ahmad Ibn Toulouni, architecte en chef et fils d'une grande famille d'architectes, auteurs de nombreux ouvrages en Égypte et au Hijaz. À l'époque fatimide, les architectes faisaient l'objet d'une déférence particulière de la part des sultans; le mariage de Ahmad Ibn Toulouni avec la fille du sultan témoigne bien de la considération qu'on leur portait et de leur position éminente à la cour.

Sur le côté occidental de la rue al-Mu'izz li-Din Allah, observant la même disposition que le complexe de Qalawun, la façade principale s'étire entre le minaret au nord-ouest et le monumental accès à l'extrême sud-est. Elle est remarquable notamment par sa composition en défoncements verticaux; au niveau de la rue, des fenêtres barreaudées de cuivre sont couronnées de linteaux de marbre composés de voussoirs appareillés selon la technique *ablaq*; dans la partie supérieure, des arcs brisés enchâssent des fenêtres à jalousie de bois dont l'assemblage de petites pièces adopte des formes géométriques parfaites. Quelques variations distinguent la façade de la *madrasa* de celle du mausolée, mais toute l'étendue est unifiée par les merlons qui courent au sommet de la façade et par la magnifique inscription en pierre sculptée qui couronne le niveau du troisième étage.

Sur le grand minaret aux proportions bien équilibrées et composé de trois fûts octogonaux – dont le troisième niveau, ouvert (*gawsaq*), est couronné d'un grand fleuron bulbiforme –, on remarquera la décoration du corps central composée de cercles entrelacés sculptés dans la pierre et initialement revêtus de marbre; il s'agit de l'unique exemplaire de ce type de décor. Une double volée de marches conduit à la porte d'entrée; les deux battants en bois sont recouverts de bronze dont les ornements géométriques en relief forment des entrelacs à motifs floraux incrustés d'argent. Le nom du sultan figure au centre des étoiles à 18 branches.

La *derka*, surmontée d'une petite coupole de pierre rouge et blanche, conduit à la cour de la *khanqa* par un corridor coudé, découvert aux extrémités et dallé de marbre de couleurs.

Le plan de l'édifice est le résultat de la fusion du type de la *madrasa* cruciforme (cour entourée de 4 *iwans*) et de la mosquée hypostyle dont l'influence se révèle dans l'*iwan* sud-est, divisé en trois nefs perpendiculaires au mur de la *qibla*. Le *mihrab*, flanqué de deux hautes niches à fenêtres grillagées, est revêtu de marbre de couleur serti d'ornements de nacre. Sur l'un de ses côtés se trouve le *minbar* de bois, l'une des œuvres du sultan Jaqmaq (r. 842/1438-857/1453). Sur l'autre se trouve le pupitre à Coran, un chef-d'œuvre en bois incrusté d'ivoire; dans l'entrée de l'*iwan*, la *dikkat al-muballigh* de marbre est soutenue par 8 colonnes également en marbre. Sur fond bleu, la magnifique décoration du plafond offre des motifs floraux et des inscriptions dorées, tandis que les trois autres *iwans* sont couverts de voûtes en berceau brisé. Celle de l'*iwan* nord-ouest, le plus grand des trois, est appareillée de lits de pierres disposées selon la technique *muchahhar*.

Dans cette *khanqa* se tenaient les classes d'exégèse et de récitation coranique; on y étudiait aussi la tradition prophétique

Khanqa et madrasa du sultan Barquq, Le Caire.
a. Rez-de-chaussée
1. Doctrine hanafite.
2. Doctrine shafiite.
3. Doctrine malékite.
4. Doctrine hanbalite.
b. Premier étage.
c. Deuxième étage.

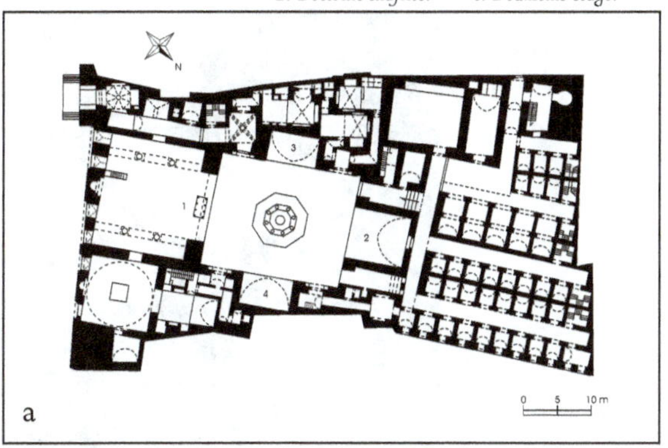

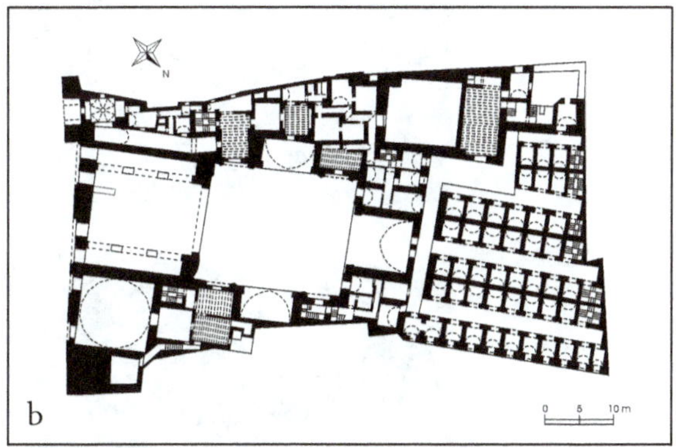

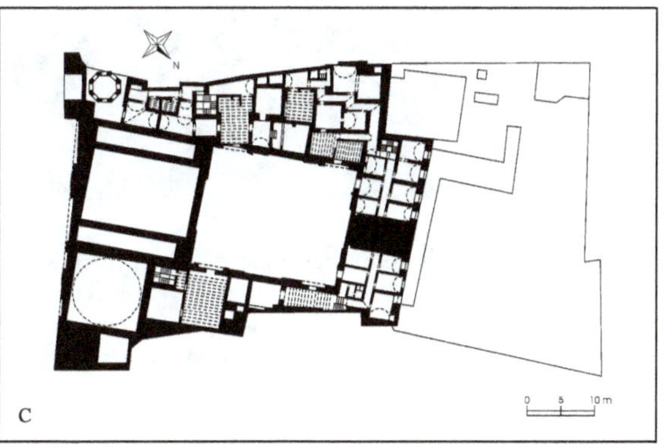

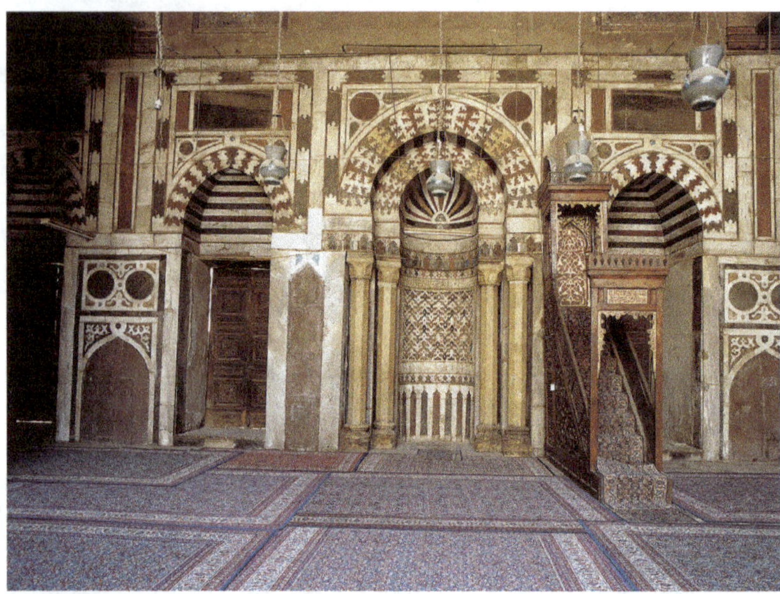

Khanqa et madrasa du sultan Barquq, mihrab et minbar, Le Caire.

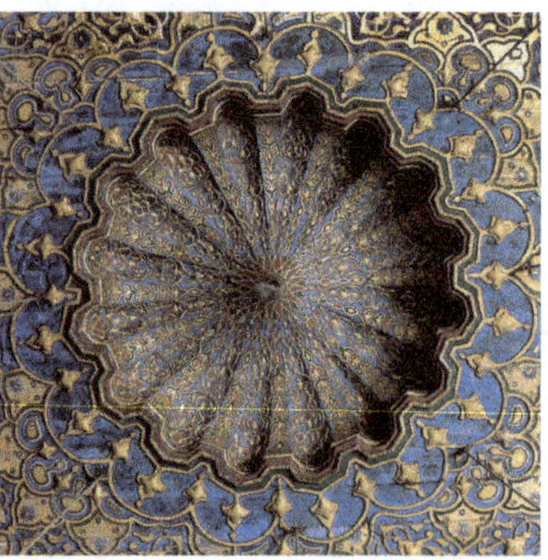

Khanqa et madrasa du sultan Barquq, iwan de la qibla, détail du plafond, Le Caire.

(*hadith*) des quatre écoles juridiques. L'*iwan* de la *qibla*, le plus grand, était réservé à la doctrine *hanafite* – le rite observé par le sultan –, celui du nord-ouest à la doctrine *shafiite* et les deux autres *iwans* aux doctrines *malékite* et *hanbalite*.

Dans les flancs de l'*iwan* nord-ouest, deux couloirs conduisent aux cellules des étudiants et aux alcôves des soufis, à l'office, au puits et à la salle d'ablutions. Sur ce côté de la cour, une porte dans l'angle nord-ouest donne accès aux trois logements des juristes (*shafiite, malékite* et *hanbalite*). Dans l'angle opposé, une autre porte ouvre sur les escaliers d'accès aux étages supérieurs où se trouve l'appartement de l'ouléma *hanafite* et où sont répartis quelques dortoirs pour les étudiants ainsi que différentes dépendances. Accessible depuis l'*iwan* de la *qibla*, le mausolée qui abrite les tombes du père et des fils du sultan est couvert d'une coupole sur pendentifs à sept rangées de *mouqarnas* dorés. Dans l'angle sud-est de la cour, agrémentée d'une fontaine centrale sur huit fines colonnes de marbre et rehaussée d'une coupole de bois, une porte dessert différentes pièces, réparties sur trois étages, où le sultan et sa famille séjournaient pendant les différentes cérémonies religieuses. Cette résidence, annexée à la *khanqa*, est l'une des particularités de l'ensemble bâti.

M. M.

III.1.e **Khanqa du Sultan Baybars al-Gachankir**

La khanqa *de Baybars al-Gachankir se trouve dans la rue al-Gamaliyya. Suivre la rue al-Mu'izz li-Din Allah en direction de Bab al-Futuh et prendre, sur la droite, la rue Darb al-Asfar qui débouche face au monument.*
Horaires: toute la journée sauf pendant les prières de la mi-journée (12:00 en hiver; 13:00 en été) et de l'après-midi (15:00 en hiver; 16:00 en été).

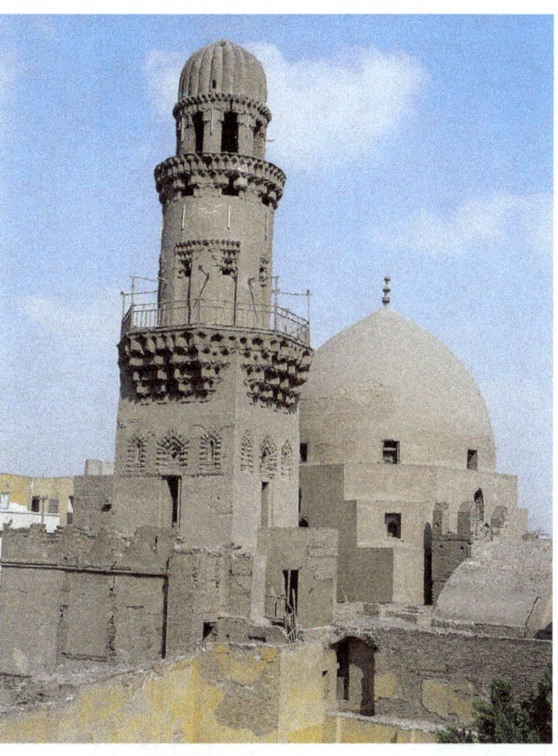

Khanqa et madrasa du sultan Baybars al-Gachankir, minaret et coupole, Le Caire.

Les travaux de la *khanqa*, construite sur une partie de l'ancienne chancellerie fatimide, commencèrent en 706/1306, deux ans avant l'arrivée au pouvoir du sultan Baybars al-Gachankir. Après avoir inauguré l'édifice au mois de *ramadan* 709/février 1310, celui-ci se vit contraint de renoncer très vite au trône: de retour de Syrie, al-Nasir Muhammad l'arrêta et le fit exécuter, grâce à quoi il put renouer pour la troisième fois avec le pouvoir. La *khanqa* du sultan Baybars al-Gachankir, la plus ancienne de celles qui sont encore sur pied aujourd'hui, resta fermée près de 18 ans sur ordre de al-Nasir Muhammad, qui la rouvrit en 726/1326.
D'après le document *waqf*, cette *khanqa* était destinée à recevoir 400 soufis, dont 100 en tant que résidents, et une centaine de soldats et de fils d'émirs. Le texte constitutif nous renseigne également sur le personnel attaché à ce type d'établissement: deux oulémas – un *hanafite* et un *shafiite* –, deux répétiteurs, un portier, un gardien, un responsable d'entretien, un préposé à l'humidification des sols, un autre à la distribution d'eau, un chargé de l'allumage des lampes, un cuisinier, un peseur, un assistant pour la fabrication du pain, deux aides pour la soupe, un ophtalmologiste et un ensevelisseur, sans compter les autres employés de la résidence et du tombeau. Leurs salaires et pensions provenaient des revenus des propriétés *waqf*, parmi lesquelles certaines terres en Égypte et *al-Cham*.
La *khanqa* occupe une longueur de plus de 68 m perpendiculairement à la rue al-Gamaliyya où la façade se partage entre

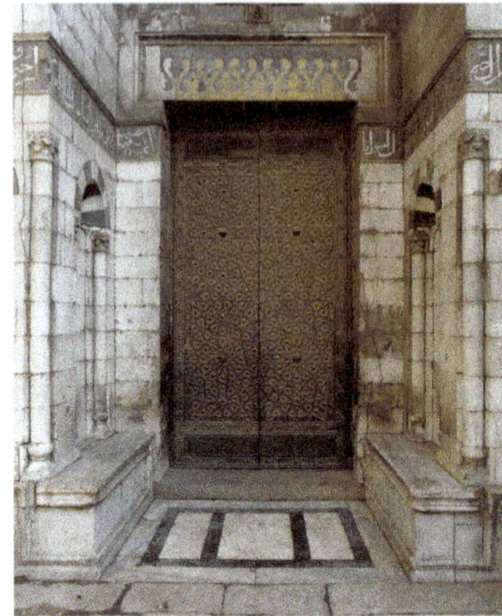

Khanqa du sultan Baybars al-Gachankir, accès, Le Caire.

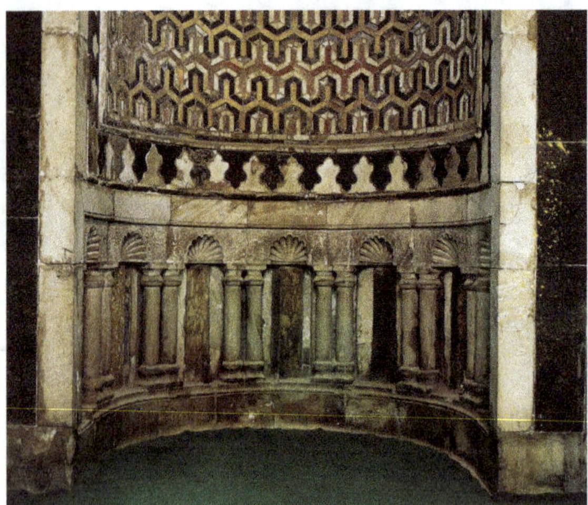

Khanqa du sultan Baybars al-Gachankir, mihrab de la koubba, détail du socle, Le Caire.

celle du mausolée et celle de l'accès, lequel est couvert d'une coupole de *mouqarnas* et couronné par un arc en plein cintre. Au milieu des murs latéraux et au-dessus des banquettes de marbre, l'intégration de niches couronnées d'arcs plein cintre réalisés selon la technique *ablaq* et reposant sur des colonnes de marbre signe une évolution innovante de la typologie des accès. À mi-hauteur de la façade, un bandeau orné d'une inscription *naskhide* parcourt toute l'étendue avec un texte évoquant la fondation de la *khanqa* en *waqf* pour les soufis; dans la section qui détaille le nom complet du sultan Baybars al-Gachankir, il manque le mot "sultan" qui le précède (à droite de la façade du mausolée): sans doute fut-il éliminé par le sultan al-Nasir Muhammad.

La *khanqa*, édifice rectangulaire composant avec un terrain irrégulier, est formée d'une cour centrale rectangulaire découverte entourée de quatre *iwans* dont le plus grand – celui du sud-est – est réservé à l'enseignement de la doctrine *shafiite*. L'une des particularités de l'édifice vient de ce que chacun des *iwans* latéraux dispose d'un *mihrab*. Les cellules réservées aux soufis donnent sur les côtés de la cour, pavée de mallons de pierre.

Dans la *koubba* funéraire, on remarquera l'insolite décoration de la plinthe du *mihrab*, une alternance de doubles colonnettes de pierre et de coquilles en guise d'arcs, dont les écoinçons sont tapissés de motifs végétaux en relief. Sur le côté opposé, qui donne sur la rue, une salle était réservée à un enseignement spécialisé dans la tradition prophétique (*hadith*).

Au-dessus de l'entrée principale, le minaret présente trois fûts (carré, circulaire et *gawsaq*) séparés par des balcons soutenus par plusieurs rangées de *mouqarnas*; il est rehaussé d'un couronnement cannelé – appelé *mabkhara* parce qu'il est en forme de brûle-parfums – qui, à l'origine, était revêtu de céramique verte.

M. M.

ORGANISATION DU *WAQF* À L'ÉPOQUE MAMELOUKE

Mohamed Abd El-Aziz

Le *waqf* ou *habous* signifie "réserver, immobiliser", et exprime dans l'islam le fait de consacrer certains biens privés à un usage pieux, faire de sa propriété un legs charitable destiné à subvenir aux besoins de la communauté pour le culte, au service public et à l'aide humanitaire. C'est une dotation de patrimoine: ces terres ou ces biens-fonds ne peuvent être vendus, achetés, possédés, hérités, offerts ni hypothéqués. Les bénéfices qu'ils génèrent doivent servir à l'abondement d'une quelconque œuvre pieuse conformément aux conditions établies par le donateur.

Comme d'autres peuples, les Arabes connurent le système du *waqf*, dans sa plus large acception, même avant l'islam. La *Ka'ba*, la mosquée al-Aqsa et les églises situées à l'extrémité de la péninsule Arabique n'étaient la propriété de personne en particulier, mais étaient à la disposition de tous les adeptes des différentes religions.

Le *waqf* se fonde sur l'un des principes religieux établi par la jurisprudence islamique: le caractère obligatoire de l'aumône, dont témoigne le *hadith* (ou tradition du prophète Muhammad) selon lequel "quand un homme meurt, ses actions prennent fin, sauf dans trois cas: s'il laisse une aumône en numéraire, ou un savoir dont les gens puissent tirer profit, ou un fils exemplaire invoquant la faveur de Dieu".

Le système du *waqf* islamique est arrivé en Égypte après la conquête arabe, et sa constitution était considérée comme une action qui rapprochait de Dieu. Dès le début de l'ère islamique, les musulmans d'Égypte prirent l'habitude d'instituer des *habous*, et cette pratique n'a pas été interrompue. Le plus ancien *habous* remonte à des terres agricoles d'Égypte au premier siècle de l'Hégire, à l'époque du calife omeyyade Abd al-Aziz Ibn Marwan en 68/687; il est connu comme *habous* du jardin de Amir Ibn Mudarrak à Gizeh. À l'époque du calife Hicham Ibn Abd al-Malik fut créée une institution consacrée à l'administration des *habous* et dont le contrôle était confié aux cadis; connue sous le nom de "chancellerie des *habous*", elle passe pour la première de ce type tant en Égypte que dans le reste des pays islamiques.

La période mamelouke est considérée comme l'âge d'or du système du *waqf* en

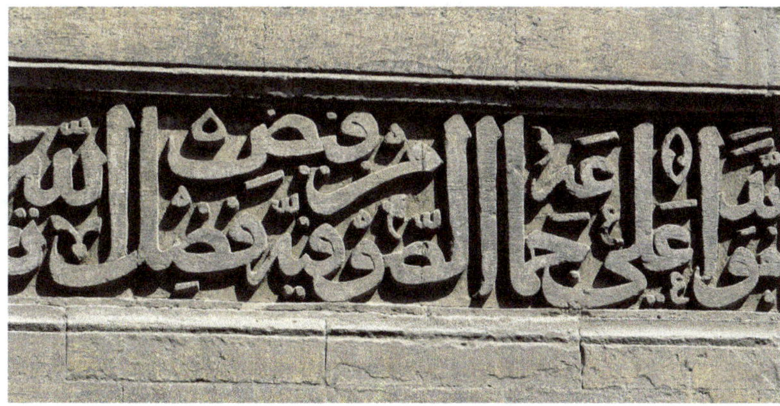

Khanqa du sultan Baybars al-Gachankir, détail de l'inscription naskhide mentionnant que l'édifice est une fondation waqf, Le Caire.

Égypte. Les facteurs politiques, économiques, sociaux et culturels eurent une grande influence sur la diffusion et l'apogée de ce système, et se verront en retour influencés par lui.

Pour les sultans mamelouks – qui, n'ayant pas accédé au pouvoir par des moyens légitimes, étaient regardés comme des étrangers par les natifs du pays –, le système du *waqf* fut un bon moyen de promouvoir leur gouvernement et d'essayer de gagner l'estime du peuple. C'est pourquoi ils constituèrent quantité de *habous* en léguant des terres ou des biens fonds – issus de leur propriété ou de celle du trésor public – pour construire des fondations fournissant des services directs comme des fontaines pour la distribution d'eau potable, des services éducatifs comme les écoles primaires, les hôpitaux où l'on traitait les maladies, ainsi que bien d'autres services tels que la distribution de nourriture aux pauvres ou la toilette mortuaire, le service du linceul et l'enterrement les morts.

Grâce au système du *waqf*, les sultans mamelouks et les hommes d'État atteignirent un autre objectif: empêcher que leurs propriétés ne soient confisquées, en s'assurant de cette façon – à eux et à leurs descendants, et quels que soient les changements qui pourraient survenir dans le futur – quelques ressources économiques grâce aux bénéfices engendrés par leurs propriétés. Il faut rappeler que, à quelques exceptions près, la succession des sultans mamelouks n'était pas basée sur le système héréditaire, et qu'il n'était pas rare que le nouveau sultan confisque les biens et le cheptel du sultan démis.

Il existait deux types de *habous*. Le premier était le *habous* familial, constitué par le donateur; à la mort de celui-ci, il était administré par ses descendants puis, à la mort de ces derniers, par une commission émanant d'une institution de bienfaisance. Le second était le *habous* de bienfaisance qui, du jour de sa constitution jusqu'à son extinction, était administré par une institution caritative. À l'époque mamelouke, un troisième type de *habous* connut une large diffusion, une sorte de mixte des deux types précédents puisque le document de constitution indique expressément qu'une fois couverts les frais de l'institution de bienfaisance en faveur de laquelle il avait été créé, le solde des bénéfices reviendrait au fondateur et, à sa mort, à ses héritiers.

Un des facteurs économiques qui ont incité les sultans mamelouks, et la population en général, à constituer leurs propriétés en *habous* est le fait qu'ils étaient exemptés d'impôts ou de tributs, car ils étaient considérés comme des biens de mainmorte qui, étant consacrés à des œuvres de charité, dispensaient de l'obligation de payer l'aumône légale; en effet, le *habous* est déjà une aumône en soi. La multiplication du nombre de *habous* s'explique aussi par la création d'une chancellerie (*diwan al-hachriyya*) qui administrait les biens des morts sans héritiers.

La période mamelouke vit se développer une activité religieuse sans précédent. Quelques-unes des raisons de ce dynamisme sont liées à l'origine (esclaves et non arabes) et à l'éducation des sultans et de leurs émirs; d'autres tiennent à la politique générale mise en place pour renforcer les relations entre la cour et les clercs de l'État. Pour conforter le lien religieux qui les unissait au peuple, et pour faire oublier leur passé, leur origine et leur race, les sultans fondèrent quantité d'institutions religieuses: *madrasas*, *khanqas* et autres maisons de retraite, sans compter les mosquées.

Le système du *habous* joua un rôle déterminant dans l'entretien des mosquées et la divulgation de la religion. Cette institution contribua fortement à la propagation du soufisme à travers l'Égypte mamelouke, puisqu'une partie des bénéfices était investis dans l'entretien des soufis, qui vivaient à l'écart du monde et se consacraient à la dévotion.

D'autre part, les actes de nombreux donateurs comportaient une clause selon laquelle une partie des bénéfices de leurs *habous* devait aider les plus démunis à accomplir le devoir religieux du pèlerinage à La Mecque.

Dans une large mesure, le *waqf* favorisa aussi l'aptitude des sultans à défendre l'islam et ses territoires; on put ainsi équiper les frontières de citadelles et de forteresses pour contenir les attaques des croisés, et y concentrer les troupes, les armes et les munitions nécessaires à leur défense; c'est par ce moyen que furent érigées la Citadelle de Qaytbay à Alexandrie et sa tour dans la ville de Rosette.

L'apogée de l'activité scientifique en Égypte pendant l'époque mamelouke peut aussi être considéré comme une conséquence naturelle de la généralisation et de l'extension de ce système. Les bénéfices engendrés par ces *habous* constituaient la principale source de revenus pour la plupart des *madrasas* et des écoles primaires accueillant les orphelins. Par conséquent, sans les *habous* et leurs abondants revenus, l'ample activité scientifique et la divulgation religieuse qui se développa à l'époque mamelouke – et qui doit son existence à la fondation de *madrasas* et à la continuité de l'enseignement qui y était dispensé – n'auraient sans doute pas été possibles.

Le système du *waqf* influa aussi considérablement sur l'essor et l'apogée de l'art islamique en Égypte. C'est grâce à lui que tant d'édifices ont pu, par-delà les siècles, être entretenus et conservés jusqu'à nos jours, et que nous sont parvenus nombre de chefs-d'œuvre de l'art islamique; d'autre part, avec leurs descriptions précises des bâtiments et de leurs dotations en œuvres d'art, les documents de constitution des *habous* nous fournissent une quantité inestimable de termes artistiques.

Enfin, ce système a garanti la continuité du travail des artisans et des artistes, ainsi que l'évolution progressive des différentes expressions artistiques, étant donné que la plupart de leurs sources de revenus provenaient de *habous* principalement détenus par de riches propriétaires désireux d'en garantir la préservation et d'en pérenniser l'usufruit, qu'il s'agisse de fondations à caractère civil ou religieux.

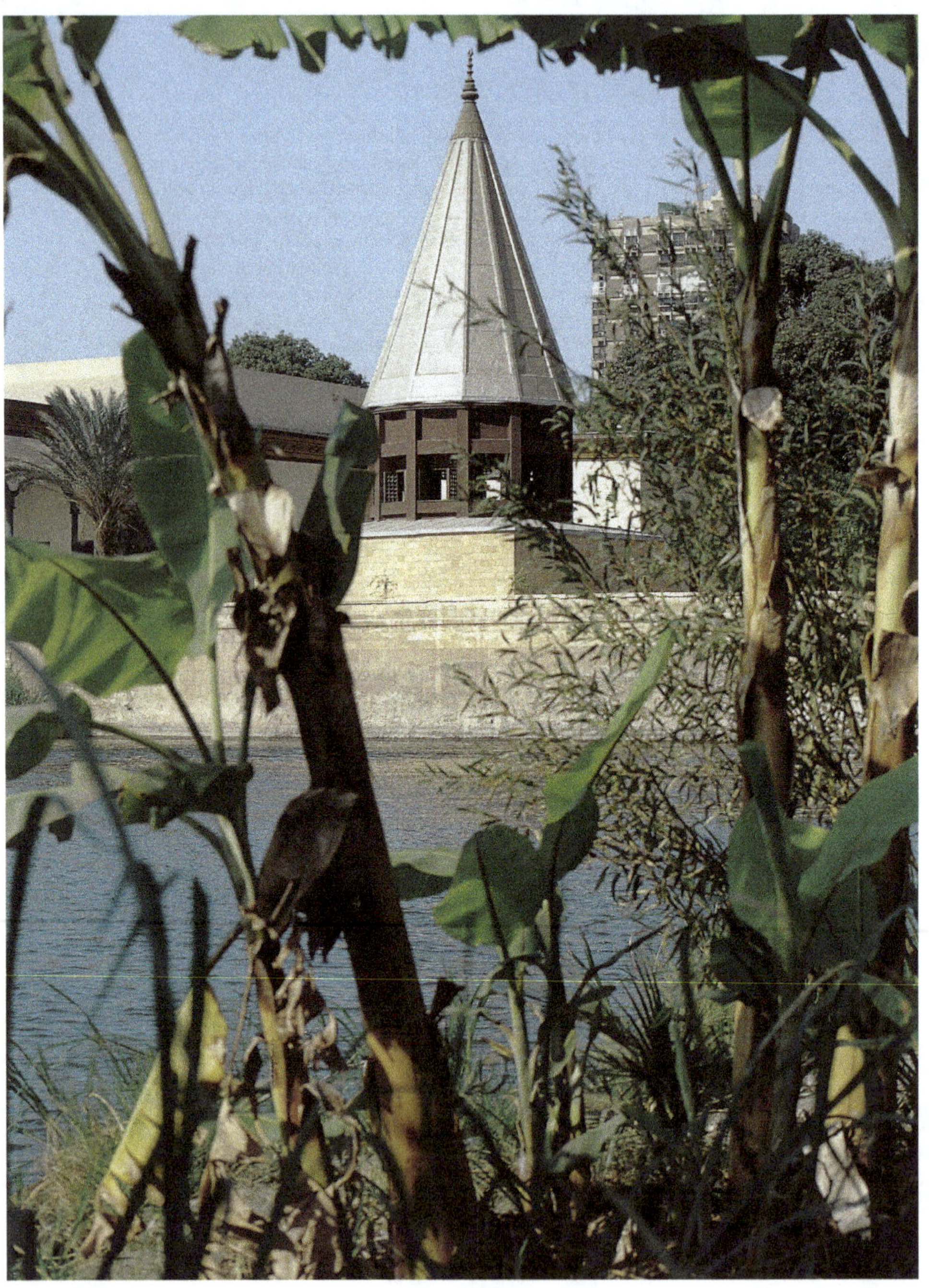

La célébration de la crue du Nil

**Ali Ateya, Salah El-Bahnasi, Mohamed Hossam El-Din,
Gamal Gad El-Rab, Tarek Torky**

IV.1 LE CAIRE

- IV.1.a Nilomètre
- IV.1.b Aqueduc
- IV.1.c Sabil et kuttab du Sultan Qaytbay
- IV.1.d Madrasa de Qanibay al-Muhammadi (option)
- IV.1.e Mosquée de Cheikhu
- IV.1.f Khanqa et koubba de Cheikhu
- IV.1.g Madrasa de Taghri Bardi
- IV.1.h Madrasa de Sarghatmich
- IV.1.i Mosquée de Ibn Touloun
- IV.1.j Madrasa et mausolées de Salar et Singar al-Gawli

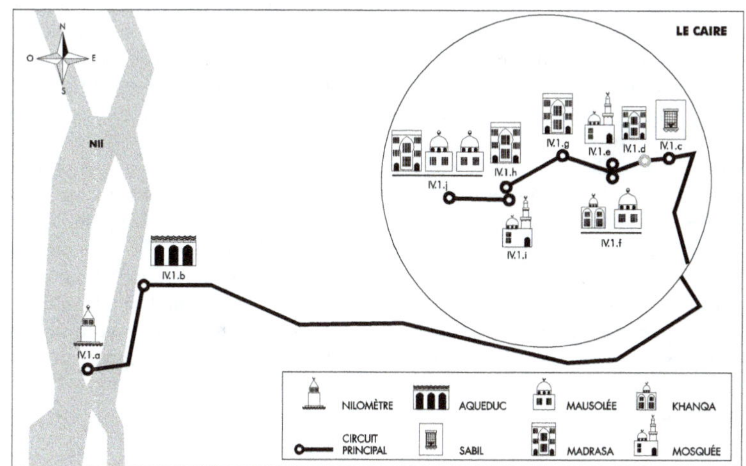

Le Nilomètre, île de Rawda, Le Caire.

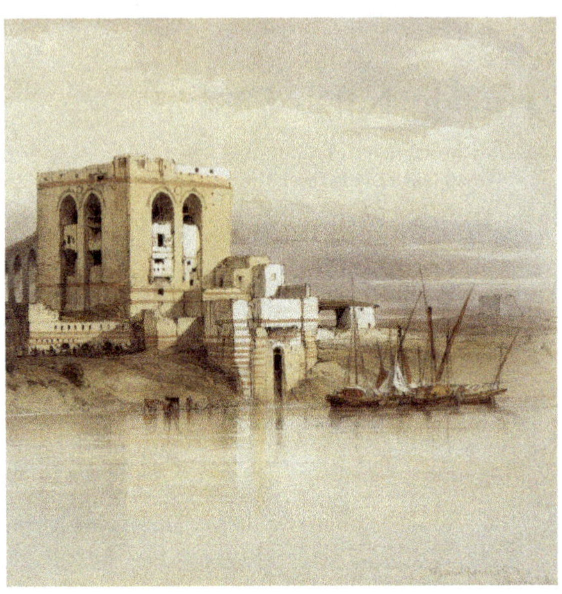

Le Nil, burg de l'aqueduc, Le Caire (D. Roberts, 1996, avec l'aimable autorisation de l'Université Américaine du Caire).

"L'Égypte est un don du Nil" est une formule exprimée par l'historien grec Hérodote quand il visita le pays et qu'il y observa l'étroite relation entre l'eau du Nil et la vie des habitants du pays, dont toutes les activités dépendaient. Hérodote n'exagérait pas en s'exprimant de la sorte puisque les Égyptiens, au cours des différentes étapes de leur histoire, ont parfaitement mesuré à quel point leurs cultures et leurs industries étaient tributaires du Nil, et que la rareté de l'eau était la cause de la sécheresse, des famines, de la perte des cultures et de la mort des animaux et des personnes. L'allégresse qui s'emparait des Égyptiens avec l'arrivée de la crue témoigne bien de cette profonde dépendance.

Dès la conquête arabe de l'Égypte, les gouvernants et les califes ont manifesté leur intérêt pour la crue en enregistrant la montée des eaux par des mesures précises et en les communiquant au peuple pour le prévenir du sort que l'avenir immédiat lui réservait. Il y avait une famille, connue sous le nom de "famille de Ibn Abi al-Raddad", qui était chargée d'effectuer ces mesures et de les consigner, tâche qu'elle continua à accomplir jusqu'à l'époque mamelouke.

Pour assurer le service de distribution de l'eau, tous les gouvernants s'attachèrent à ériger différents types de constructions. À l'époque ayyoubide, les eaux potables du Nil arrivaient à la Citadelle depuis Fustat par le canal construit dans la partie supérieure de la muraille de Salah al-Din, encore conservée partiellement.

Avec l'accroissement de la population et l'extension de la ville à l'époque mamelouke, les sultans furent confrontés à une augmentation de la demande en eau. En 710/1310-712/1312, le sultan al-Nasir Muhammad fit construire quatre norias sur les rives du Nil pour élever l'eau jusqu'à un aqueduc qu'il relia à la muraille de Salah al-Din – à la hauteur de la zone de al-Sayyida Nafisa –, d'où elle était ensuite transportée jusqu'à la Citadelle. Plus tard, sous les Circassiens, ces aqueducs furent restaurés et, en 912/1506, le sultan al-Ghuri cessa d'utiliser l'ancienne adduction pour la remplacer par une nouvelle (IV.1.b) et restaurer les norias.

La construction de *sabils* se développa considérablement. Ils étaient répartis dans les rues du Caire, fournissant la plus grande partie des eaux nécessaires au fonctionnement de la ville. Des porteurs se chargeaient du transport de l'eau vers les maisons moyennant rémunération, alors que, conformément au droit musulman, l'eau directement puisée aux fontaines par les habitants et les voyageurs de passage au Caire était gratuite. Outre l'existence de puits, la ville était équipée en différents endroits d'abreuvoirs pour les animaux. L'abondance de *sabils* dans la ville reflète le niveau de développement et de progrès atteint à cette époque.

La célébration de la crue du Nil – c'est-à-dire l'arrivée d'un niveau susceptible de garantir les réserves d'eau – bénéficiait de la faveur et de la considération des sultans mamelouks, qui assistaient personnellement à l'événement ou qui désignaient un représentant parmi leurs généraux.

Au moment de la crue du Nil, il était coutume d'annoncer quotidiennement le niveau du fleuve, comme le rapporte l'historien Abou al-'Abbas al-Qalqachandi: "À l'époque de la crue, il était coutume que le responsable du nilomètre mesure le niveau des eaux tous les jours en soirée; le lendemain, il annonçait le résultat et le communiquait par écrit aux autorités de l'État." Il ajoute qu'il leur précisait également la différence entre le volume de la crue de l'année en cours et celui de l'année précédente.

Quand le niveau d'élévation des eaux atteignait les 16 coudes (8 m) – l'unité de mesure de l'époque –, les messagers s'en allaient de tous côtés colporter la bonne nouvelle auprès du peuple; les préparatifs de la célébration pouvaient alors commencer.

Les festivités se déroulaient tout au long de la journée et débutaient le matin lorsque le sultan descendait de la Citadelle par la rue al-Saliba (qui porte actuellement plusieurs noms selon les différentes sections). Ensuite, il traversait le canal (actuelle rue Port-Saïd) par le pont des Lions, sur l'actuelle place al-Sayyida Zaynab. Plus tard, il se dirigeait vers le Vieux-Caire (Fustat), situé face à l'île de Rawda où est implanté le nilomètre. De là, il embarquait avec les dignitaires de l'État sur les navires de guerre qui les transportaient jusqu'au nilomètre, dont la colonne centrale était parfumée au safran. Ensuite, au milieu de la musique et des vivats de la foule, les navires – d'où l'on faisait partir des flèches de feu – se dirigeaient vers la zone de Fum al-Khalig. C'est l'endroit où se trouve la déviation du canal, dont on ouvrait les vannes pour réduire le débit du Nil et éviter ainsi les risques d'inondation. Au cours de cette cérémonie, on installait sur les bords du Nil les tentes du sultan, où il prenait place avec ses escortes, et on préparait des banquets aux frais du trésor public. Le sultan offrait des cadeaux et des vêtements honorifiques aux émirs et à la famille de Ibn Abi al-Raddad, responsable des mesures. À cette occasion,

Nilomètre, intérieur, colonne centrale de mesures, Le Caire (D. Roberts, 1996, avec l'aimable autorisation de l'Université Américaine du Caire).

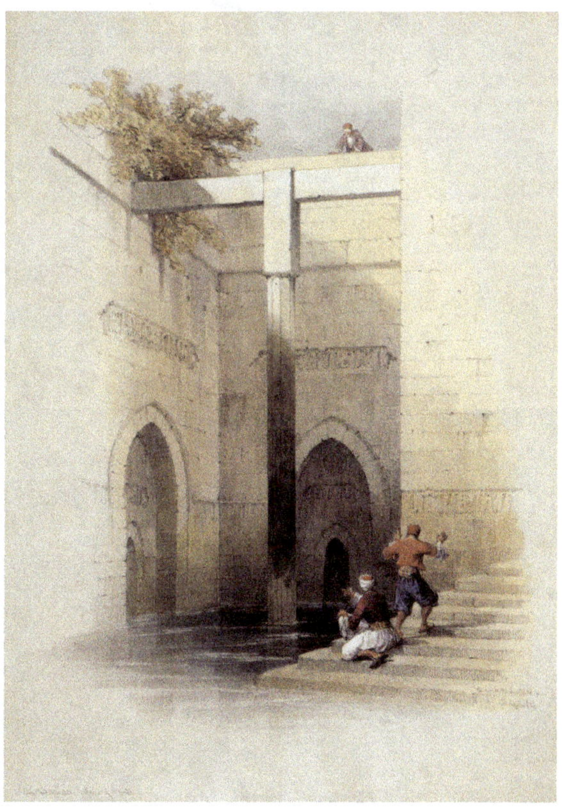

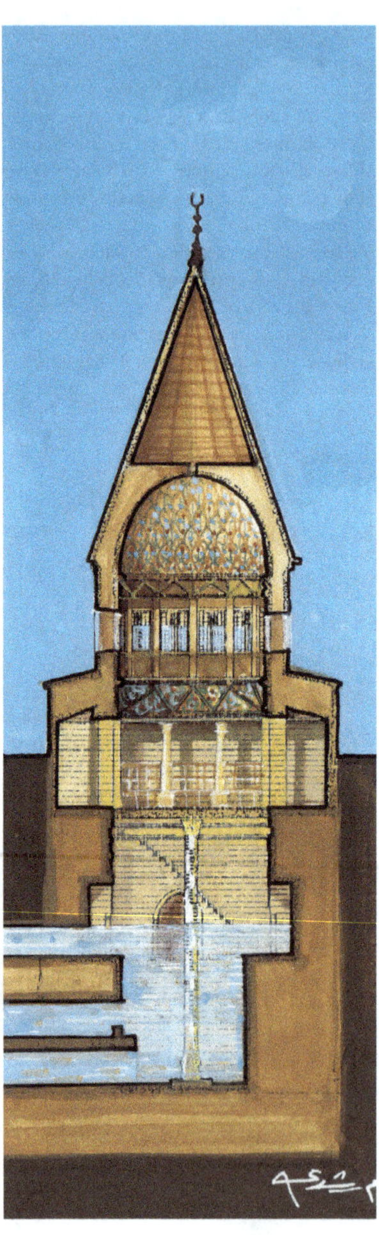

Nilomètre, section, Le Caire (dessin de Mohammed Rushdy).

les poètes composaient des vers en l'honneur de la cérémonie.
Cependant, s'il s'avérait que le niveau de l'eau soit insuffisant pour assurer l'approvisionnement domestique et l'irrigation agricole, le sultan faisait dire des prières rogatoires pour faire venir la pluie.
Parmi les sultans qui assistèrent en personne à la célébration, il faut citer Barquq (en 800/1397), al-Mu'ayyad Cheikh (en 816/1413), Khuchqadam (en 870/1465) et al-Ghuri (en 917/1511); ce dernier éleva un palais à côté du nilomètre pour y célébrer la crue du Nil. Par ailleurs, les sources historiques rapportent que le sultan al-Mu'ayyad Cheikh, bien que malade, traversa le Nil à la nage pour aller chauler le nilomètre.
L'importance éminente du Nil se reflète dans les annales des historiens, qui ont consigné une information quotidienne sur le fleuve; c'est notamment le cas dans *al-Suluk* de al-Maqrizi et *Bada'i' al-zuhur* de Ibn Iyas.
La cérémonie de la crue du Nil n'était pas réservée au sultan et à sa suite, toutes les classes sociales du peuple égyptien y participaient. La nuit, on allumait des torches et, dans une joyeuse atmosphère, les gens sortaient se distraire et jouer, tout en se délectant des mets les plus exquis; les bandes de musiciens jouaient, les prestidigitateurs exécutaient leurs tours… tandis que d'autres réjouissances populaires se déroulaient à l'intérieur des tentes montées sur les berges du Nil.

M. H. D.

IV.1 LE CAIRE

IV.1.a Nilomètre

On arrive au nilomètre depuis la Corniche du Nil, dans le Vieux-Caire, par un pont piéton-

nier en bois récemment construit par le Ministère de la Culture.
Horaires: de 8:00 au coucher du soleil.

En raison de son étroite relation avec les saisons agricoles et la collecte des impôts et tributs de l'État, le nilomètre est considéré comme l'une des plus importantes constructions associées à l'eau qui aient été érigées en Égypte.
Bien que certains historiens en attribuent la construction au calife abbasside al-Ma'mun (170/786-218/833), Ibn Khalikan, qui écrivit *Wafayat al-a'yan*, confirme que son édification est due au calife al-Mutawakkil (r. 232/847-247/861).
Situé à l'extrême sud de l'île de Rawda, le nilomètre représente bien une prouesse d'ingénierie, en même temps que le plus ancien monument qui soit conservé dans son état d'origine.
Pour réaliser cet ouvrage avec la plus grande précision, l'ingénieur qui construisit le nilomètre dut choisir le moment le plus opportun: la période de l'année au cours de laquelle le bras du Nil situé entre l'île de Rawda et la ville de Fustat est pratiquement à sec. Il ancra la colonne de mesures au milieu d'un puits carré de 10 m de côté et 12,5 m de profondeur, et pratiqua trois ouvertures principales pour permettre l'entrée de l'eau.
La colonne centrale constitue l'un des éléments fondamentaux. Préalablement à l'édification des murs, le constructeur fixa cette colonne octogonale de près de 10,5 m au moyen d'une base en bois pour éviter qu'elle ne s'effondre dans le lit du Nil. Puis, pour la maintenir droite, il étaya les parois est et ouest avec des poutres de bois.
Pour accéder à l'intérieur du nilomètre, deux volées d'escaliers séparées par un palier ont été juxtaposées aux murs.

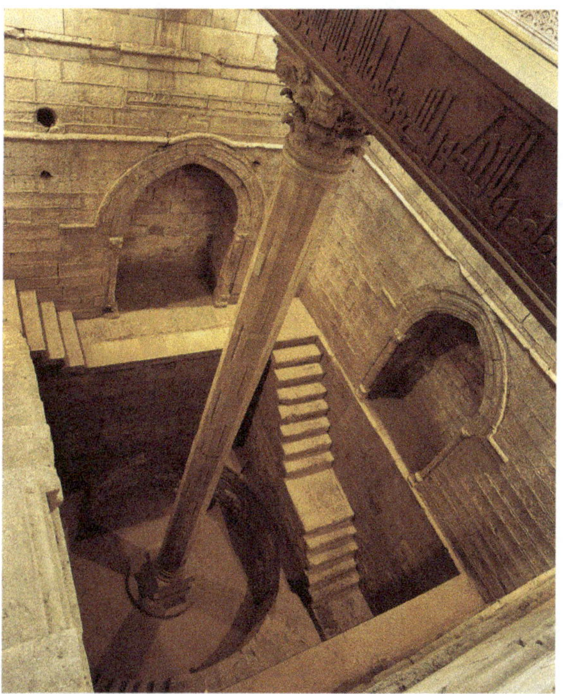

Nilomètre, intérieur, colonne centrale de mesures et escaliers, Le Caire.

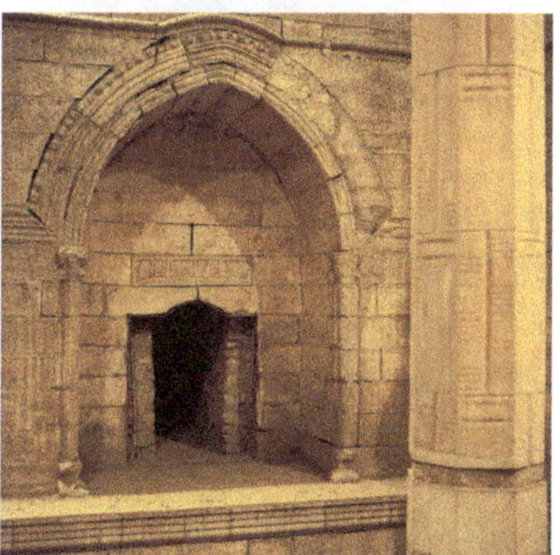

Nilomètre, intérieur, ouverture pour l'entrée de l'eau, Le Caire.

Une frise d'inscriptions en calligraphie de style coufique parcourt l'intérieur de la partie supérieure des parois. Gravée en

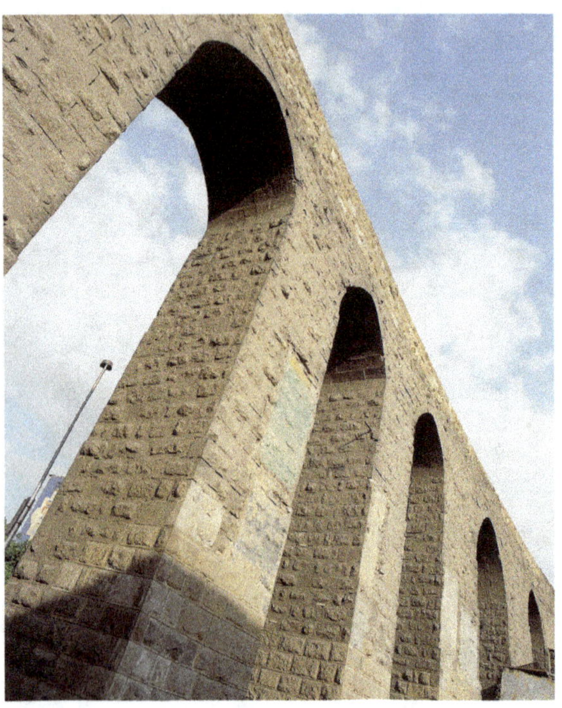

Aqueduc, vue partielle, Le Caire.

relief sur le marbre, c'est l'une des plus anciennes inscriptions qui soient conservées dans les édifices islamiques d'Égypte; elle comporte des versets du Coran et des allusions à l'eau et à l'agriculture.
À l'époque mamelouke, le sultan Qaytbay fit rénover le nilomètre, dont il remania les fondations en 886/1481. Il restaura aussi la coupole précédemment érigée par le sultan Baybars al-Bunduqdari, mais la coupole actuelle est l'œuvre de la Commission pour la Conservation des Monuments Arabes, comme l'indique une inscription datée de 1367/1947.
Le nilomètre est actuellement hors d'usage.

G. G. R.

On peut jouir d'une belle vue sur toute la largeur du Nil depuis un balcon du palais al-Minesterli situé à côté du nilomètre, à l'extrême sud de l'île de Rawda.

IV.1.b **Aqueduc**

Avec quelque 3 km de longueur, l'aqueduc s'étend de la tour des norias (zone de Fum al-Khalig), sur la Corniche du Nil, jusqu'à la place al-Sayyida Aicha. Cependant, il a été partiellement démoli sur différents secteurs pour livrer passage à quelques rues et à une ligne de métro.
Actuellement est en cours d'achèvement un projet de reconstruction qui inclut la tour des norias et les parties détruites de l'aqueduc, qui devrait donc retrouver son aspect d'origine.
Jusqu'à la fin des travaux, seul l'extérieur peut se visiter.

Le projet de construire un aqueduc pour transporter l'eau jusqu'à la Citadelle depuis les environs de Fustat remonte à l'époque de Salah al-Din al-Ayyoubi. L'eau était élevée au moyen de norias depuis l'un des puits jusqu'à une conduite située dans la partie supérieure de l'aqueduc et était acheminée jusqu'à la Citadelle pour l'approvisionner en eau potable et assurer l'arrosage des terres ensemencées situées dans les environs.
À l'époque des Mamelouks, ceux-ci s'installèrent dans la Citadelle qui dut être agrandie en raison de l'accroissement du nombre de soldats et d'habitants. Le sultan al-Nasir Muhammad construisit un autre ouvrage pour augmenter le débit d'eau. En 712/1312, il fit élever sur les bords du Nil – à 1 km environ au nord du puits de Salah al-Din – une énorme tour dans laquelle quatre norias élevaient l'eau jusqu'au nouvel aqueduc. S'étendant en pente douce en direction de l'est, il fut connecté à l'aque-

duc de Salah al-Din, à la hauteur de la rue Salah Salim, dans la zone de al-Sayyida Nafisa. Avec cet ouvrage, Al-Nasir Muhammad atteignit son objectif de procurer en quantités suffisantes l'eau nécessaire à l'arrosage des cultures et à la consommation des soldats et des animaux. D'autre part, le fait de disposer d'un plus grand débit lui permit aussi d'agrandir la Citadelle, qui compte entre autres constructions le palais al-Ablaq et sa mosquée (Circuit I).

L'historien al-Maqrizi mentionne qu'en 741/1340, al-Nasir Muhammad fit creuser un canal qui, depuis le Nil, devait conduire l'eau à l'intérieur des terres pour l'élever ensuite jusqu'à l'aqueduc à partir de puits à norias – et réduire ainsi la longueur de l'aqueduc pour augmenter son débit. Mais il mourut avant le début des travaux.

L'aqueduc fut restauré à plusieurs reprises. Un des émirs du sultan Farag Ibn Barquq, Yalbugha al-Salimi, y réalisa des réformes en 812/1408; plus tard, une grande partie de celles-ci s'étant effondrées, il fut restauré de nouveau à l'époque de Qaytbay. En 912/1506, le sultan al-Ghuri fit reconstruire un peu plus de la moitié de l'aqueduc à partir du Nil et remettre en état les autres sections et la tour des norias. Entre les deux arcs surhaussés de chacun des côtés de la tour, on peut voir les emblèmes au nom du sultan al-Ghuri.

Lorsque l'expédition française arriva en Égypte, l'aqueduc cessa d'être utilisé. Les soldats obturèrent quelques-uns des arcs et les transformèrent en fortifications.

S. B.

IV.1.c Sabil et kuttab du Sultan Qaytbay

Le sabil *et* kuttab *du sultan Qaytbay se trouve au début de la rue al-Saliba, qui part de la place de la Citadelle.*

Horaires: de 8:00 au coucher du soleil.

Avec le *sabil* – un type d'établissement généralement construit grâce à l'institution du *waqf* à l'époque mamelouke –, émirs et sultans avaient trouvé le moyen idéal de s'assurer un réel prestige social tout en faisant droit aux prescriptions du Coran sur l'entraide et la solidarité avec les nécessiteux.

La fonction du *sabil* est de distribuer de l'eau aux passants et aux habitants de la ville. Son importance est plus grande en été, quand les besoins en eau augmentent, et les fondateurs apportèrent un soin tout particulier à la sélection des fonctionnaires et autres employés affectés aux *sabils*, qui devaient être indemnes de maladies intestinales.

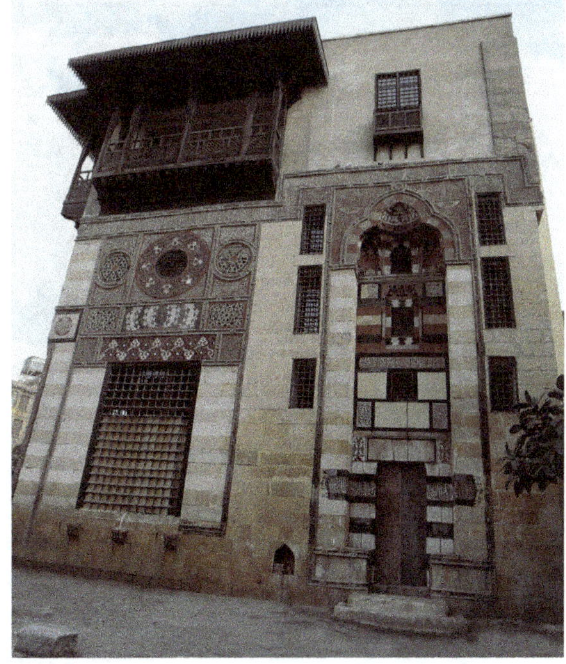

Sabil et kuttab du sultan Qaytbay, façade principale, Le Caire.

Sabil et kuttab du sultan Qaytbay, plan, Le Caire.

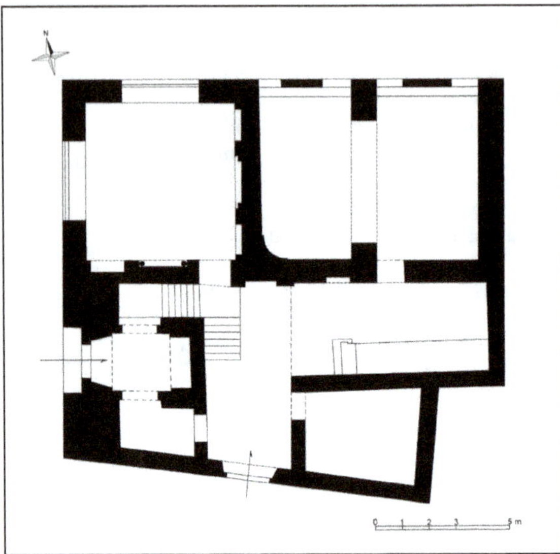

La plupart du temps, le *sabil* se compose de trois niveaux. Le premier, souterrain, est une citerne construite en pierre dure dont le dessus est percé d'un orifice central destiné à l'extraction de l'eau. Au deuxième niveau se situe l'étage où l'on distribue l'eau aux passants à travers les fenêtres qui ouvrent sur la rue; un *salsabil* (fontaine de marbre composée d'une vasque et d'un panneau à travers lequel l'eau s'écoule) rafraîchit l'eau qui est ensuite offerte aux passants. Au troisième niveau est situé le *kuttab*, une école d'enseignement primaire et d'apprentissage du Coran pour les enfants et les orphelins. Il était d'usage d'annexer le *sabil* aux complexes architecturaux, comme dans la *madrasa* et mosquée du sultan Qaytbay (II.1.a), et dans la *khanqa* de Farag Ibn Barquq (II.1.c) par exemple.

Cet édifice, le plus remarquable de ceux construits par Qaytbay au Caire, est le premier exemple de *sabil-kuttab* indépendant de tout autre édifice; cette typologie est ensuite devenue la plus courante chez les mécènes à faibles revenus, surtout à l'époque ottomane qui allait suivre.

Construit en 884/1479 sur un plan carré délimité par quatre rues, il est doté d'un accès haut et étroit revêtu d'un appareil d'*ablaq* à bandes blanc, noir et rouge, et couronné par le typique arc trilobé, bien que rappelant ici le gros larmier caractéristique; deux demi-voûtes en éventail soutiennent la demi-coupole du lobe central de l'arc. Les écoinçons présentent l'emblème épigraphique de Qaytbay qui se détache sur un fond de décor végétal en bas-relief, et sur les côtés de la porte le texte de fondation avec le nom du sultan – l'un des sultans mamelouks qui a construit le plus grand nombre de *sabils* – est sculpté en marbre sur fond rouge.

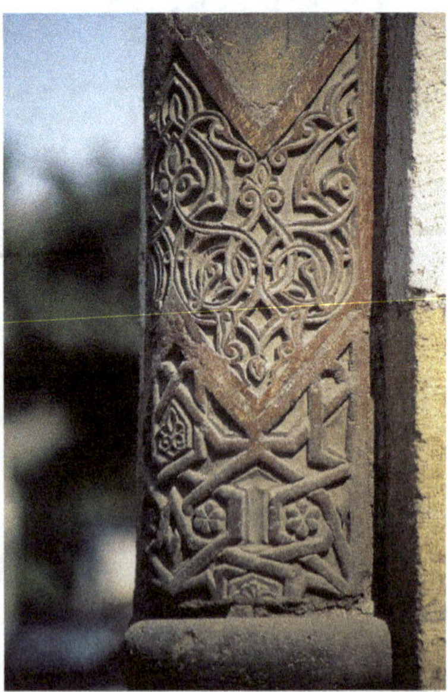

Sabil et kuttab du sultan Qaytbay, colonne d'angle, détail, Le Caire.

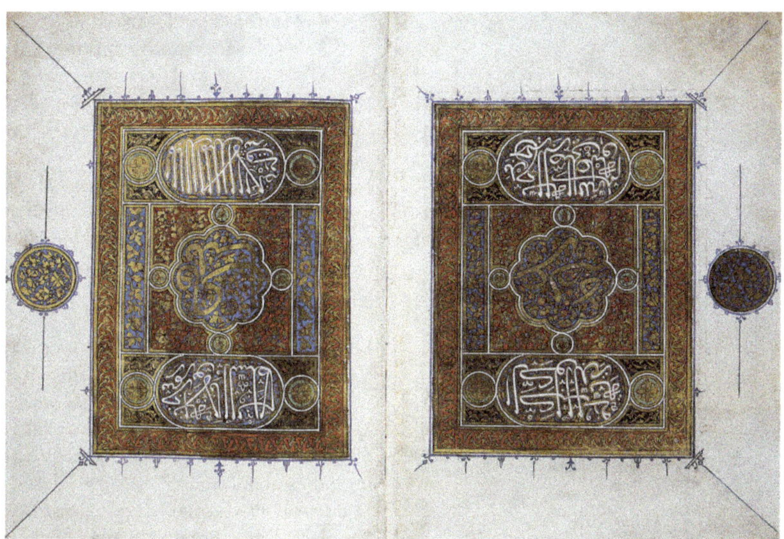

Manuscrit de al-Busiri, Al-Kawakib al-Durriyya, double frontispice (avec l'aimable autorisation du Directoire de la Chester Beatty Library, Dublin, Ms. 4168, ff. iv-2r).

À côté de l'accès, on remarquera la décoration de la façade du *sabil*, surmonté par le *kuttab*. Dans la partie inférieure, la fenêtre est protégée par une grille de bronze, qui permet la ventilation et la distribution de l'eau aux passants. Cette fenêtre est couronnée d'une fine décoration composée de neuf panneaux disposés en trois rangées de trois. Sur la première rangée, le linteau, flanqué de motifs végétaux en relief, est décoré de feuilles triples entrelacées avec des incrustations en blanc et noir sur fond rouge. La deuxième rangée contient l'arc de décharge composé de voussoirs de marbre assemblés en forme de feuilles végétales triples en blanc et noir; il est flanqué d'un entrelacs géométrique marqueté d'argile bleue et blanche sur fond rouge. Sur la troisième rangée, le panneau central, avec un grand médaillon ceint d'une décoration végétale en bas-relief, est flanqué de deux autres, plus petits, incrustés d'argile blanche et bleue et d'un entrelacs géométrique qui compose un hexagone central de couleur rouge.

Le *kuttab* se distingue par son balcon et son toit en bois à corniche qui sert de parasol et de protection contre la pluie.

Au-dessus de la colonne d'angle, rehaussée d'une extraordinaire décoration végétale et géométrique en pierre sculptée, un cercle à l'emblème épigraphique du sultan: "Gloire à notre seigneur le Sultan al-Malik al-Achraf Abi al-Nasr Qaytbay, que ses triomphes entrent dans la gloire."

Assez inhabituel dans l'architecture mamelouke tardive, le luxe de cette décoration peut s'expliquer par l'emplacement éminent de l'édifice – face à la Citadelle et au point de départ de la procession célébrant la crue du Nil – comme premier immeuble devant être remarqué de l'extérieur.

D'autre part, cette division de la façade en neuf panneaux rappelle la composition tri-

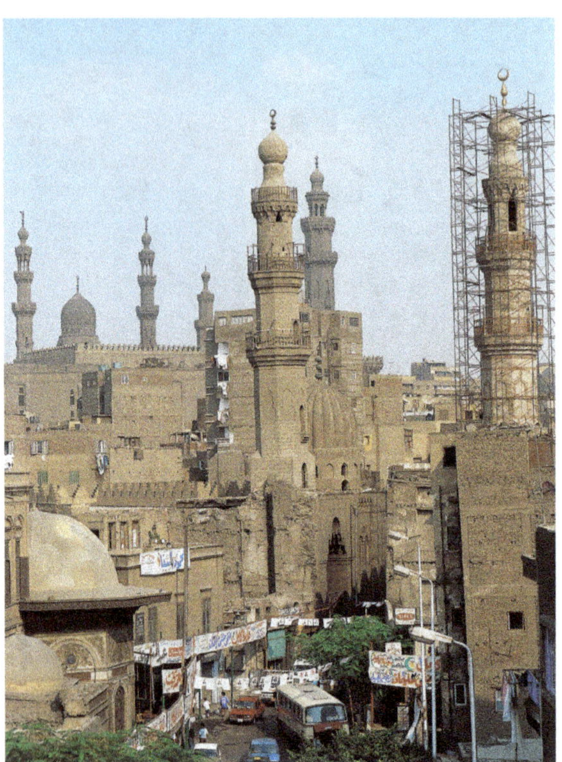

Mosquée et khanqa de Cheikhu, vue générale, Le Caire.

partite appliquée au frontispice à double page d'un manuscrit confectionné pour Qaytbay (*Al-Kawakib al-Durriyya* de al-Busiri, conservé à Dublin), et montre que les formes se transféraient en toute liberté d'une expression artistique (l'enluminure) à une autre (l'architecture). Nous éviterons au lecteur une étude comparative détaillée, mais il faut préciser que les prototypes étaient d'abord dessinés sur papier (facilement disponible et peu onéreux) avant d'être exécutés sur métal avec des incrustations, à la peinture et à l'encre sur papier, ou sculptés sur la pierre.

A. A.

IV.1.d **Madrasa de Qanibay al-Muhammadi** (option)

La madrasa *de Qanibay al-Muhammadi se trouve dans la rue al-Saliba, dans le prolongement du monument précédent.*
Horaires: toute la journée sauf pendant les prières de la mi-journée (12:00 en hiver; 13:00 en été) et de l'après-midi (15:00 en hiver; 16:00 en été). Actuellement en cours de restauration, on ne peut accéder à l'intérieur.

Elle fut construite par l'émir Qanibay al-Muhammadi, l'un des émirs du sultan Barquq. La caractéristique de cette *madrasa* est d'appartenir au répertoire des édifices dits "suspendus" puisqu'il faut franchir une série d'escaliers avant d'atteindre l'accès. D'autre part, le plan de la *madrasa* se compose d'une *durqa'a* flanquée de deux *iwans*, celui de la *qibla* au sud-est, l'autre, réduit à sa plus simple expression, au nord-ouest. Le mausolée qui donne sur la rue est couvert d'une coupole présentant une décoration très proche de celle de la *khanqa* de Farag Ibn Barquq (II.1.c).

A. A.

IV.1.e **Mosquée de Cheikhu**

La mosquée de Cheikhu est située dans la rue al-Saliba, face à la khanqa *du même nom.*
Horaires: toute la journée sauf pendant les prières de la mi-journée (12:00 en hiver; 13:00 en été) et de l'après-midi (15:00 en hiver; 16:00 en été).

L'émir Cheikhu, l'un des émirs du sultan al-Nasir Muhammad, assuma de nombreuses fonctions avant d'accéder au rang d'intendant du palais. Ensuite, ayant pris le commandement de l'armée, il fut promu grand émir, mais finit assassiné en 759/1357 par les Mamelouks du palais.

Outre cette *madrasa*, qu'il construisit en 750/1349, on lui doit la *khanqa* qui lui fait face et un *sabil* dans la rue al-Hattaba, près de la Citadelle.

La mosquée est située sur une parcelle en angle, et l'architecte a utilisé l'angle formé par l'intersection d'une rue secondaire et de la rue principale al-Saliba pour placer les différentes dépendances et conférer ainsi une forme plus régulière à l'édifice. La cour rectangulaire découverte à fontaine centrale est flanquée dans les collatéraux de deux *sadlas* divisées en deux par une colonne; les autres côtés présentent deux *iwans*, chacun d'entre eux étant divisé en deux nefs parallèles au mur de *qibla*. L'élément le plus remarquable de la mosquée est le *minbar* de pierre. L'accès est flanqué de deux colonnes torsadées couronnées de chapiteaux au-dessus desquels on remarquera les deux blocs en pierre sculptée: leur décoration en forme de flèches rappelle celle du deuxième fût du minaret de Qaytbay dans la mosquée al-Azhar (II.1.a). Le linteau est orné d'une inscription de style *naskhide* comportant un verset coranique, et se voit rehaussé d'une série de trois rangées de *mouqarnas* à laquelle sont superposés des merlons en forme de feuilles triples. De la décoration d'origine ne subsiste que la partie correspondant à la rampe, divisée en sept panneaux. Certains de ces panneaux, qui reprennent cette même décoration en forme de flèches, alternent avec d'autres qui présentent une composition à motifs géométriques. La partie supérieure du *minbar*, l'autel depuis lequel l'imam prononçait le prêche devant les fidèles, est en bois doré et couronné d'un fleuron bulbiforme torsadé.

Cette mosquée servait également de *madrasa* à laquelle l'émir Cheikhu attribua des rations de pain, de viande, d'huile, de savon et de gâteaux, et où il

Mosquée de Cheikhu, plan, Le Caire.

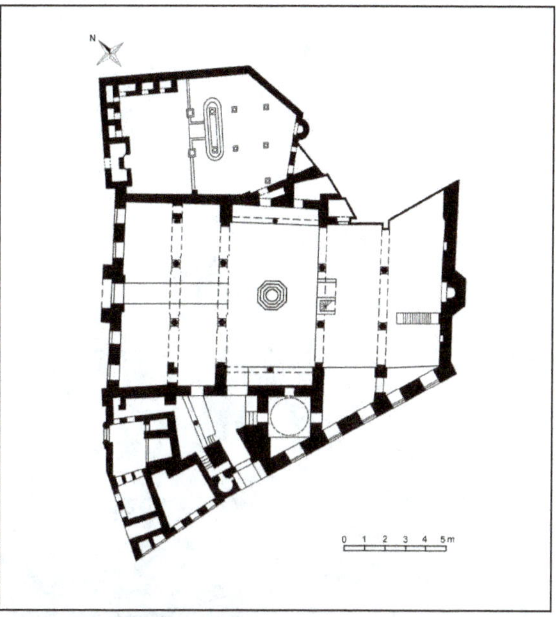

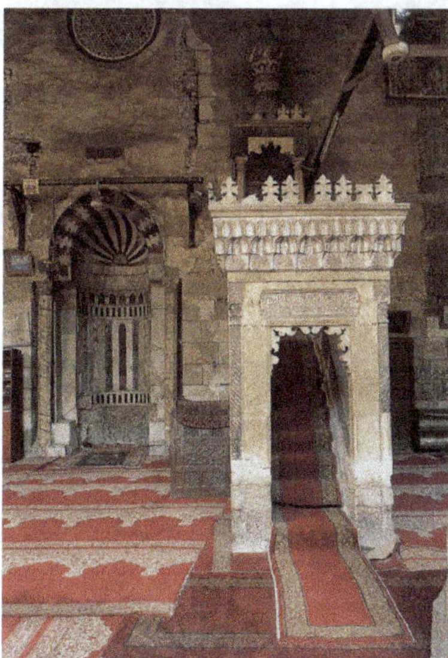

Mosquée de Cheikhu, minbar en pierre et mihrab, Le Caire.

Khanqa et koubba de Cheikhu, vue générale des deux minarets, Le Caire.

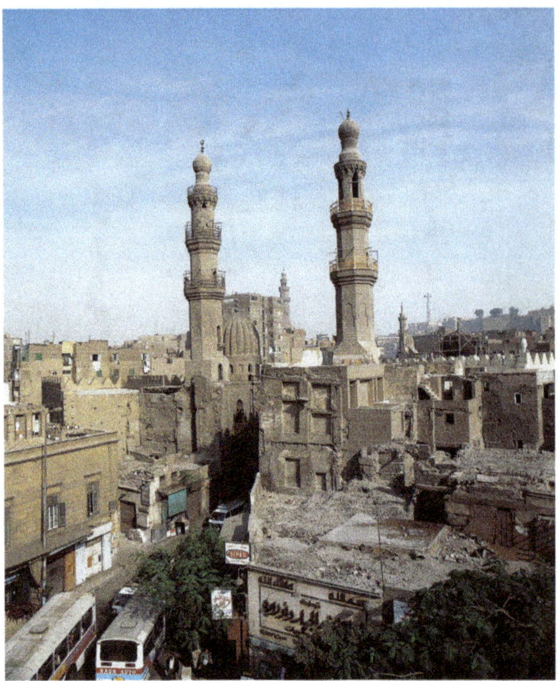

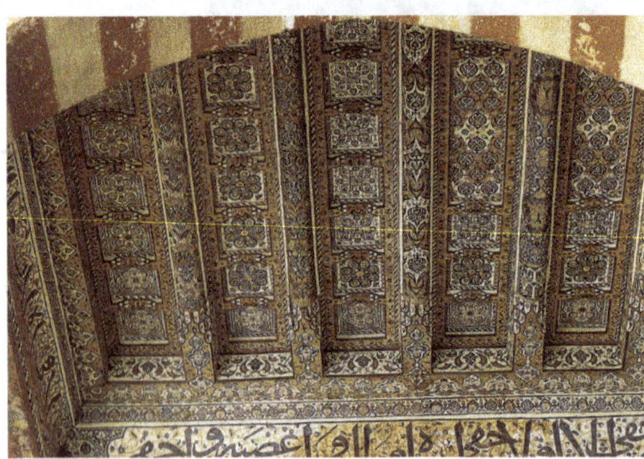

Khanqa et koubba de Cheikhu, salle de prière, détail de la décoration du plafond, Le Caire.

nomma différents maîtres chargés d'enseigner les quatre doctrines juridiques, d'assurer les leçons de récitation coranique et d'initier à la tradition prophétique (*hadith*s).

A. A.

IV.1.f Khanqa et koubba de Cheikhu

Ce monument se trouve face au précédent.
Horaires: toute la journée sauf pendant les prières de la mi-journée (12:00 en hiver; 13:00 en été) et de l'après-midi (15:00 en hiver; 16:00 en été).
Actuellement en cours de restauration, on ne peut accéder à l'intérieur.

Construite en 756/1355, cette *khanqa* était dédiée à l'enseignement de la doctrine des quatre écoles juridiques; on y donnait des cours de récitation coranique et l'on y étudiait la tradition prophétique (*hadith*s). Pour couvrir ses frais d'entretien, on la dota de différents *habous* dont les revenus finirent par lui conférer une importance considérable; sa réputation de chaire religieuse de tout premier ordre atteignit bientôt d'autres pays, d'où accoururent de nombreux étudiants qui devinrent d'éminents savants. Les prestations couvraient la préparation quotidienne de nourriture à base de viande et de pain, et la distribution mensuelle de gâteaux, d'huile et de savon.
Parmi les structures à plan régulier insérées dans des parcelles irrégulières, les chambres des étudiants soufis étaient réparties sur deux côtés de la cour, agrémentée d'une fontaine centrale octogonale rehaussée d'une coupole. La salle de prière, à laquelle on accède sous trois arcs occupant le côté sud-est de la cour, est composée de trois nefs parallèles au mur

de *qibla*. À sa droite se trouve une *durqa'a* flanquée d'un *iwan* sur chacun des côtés sud-est et nord-ouest.

Sur le côté opposé, la tombe de l'émir Cheikhu est séparée de la salle par une jalousie en bois, même si le mausolée de l'émir avait été inclus dans la mosquée édifiée six ans plus tôt.

Le trait le plus surprenant de cette *khanqa* est le plafond à caissons en bois qui couvre la salle de prière. La fine décoration florale combinant les dorures, le bleu et le marron est d'un détail extraordinaire. L'armature est en soi un ensemble parfaitement ajusté de courtes poutres accolées au moyen de petits *peinazos*, formant des caissons. Les extrémités des poutres et la partie centrale des *peinazos* sont sculptées en forme de *mouqarnas*. Il n'y a pas deux poutres qui soient décorées avec les mêmes motifs floraux, tandis que les caissons, carrés et rectangulaires, répètent les mêmes dessins selon des rythmes différents.

Derrière l'entrée principale s'élève le minaret à trois fûts; les deux premiers sont octogonaux, tandis que le troisième, ouvert (*gawsaq*), est couronné par une série de *mouqarnas* et surmonté d'un fleuron bulbiforme. Ce minaret est caractérisé par la nouveauté du système constructif appliqué au deuxième fût où l'on a intercalé des pierres rouges et blanches de forme triangulaire, ce qui configure une ornementation en zigzags verticaux. Cette décoration est caractéristique des minarets de l'époque de al-Nasir Muhammad, telle sa mosquée dans la Citadelle, dont le minaret, situé au-dessus de l'entrée, présente ce même ornement de zigzags verticaux, bien que sculpté en profond relief.

A. A.

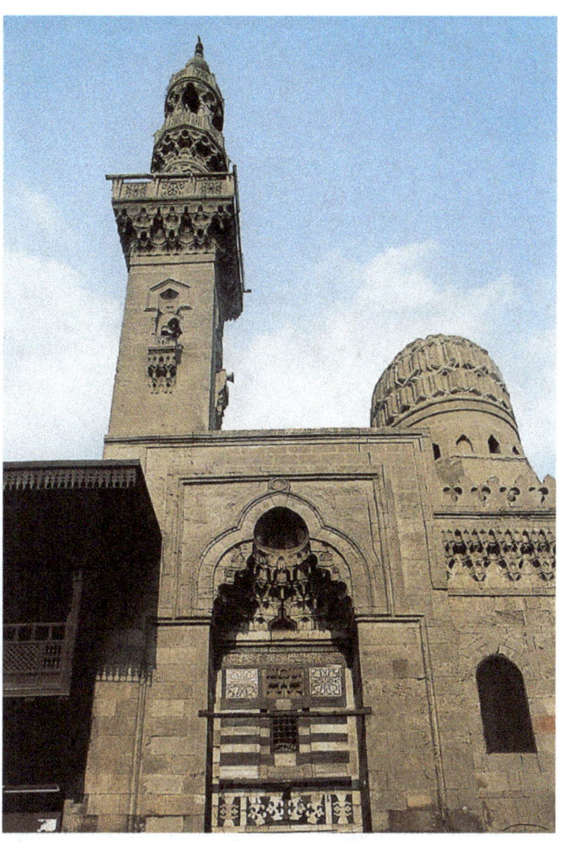

Madrasa de Taghri Bardi, façade principale, Le Caire.

IV.1.g **Madrasa de Taghri Bardi**

La madrasa *de Taghri Bardi se trouve dans la rue al-Saliba, dans le prolongement des édifices de l'émir Cheikhu.*
Horaires: toute la journée sauf pendant les prières de la mi-journée (12:00 en hiver; 13:00 en été) et de l'après-midi (15:00 en hiver; 16:00 en été).

La *madrasa* fut construite en 844/1440 par l'émir Taghri Bardi, surnommé *al-mu'di* (le nocif) en raison de son mauvais caractère.

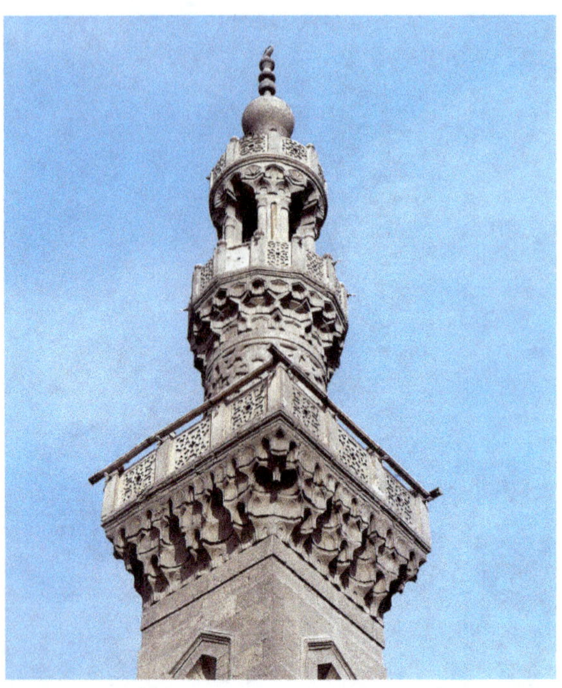

Madrasa de Taghri Bardi, minaret, détail, Le Caire.

Il occupait une charge éminente à l'époque du sultan Barsbay; il fut général de l'armée qui conquit Chypre en 830/1426. Plus tard, sous le sultan Jaqmaq, il fut nommé *dawadar* (secrétaire d'État), un des postes les plus importants du gouvernement.

Bien que de superficie réduite, cet édifice contient une *madrasa*, un mausolée, un *sabil* et un *kuttab*. La façade principale, qui donne sur la rue al-Saliba, reflète l'organisation intérieure du bâtiment; au centre, l'accès monumental est flanqué à droite par la façade correspondant à la *madrasa*, et à gauche par le *sabil* et le *kuttab*.

La décoration de l'entrée, couronnée par le typique arc trilobé meublé de *mouqarnas*, s'organise en trois ordres qui se superposent à la porte. Dans la première rangée, le linteau et l'arc de décharge présentent un assemblage *ablaq* de voussoirs – appelé *al-'ara'is* (les poupées) sur le linteau – qui est considéré comme une nouvelle étape dans l'évolution de la décoration de ce type d'arcs: un assemblage de pièces de marbre triangulaires qui, par leur découpe en forme de feuilles abstraites, évoquent des silhouettes de marionnettes. La deuxième rangée est une simple composition *ablaq*, avec une petite fenêtre grillagée au centre, tandis que la troisième est divisée en trois carrés; celui du centre est orné de *mouqarnas*; les deux carrés latéraux présentent une décoration à base de motifs végétaux, couronnés par une inscription *naskhide*. L'ensemble de l'accès est accentué par un encadrement rectangulaire qui s'élève au-dessus de la corniche, de la même façon que dans la mosquée de al-Mu'ayyad Cheikh (II.1.i).

Le mausolée annexé à la *madrasa* est couvert d'une coupole surhaussée, dont la partie extérieure est décorée de figures géométriques en relief dont la verticalité accentue la superbe.

Le minaret comporte trois fûts séparés par des balcons soutenus par des *mouqarnas*, et qui passent du plan carré au plan circulaire et au *gawsaq* coiffé du déjà typique couronnement bulbiforme. Le deuxième fût représente une nouvelle étape dans la décoration des minarets: un entrelacs de huit qui cerne la moitié supérieure du corps.

A. A.

IV.1.h **Madrasa de Sarghatmich**

La madrasa *de l'émir Sarghatmich est située dans la rue al-Khudayri, attenante à l'extension de la mosquée de Ahmad Ibn Touloun, dans la zone appelée Qal'a de al-Kabch.*

Horaires: toute la journée sauf pendant les prières de la mi-journée (12:00 en hiver; 13:00 en été) et de l'après-midi (15:00 en hiver; 16:00 en été). Actuellement en cours de restauration, on ne peut accéder à l'intérieur.

L'émir Sarghatmich fut l'un des Mamelouks que al-Nasir Muhammad (un des sultans qui acquirent le plus grand nombre d'esclaves) acheta contre une forte somme d'argent; il en fit son *gamadar*, celui qui tient le miroir du sultan pendant qu'il s'habille. Plus tard, à l'époque du sultan Hagui (r. 747/1346-748/1347), il commença à gravir les échelons de la hiérarchie des émirs et compta parmi les plus influents quand il fut promu au rang de *ra's nuba kabir* (commandant en chef des Mamelouks).
Avec le sultan Salah al-Din Salah (r. 752/1351-755/1354), il resta seul au gouvernement à conduire les affaires de l'État à la mort de l'émir Cheikhu. Lorsque le sultan Hassan remonta sur le trône pour la deuxième fois, ce dernier vit en lui une menace, tant était grand le pouvoir économique et politique qu'il s'était acquis au sein du gouvernement; il fit donc arrêter Sarghatmich, qui mourut à la prison d'Alexandrie en 759/1358.
Les sources historiques signalent que Sarghatmich manifestait une inclination prononcée à l'égard des oulémas perses, qu'il traitait avec une singulière bienveillance, un profond respect et une parfaite estime. Cette affinité particulière, voire cette complicité, le conduisit à leur dédier cette *madrasa* où l'on enseignait la doctrine des quatre écoles juridiques – et plus particulièrement celle de l'école *hanafite*, étant donné qu'un grand nombre d'oulémas *hanafites* perses y furent nommés.

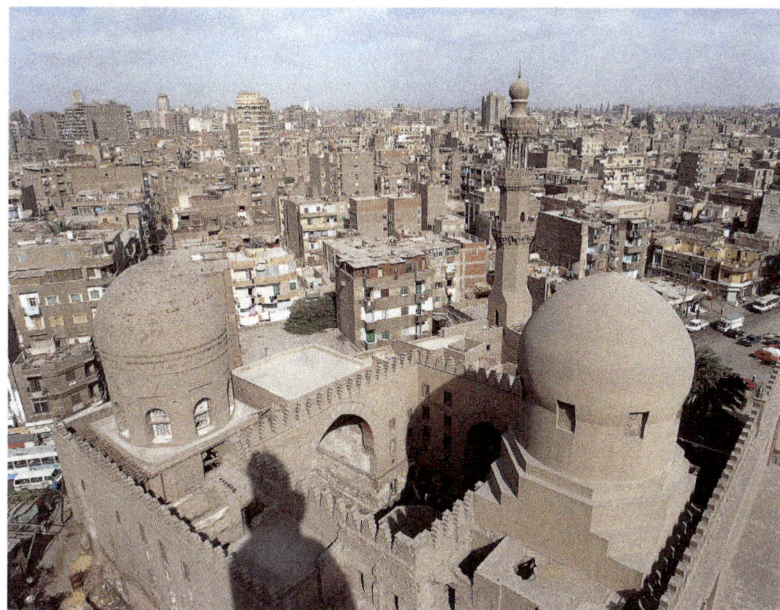

Madrasa de Sarghatmich, vue générale, Le Caire.

Madrasa de Sarghatmich, plan, Le Caire.

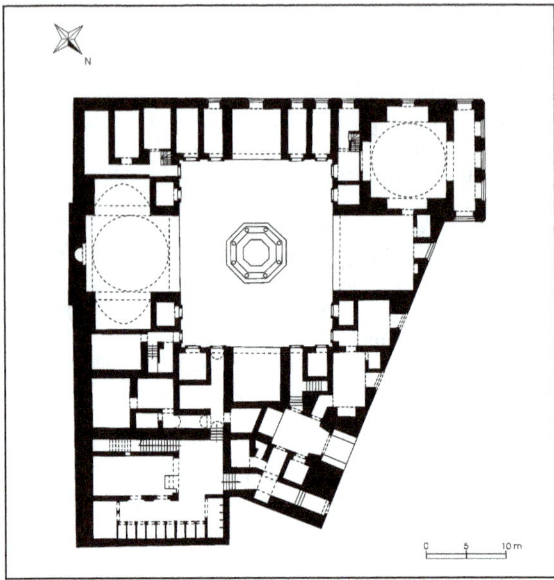

Madrasa de Sarghatmich, minaret, Le Caire.

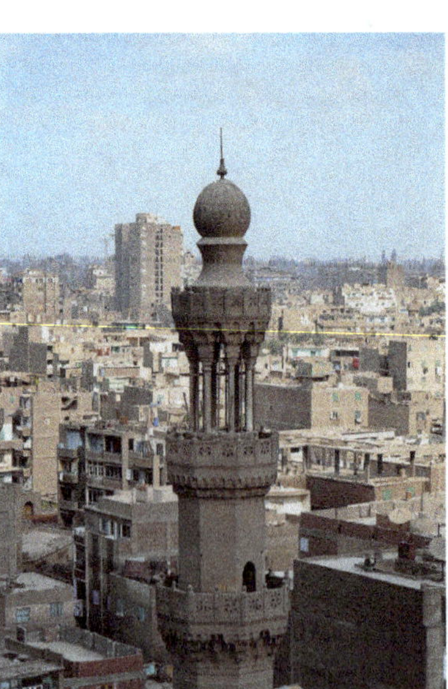

Construite en 757/1356, la *madrasa*, comme tant d'autres à l'époque mamelouke, présente un plan cruciforme, même si elle se singularise par quelques caractéristiques architecturales peu communes.
Autour de la cour centrale découverte, quatre *iwans* s'ouvrent en arcs brisés *muchahhar* (blanc et rouge) et sur les côtés, les cellules des étudiants sont réparties sur cinq niveaux.
L'*iwan* de la *qibla* a ceci de caractéristique qu'il possède deux *iwans* latéraux et qu'il est couvert d'une haute coupole en forme de bulbe, la typologie des coupoles en faveur à Samarkand (Iran). Il s'agit de la plus ancienne coupole s'élevant sur un *mihrab* de *madrasa* dans toute l'architecture islamique d'Égypte. Ce type de coupole appareillée en pierre apparaît pour la première fois dans cette *madrasa*; elle se compose d'une coupole extérieure reliée à une autre coupole intérieure au moyen d'un système constructif de supports intérieurs dissimulés dans l'espace ménagé entre le tambour et le dessus de la coupole intérieure. C'est là un type de construction, étranger à l'Égypte, introduit depuis le monde perse où la tradition des doubles coupoles en brique remonte au Ve/XIe siècle. En raison de la saturation croissante du tissu urbain au Caire, il devenait de plus en plus difficile d'obtenir les terrains souhaités, et pour que les fondations des mécènes restent visibles depuis un maximum de points de la ville, la solution consista à agrandir les édifices en hauteur.
Sur les côtés du *mihrab* subsistent des vestiges de panneaux de marbre présentant des médaillons cernés d'un décor végétal qui témoignent clairement d'une influence iranienne. Neuf de ces panneaux, qui ont été transférés au Musée d'Art Islamique du Caire (I.1.a; n° reg. 278), offrent une décoration végétale et une figuration animalière plutôt rare dans un édifice religieux.

La coupole qui couvre la tombe de l'émir Sarghatmich est semblable à celle du *mihrab*, bien qu'un peu plus haute.
Le minaret, à gauche du typique accès monumental, dresse fièrement ses trois fûts, le dernier particulièrement majestueux avec son *gawsaq* sur colonnes de marbre, couronné d'une série de *mouqarnas* et coiffé d'un fleuron bulbiforme. Au-dessus de la base carrée, les deux premiers fûts octogonaux présentent des appareils de pierres rouges et blanches intercalées (*muchahhar*); sur le second corps, les pierres de forme triangulaire composent un décor de zigzags verticaux, tout comme sur le minaret de la *khanqa* de Cheikhu; et sur le premier, les pierres sont agencées en bandeaux horizontaux jusqu'au deuxième tiers où quelques pierres triangulaires intercalées forment une série d'arcs brisés.

S. B.

IV.1.i **Mosquée de Ibn Touloun**

La mosquée de Ibn Touloun se trouve dans la rue al-Khudayri (dans le prolongement de al-Saliba), derrière la mosquée de Sarghatmich. L'entrée donne sur une perpendiculaire à la rue al-Khudayri. En sortant du monument précédent, revenir sur ses pas et prendre la première à droite.
Horaires: toute la journée sauf pendant les prières de la mi-journée (12:00 en hiver; 13:00 en été) et de l'après-midi (15:00 en hiver; 16:00 en été). Actuellement en cours de restauration, on ne peut accéder à l'intérieur.

Cette mosquée est, par ordre d'ancienneté, la troisième d'Égypte après celle de Amr Ibn al-'As et celle de al-'Askar (aujourd'hui disparue); c'est également l'unique monument qui nous soit parvenu de la ville de al-Qata'i' (la capitale égyptienne à l'époque toulounide), et vraisemblablement l'une des plus anciennes mosquées qui soient conservées dans leur état d'origine en Égypte.
Le plan de la mosquée répond au modèle hypostyle des premières Grandes Mosquées; la cour centrale est entourée de quatre portiques dont le plus grand, celui de la *qibla*, est formé de cinq nefs séparées par des arcs brisés reposant sur des piliers de brique à colonnes adossées. Les trois derniers portiques comportent chacun deux nefs. Une surface découverte appe-

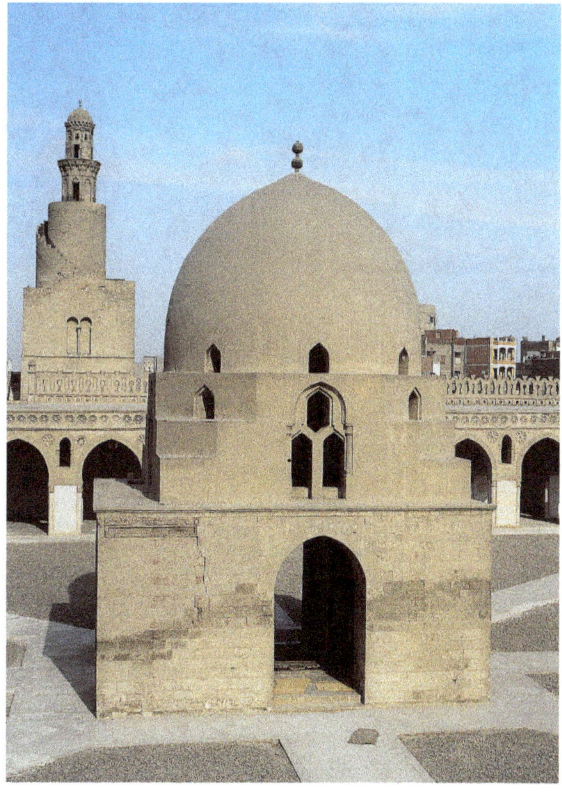

Mosquée de Ibn Touloun, minaret et coupole de la fontaine à ablutions, Le Caire.

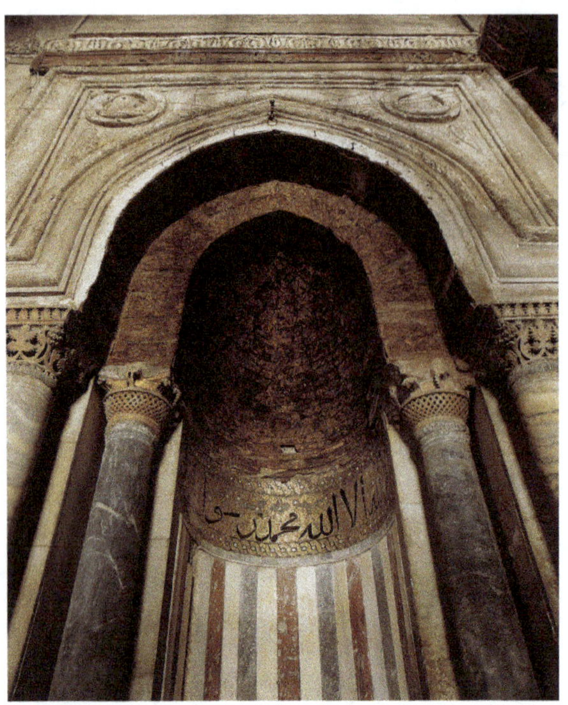

Mosquée de Ibn Touloun, mihrab, Le Caire.

lée *al-ziyada*, "l'extension", entoure la mosquée en formant un U; attenant à la mosquée se trouvait le palais du gouvernement, aujourd'hui disparu.

Les sources historiques signalent que l'émir Lajin, poursuivi, s'était caché dans la mosquée de Ibn Touloun et avait fait le vœu de la restaurer et de la reconstruire le jour où il s'en sortirait et parviendrait au pouvoir. Lajin, lieutenant du sultan Katbugha, accéda au trône en 696/1296 dans un contexte économique et politique difficile. Ce qui ne l'empêcha pas d'honorer sa promesse et de réaliser des réformes dans le minaret, le *mihrab* et la fontaine centrale de la cour de la mosquée où il avait trouvé refuge.

Parmi les différents éléments qui caractérisent cette mosquée, sans doute la plus harmonieuse des mosquées de la période abbasside, le minaret en spirale s'inspire clairement de Samarra (Irak) où Ibn Touloun avait passé plusieurs années.

Le minaret, séparé de la mosquée, est situé sur le côté nord-ouest de la *ziyada*. Sa base carrée se prolonge par un fût cylindrique entouré d'escaliers en spirale. Les interventions de Lajin, qui appartiennent à la première période des Mamelouks *bahrides*, respectèrent le modèle d'origine. Il restaura les parties endommagées avec des pierres, et l'arc en fer à cheval qui le relie à la mosquée affiche clairement une influence maghrébine. De la même façon, les fenêtres géminées de la base carrée sont d'influence andalousienne. Au-dessus du fût cylindrique se superposent deux corps octogonaux à ouvertures; ils sont couronnés d'une série de *mouqarnas*, dont l'élaboration est considérée comme faisant partie de l'évolution de ces derniers éléments, utilisés pour la première fois à l'époque mamelouke sur le minaret de la *zaouïa* al-Hunud (rue al-Tabbana) qui remonte à 648/1250. La petite coupole cannelée qui coiffe le minaret correspond au type de couronnement en vigueur pendant la première période mamelouke et jusqu'à l'époque de al-Nasir Muhammad.

À l'origine, la fontaine centrale était protégée par une coupole dorée qui s'est effondrée en 358/968. La fontaine actuelle, qui date de la restauration de Lajin en 696/1296, repose sur un tambour octogonal dont la base carrée présente des ouvertures centrales. À l'intérieur du tambour, les pendentifs qui forment la zone de transition vers la coupole présentent des rangées de petits arcs superposés légèrement concaves, éléments de base de l'évolution ultérieure des *mouqarnas* qui apparaissent comme tels dans la *koubba* de Tinkizbugha (761/1359), située dans le Petit Cimetière du Caire. D'autre part, sur les côtés extérieurs du tambour, les trois arcs angulaires, bien qu'ici insérés dans un autre arc brisé soutenu par des colonnettes, apparaissent pour la première fois à l'époque mamelouke dans le mausolée de Chajar al-Durr (rue al-Khalifa, derrière la mosquée de Ibn Touloun), où elle fut enterrée en 648/1250. Dans la salle de *qibla*, le sultan Lajin ajouta un merveilleux *minbar* en bois et réalisa des restaurations dans le *mihrab*. La décoration à base de fines bandes verticales en marbre de couleurs sur le socle compte parmi les premières utilisations de cette ornementation originale dans les *mihrabs* de style mamelouk. Quant à l'application de mosaïques dorées sur la frise, qui servent de fond à l'inscription *naskhide*, elle est postérieure de 50 ans à la composition de mosaïques du *mihrab* du mausolée de Chajar al-Durr, considéré comme le premier en Égypte à être orné de mosaïques dorées représentant un arbre ramifié.

Malgré l'intérêt que les sultans et les gouvernants témoignèrent plus tard envers cette mosquée, c'est surtout grâce aux reconstructions menées à bien par Lajin que la mosquée a pu être conservée.

S. B.

Depuis le sommet du minaret (40 m de hauteur), on peut jouir d'une vue panoramique sur la ville du Caire, sur l'ancienne ville de al-Qata'i' au pied de la mosquée et sur toute l'étendue du Caire au nord, avec la rue al-Saliba où se trouvent de très nombreux monuments mamelouks inclus dans ce circuit. Au sortir de la mosquée Ibn Touloun, il est conseillé de faire une halte pour visiter Bayt al-Kritliya ou Musée de Gayer-Anderson. Situé sur le côté sud-est de la mosquée, il offre une image de ce qu'étaient les maisons entre la fin de l'époque mamelouke et le début de l'époque ottomane. Le musée se compose de deux maisons unies à hauteur du deuxième étage par deux galeries qui enjambent le passage reliant la rue à la ziyada de la mosquée.

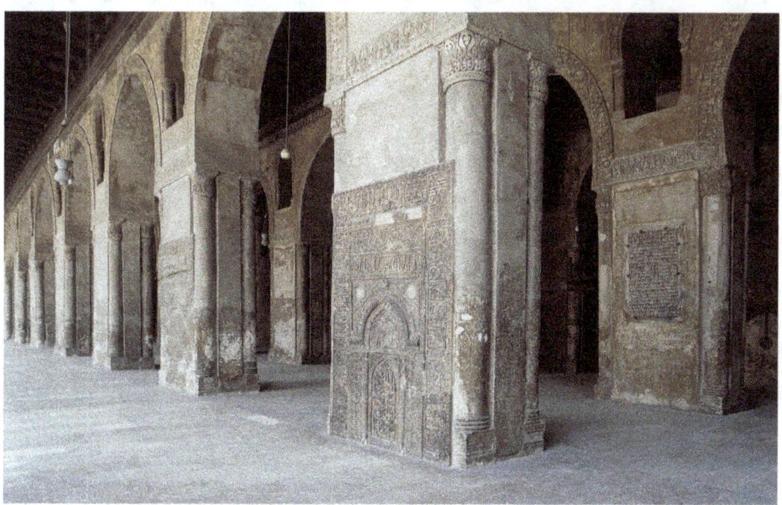

Mosquée de Ibn Touloun, zone de la salle de prière, Le Caire.

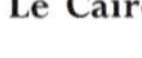

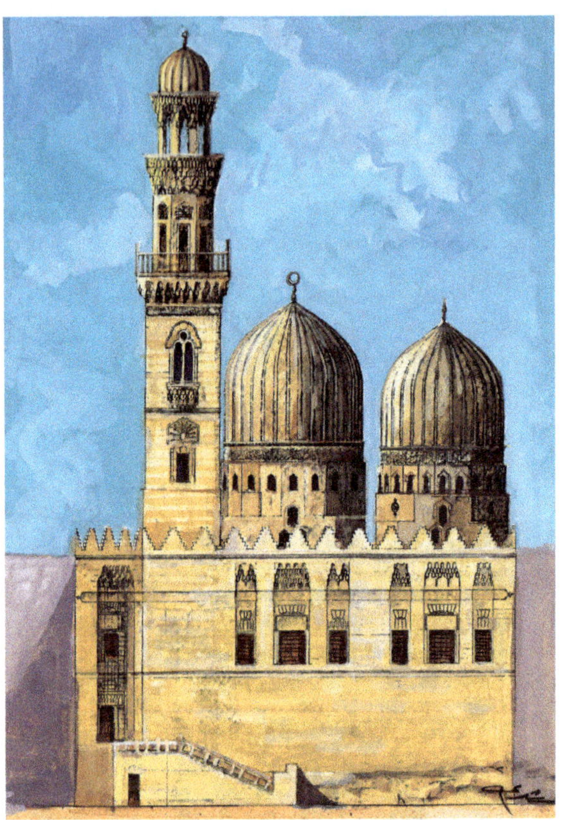

Madrasa et mausolées de Salar et Singar al-Gawli, façade, Le Caire (gravure de Mohammed Rushdy).

Elles furent restaurées par le major anglais Gayer-Anderson avant la Seconde Guerre mondiale; les meubles et la décoration sont du style oriental des XVIIIe et XIXe siècles. L'intérêt principal réside dans les différentes pièces qui composent ces deux maisons. Plus tard, ce soldat de l'armée anglaise fit don des deux maisons au gouvernement égyptien pour qu'il en fasse un musée portant son nom.

Horaires: de 9:00 au coucher du soleil; le vendredi de 9:00 à 11:30 et de 13:30 à 16:00. Entrée payante.

IV.1.j Madrasa et mausolées de Salar et Singar al-Gawli

Ce monument se trouve dans la rue Abd al-Majid al-Labban (avant al-Saliba), dans le quartier de al-Sayyida Zaynab.
Horaires: toute la journée sauf pendant les prières de la mi-journée (12:00 en hiver; 13:00 en été) et de l'après-midi (15:00 en hiver; 16:00 en été). Actuellement en cours de restauration, on ne peut accéder à l'intérieur.

La construction de cet édifice, le dernier de notre circuit sur les pas de la procession de la crue du Nil, est attribuée à deux émirs de l'époque des Mamelouks *bahrides*: Salar et Singar al-Gawli.
Le premier fut acheté par Qalawun et passa plus tard au service de ses fils Khalil et al-Nasir Muhammad, tandis que Singar était un ancien Mamelouk de al-Gawli – un des émirs de Baybars – qui finit par faire partie des serviteurs de Qalawun. Ces deux émirs se sont donc connus alors qu'ils étaient au service de la famille Qalawun, et al-Maqrizi nous apprend qu'au cours de cette période, ils se lièrent d'une profonde amitié.
La *madrasa* et les deux mausolées, avec une superficie d'environ 780 m^2, furent construits en 703/1303 sur le flanc d'une colline élevée. Sur le terrain abrupt, l'architecte a ingénieusement réparti l'ensemble sur plusieurs niveaux, transformant le problème posé par l'emplacement en atout quant à la distribution des différents espaces.
L'harmonieuse composition de la façade – considérée, avec ses deux *koubbas* à côté du minaret, comme unique en son genre – occulte la complexité de l'intérieur. Sur le minaret apparaît pour la première fois le troisième fût circulaire et à ouvertures (*gawsaq*), qui constituera désormais un

élément fondamental de l'organisation des minarets à couronnement cannelé – appelés *mabakhir* (sing. *mabkhara*) ou brûle-parfum – qui allait évoluer vers la formule des ouvertures sur colonnes.

On accède à l'entrée monumentale, à près de 3,5 m au-dessus du niveau du sol, par une unique volée d'escaliers. La *derka*, voûtée, donne sur un large escalier qui débouche sur un palier tenant lieu de petit vestibule à coupole qui, situé au centre de l'ensemble, sert de sas d'entrée à la *khanqa* d'un côté et aux mausolées de l'autre. À gauche, un bref couloir voûté d'arêtes débouche sur la cour de la *khanqa* avec deux étages de chambres où logeaient les étudiants soufis. On peut aussi accéder à ce même patio à partir d'une rue secondaire, au sud de l'édifice, à travers un couloir équipé d'escaliers.

Dans l'*iwan* de la *qibla*, situé sur le côté est de la cour, le *mihrab* présente une disposition peu habituelle. La situation de la parcelle et l'emplacement de cette salle de prière et d'étude limitaient substantiellement les possibilités de l'architecte pour ce qui est de l'orientation du *mihrab* vers le sud-est; il remédia au problème de l'alignement avec la *qibla* en faisant pivoter le *mihrab* de quelque 45° dans l'épaisseur du mur.

Depuis le palier, on arrive aux deux mausolées par un autre corridor, bien plus long et voûté d'arête, dont l'extrémité débouche sur un petit mausolée surmonté de la première coupole en pierre de l'époque mamelouke au Caire.

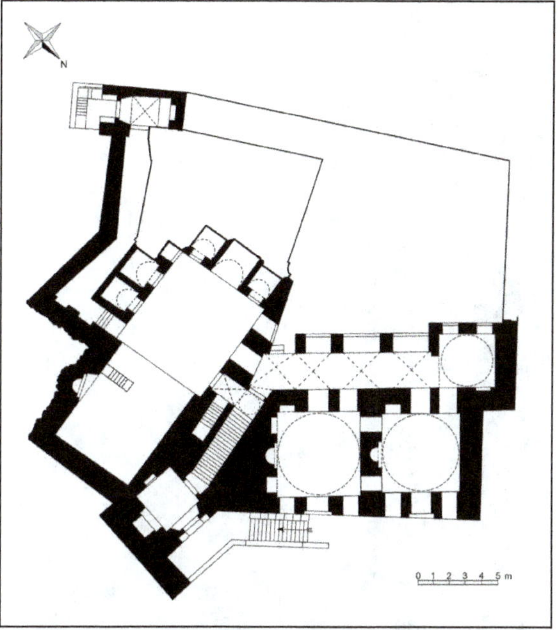

Madrasa et mausolées de Salar et Singar al-Gawli, plan, Le Caire.

Depuis le côté droit du couloir, on accède d'abord à la *koubba* de l'émir Salar, la plus grande des deux, puis au tombeau de Singar al-Gawli. Les deux mausolées sont couverts de coupoles cannelées en brique stuquée.

La décoration intérieure du mausolée de l'émir Salar se centre sur de fins ornements de marbre sur le mur *qibla*, les portes en bois sculpté et les *mouqarnas* de la coupole, tandis que la décoration du mausolée de Singar est plus simple.

A.A.

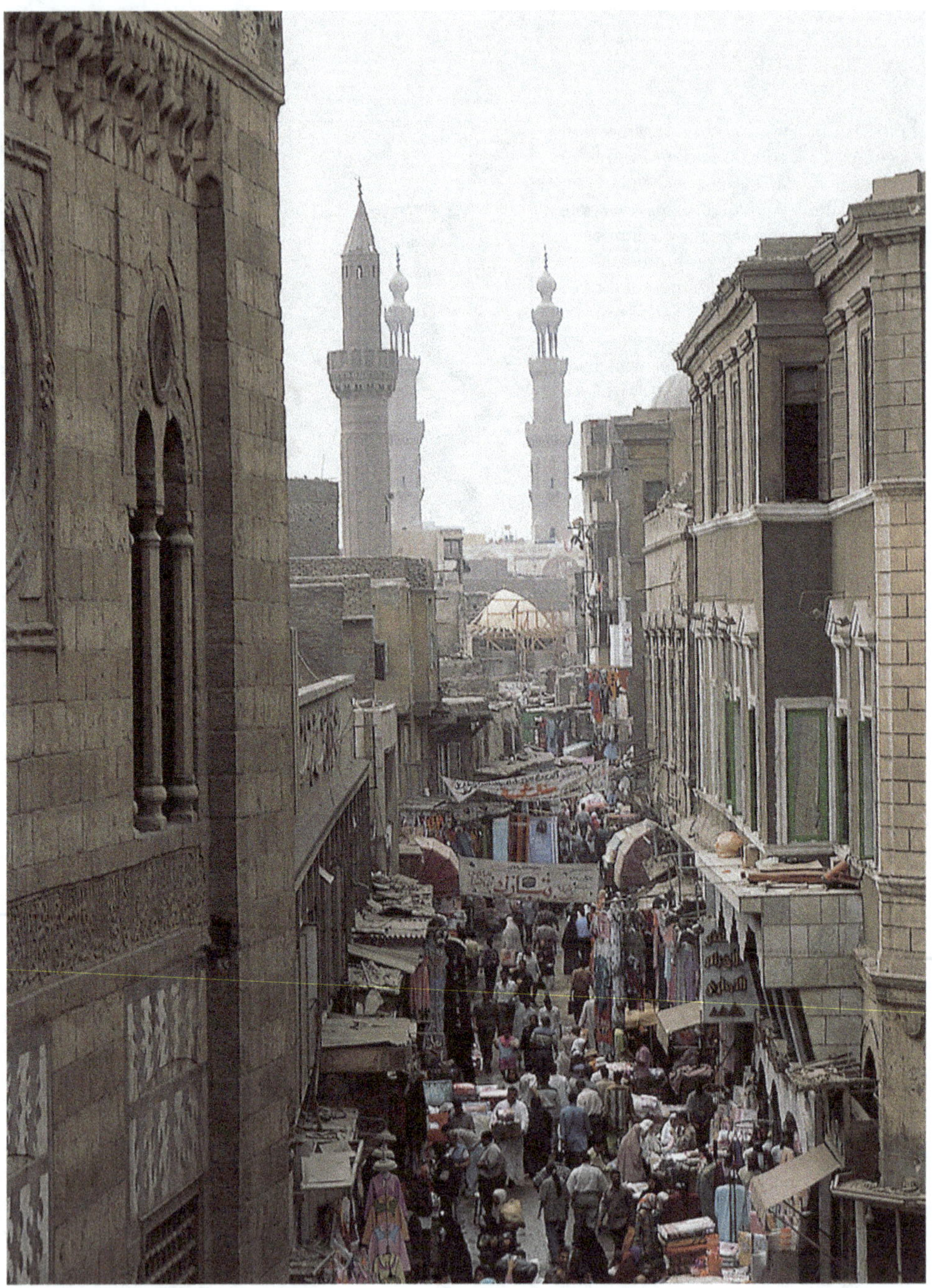

Les souks

Salah El-Bahnasi, Mohamed Hossam El-Din,
Medhat El-Manabbawi, Tarek Torky

V.1 LE CAIRE

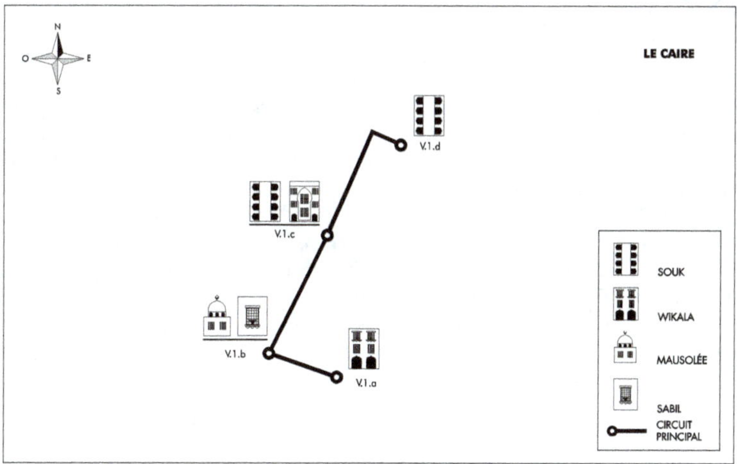

Souk al-Ghuriya, vue générale, Le Caire.

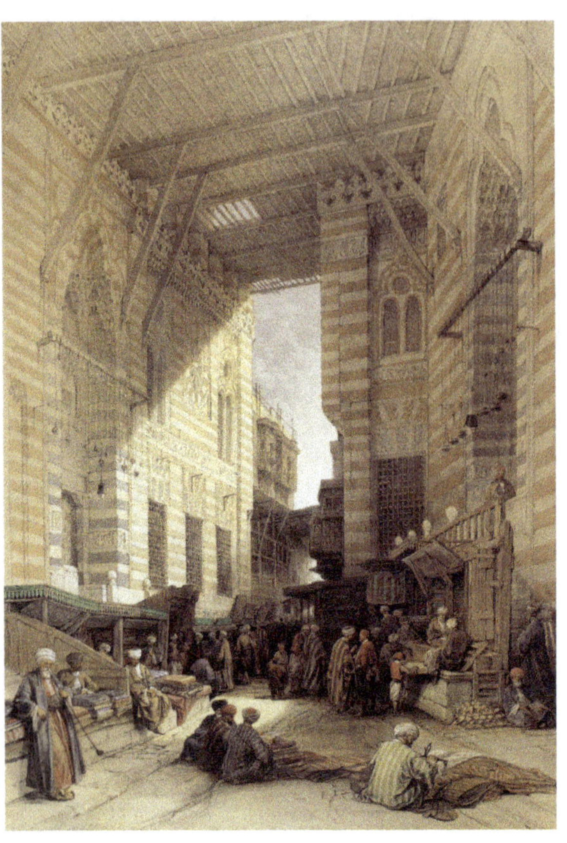

Complexe du sultan al-Ghuri, souk al-Ghuriya, Le Caire (D. Roberts, 1996, avec l'aimable autorisation de l'Université Américaine du Caire).

Les Mamelouks ont assuré la stabilité des marchés orientaux en mettant fin à la menace mongole et à l'occupation de *al-Cham* (actuellement la Syrie, le Liban, la Palestine et la Jordanie) par les croisés. Favorisant ainsi la diversification du commerce avec l'Orient (l'Inde et la Chine) et l'Occident (l'Europe et le nord de l'Afrique), ces facteurs constituent la principale cause de la prospérité des marchés du Caire. À travers la mer Rouge, l'Égypte demeurait la charnière du commerce mondial entre l'Orient et l'Occident, et la ville du Caire en particulier devint, à l'époque des Mamelouks, un des centres commerciaux les plus importants jusqu'à ce que le grand commerce oriental se voie affecté par la découverte des routes maritimes par les Européens.

Les sultans mamelouks poursuivirent les transformations entreprises sous les Ayyoubides dans le centre de la médina, sur la place dite “Entre les Deux Palais” en référence aux palais de l'époque fatimide. Baybars al-Bunduqdari déclara que certaines parties des palais fatimides étaient la propriété du Trésor Public, de même que certains édifices appartenant aux descendants de cette dynastie. Lot par lot, ils furent mis en vente et progressivement remplacés par des bâtiments religieux, des locaux à usage commercial et des habitations. Rapidement, l'axe structurel nord-sud de *al-Qahira* (rue al-Mu'izz li-Din Allah), entre Bab al-Futuh au nord et Bab Zuwayla au sud, se remplit de commerces, de boutiques et de *wikalas*, qui empiétèrent même sur les zones voisines. Les nombreuses activités commerciales de l'Égypte se concentrèrent dans cette zone où l'on pouvait trouver tout type de produits locaux et d'importation.

Les sultans mamelouks s'intéressèrent aux établissements commerciaux pour les bénéfices rapides et constants qu'ils engendraient, ce qui leur permettait de disposer de fonds à investir dans leurs grands complexes religieux ou sociaux comme l'hôpital de Qalawun (III.1.c), les *madrasas*, les *sabils* et les *kuttabs*.

Dans toute la ville du Caire apparurent différents types d'établissements commerciaux, parmi lesquels la *wikala* est caractérisée par la combinaison d'échoppes au rez-de-chaussée, de boutiques sur rue et, aux étages supérieurs, d'unités d'habitation appelées *rab'*, où la classe moyenne trouvait à se loger contre le paiement d'un loyer. Le *khan* et le *fondouk* se réduisent à des magasins ouvrant sur la rue et à quelques entrepôts attenants pour le stockage des marchandises.

Les édifices de type *qaysariyya* connurent également une grande diffusion. Il s'agit d'édifices rectangulaires, le plus souvent couverts et fermés par des portes, et comportant une cour centrale. Les boutiques intérieures étaient réservées à la vente d'articles de luxe, tandis que celles donnant sur rue vendaient des marchandises diverses.

Les établissements de ce genre s'alignaient dans les rues principales du Caire; le souk des Armes (*al-Silah*), annexé à la *madrasa* du sultan Hassan, et le *khan* al-Khalili, construit par le sultan al-Ghuri, représentent les meilleurs exemples encore sur pied de nos jours. Il faut signaler que le souk de l'Or (*al-Sagha*), perpendiculaire à la rue al-Mu'izz li-Din Allah, présente une structure particulière à trois couloirs et huit alignements de boutiques.

Répartis dans les différentes rues de la ville, les souks s'organisaient en corporations spécialisées dans la fabrication et/ou la vente de produits spécifiques. Parmi les différents marchés du Caire à l'époque mamelouke, il faut citer: le souk de la soie importée de Chine et d'Asie; le souk des pelletiers qui vendaient des peaux comme le petit-gris, la zibeline, l'hermine ou le castor; le souk des cages (les articles étaient exposés dans des cages, devant la façade du complexe du sultan Qalawun, qui autorisait les vendeurs à s'y installer moyennant un loyer); le *suq al-khal'iyin*, où l'on vendait des vêtements de deuxième main; le souk du damasquinage, où l'on vendait quantité d'objets en métal incrusté d'or, d'argent et de pierres précieuses; le souk des coffres utilisés pour ranger les vêtements. Par ailleurs, quelques *wikalas* étaient spécialisées dans le stockage et la vente en gros de marchandises provenant de certains pays bien précis, comme la *wikala* de Qusun, spécialisée dans les produits importés de Syrie.

Le contrôle des marchés fait partie des devoirs religieux au titre de la "protection du bien et de la prohibition du mal", *al-hisba*. C'est pourquoi le souverain est dans l'obligation de désigner à ce poste un candidat qualifié, *al-muhtasib*, lequel, éventuellement secondé par quelques assistants, est chargé de s'acquitter de cette tâche.

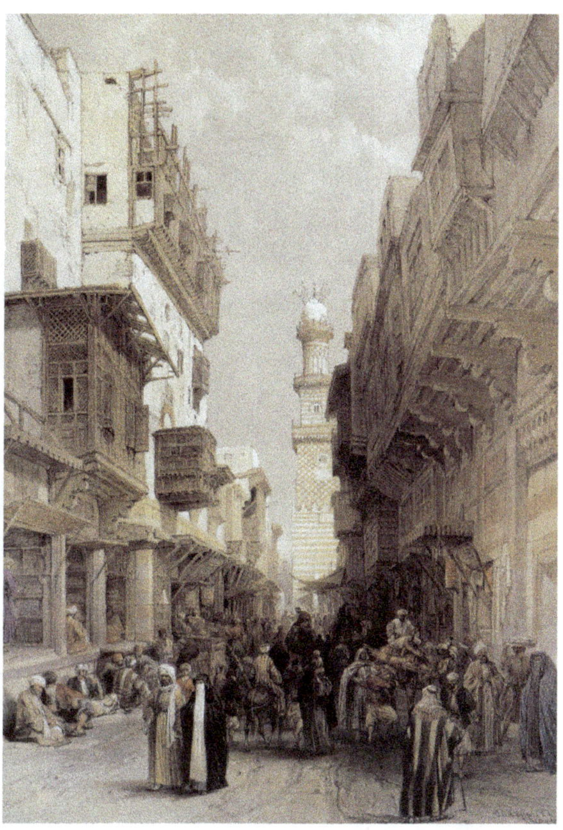

Boutiques dans la rue al-Mu'izz, Le Caire (D. Roberts, 1996, avec l'aimable autorisation de l'Université Américaine du Caire).

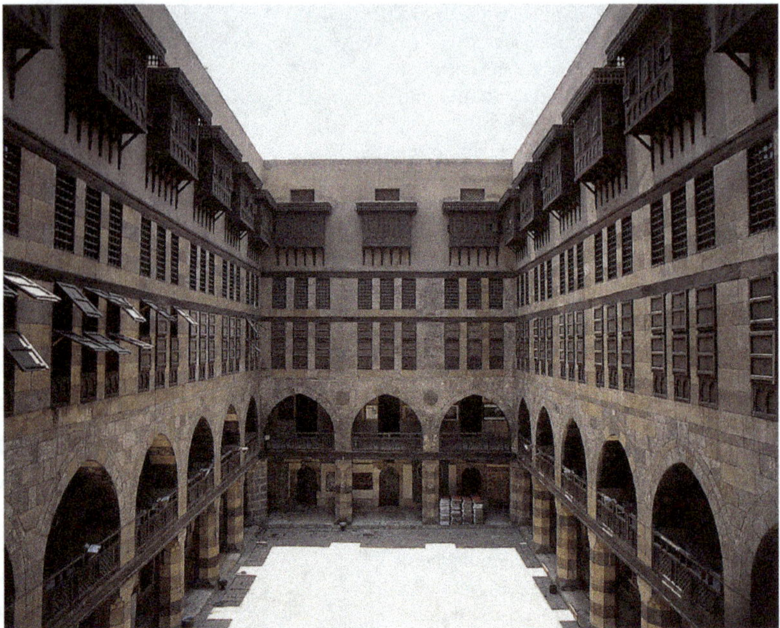

Wikala du sultan al-Ghuri, vue générale depuis l'intérieur, Le Caire.

Dans le cadre de la surveillance générale du marché, la fonction de *muhtasib* consiste donc à contrôler les poids et mesures, à superviser les conditions d'hygiène, à veiller à ce que la marchandise ne soit pas périmée, à réprimer la fraude sur la qualité des produits et à faire appliquer les prix fixés par le gouvernement. Au Caire, le *muhtasib* disposait d'un groupe d'assistants qui parcouraient les marchés en rondes d'inspection. La stabilité des marchés dépendait du bon déroulement de ces opérations capitales. Il faut signaler qu'en 818/1415, le sultan al-Mu'ayyad Cheikh exerça personnellement les fonctions de *muhtasib* pour s'assurer de la bonne application des prix et mettre ainsi un frein à l'inflation artificielle provoquée par les émirs.

M. H. D.

V.1 LE CAIRE

V.1.a Wikala du Sultan al-Ghuri

Cette wikala *se trouve dans la rue al-Tablita, une rue parallèle au sud de la rue al-Azhar. Le Ministère de la Culture l'a transformée en centre de conservation des métiers traditionnels et de formation d'apprentis dans lequel on trouve aussi des ateliers pour les arts plastiques. Horaires: de 8:00 au coucher du soleil, fermée le vendredi. Actuellement en cours de restauration, on ne peut accéder à l'intérieur.*

Au Caire, la majeure partie de la population des classes moyennes vivait dans des immeubles de location à plusieurs unités (*rab'*). Ces logements, loués au mois,

étaient disposés au-dessus de structures commerciales comme les *wikalas* (*caravansarays* urbains) et les échoppes des marchés. En général, chaque appartement était distribué en duplex avec, à l'étage inférieur, les latrines, un endroit pour les réserves d'eau et un salon ou salle de réceptions, et les chambres à coucher au niveau supérieur. L'existence d'une cuisine était rare, l'habitude étant d'acheter la nourriture déjà préparée.
Cette *wikala* du sultan al-Ghuri constitue un bon exemple de la combinaison établissement commercial-résidence de location. Construite en 909/1503 comme centre commercial, résidence de commerçants et entrepôt de marchandises, cette propriété produisait des revenus que le sultan al-Ghuri investissait dans son complexe érigé à quelque 100 m de là de chaque côté de la rue al-Mu'izz li-Din Allah.
Une des particularités de cette *wikala* est son accès monumental prolongé d'une *derka*, sans coude, qui conduit directement à la cour rectangulaire. Cette disposition, qui permettait aux passants de voir aisément l'intérieur de l'édifice, avait pour objectif d'attirer le client et de faciliter le passage des marchandises depuis les magasins. Ces entrepôts pour les marchandises occupaient les deux premiers étages, derrière les quatre portiques à arcades brisées reposant sur des piliers en pierre *muchahhar*.
Au-dessus de cette zone de stockage se superposent les 29 appartements locatifs distribués sur trois niveaux autour de la cour.
Reposant sur des consoles en bois décorées de *mouqarnas*, les fins *machrabiyyas* des fenêtres indiquent l'emplacement des chambres à coucher au dernier étage – aussi bien sur la façade extérieure que sur la façade sur cour – et constituent l'une des caractéristiques ornementales de cette *wikala*.

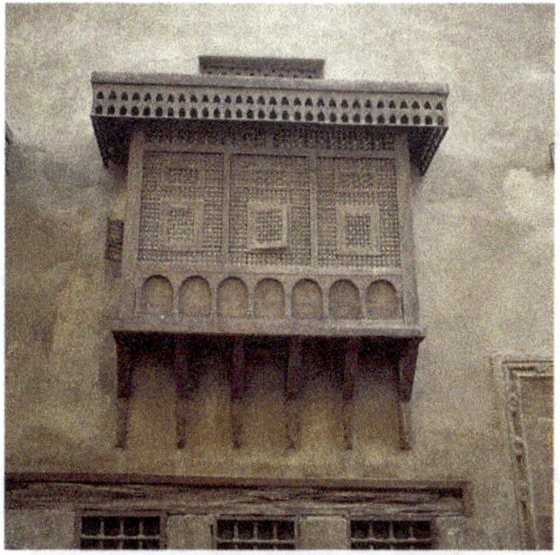

Wikala du sultan al-Ghuri, machrabiyya, Le Caire.

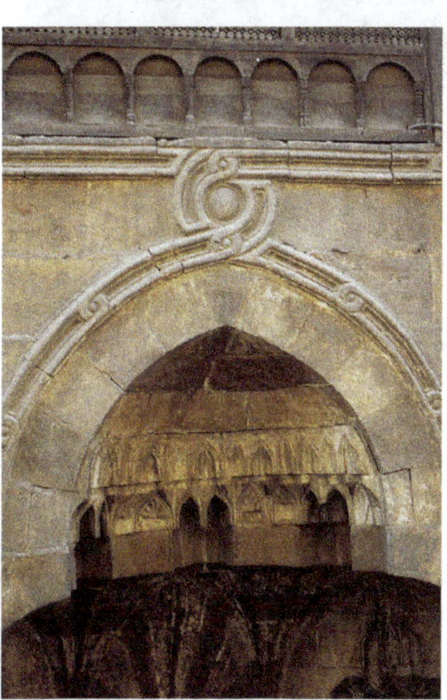

Wikala du sultan al-Ghuri, entrée, détail de l'arc, Le Caire.

Parmi les nombreuses *wikalas* qui remontent aux époques mamelouke et ottomane, celle de al-Ghuri se distingue pour avoir conservé la plupart de ses éléments et composants architecturaux, ainsi que sa décoration d'origine.

S. B.

Complexe du sultan al-Ghuri, sabil, Le Caire.

Complexe du sultan al-Ghuri, lambris de marbre à l'intérieur du sabil, Le Caire.

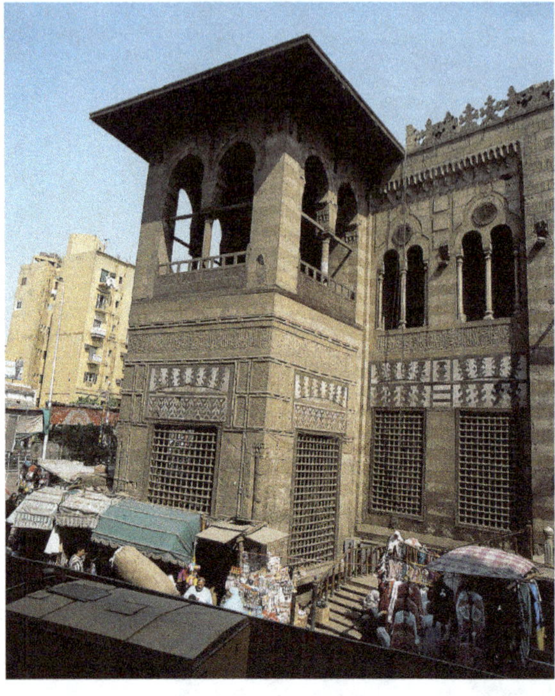

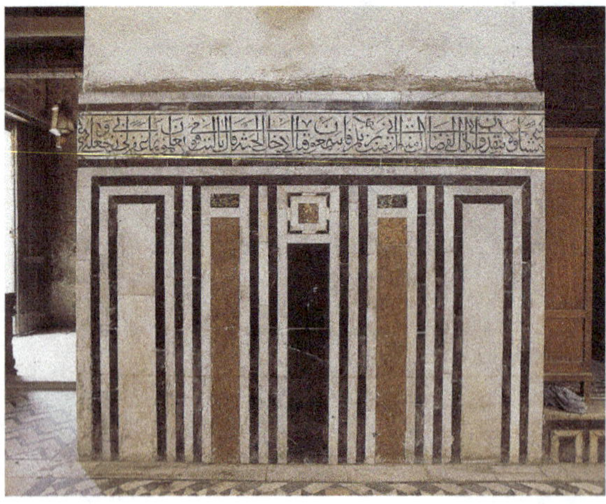

V.1.b Complexe du Sultan al-Ghuri (souk al-Ghuriya)

Ce grand établissement se trouve au carrefour de la rue al-Mu'izz li-Din Allah (al-Ghuriya) et de la rue al-Azhar, face à la madrasa *du même nom.*
Horaires: de 8:00 au coucher du soleil.

Cet édifice, qui rassemble un mausolée, un *sabil* et un *kuttab*, constitue avec la *madrasa* (III.1.b) qui lui fait face une des plus grandes interventions urbaines du sultan al-Ghuri en plein cœur du Caire fatimide. L'historien al-Maqrizi signale que c'est là qu'était situé le souk al-Charabchiyin – spécialisé dans la fabrication de calottes de feutre rouge ou fez – qui incluait les boutiques de *bazzazun* (marchands de tissu) constituées en *waqf* par le sultan al-Nasir Muhammad pour l'entretien de la tombe de Yalbugha al-Turkmani, émir qui gouverna Alexandrie au nom du sultan Cha'ban. Dans les différentes rues de la zone – où se concentrait le commerce des épices, des textiles importés, des articles d'artisanat de luxe, etc. – s'étendaient les souks al-Gamalun (fermé par deux portes aux extrémités de la rue), al-Gudariya et al-Bunduqaniyin (marchands de fruits secs) qui communiquaient entre eux.
Avec l'édification de magasins au rez-de-chaussée de la *madrasa*, le sultan al-Ghuri maintint la communication entre les différentes rues commerçantes grâce à 4 passages et augmenta la capacité commerciale du lieu connu sous le nom de souk al-Ghuriya, où l'on vend toujours toutes sortes de tissus et de vêtements. Le souk fut construit en 909/1503, en même temps que la *madrasa* de al-Ghuri, lequel ménagea entre les édifices une petite place de 13 m de large qui est restée tout au long des siècles, et jusqu'à

aujourd'hui, un endroit privilégié du centre historique du Caire. Ce faisant, le sultan al-Ghuri manifestait sa volonté de favoriser l'activité commerciale de la zone et de régulariser le tracé urbain.
L'entrée du *sabil* se trouve dans la rue al-Azhar, tandis que le typique accès monumental de la *koubba* se situe dans la rue al-Mu'izz. La décoration de ce mausolée où le sultan ne fut pas enterré (il est mort à la bataille de Marj Dabiq en 922/1516 et son corps n'a jamais été retrouvé) commence avec le revêtement de marbre de couleurs du palier des escaliers qui conduisent à l'entrée principale. La porte, recouverte de cuivre laminé, donne accès à la *derka* dont le sol est revêtu de marbre de couleurs et le plafond peint de motifs dorés. Cette *derka* a été placée entre le mausolée et la petite *khanqa* juxtaposée de manière à pouvoir desservir l'un et l'autre à la fois. Derrière ces deux éléments se trouve le *maq'ad* où le sultan se retirait pour méditer.
La coupole, à base carrée, est décorée d'une frise de marbre à inscriptions de style coufique. Tout l'espace compris entre les inscriptions et les *mouqarnas* des pendentifs est décoré de motifs floraux, tandis que le socle présente une composition verticale en couleurs. La coupole s'est effondrée en 1908 et les reliques sacrées du prophète qui étaient gardées dans le mausolée furent transférées au sanctuaire de al-Hussayn, près de la mosquée al-Azhar.
Quant au *sabil*, il présente un sol revêtu de marbre de couleurs d'une parfaite finesse, tandis que le plafond est orné de motifs dorés. Comme à l'accoutumée, au-dessus du *sabil* se trouvent le *kuttab* où l'on dispensait l'instruction aux orphelins et quelques autres pièces simples.

M. M.

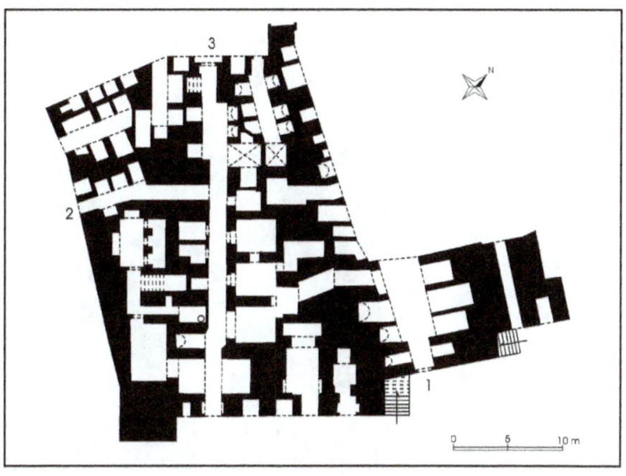

Madrasa du sultan al-Ghuri, rez-de-chaussée avec boutiques.
1. Rue al-Mu'izz.
2. Rue al-Gamalun.
3. Rue al-Charabchiyin.

V.1.c Madrasa du Sultan Barsbay et souk al-'Attarin

La madrasa *du sultan Barsbay est située dans la rue al-Mu'izz li-Din Allah, de l'autre côté de la rue al-Azhar, à l'angle avec la rue Gawhar al-Qa'id (al-Musqi).*
Horaires: toute la journée sauf pendant les prières de la mi-journée (12:00 en hiver; 13:00 en été) et de l'après-midi (15:00 en hiver; 16:00 en été).

Le sultan Barsbay, tout comme ses prédécesseurs depuis Barquq, était d'origine circassienne. Il conquit Chypre en 830/1426 et, outre les fortes sommes d'argent qu'il réussit à obtenir en échange de la libération du roi Janus, il imposa un tribut annuel (*guizya*) à l'île et en fit ainsi une de ses vassales. Très attiré par l'argent, le sultan Barsbay était à l'affût de tout ce qui pouvait augmenter ses revenus.
Cette *madrasa*, qui remplissait aussi la fonction de mosquée, fut construite sur un emplacement déjà occupé par des magasins surmontés de blocs d'habitation de location (*rab'*) dont la façade principale donnait sur la rue du souk al-'Attarin. Ce marché regroupant les vendeurs de

Madrasa du sultan Barsbay, vue générale, Le Caire.

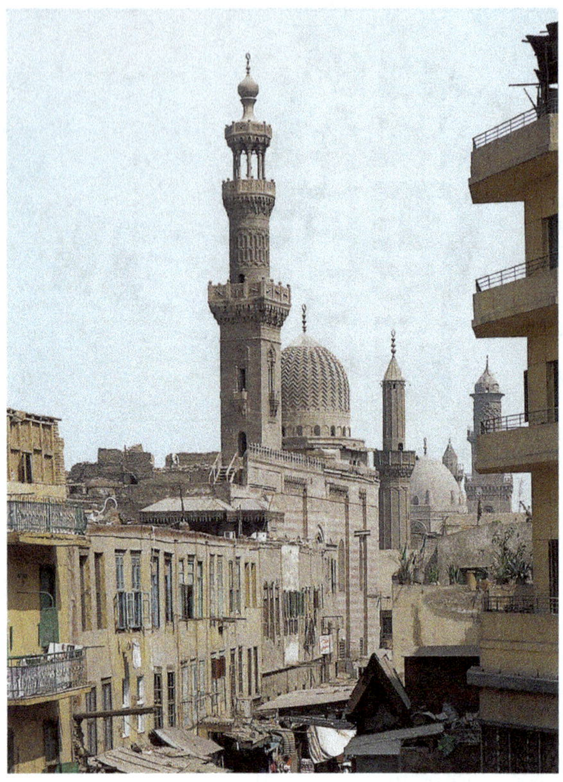

tous types d'arômes et d'essences orientales (épices, ambre, parfums) fut monopolisé par le sultan Barsbay, qui investit les bénéfices réalisés dans ses édifices et ses campagnes militaires.
Le sultan Barsbay nomma un prédicateur qui prononça son premier sermon du vendredi le 7 *jumada Ier* 827/7 avril 1424, alors que seul l'*iwan* principal, celui de la *qibla*, était construit, avant même que les travaux ne soient totalement achevés (829/1425).
En raison de son entrée élevée au-dessus du niveau de la rue, cette *madrasa* appartient au groupe des édifices dits "suspendus", auxquels on accède par une série de marches. Ici, on a exploité le dénivelé, sur le côté sud, pour placer 6 échoppes.
Cette *madrasa* ne se différencie pas des autres de l'époque mamelouke en ce qui concerne la disposition générale des différents éléments qui la composent. De plan cruciforme, ses quatre *iwans* s'organisent en deux axes transversaux autour de la *durqa'a* découverte. Derrière le mausolée, sur un côté de l'*iwan* de la *qibla*, on a placé une pièce exclusivement réservée aux préposés à l'entretien, tandis que l'ouléma disposait d'une pièce derrière le *sabil* surmonté du *kuttab*, et que les alcôves des étudiants se répartissaient à l'étage supérieur.
Tout l'édifice est appareillé en pierre *muchahhar*, dont l'alternance horizontale de bandes en rouge et blanc atténue la sensation de vertige provoquée par la hauteur considérable de l'édifice. Sans doute s'agit-il d'une des astuces de l'architecture mamelouke pour modérer visuellement ces hauteurs impressionnantes au milieu des denses zones résidentielles et parvenir à une meilleure intégration.
À côté du *mihrab*, décoré de marbre et de mosaïque également en marbre, il faut remarquer l'étroit *minbar* en bois et sa composition de fines pièces de bois tourné assemblées et incrustées de marbre et de nacre, ainsi que le pupitre à Coran réalisé selon le même procédé.

M. M.

V.1.d Khan al-Khalili et souk al-Sagha

Cet ensemble d'édifices anciens et modernes qui appartiennent à plusieurs propriétaires différents se trouve de l'autre côté de la rue

Gawhar al-Siqilli. En sortant du monument précédent, prendre cette rue sur la droite jusqu'à rencontrer l'accès à main gauche.
Horaires: ouvert 24 h sur 24.

Lorsque Gawhar al-Siqilli fonda la ville du Caire, il construisit le grand palais oriental derrière lequel il plaça un mausolée, connu sous le nom de *turbet al-za'afran* (tombe du safran), où reposaient les dépouilles mortelles des califes fatimides. Au cours de la seconde moitié du VIIIe/XIVe siècle, quand l'émir Jaharkas al-Khalili construisit son *khan* à cet endroit, les ossements furent transportés dans des corbeilles et jetés sur une colline des environs de la ville, dans une zone de décombres. Al-Maqrizi nous rapporte que, pour justifier son acte, l'émir s'appuya sur une *fatwa* (édit juridique) qui déclarait les fatimides (*chiites*) hérétiques de la religion musulmane et qui leur refusait par conséquent le droit de demeurer dans leurs tombes. Cet historien, qui vécut à l'époque de transition entre les Mamelouks *bahrides* et circassiens, interprète la mort violente de l'émir – assassiné à la bataille de al-Nasiri, près de Damas (791/1389) – et l'abandon de son corps à la putréfaction comme un châtiment de Dieu pour avoir profané la sépulture des imams et de leurs descendants.
Bien que ce marché ait continué de porter le nom de souk al-Khalili en référence à Jaharkas al-Khalili qui fut émir des écuries du sultan Barquq, il ne reste rien de l'édifice d'origine.
En 917/1511, le sultan al-Ghuri fit détruire le *khan* de al-Khalili, et érigea à sa place des entrepôts, des boutiques, des maisons de location (*rab'*) et des *wikalas* structurés en rues perpendiculaires avec trois portes monumentales à l'imitation des luxueux accès de mosquées, *madrasas* et *khanqas*. Deux d'entre elles, situées près du sanctuaire de al-Hussayn, se font face et s'ouvrent avec un grand arc brisé couronné par un autre arc trilobé rempli de fins *mouqarnas*. La voûte de l'arc brisé est également décorée de *mouqarnas*, tandis

Madrasa du sultan Barsbay, plan, Le Caire.

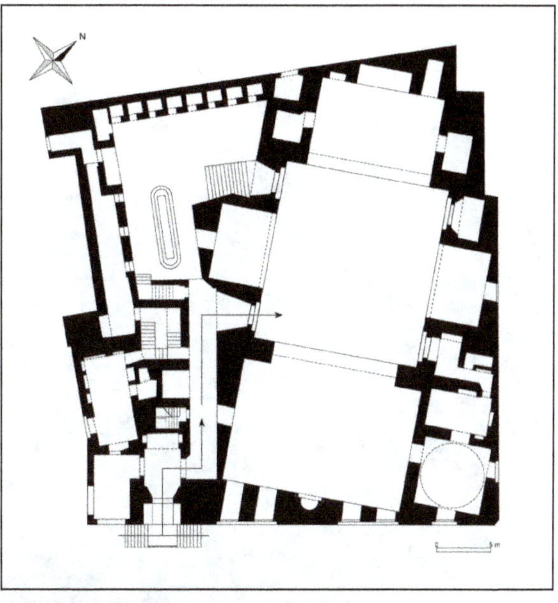

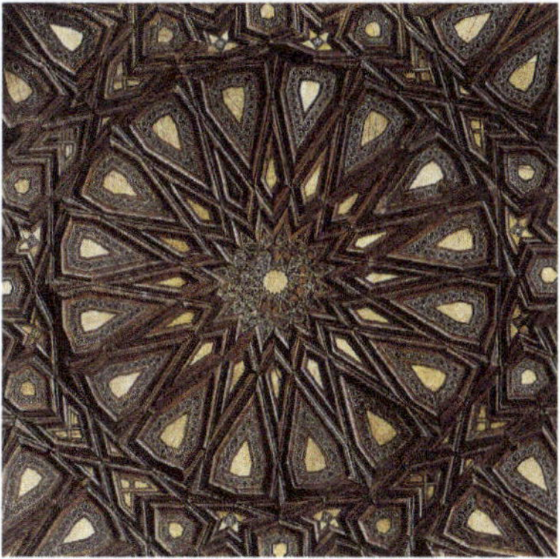

Madrasa du sultan Barsbay, minbar en bois, détail de la décoration, Le Caire.

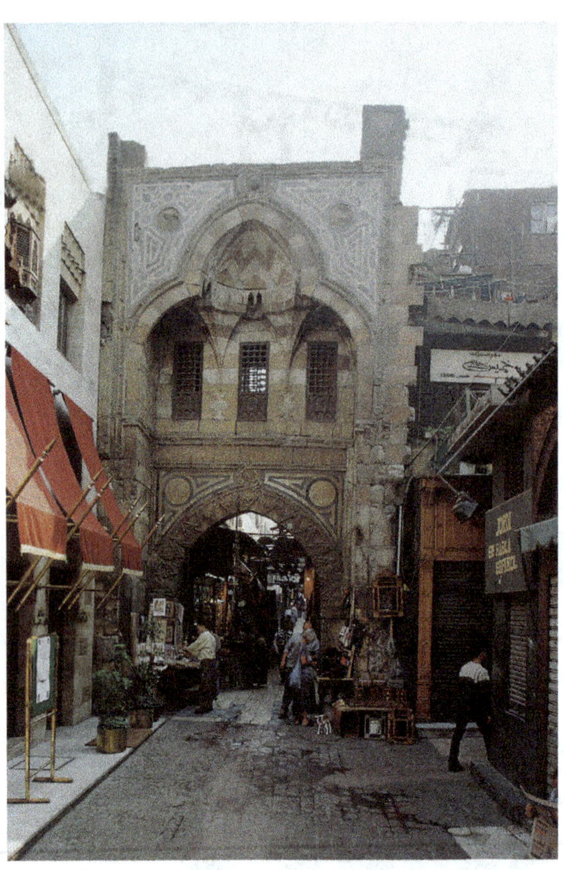

Khan al-Khalili, Bab al-Badistan, vue générale, Le Caire.

que les écoinçons sont tapissés de motifs floraux avec l'emblème épigraphique du sultan au centre. Au-dessus de l'*alfiz*, un bandeau à inscription *naskhide* proclame: "C'est le sultan al-Malik al-Achraf Abi al-Nasr Qansuh al-Ghuri qui a fait construire cet endroit béni, gloire à sa victoire".

La troisième porte, appelée Bab al-Badistan, se trouve à l'extrême ouest de la rue qui pénètre dans le souk depuis le sanctuaire de al-Hussayn. Elle présente la même disposition que les deux précédentes – l'arc brisé couronné d'un autre arc trilobé –, mais une décoration différente. Les écoinçons des deux arcs sont remplis d'une ornementation en marbre à motifs géométriques enchâssant l'emblème épigraphique circulaire du sultan: "Gloire à notre seigneur le sultan al-Malik al-Achraf Abi al-Nasr Qansuh al-Ghuri, que ses triomphes soient glorieux". L'arc trilobé est réalisé en pierre *muchahhar*, tandis que la voûte de l'arc brisé présente une originale décoration géométrique qui forme une succession de triangles.

M. M.

Souk al-Sagha

Évoquant le souk al-Sagha (souk des orfèvres), al-Maqrizi le situe dans la rue entre les deux palais de l'époque fatimide: "ce site se trouve en direction de la *madrasa* al-Salihiyya sur une ligne entre les deux palais".

À l'époque des Fatimides, l'endroit était occupé par les cuisines du grand palais oriental, d'où sortaient, chaque jour du mois de *ramadan*, plus de mille marmites de nourriture à répartir entre les pauvres. La porte du palais, située à l'angle sud-ouest, exclusivement utilisée pour introduire la viande et d'autres types de victuailles, conserva le nom de Bab al-Zuhuma en raison de la mauvaise odeur de graisse (*zuhm*) qui s'exhalait de l'endroit. Il s'agit de la porte qui a été démolie pour construire, entre les années 641/1243 et 647/1249 (époque ayyoubide), la salle (*qa'a*) du *cheikh* des *hanbalites* dans la *madrasa* al-Salihiyya, la première au Caire à réunir l'enseignement des quatre doctrines juridiques.

Au début de l'époque des Mamelouks *bahrides*, le sultan Barakat Khan (r. 676/1277-678/1279), fils de Baybars al-Bunduqdari, constitua le souk al-Sagha en *waqf* au bénéfice des docteurs de la loi et lecteurs de Coran de la *madrasa* al-Salihiyya.

L'intérieur de ce marché, où les orfèvres fabriquaient et vendaient toutes sortes d'objets et de joyaux en métaux précieux, abritait aussi toutes les opérations de change d'argent. Situé au plein cœur de l'épine dorsale du commerce international de l'Égypte mamelouke, ce souk des bijoux est structuré en petites ruelles et étroites venelles, et comptait de nombreuses portes; la porte principale se trouvait face à la porte de la *madrasa* al-Salihiyya. De nombreuses boutiques appartenaient à des Arméniens, à des coptes et à des juifs, ces derniers installés dans un quartier (*harat al-yahud*) proche de l'ouest du souk.

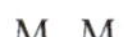
M. M.

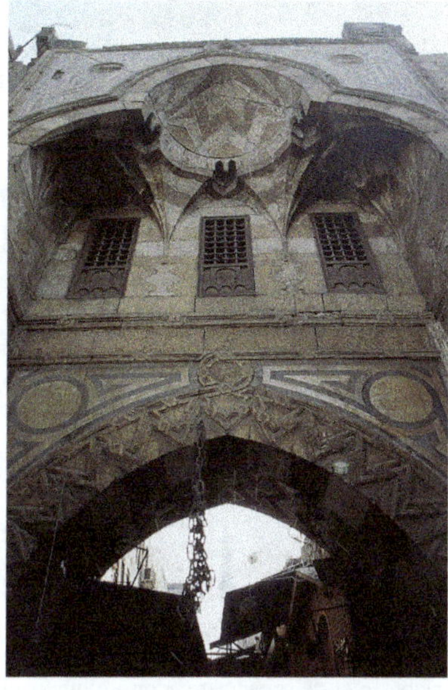

Khan al-Khalili, Bab al-Badistan, arc trilobé, détail, Le Caire.

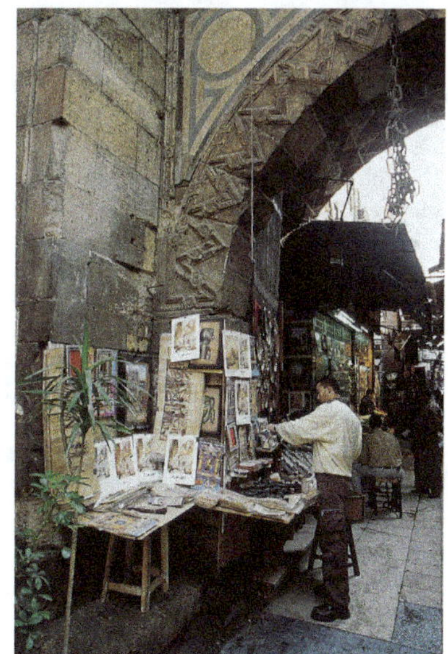

Khan al-Khalili, Bab al-Badistan, écoinçon avec l'emblème épigraphique du sultan, Le Caire.

Salah El-Bahnasi, Tarek Torky

Couvreurs (Description de l'Égypte).

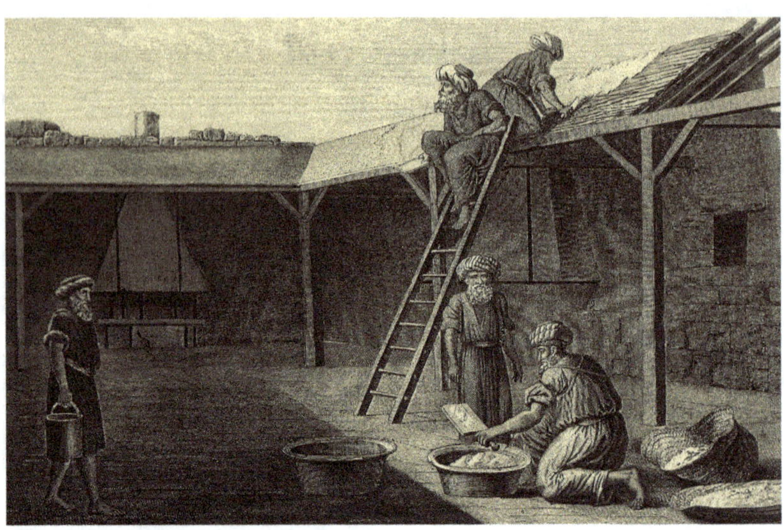

L'époque mamelouke fut une période de richesse et de prospérité économiques qui contribua au dynamisme des marchés et au développement de diverses industries et métiers.

Les métiers liés à l'architecture sont parmi les plus importants qui aient été pérennisés jusqu'à nos jours. Pour mener à bien leurs projets immobiliers de grande envergure, émirs et sultans devaient faire appel à différents groupes de travailleurs capables d'exécuter tous les travaux liés à la construction, et qui firent du Caire une des capitales musulmanes les plus riches en mosquées, *madrasas*, *khanqas*, mausolées, *wikalas*.... Tous les métiers de la construction tiraient leur nom du matériau de leur spécialité, comme *al-haggarin* (poseurs de pierres), *al-tabba'in* (qui enduisaient les murs d'argile), *al-mubayadin* (badigeonneurs), *al-gabbasin* (plâtriers), *al-gayyarin* (chauleurs), *al-naggarin* (charpentiers), *al-murakhamin* (marbriers), *al-dahhanin* (peintres), *al-haddadin* (forgerons), ou du type de travail qu'ils exécutaient, comme *al-banna'in* (monteurs de briques), *al-qatta'in* (carriers), *al-saqqalin* (polisseurs de marbre), etc.

D'autre part, l'élaboration et la réalisation des projets de construction se répartissaient entre *al-mu'allim* ou architecte, qui dressait les plans et choisissait les matériaux, et *al-muchrif* ou contremaître, qui supervisait les travaux. À titre d'illustration de cette division du travail, on peut évoquer, parmi d'autres, les cas de Muhammad Ibn Bilik al-Muhsini, *al-muchrif* qui supervisa la construction de la *madrasa* du sultan Hassan (I.1.g), et Ibn al-Suyufi, l'architecte en chef de la cour de al-Nasir Muhammad à qui l'on doit le premier minaret de pierre, ou encore Ibn al-Toulouni, *mu'allim al-mu'allimin* (architecte en chef) de la cour du sultan Barquq.

Dans le domaine de l'industrie textile, nous trouvons les travailleurs de la soie, dont les métiers étaient répartis en différentes spécialités comme *al-ha'ik* (tailleur), *al-qabil* (fileur), *al-hariri* (ouvrier dans l'industrie du fil et du tissu de soie). Il existait aussi la corporation des *raffa'in* ou rentrayeurs, celle des *rassamin* ou dessinateurs qui décoraient les tissus avec des peintures ou des applications de toiles cousues de manière à former différents motifs, ou celle de *al-farra'in*, les pelletiers qui garnissaient les vêtements avec des fourrures. Il y avait encore des endroits où on lavait et repassait les habits – l'équivalent de nos teintureries.

Les métiers liés à l'industrie des métaux étaient de toute première importance. *Al-nahhasin*, les artisans spécialisés dans le travail du cuivre, continuent d'exercer leur métier dans le même secteur de la rue al-Mu'izz, à la hauteur du complexe du sultan Qalawun et de la *khanqa* et *madrasa* du sultan Barquq (III.1.c et III.1.d). *Al-kaftiyin*, les artisans du damasquinage qui incrustaient les métaux d'or et d'argent, ont aujourd'hui leurs boutiques-ateliers dans une rue parallèle à l'ouest de la rue al-Mu'izz. Le nom d'un métier désignait ordinairement aussi bien la profession que le marché où l'on vendait l'article correspondant ou le lieu où se déroulait l'activité. Le cuivre incrusté de métaux précieux était en général utilisé dans la fabrication d'objets de luxe qui témoignaient de l'opulence de la cour mamelouke; de nombreuses pièces ont été conservées dont la décoration intègre les noms des sultans et des émirs pour lesquels elles ont été fabriquées. Il ne fait aucun doute que l'Égypte mamelouke était un grand centre de production de ce type de manufacture qui fournissait des portes, des lustres, des tables, des coffres, des plumiers, des vasques, des candélabres, des astrolabes, des épées, etc. Le damasquinage égyptien était si apprécié que des mécènes étrangers commandaient des pièces pour l'exportation vers l'Orient et l'Occident. On peut en voir un exemple dans la vasque du milieu VIIIe/XIVe siècle conservée au Musée du Louvre à Paris et qui est marquée au nom du roi de Chypre Hugo V de Lusignan (r. 1324-1359). Un autre exemple est la jarre fabriquée pour le sultan yéménite al-Afdal Dirgam al-Din al-Abbas (r. 765/1363-779/1377), conservée au Musée National du Bargello à Florence. Les artistes mamelouks firent preuve d'une grande maîtrise dans la fabrication

Menuisier (Description de l'Égypte).

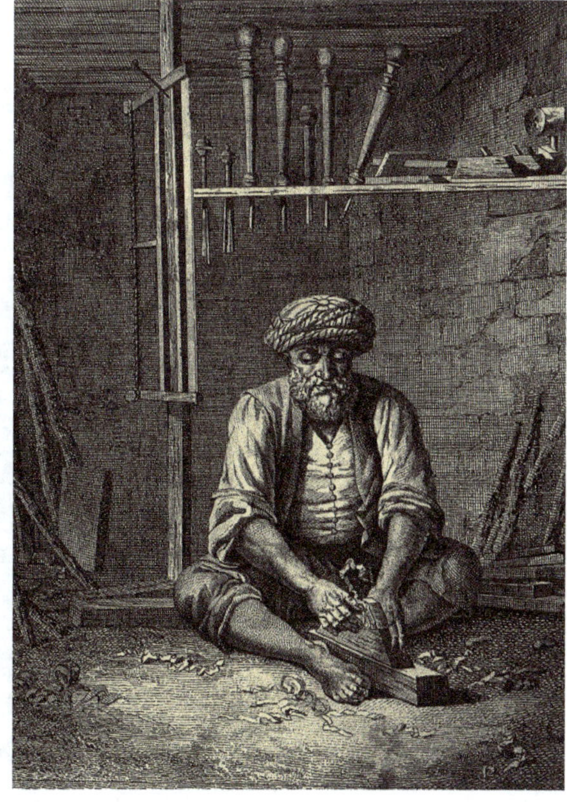

de tout type d'objets en verre, pour les usages les plus divers; flacons à parfum, pots, coupes, jarres, vasques, lampes, bouteilles, où prévalait la technique de l'émail et de la dorure, et dont la production était destinée aussi bien à la consommation intérieure qu'à l'exportation.

Dans l'Égypte mamelouke, l'art du bois atteignit son apogée. Les sculpteurs et graveurs de cette riche époque de développement artistique nous ont laissé des *minbars*, des tables, des tribunes pour répétiteurs, des *machrabiyyas*, des plafonds, des portes et des coffres dont la décoration raffinée est encore plus fascinante de près que de loin. Sur des bois de couleur, des incrustations de marbre, d'os ou d'ébène composent d'harmonieux motifs, surtout géométriques, en une infinie variété de dessins qui faisait la renommée de l'artiste – lequel jouissait, en même temps que ses compagnons de corporation, d'un statut social élevé.

La forme particulière de la sculpture sur bois, le *machrabiyya* fabriqué avec de petites pièces tournées et assemblées pour composer des panneaux à motifs géométriques, floraux, des inscriptions de fine facture, atteignit un haut niveau d'élégance. Ces jalousies de bois, caractéristiques de l'époque mamelouke, se posaient autour des tombes de sultans, entre la cour de quelque mosquée et son espace de prière, mais surtout sur les fenêtres des édifices, d'où l'on pouvait profiter du spectacle de la rue sans être vu; d'autre part, les *machrabiyyas* assurent une excellente ventilation des intérieurs tout en permettant d'atténuer l'intensité des rayons du soleil, surtout en été.

Le plus important des services publics intéressant la vie quotidienne était celui lié à l'approvisionnement en eau; il était pris en charge par la corporation des porteurs d'eau, qui assuraient la distribution dans les maisons et les commerces. Il y avait aussi ceux qui parcou-

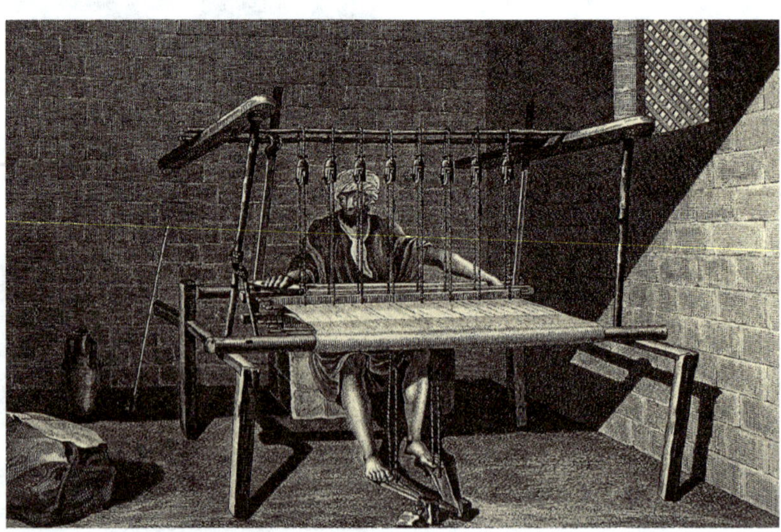

Tisserand (Description de l'Égypte).

raient les rues avec des outres pour donner à boire aux passants contre quelque monnaie, et les employés des *sabils* comme les *muzammalatis*, qui veillaient à la propreté de l'eau.

On connaissait aussi les métiers de boulanger et d'enfourneur, des métiers fondamentaux puisque les gens envoyaient la farine pétrie aux fours pour qu'elle y soit cuite. Il y avait aussi les préposés à la cuisson du sucre, qui étaient les employés de fabriques de sucre. Toutes les personnes qui exerçaient ces métiers étaient soumises au contrôle du *muhtasib* tant pour ce qui concerne les questions d'hygiène – il était interdit à quiconque souffrant d'une maladie infectieuse d'exercer quelque métier que ce soit – que de moralité et l'application des critères de qualité établis pour la fabrication de leurs produits. Le système de la *hisba* est considéré comme le plus important de ceux qu'a connus le monde musulman. Pour remplir cet office, on nommait un auxiliaire de justice ou *faqih* dont la mission, et celle de ses assistants, consistait à parcourir les souks, les fours, les restaurants, les *sabils* et les *hammams* pour garantir les prescriptions hygiéniques, la sincérité des poids et mesures et empêcher la fraude.

La plupart de ces métiers et artisanats étaient concentrés dans la ville du Caire, où les artisans atteignirent dans l'accomplissement de leurs métiers une habileté qui mérite l'admiration. Cette réussite n'est pas étrangère au rôle joué par l'organisation des corporations. Chaque métier était organisé en une corporation professionnelle dirigée par un *cheikh* nanti d'une autorité morale et religieuse, élu parmi les maîtres les plus expérimentés et qui veillait au bon fonctionnement de l'organisation interne, aux intérêts de chacun de ses membres et à l'orientation artistique appropriée. Avant de parvenir à être un artisan reconnu, l'apprenti devait passer par différentes étapes de formation, sanctionnées par toutes sortes d'épreuves. Ensuite, il recevait du *cheikh* de la corporation un titre avalisant sa connaissance du métier; le *cheikh* le nommait maître et il devenait membre de la corporation de son métier. D'autre part, chaque métier avait son emblème et ses timbales avec lesquelles il participait aux cortèges du sultan et aux différentes cérémonies.

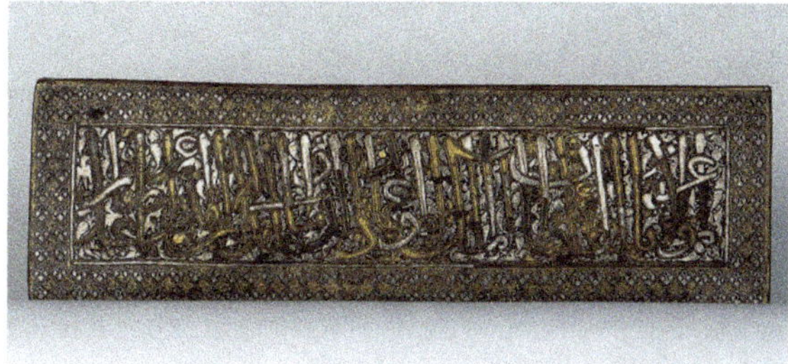

Plumier en laiton à incrustations de cuivre, d'or et d'argent, Musée d'Art Islamique (n° reg. 15132), Le Caire.

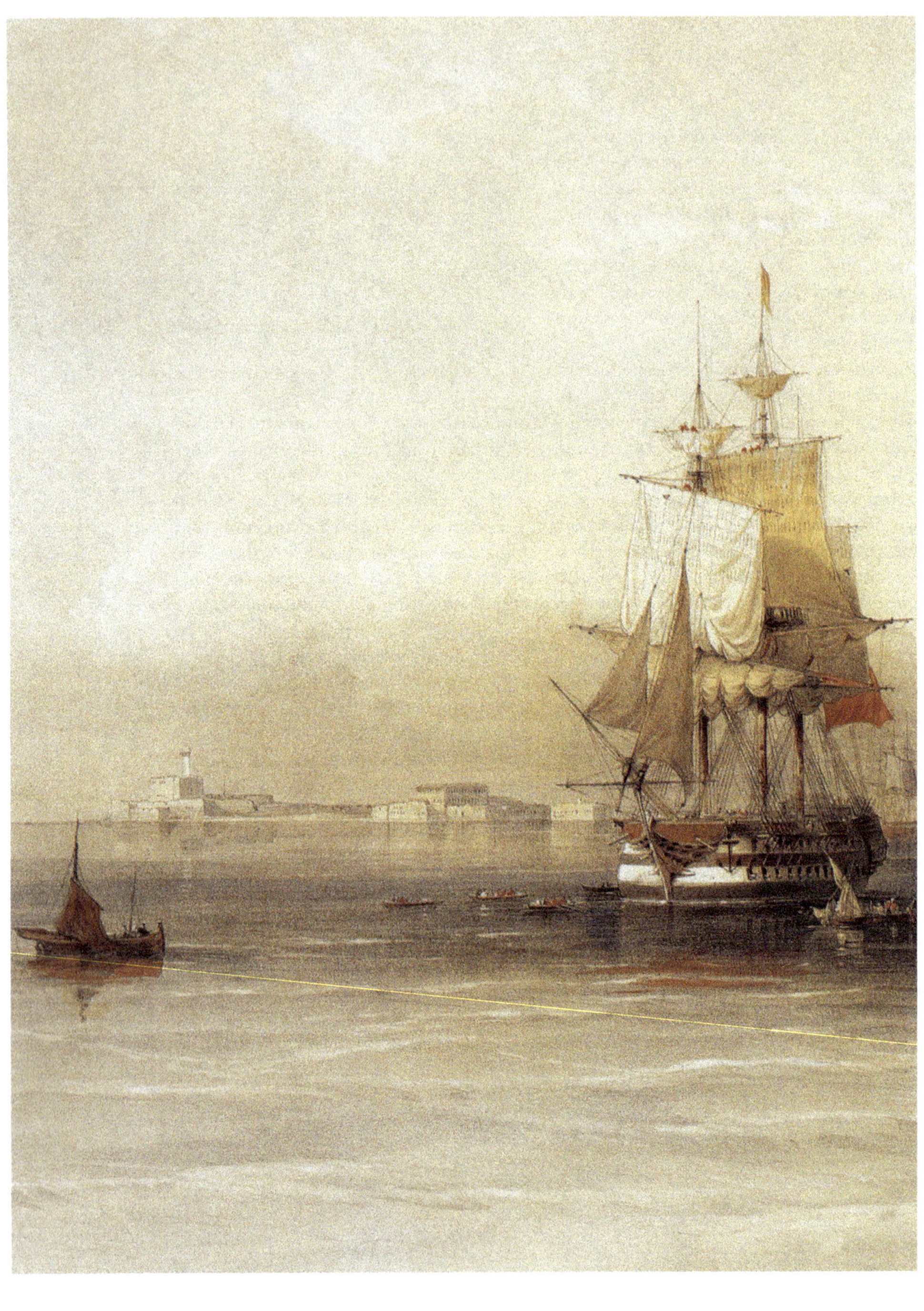

Alexandrie: la porte de l'Occident

Mohamed Abdel Aziz, Tarek Torky

Le centre commercial des épices entre l'Orient et l'Occident

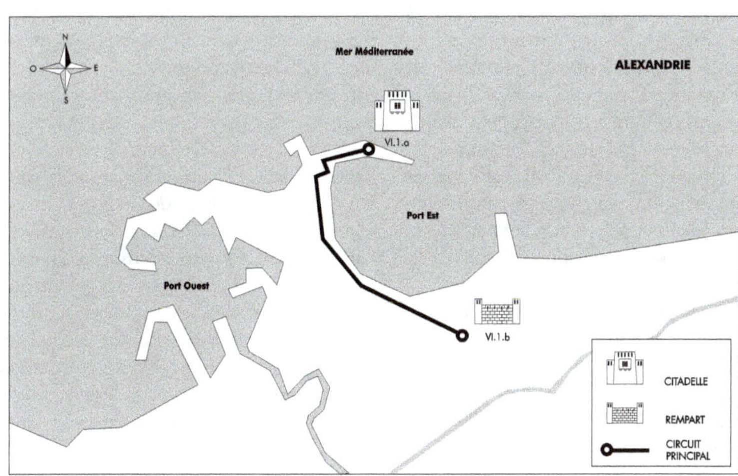

Le port d'Alexandrie (D. Roberts, 1996, avec l'aimable autorisation de l'Université Américaine du Caire).

La ville d'Alexandrie, surnommée la "fiancée de la mer Méditerranée", se trouve à 220 km au nord-ouest du Caire. On peut y arriver en autobus (un peu plus de 3 heures), en train (2 heures et demie) ou en voiture. Sortir du Caire par Chari' al-Ahram (avenue des Pyramides) dans la périphérie de Gizeh. Après la nécropole de Abou Rawach, la route traverse la zone des cultures. Continuer jusqu'à la côte et entrer dans Alexandrie par le côté ouest après avoir contourné le lac Mariout.

Adossée à la mer Méditerranée à l'extrême ouest du delta, la ville d'Alexandrie est considérée comme le port maritime le plus important d'Égypte. Elle fut fondée par Alexandre le Grand quand il conquit l'Égypte en 332 av. J.-C., à l'emplacement d'un village égyptien du nom de *Raquda* (Rakotis), où vivaient une communauté de pêcheurs et l'une des garnisons militaires.

Alexandre confia la planification de la ville à l'architecte Ditocratès qui la dessina sur le modèle grec. Sur un plan rectangulaire de 3 km de long pour 1 km de large, la ville fut structurée en 8 rues parallèles qui se croisaient avec 8 autres perpendiculaires, et entourée d'une muraille de pierre qui fut restaurée et reconstruite au cours des siècles. Dans le *Mu'jam al-buldan*, de l'historien Yaqut al-Hamawi, il est dit qu'Alexandre le Macédonien fonda treize villes auxquelles il donna son nom, même si plus tard seule la grande ville égyptienne a conservé le nom du roi-conquérant (au VIIe/XIIIe siècle).

Après la mort d'Alexandre, son général Ptolémée Ier Sôter fonda la dynastie ptolémaïque et entama les travaux de construction du phare pour guider les navires vers l'île de Pharos, rattachée à la ville par une jetée probablement bâtie à son époque. Les travaux se terminèrent entre les années 279 et 280 sous le règne de Ptolémée II Philadelphe (r. 285-246 av. J.-C.) et, dans le quartier royal, on fonda le Musée, maison de la science fréquentée par les poètes, les philosophes et les savants les plus illustres du monde grec.

L'Égypte continua à être gouvernée par les Ptolémées jusqu'au moment où elle tomba aux mains des Romains en 30 av. J.-C., après la victoire d'Auguste à la bataille d'Actium, et fut annexée à Rome. Dans les années 40, on commença l'évangélisation de la ville et au IIe siècle le christianisme se répandit à Alexandrie, qui devint un important centre religieux où l'on construisit de nombreuses églises, dont Saint-Marc-Évangéliste et Saint-Ignace. Le siècle suivant, marqué par la persécution des adeptes de la nouvelle religion, représente le début de la décadence et se termine avec la prise d'Alexandrie et le sac de la ville par Dioclétien en 295. La population se rétablit au cours du siècle suivant, même si la période fut le théâtre de fréquents actes de violence qui aboutirent à la destruction d'une grande partie du patrimoine monumental de cette époque.

En 21/641, au moment où elle fut conquise par les Arabes au terme d'un long siège, Alexandrie était la capitale de l'Égypte. Malgré l'admiration que la ville leur inspirait, ils la dépossédèrent de ce statut pour fonder Fustat, la première capitale de l'Égypte islamique. Sur le tracé général de la ville s'établirent de nombreuses tribus arabes, ce qui entraîna un accroissement de l'activité constructive et l'édification de mosquées. Le gouverneur arabe d'Alexandrie entreprit de fortifier les côtes exposées aux attaques venant de la mer, et Abd Allah

Ibn Abi al-Sarh, le deuxième gouverneur arabe d'Égypte, construisit un arsenal à Alexandrie.

À l'époque abbasside, pour protéger les zones habitées de la ville, on construisit sur les ruines de la muraille antique une nouvelle enceinte percée de quatre portes situées sur les mêmes axes structuraux que les précédentes: à l'est, la Porte de Rosette; à l'ouest la Porte du Cimetière; au sud Bab Sidra; et au nord Bab al-Bahr ou Porte de la Mer.

Alexandrie renoua avec sa splendeur passée à l'époque fatimide (358/969-569/1171), période pendant laquelle elle rayonna tout particulièrement et participa à nombre d'événements politiques de l'Égypte: la ville était le siège de la flotte du calife fatimide. En 404/1013, sur ordre de al-Hakim bi-Amr Allah, on procéda au drainage du canal pour faciliter la navigation entre la ville et le Nil, ce qui contribua à désenclaver Alexandrie des autres provinces du pays. Parmi les mosquées les plus célèbres de cette époque se trouve la mosquée al-'Attarin.

Ses habitants étant des adeptes de la doctrine sunnite, Alexandrie fut la première ville égyptienne où l'on cessa de prononcer le sermon du vendredi au nom du calife fatimide. Dès la fin de cette période, pour en finir avec la doctrine *chiite* et propager les préceptes de l'école *sunnite*, on construisit plusieurs *madrasas*, notamment la *madrasa* al-Sufiyya (des soufis) et la *madrasa* al-Salafiyya (des adeptes).

Les sources historiques signalent que lorsque Salah al-Din al-Ayyoubi visita Alexandrie, il fit preuve d'un vif intérêt pour ses ouvrages défensifs et pour le renouvellement de la flotte, et qu'il participa personnellement à la restauration des murailles en 572/1176. Dès l'époque ayyoubide (569/1171-648/1250), Alexandrie devint le centre du commerce où l'on déchargeait les produits orientaux, parmi lesquels les épices et les parfums étaient particulièrement appréciés. Le voyageur juif espagnol Ibn Jubayr (Benjamin de Tudèle, XIIe/XVIIIe siècle) mentionne 28 villes et/ou pays qui entretenaient des relations commerciales avec Alexandrie, où ils disposaient d'un *fondouk* pour loger leurs ressortissants et entreposer leurs marchandises. Cependant, en 569/1173, Alexandrie fut confrontée à l'invasion du roi de Sicile, qui, dans l'intention de restaurer l'État fatimide, avait intrigué avec les Francs et les ismaïliens *hachachin* – mais sa campagne échoua.

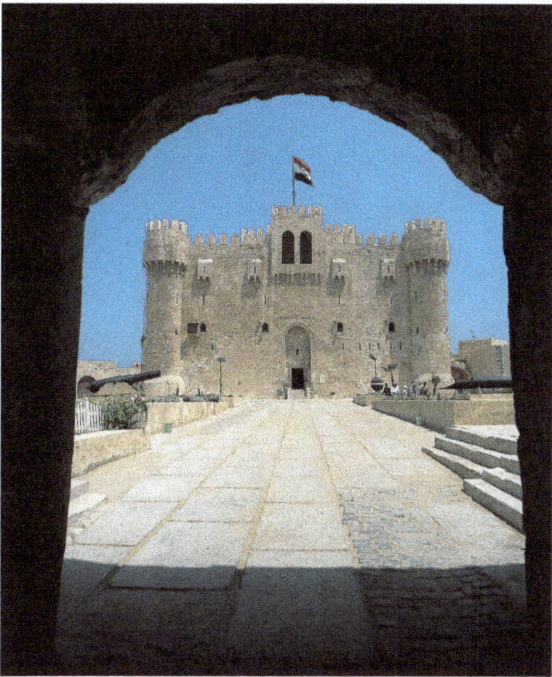

Citadelle de Qaytbay, tour principale, Alexandrie.

Alexandrie vécut son étape islamique de plus grande prospérité et atteignit l'apo-

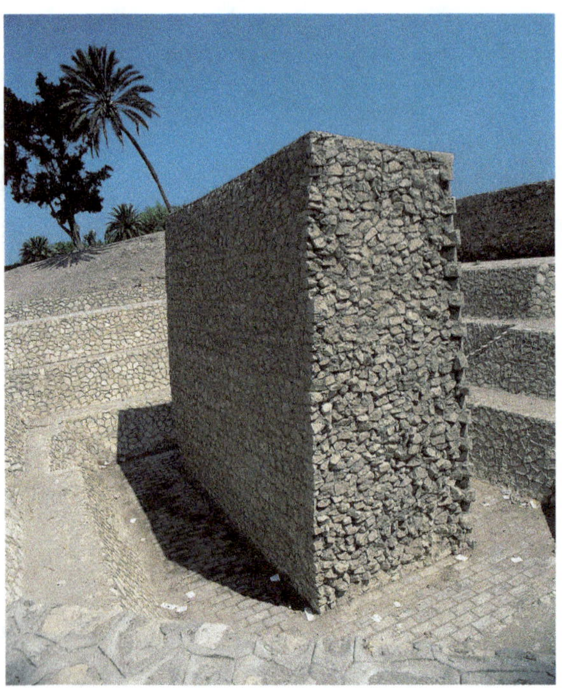

Vieille Ville, vestiges de la muraille ouest, Alexandrie.

gée de son activité à l'époque des Mamelouks *bahrides* et *burguides*, lorsqu'elle devint le port maritime le plus important d'Égypte et le plus grand centre commercial du monde islamique de ce temps. Ces faits coïncidèrent avec le déclin de la ville de Damiette, causé par les attaques continuelles des croisés aussi bien que par l'impossibilité de naviguer sur le fleuve dont l'embouchure s'était obstruée, ce qui entraîna l'abandon de cette route par les commerçants.

Malgré les problèmes qui menaçaient son gouvernement, le sultan Baybars (r. 658/1260-676/1277) est considéré comme le premier sultan mamelouk à avoir consacré une attention particulière au port d'Alexandrie. Il fit restaurer ses murailles et construire le port de Rosette pour se doter d'un poste d'observation et de contrôle de la mer. Il s'employa à rénover la flotte; il la fit doter de navires de guerre et fit abattre les arbres nécessaires à leur construction.

Après l'attaque des Chypriotes survenue en 767/1365, les sultans mamelouks renforcèrent les fortifications d'Alexandrie pour tenter de dissuader les ambitions des croisés qui avaient déjà subi deux revers au cours de leurs attaques à Damiette, aux époques des sultans al-Kamil et al-Salih Najm al-Din Ayyoub. Le sultan Al-Nasir fit recreuser et agrandir le canal d'Alexandrie, qui partait en face de la ville de Fuwa, au point où le cours du fleuve était dévié. Un fait qui eut une grande influence sur l'essor du commerce à l'époque mamelouke. De même, il fit reconstruire le Phare d'Alexandrie, qui avait été endommagé à la suite d'un tremblement de terre en 702/1302.

Nous savons par les descriptions des historiens que la ville, dans la seconde moitié du VIIIe/XIVe siècle, conservait en grande partie son ancienne structure urbaine; le principal axe transversal coupait la ville d'est en ouest (actuelle rue Gamal Abd al-Naser), depuis la Porte de Rosette jusqu'à la Porte du Cimetière; un autre axe principal la traversait du nord au sud, et faisait communiquer la Porte de la Mer et la Porte de Sidra. Il faut signaler qu'à partir du canal d'Alexandrie, tout un réseau de conduites de dérivation souterraines répartissait l'eau entre les maisons et les jardins. À l'extérieur de la porte de la Mer, une vaste zone de plaine s'étendait jusqu'à l'ancien phare où se trouvait un campement qui servait de résidence pour les sultans et où ils jouaient à la pelote avec les émirs – c'était le cas par exemple de Qaytbay et de al-Ghuri lorsqu'ils

séjournaient dans la ville. Lors des cérémonies qui honoraient la visite des sultans à Alexandrie, on accrochait des chandelles aux créneaux de la muraille de la ville, on hissait les drapeaux, on faisait sonner les cloches et jouer les trompettes du haut des tours de la muraille.
La prospérité d'Alexandrie dépendait en grande partie de la viabilité de la navigation sur le canal qui la reliait au Nil. La possibilité de pouvoir transporter des marchandises à n'importe quelle période de l'année entre le fleuve et le port était fondamentale pour la vie économique de l'Égypte mamelouke, puisqu'elle était basée sur le commerce entre la mer Rouge et la Méditerranée. Dans le port transitaient tous types de produits d'Orient et d'Occident (épices, poivre, corail, toiles de lin, soie, coton, etc.), ainsi que les esclaves, qui se vendaient et s'achetaient sur les marchés spécialisés. Les droits de douane, les impôts et les taxes rapportaient des sommes considérables au trésor public. Les produits de l'agriculture du pays comme les céréales et la cire, ou de son industrie comme le sucre, ou encore les productions artisanales comme les objets en verre, s'exportaient par l'intermédiaire du port. Quant aux fameuses toiles d'Alexandrie, très appréciées de la haute société tant orientale qu'occidentale, elles étaient fabriquées dans des ateliers qui se comptaient par milliers. Tous les voyageurs qui visitaient la ville restaient émerveillés par son étourdissante activité et par l'appréciable richesse de ses habitants. Pour le célèbre voyageur Ibn Battuta, Alexandrie était l'un des ports les plus importants du monde.
Après la mort du sultan Qaytbay, qui coïncida avec la découverte de la route du cap de Bonne-Espérance par les Portugais – ce qui en fit les leaders du commerce avec l'Orient –, Alexandrie commença à décliner. Tout ceci entraîna une paralysie du commerce, la décadence de l'économie égyptienne et, plus tard, la chute des Mamelouks. Conséquence de la découverte de la route du cap de Bonne-Espérance et de la conquête ottomane du pays, l'importance commerciale d'Alexandrie commença à péricliter, et les relations qu'elle entretenait avec la plupart des États qui commerçaient avec l'Égypte, ainsi qu'avec les ports de Syrie et de l'État ottoman, furent de plus en plus distendues. Bientôt, elle dut céder la place aux ports de Damiette et de Rosette. De l'époque ottomane à Alexandrie ne nous sont parvenus que de rares vestiges, quelques petits édifices comme la mosquée de Ibrahim Tarbana, construite en 1097/1685, et la mosquée de Abd al-Baqi Yurbagui érigée en 1171/1758.

VI.1 ALEXANDRIE

VI.1.a **La Citadelle de Qaytbay**

La Citadelle se trouve dans la zone de al-Anfuchi (Port Est), à l'extrême ouest de la corniche d'Alexandrie.
Cafétéria et toilettes dans la Citadelle.
Horaires: de 9:00 à 15:00 en hiver et de 9:00 à 17:00 en été. Bien qu'elle soit actuellement en cours de restauration, on peut accéder à l'intérieur.
Entrée payante.

Comme son nom l'indique, la Citadelle d'Alexandrie fut érigée par le sultan Qaytbay, qui accéda au pouvoir en 872/1467. Lorsqu'il visita Alexandrie et

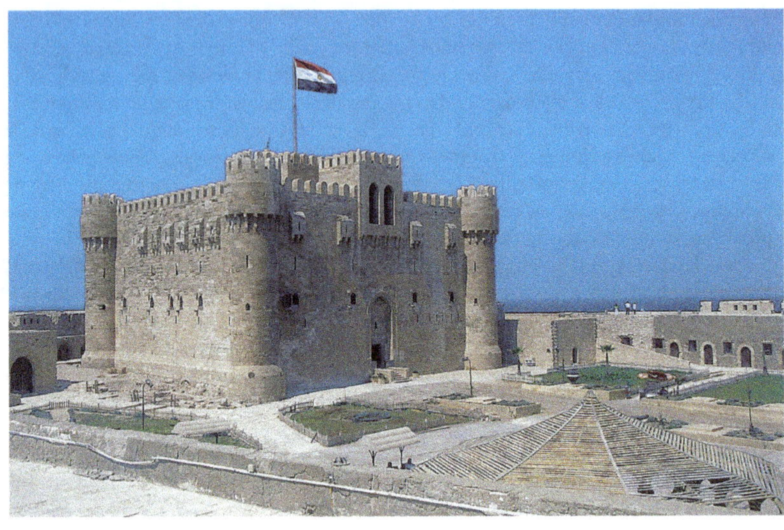

Citadelle de Qaytbay, burg principal, vue depuis le garde-corps, Alexandrie.

les ruines de l'ancien phare en 882/1477, il décida de construire sur ses fondations un *burg* en faveur duquel il constitua d'importants *habous*. Les travaux durèrent deux ans et plus de 100 000 dinars furent engagés dans la construction. Ibn Iyas nous indique qu'il était doté d'une Grande Mosquée, d'un moulin, d'un four et de dépôts d'armes.

Citadelle de Qaytbay, burg principal, détail de l'arc d'entrée, Alexandrie.

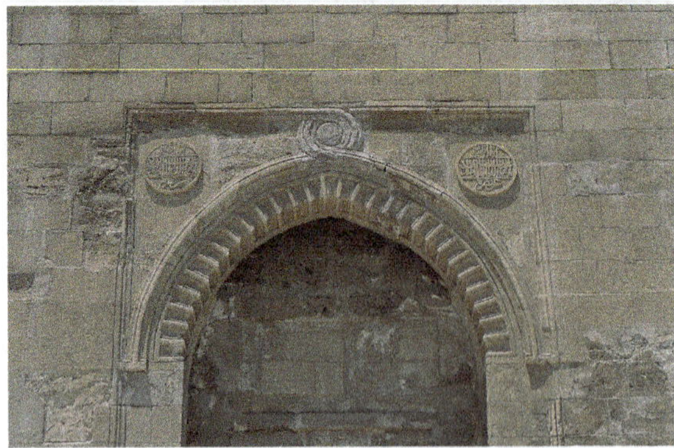

La Citadelle fut édifiée sur une surface supérieure à deux *faddans* (plus de 8 400 mètres carrés); pour l'élévation des murs, on utilisa d'énormes blocs de pierre qui lui donnèrent cet aspect de belle construction massive et cette physionomie de forteresse inexpugnable. Elle comporte deux enceintes et le *burg* se trouve à l'extrémité nord-ouest de la grande cour. La muraille extérieure de la Citadelle entoure l'ensemble par les quatre côtés. Le mur est (2 m d'épaisseur pour 8 m de hauteur) qui rejoint la mer ne dispose d'aucune tour, tandis que sur le parement ouest s'intercalent trois tours semi-circulaires. C'est le plus ancien et le plus volumineux; l'appareil laisse apparaître des troncs de bois et de palmier. Le mur sud, au centre duquel s'ouvre l'actuelle entrée principale de la Citadelle, donne sur le Port Est; il est également pourvu de trois tours semi-circulaires. Quant au mur nord, il donne sur la mer et présente deux niveaux. La

partie inférieure consiste en un grand chemin couvert qui s'étire sur toute la longueur de ce pan de muraille. Il est compartimenté en plusieurs pièces carrées disposant chacune d'une arcature qui correspond à l'ouverture dans laquelle on plaçait les canons. La partie supérieure est un chemin de ronde percé d'étroites ouvertures; il est détruit pour sa plus grande partie.
La muraille intérieure entoure la cour de la Citadelle par trois côtés (est, ouest et sud) et la distance qui la séparait de l'enceinte extérieure variait de 5 à 10 m. Dans l'épaisseur de cette muraille s'insèrent des pièces qui servaient de casernements pour les soldats. Au milieu du mur sud s'ouvre la seconde porte d'accès (face à celle de la muraille extérieure) avec, dans la partie supérieure, la plaque de marbre qui porte le décret émis par le sultan al-Ghuri en 907/1501, décret en vertu duquel il était interdit de sortir des armes, des fusils ou de la poudre de la Citadelle, et qui stipulait que tout contrevenant serait pendu à la porte du *burg*. Le sultan al-Ghuri avait fait installer dans la Citadelle des fabriques d'armes et de cotes de mailles, et il y avait augmenté le nombre de soldats.
Situé au nord-est de la cour de la Citadelle et construit sur les vestiges de l'ancien phare, le *burg* s'élève à une hauteur de 17 m sur un plan carré de 30 m de côté. Chacun des quatre angles est renforcé de tours arrondies; l'accès était défendu par un mâchicoulis soutenu par des consoles de pierre – au-dessus de la porte – et par un sol à meurtrières. Cette construction crénelée est distribuée sur trois niveaux. La mosquée de la Citadelle occupe plus de la moitié du rez-de-chaussée. Elle comporte une cour carrée à quatre *iwans* et dont le sol est revêtu de

Citadelle de Qaytbay, plan, Alexandrie.

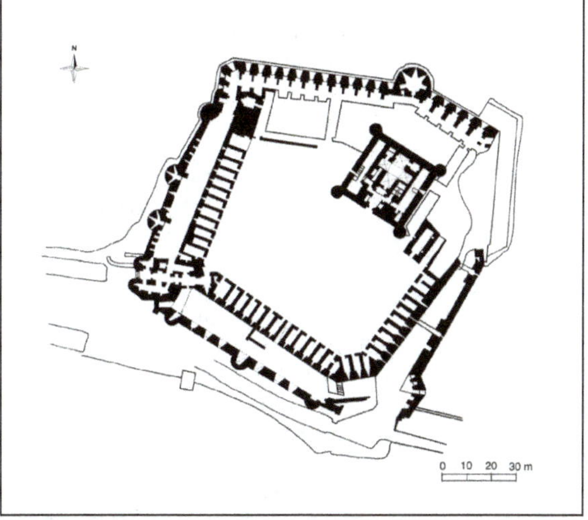

Citadelle de Qaytbay, burg principal, corridor d'accès à la mosquée, Alexandrie.

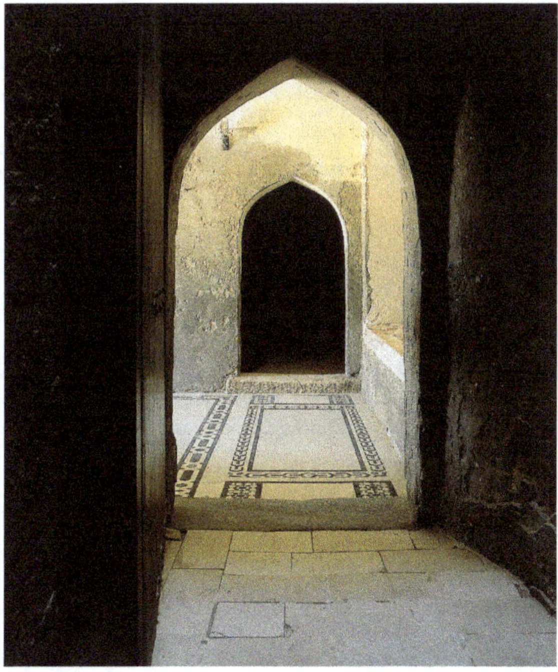

mosaïques de marbre de plusieurs couleurs à motifs géométriques. Grâce aux descriptions des voyageurs, nous savons que le minaret – aujourd'hui disparu – se trouvait dans la partie supérieure du *burg* et qu'il était du style prédominant à l'époque de Qaytbay. Au deuxième niveau sont réparties quelques petites chambres reliées par des couloirs, et au troisième étage une grande salle, située au milieu de la partie méridionale, est évoquée comme *al-maq'ad* ou salon de réceptions par Ibn Iyas.
Ce *burg* est semblable à celui de la Citadelle de Qaytbay à Rosette (VII.1.a) et à celui de Ra's al-Nahr à Tripoli du Liban, tous deux ayant été construits par le sultan Qaytbay dans les mêmes années, même si le dernier est de dimensions plus réduites.

Du haut des tours de la Citadelle, on peut jouir d'une merveilleuse vue sur la corniche d'Alexandrie, sur le Port Est et sur la place al-Raml.

Muraille et tours de la Vieille Ville, vestiges du pan ouest et de la tour rectangulaire, Alexandrie.

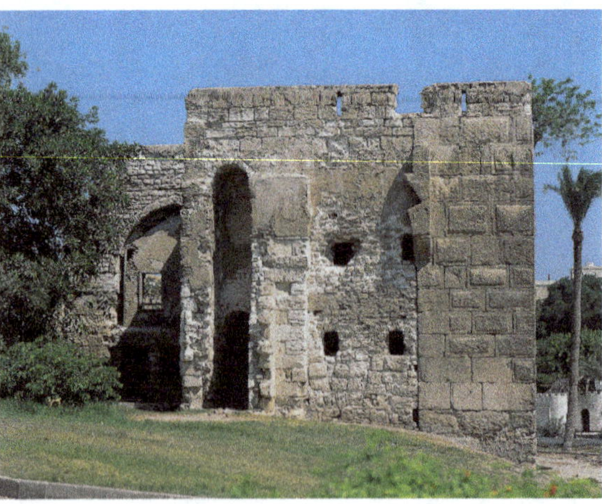

VI.1.b La muraille de la Vieille Ville et ses tours

La muraille en pierre de la ville d'Alexandrie était encore sur pied en 1234/1818. Elle comportait deux enceintes séparées par une distance de 20 à 25 pieds (10 à 10,5 m); l'enceinte extérieure atteignait une hauteur d'environ 20 pieds (10 m) avec des tours intercalées, et le mur extérieur, plus haut, mesurait quelque 6,5 m d'épaisseur.
Al-Nuwiri al-Skandari a décrit la visite du sultan Cha'ban à Alexandrie en 746/1345. Son texte précise que chacune des portes de la ville comportait trois portes en fer – une disposition qui rappelle celle de la porte de Cordoue à Séville. Par ailleurs, on peut déduire de son récit que le mur nord de la muraille, qui s'étendait entre la Porte de la Mer et la Porte Verte (ou Porte du Cimetière), était double, obéissant ainsi au modèle en vigueur dans les constructions byzantines et dans l'architecture militaire d'al-Andalus.
Restaurée et reconstruite à plusieurs reprises au cours de son histoire, les sultans mamelouks se sont appliqués à la maintenir dans les meilleures conditions pour assurer la protection et la défense de la ville. Pour prévenir de possibles attaques venant de la mer, le sultan Baybars fit consolider les murailles en 659/1260. Sous le gouvernement de al-Nasir Muhammad, elles furent reconstruites après le tremblement de terre de 702/1302 qui, d'après al-Maqrizi, détruisit 46 contreforts et 17 tours. Le voyageur Ibn Battuta put constater le caractère inexpugnable des murailles d'Alexandrie quand il visita la ville en 725/1324. Plus tard, le sultan al-Ghuri investit une partie de l'argent récolté grâce aux impôts dans la restauration des murailles d'Alexandrie, restauration qui

faisait partie de son programme de renforcement et de réorganisation des forteresses du territoire mamelouk.
Outre les quatre portes principales en place depuis l'époque abbasside (Portes de la Mer, de Rosette, de Sidra et du Cimetière), quatre autres portes furent ouvertes dans la muraille, probablement, d'après la plupart des historiens, à l'époque mamelouke et au début du gouvernement de Baybars.

La muraille est et ses tours

Depuis la Citadelle, emprunter la Corniche, prendre sur la droite la rue Nabi Daniel, puis la rue Gamal Abd al-Naser à gauche et continuer jusqu'au croisement avec la rue Chahid Salah Mustafa.

Sur ce mur s'ouvrait la Porte de Rosette, à l'endroit où se coupent les rues Abd al-Naser et al-Chahid Salah Mustafa. C'était la porte principale de la ville, par laquelle les sultans entraient quand ils visitaient le port d'Alexandrie; comme elle était aussi utilisée par les gens venant de la capitale, elle était connue sous le nom de Porte du Caire. Quand les Chypriotes attaquèrent la ville en 767/1365, c'est encore par cette porte que les assiégés prirent la fuite, après avoir incendié toutes les portes de la ville dans le but d'empêcher les ennemis de se retrancher à l'intérieur – et de faciliter l'accès aux troupes qui venaient du Caire pour libérer la ville. La porte de Rosette commença à se dégrader à partir de 1882 et finit par disparaître complètement 3 ans plus tard. Cependant, on peut encore voir deux fragments de la muraille est dans la zone des jardins des cascades. L'un d'eux se trouve au nord de l'emplacement de la porte de Rosette et laisse apparaître deux tours: une semi-circulaire et une rectangulaire. Il faut signaler les pierres en bossage de son appareil, qui connurent une grande diffusion à l'époque ayyoubide et qui sont assez proches de celles que l'on peut voir sur les murailles de Salah al-Din au Caire et sur quelques tours de la Citadelle du Caire. Le deuxième fragment s'aperçoit au milieu d'édifices modernes dans la partie sud des cascades.

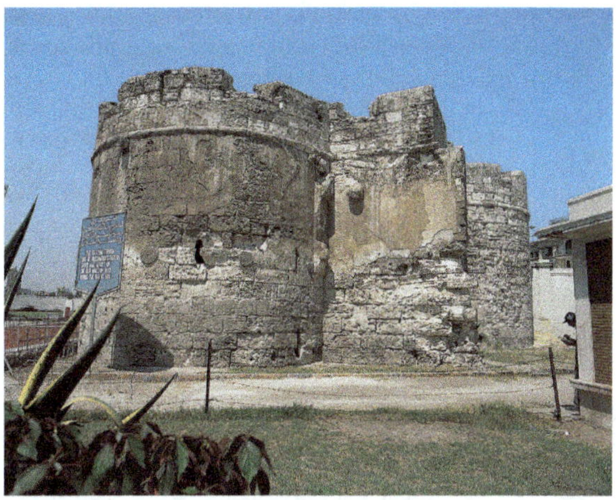

Muraille et tours de la Vieille Ville, vestiges du pan sud et de la tour ouest, Alexandrie.

La muraille sud et ses tours

Dans la zone des jardins des cascades, prendre la rue al-Sutar. La tour se situe actuellement dans le Stade d'Alexandrie.

Dans ce mur s'ouvraient deux portes: Bab Sidra et Bab al-Zahri. De la première ne reste que le nom, dont a hérité la rue où elle se trouve. Une partie de la seconde a survécu, ainsi que la tour est; ces vestiges se trouvent aujourd'hui à l'intérieur du stade sportif d'Alexandrie. La tour est circulaire, et l'on peut y observer les meurtrières d'où l'on faisait feu. Cette construction compte parmi les rares monuments islamiques qui aient été conservés à Alexandrie.

LE CENTRE COMMERCIAL DES ÉPICES ENTRE L'ORIENT ET L'OCCIDENT

Tarek Torky

Après la conquête d'Alexandrie par les Arabes, la ville conservait sa position de grand port de la Méditerranée sur la principale route du commerce entre l'Orient et l'Occident. Grâce à sa situation géographique stratégique sur la mer Méditerranée, et grâce au canal qui la reliait au Nil, elle put maintenir son importance commerciale à l'époque abbasside, même si Bagdad dominait le commerce dans le monde islamique.

Les sultans mamelouks encouragèrent les commerçants étrangers à se rendre à Alexandrie et à commercer dans les *fondouks* qu'y avaient établis les communautés européennes. En 690/1291, après la chute d'Acre aux mains des Mamelouks, le pape avait tenté d'intervenir dans les affaires religieuses des pays européens dans le but de leur faire rompre toute relation commerciale avec l'Égypte. Il imposa un blocus économique aux côtes égyptiennes et déclara illégal le commerce entre l'Égypte et l'Occident. En contrepartie, il s'efforça d'établir des relations entre les Européens et les Mongols, dans l'espoir que la route du golfe Persique et la route commerciale qui s'était ouverte avec l'Asie centrale puissent remplacer les routes de la mer Rouge. Cependant, ces tentatives échouèrent. Les républiques italiennes et d'autres États européens qui avaient des accords avec l'Égypte mamelouke furent bien obligés de reconnaître la capacité de l'Égypte à résister et à maintenir son indépendance après les échecs réitérés des croisés. De plus, ces États réalisèrent que la route égyptienne qui passait par Alexandrie était indispensable; ils continuèrent donc à manœuvrer pour s'attirer les faveurs des sultans d'Égypte par tous les moyens possibles. Ils signèrent de fructueux accords commerciaux avec l'Égypte et mirent un soin tout particulier à être représentés à Alexandrie par des consuls à même de défendre leurs intérêts commerciaux. Ils construisirent sur le port plusieurs *fondouks* – la plupart situés près de la Porte de la Mer – réservés à leurs commerçants.

À Alexandrie arrivèrent des ambassades envoyées par les rois d'Aragon, de Castille, de France, par les ducs de Venise et de Gênes, par l'empereur byzantin, le roi de Bulgarie et du fleuve Volga (principal axe de la navigation russe) et les cours ottomane et iranienne.

Les commerçants génois et vénitiens importaient en Égypte les produits qui s'avéraient nécessaires comme des bois, des textiles, des peaux, du fer, de l'étain, du cuivre, de l'huile, du savon, des cuirs et de la cire. Ces grands négociants exportaient d'Égypte de l'encens et des épices – comme le poivre, le gingembre, la cannelle, la muscade et le girofle, qu'ils avaient fait venir de l'Inde, du Yémen et de Somalie en même temps que la céramique de Chine, les perles du golfe Persique et des articles pour le tannage et la teinturerie –, du sucre, de la peinture, de la résine, du coton, des tissus de lin et de soie, de l'alun égyptien, des parfums et des plantes médicinales. Chaque catégorie importante avait son propre marché, celui des épices et du poivre se concentrant dans le souk al-'Attarin.

Alexandrie était l'un des premiers centres d'exportation des épices, qui constituaient le principal objet du commerce entre l'Égypte et l'Europe chrétienne et qui représentaient de considérables rentrées d'argent pour les caisses du Trésor Public. Les sultans mamelouks s'appuyèrent sur ce commerce pour accroître les sources de revenus de l'État, qui augmentèrent encore quand ils établirent un

monopole sur le commerce des épices et de quelques produits comme le sucre et les bois.
Ce monopole atteignit son point culminant sous le sultan Barsbay, qui, en 832/1428, émit un décret en vertu duquel il interdisait l'achat d'épices ailleurs que dans les magasins du sultan. Il imposa très lourdement les exportations et les importations et fit du port d'Alexandrie le seul où l'on pratiquait le commerce des épices. Les prix de quelques marchandises, comme les épices et la soie importée d'Orient, augmentèrent considérablement, ce qui provoqua l'indignation des étrangers. En 836/1432, les représentants des Vénitiens à Alexandrie allèrent trouver Barsbay et le menacèrent de rompre les relations avec l'Égypte. Ils finirent par envoyer leurs flottes à Alexandrie pour rapatrier leurs commerçants, mais voyant cela, Baybars revint à la raison et leur accorda de meilleures conditions pour le commerce international des épices, se réservant le seul monopole du poivre.

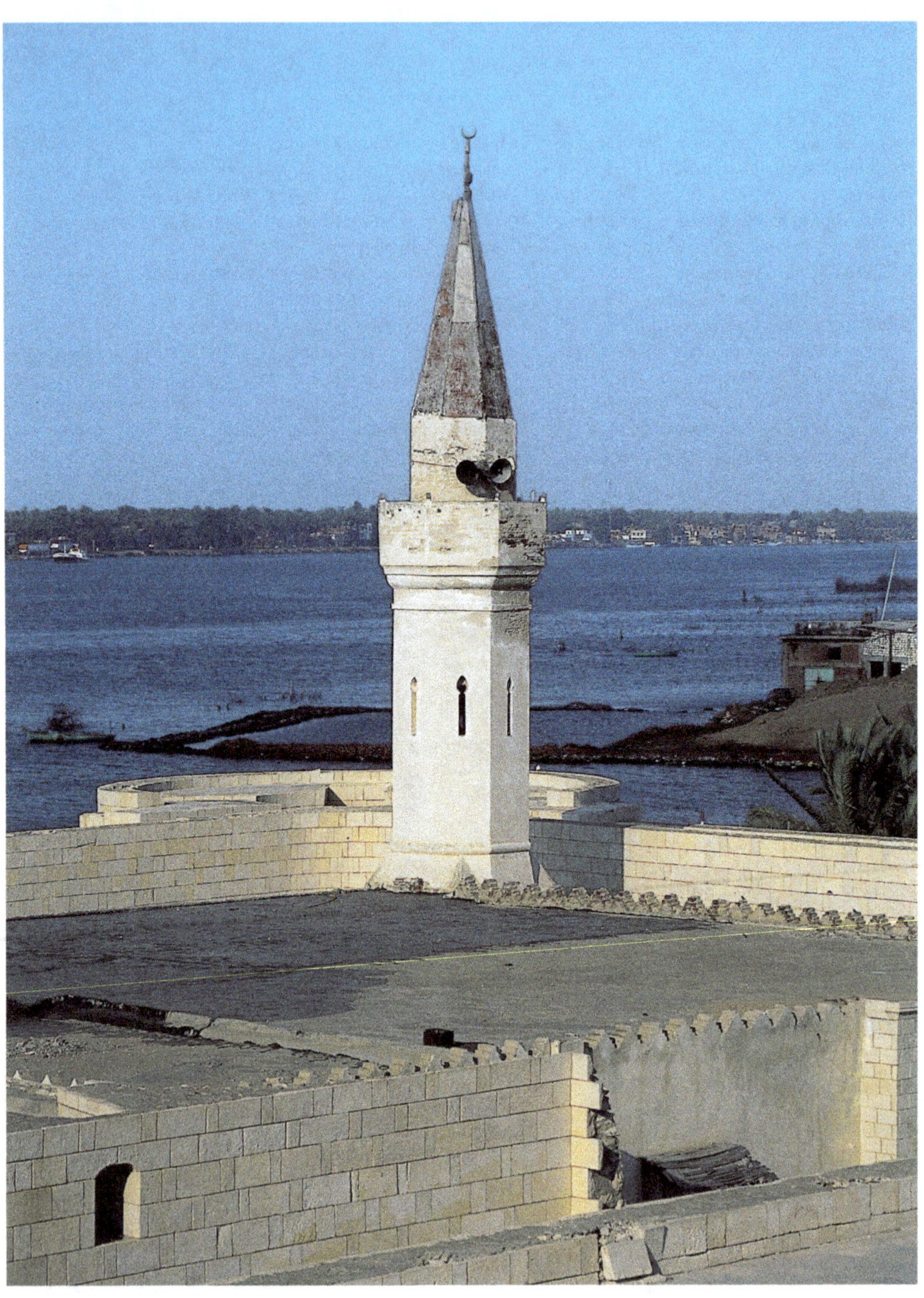

Rosette: le centre commercial du Delta

Mohamed Abdel Aziz

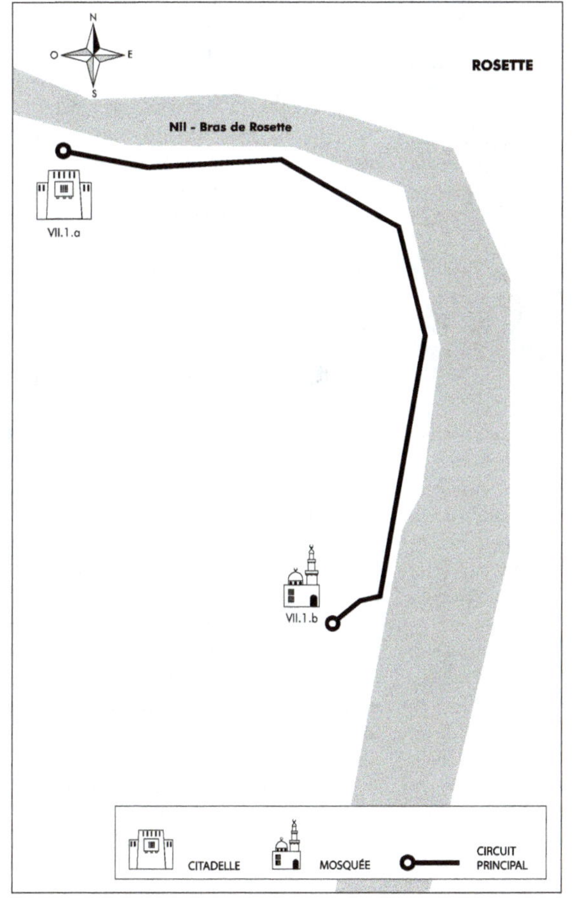

Citadelle de Qaytbay, minaret, Rosette.

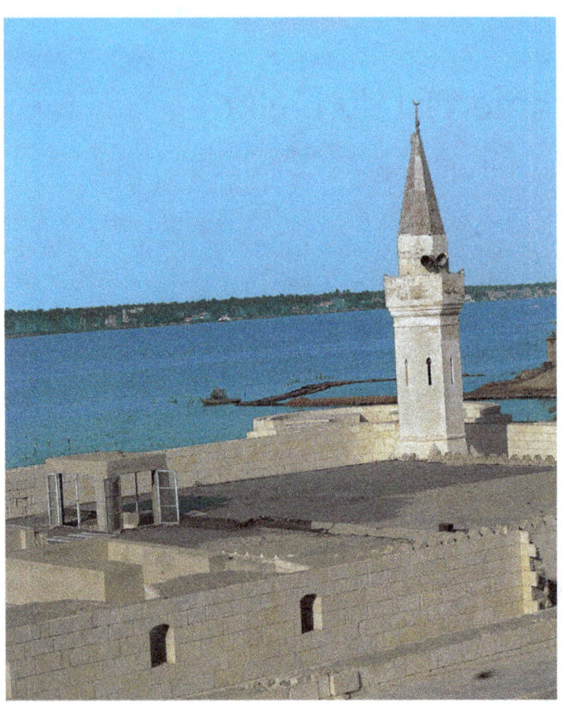

Citadelle de Qaytbay et bras du Nil dans sa partie la plus large avant sa rencontre avec la mer Méditerranée, Rosette.

La ville de Rosette (Rachid en arabe) se trouve à l'extrémité orientale du golfe d'Aboukir, à une distance de 65 km à l'est d'Alexandrie. Depuis Midan al-Gumhuriya (place de la République), près du théâtre romain d'Alexandrie, des autobus partent quotidiennement pour Rosette. Il est recommandé de se renseigner sur les horaires de retour.

En voiture, sortir d'Alexandrie par la zone de al-Muntazah. Après le quartier al-Ma'mura, au croisement d'Aboukir (un petit village de pêcheurs), prendre à droite la route en direction de Ma'diya, où se trouve le lac Idkou. Continuer jusqu'au premier carrefour après la ville d'Idkou et prendre sur la gauche la route qui mène à Rosette. Le voyage dure à peu près une heure. Dans la ville, au bord du Nil, se trouve un club social avec cafétéria, restaurant et toilettes.

Les institutions égyptiennes responsables du patrimoine se sont employées à la restauration et à la conservation des importants monuments historiques de la ville de Rosette. On a aussi construit un centre d'artisanat populaire destiné à réhabiliter les techniques des métiers qui ont fait la réputation de la ville, et à retrouver les savoir-faire impliqués dans la pratique du bois tourné, de la marqueterie, l'assemblage, la sculpture, l'incrustation et l'évidage.

La ville de Rosette, l'un des ports de l'Égypte antique, fut appelée Bolbitine par le géographe et historien grec Strabon parce qu'elle était située à l'embouchure du bras du Nil qui porte le même nom. D'après d'autres sources historiques, le nom copte de Rosette était Rachit, un mot dérivé du nom pharaonique "Rajbatu", qui signifie "le commun". Quant aux Européens, ils l'appelèrent Rosetta ou Rosette, "la rose", parce qu'elle était caractérisée par la présence de jardins et de palmeraies. Les historiens rapportent que ses habitants combattirent le roi Ménès au cours de sa marche pour l'unification du Nord et qu'elle fut fortifiée par un des premiers rois de XIXe dynastie pharaonique. Sous la XXVIe dynastie pharaonique, la ville fut un marché lucratif, et était connue pour la fabrication de chars de guerre. À l'époque ptolémaïque, on construisit le temple Bolbatinium. D'autres périodes historiques nous sont parvenus quelques colonnes et chapiteaux de style ionique et corinthien qui furent utilisés dans la construction de nombreux édifices publics et privés postérieurs.

Après la conquête d'Alexandrie en 21/642, Rosette fut islamisée par Amr Ibn al-'As, qui signa avec son gouverneur copte Quzman un traité de paix en vertu

duquel les églises furent conservées pour les habitants qui continuaient à observer la religion chrétienne.
Les sources historiques précisent que Rosette fut déplacée de sa position initiale (au sud de sa localisation actuelle) en 256/870 (époque abbasside), quand le calife al-Mutawakkil Ala Allah y fit construire différents fortins pour défendre les ports égyptiens menacés par les attaques byzantines.
Quant à l'historien égyptien Ibn Duqmaq (m. 809/1406), il nous a laissé une description des dernières années du VIIIe/XIVe siècle dans laquelle il précise: "Le port protégé de Rosette est une œuvre de dévots, au point de rencontre des deux mers [le fleuve Nil et la mer Méditerranée], avec une mosquée, un *hammam*, et un émir de zone, c'est un village de gens pieux où l'on célèbre de nombreuses fêtes." Il signale également le phare, reconstruit par le sultan Baybars al-Bunduqdari et, en contrebas de celui-ci, une tour construite au bord du Nil par Salah al-Din Ibn Aram au VIIIe/XIVe siècle. En 876/1472 le sultan Qaytbay construisit le *burg* qui est encore conservé.
Selon Ibn Iyas, le sultan Qaytbay érigea une muraille autour de la ville pour la protégér des attaques et fit installer une énorme chaîne de fer pour barrer le passage aux navires ennemis dans le lit du fleuve; son installation fut menée à bien sous le contrôle de l'émir Yachbak al-Dawadar. Plus tard, au début du Xe/XVIe siècle, le sultan al-Ghuri fit construire une autre muraille et des tours de défense.
À l'époque mamelouke, Rosette était un des principaux ports d'Égypte, dont l'importance fut toujours inversement proportionnelle à celle d'Alexandrie. Les faits historiques indiquent que de son port partaient des bateaux vers des terres lointaines, ainsi que des expéditions militaires. Par exemple, après sa libération, l'émir Nasir al-Din Bek Ibn Ali Bek Ibn Qurman repartit dans son pays en Asie mineure sur un navire qui leva l'ancre dans le port de Rosette. De même, Rosette participa activement aux campagnes maritimes du sultan Barsbay qui aboutirent à l'invasion de l'île de Chypre et à son assujettissement au pouvoir mamelouk en 829/1426. D'autre part, la ville eut à faire face aux attaques des Frères Hospitaliers de l'île de Rhodes, à l'époque du sultan Jaqmaq, quand le port fut attaqué par quatre navires en 842/1439.
Le voyageur français Gilbert de Lanoy, qui visita l'Égypte en 826/1422, évoqua Rosette comme un grand bourg avec des maisons en adobe et situé à 5 milles (environ 7,5 km) de l'embouchure du Nil. Il mentionne également l'île Verte qui se trouve dans l'embouchure du Nil et signale l'existence d'un port maritime.

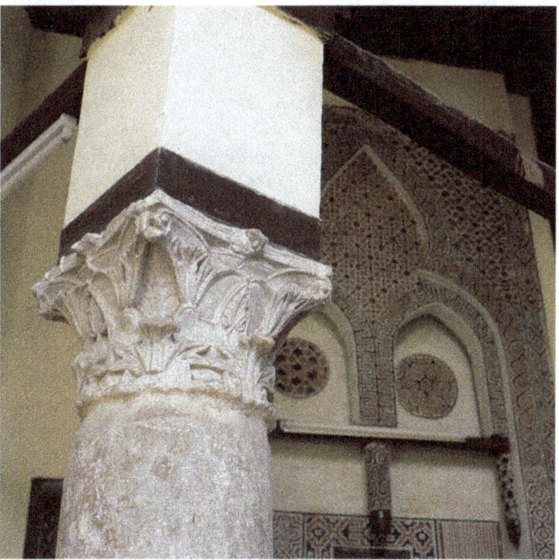

Mosquée de al-Mahalli, chapiteau dans la nef de la qibla et vue partielle de la façade du mausolée, Rosette.

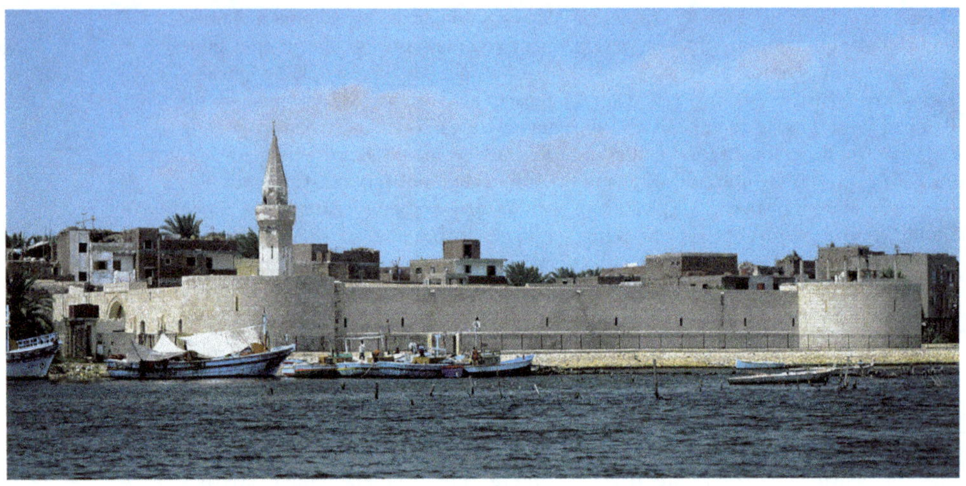

Citadelle de Qaytbay, vue générale depuis le Nil, Rosette.

On peut déduire de tous ces renseignements que Rosette était d'abord une ville à fonction défensive, que les géographes arabes ont d'ailleurs qualifiée de *thagr* ou poste-frontière. La plupart de ses figures célèbres étaient des *murabitin*, ou moines-guerriers, et l'activité de la majorité des habitants était la pêche.

Avec la découverte de la route du cap de Bonne-Espérance au IXe/XVe siècle, les routes commerciales furent détournées vers le sud de l'Afrique et Rosette perdit de son importance, mais, malgré son déclin, la ville reste un centre commercial important et l'un des principaux greniers à riz du pays. Elle atteignit l'apogée de son développement à partir du Xe/XVIe siècle, quand l'Égypte devint une province de l'Empire ottoman. On y construisit des *fondouks*, des *qaysariyyas*, des *wikalas*, des maisons et bien d'autres édifices.

Les Ottomans manifestèrent pour le port de Rosette un intérêt bien plus grand que pour les autres ports égyptiens. Ils en firent un centre commercial international grâce à la proximité d'Istanbul et des pays riverains de la mer Égée qui faisaient partie de l'État ottoman. Depuis le port, on exportait du riz, des tissus, du blé et du sel, et les bateaux revenaient chargés de bois, de savon et de tabac.

L'expédition française donna à Rosette une renommée universelle. Lorsque les Français occupèrent la ville en 1798 et qu'ils y installèrent une garnison, le général Menou en devint le gouverneur. Après s'être converti à l'islam, il épousa Zoubayda, la fille de al-Bawab, un commerçant prospère, et résida dans la maison connue sous le nom de al-Mizouni, une des anciennes demeures encore conservées comme témoignage de l'époque. Les Français s'attachèrent à restaurer la Citadelle de Qaytbay; c'est au cours des travaux qu'ils découvrirent dans l'un des murs la fameuse stèle de basalte qui est passée dans l'histoire de l'archéologie sous le nom de "pierre de Rosette" et qui fournit la clé pour déchiffrer l'écriture hiéroglyphique.

Après l'arrêt de l'expédition anglaise par les habitants en 1807, Muhammad Ali fortifia Rosette, qui passe pour occuper la deuxième place après Le Caire quant à la quantité de monuments islamiques qui y sont conservés. Le système de construction en brique apparente rouge et noire jointoyée de mortier blanc, appelé *al-mangur*, lui confère un aspect pittoresque, tandis que la panoplie de motifs d'ébénisterie employés dans les *mucharabiyyas* des fenêtres ou les mosaïques de brique et de terre cuite ornant les culées et les tympans des portes rehaussent encore l'aspect artistique de la ville.

VII.1 ROSETTE

VII.1.a Citadelle de Qaytbay

La Citadelle ou burg *de Qaytbay est située à 6 km au nord de Rosette, sur la rive occidentale du bras du Nil.*
L'Organisme des Monuments Égyptiens a restauré la Citadelle en 1985. On a reconstruit la muraille, en grande partie effondrée, et restauré les tours. On a réhabilité la tour nord-est à partir de ses fondations, mises au jour grâce aux fouilles archéologiques, et la tour principale en se basant sur celles qui sont encore sur pied. Les travaux de réhabilitation ont pris en compte aussi bien les éléments de l'époque mamelouke que ceux de l'époque française; on a conservé le revêtement des tours dû aux Français en le considérant comme un élément important de l'architecture de la Citadelle.
Horaires: de 8:00 au coucher du soleil.

Pour protéger l'Égypte des risques d'attaques venant de la mer, le sultan Qaytbay décida de construire cette Citadelle, qu'il situa de façon stratégique dans l'entrée du bras du Nil qui se jette à Rosette. La construction commença en 876/1472 et les travaux durèrent 7 ans. À cet effet, on transporta depuis l'antique Bolbitine des pierres qui furent associées aux briques fabriquées à Rosette.
Le plan général est très semblable à celui du *burg* principal de la Citadelle d'Alexandrie, et les piliers de granit circulaires insérés horizontalement dans les murailles sont les mêmes que ceux utilisés dans le *burg* principal de la Citadelle de Qaytbay à Alexandrie. Pendant l'expédition française, la Citadelle prit le nom de Saint-Julien et les tours sud-ouest et nord-est furent rénovées avec un revêtement de brique de Rosette.
De forme rectangulaire, ses angles sont renforcés de tours et la porte principale s'ouvre au milieu du mur sud. Au centre de l'espace intérieur, le *burg* principal comporte une mosquée – construite récemment sur l'emplacement de l'ancienne –, des entrepôts et une grande citerne qui date de l'époque mamelouke.

Citadelle de Qaytbay, partie supérieure de la muraille, Rosette.

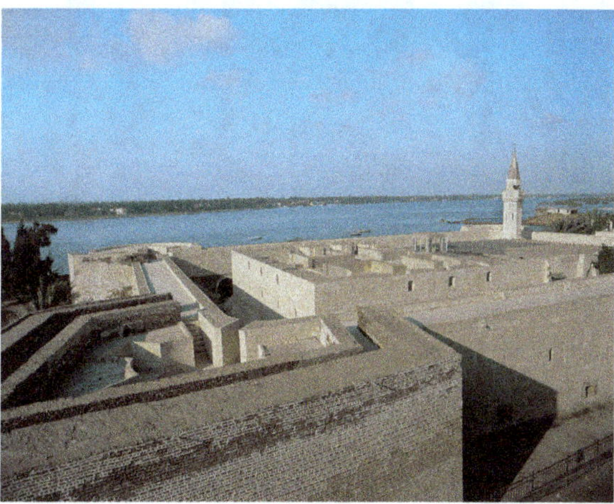

Citadelle de Qaytbay, passage intérieur, Rosette.

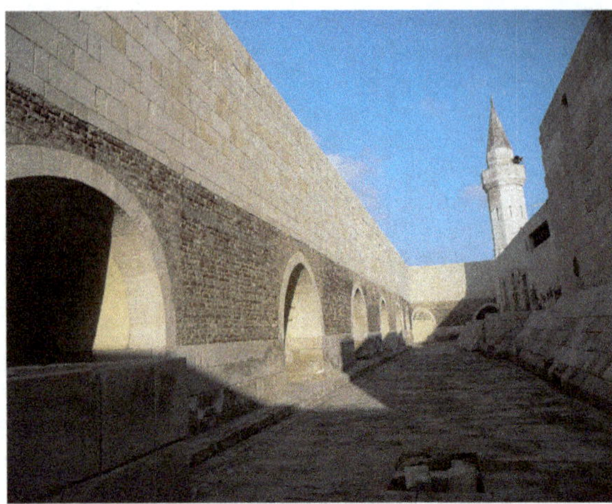

C'est la restauration conduite en 1214/1799 qui permit à Bouchard, l'un des officiers de l'expédition française qui fut chargé des travaux, de découvrir la fameuse pierre de Rosette. Désormais l'une des plus importantes pièces conservées au British Museum, la dalle de basalte noir gravée d'une longue inscription trilingue (hiéroglyphique, démotique et grecque) a permis au savant français François Champollion de déchiffrer l'ancienne écriture égyptienne et de mettre au jour de nombreux secrets de la civilisation de l'Égypte antique.

Du sommet de la tour de la Citadelle, on peut admirer le merveilleux spectacle de l'embouchure du Nil dans la mer Méditerranée à 2 km de distance environ.
On peut aussi s'y rendre en voiture, en direction du nord, puis marcher sur une faible distance le long de la plage jusqu'à ce point fascinant où le Nil verse ses eaux dans la Méditerranée à travers le bras de Rosette.

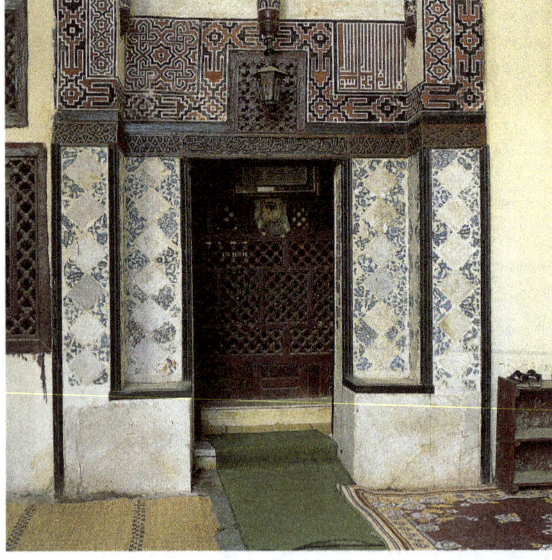

Mosquée de al-Mahalli, porte d'entrée du mausolée, Rosette.

À côté de la mosquée sont encore conservés les escaliers qui conduisaient à l'étage supérieur de ce *burg* principal, disparu il y a déjà fort longtemps.

VII.1.b **Mosquée de al-Mahalli**

La mosquée de al-Mahalli est située au centre de la ville de Rosette, près du marché de primeurs. Horaires: toute la journée sauf pendant les prières de la mi-journée (12:00 en hiver; 13:00 en été) et de l'après-midi (15:00 en hiver; 16:00 en été).

Du nom de son fondateur, Ali al-Mahalli qui mourut à Rosette en 901/1495, la mosquée fut restaurée en 1134/1722, à l'époque ottomane, et est mentionnée dans un document *habous* daté de 990/1582.
De forme irrégulière, elle dispose d'une cour centrale entourée d'arcades et possède un total de 99 colonnes de différentes formes qui soutiennent la toiture sous laquelle on dispensait les cours. On peut

dire que la typologie de cette mosquée est représentative du modèle adopté dans la ville, où la salle hypostyle a pris le pas sur la disposition à 4 *iwans* autour d'une cour. On y accède par six entrées dont les façades présentent le système constructif particulier appelé *al-mangur*, orné ici de motifs décoratifs différents sur chacune d'entre elles, toutes couronnées par un arc triple.

À l'extrémité occidentale de la mosquée se trouve l'aire à ablutions qui possède un portique soutenu par 14 colonnes. La tombe du *cheikh* Ali al-Mahalli se trouve au centre de la mosquée; autour, on a placé une *maqsura* sur la porte de laquelle une inscription proclame: "Il n'y a de Dieu que Dieu et Muhammad est son prophète, la victoire appartient à Dieu et le triomphe est proche. 6 *cha'ban* 1283." Ali Bek Tabaq, maire de Rosette dans la seconde moitié du XIIIe/XIXe siècle, acquit deux *wikalas* situées au nord de la mosquée, qui lui furent incorporées pour l'agrandir. Ali Mubarak, ministre de l'éducation à l'époque du khédive Ismaïl, fit l'éloge de la mosquée en disant que, par les dimensions et le nombre considérable de colonnes, elle ressemblait à la mosquée al-Azhar du Caire.

Il est recommandé de prendre un bateau sur la berge du Nil et de remonter vers le sud jusqu'à la mosquée du cheikh *Abou Mandour, située sur la rive droite du fleuve. La mosquée est dominée par une colline sur laquelle des fouilles archéologiques ont mis au jour des strates successives qui remontent à plusieurs périodes, certaines à l'époque pharaonique, d'autres à différentes époques islamiques. Actuellement se trouve en cours de construction au même endroit un dépôt muséologique pour exposer les trouvailles de ces fouilles.*

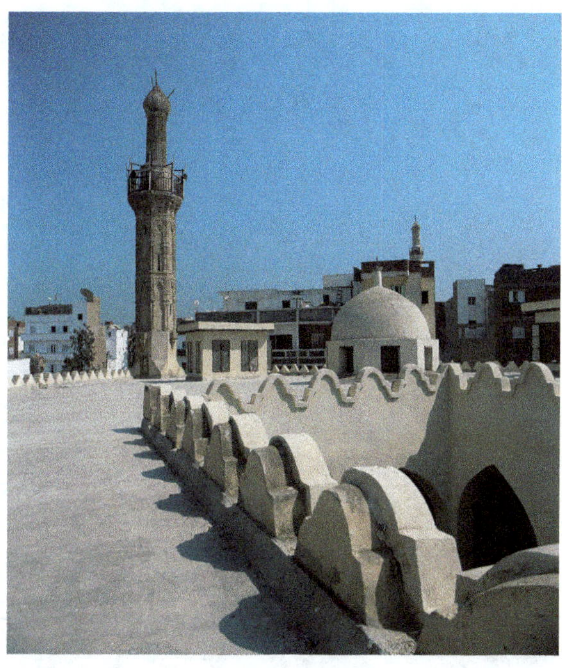

Mosquée de al-Mahalli, coupole et minaret, Rosette.

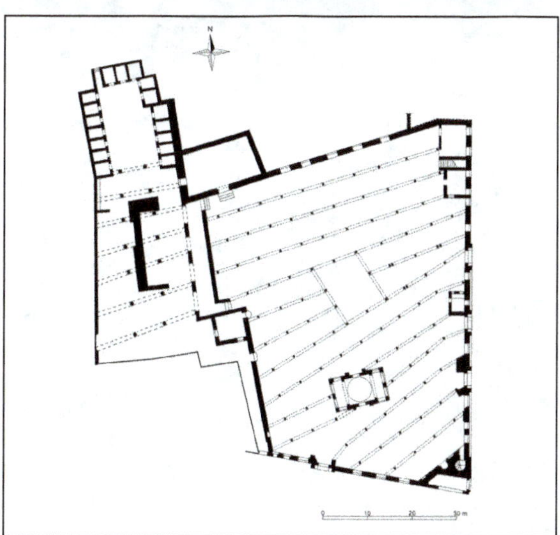

Mosquée de al-Mahalli, plan, Rosette.

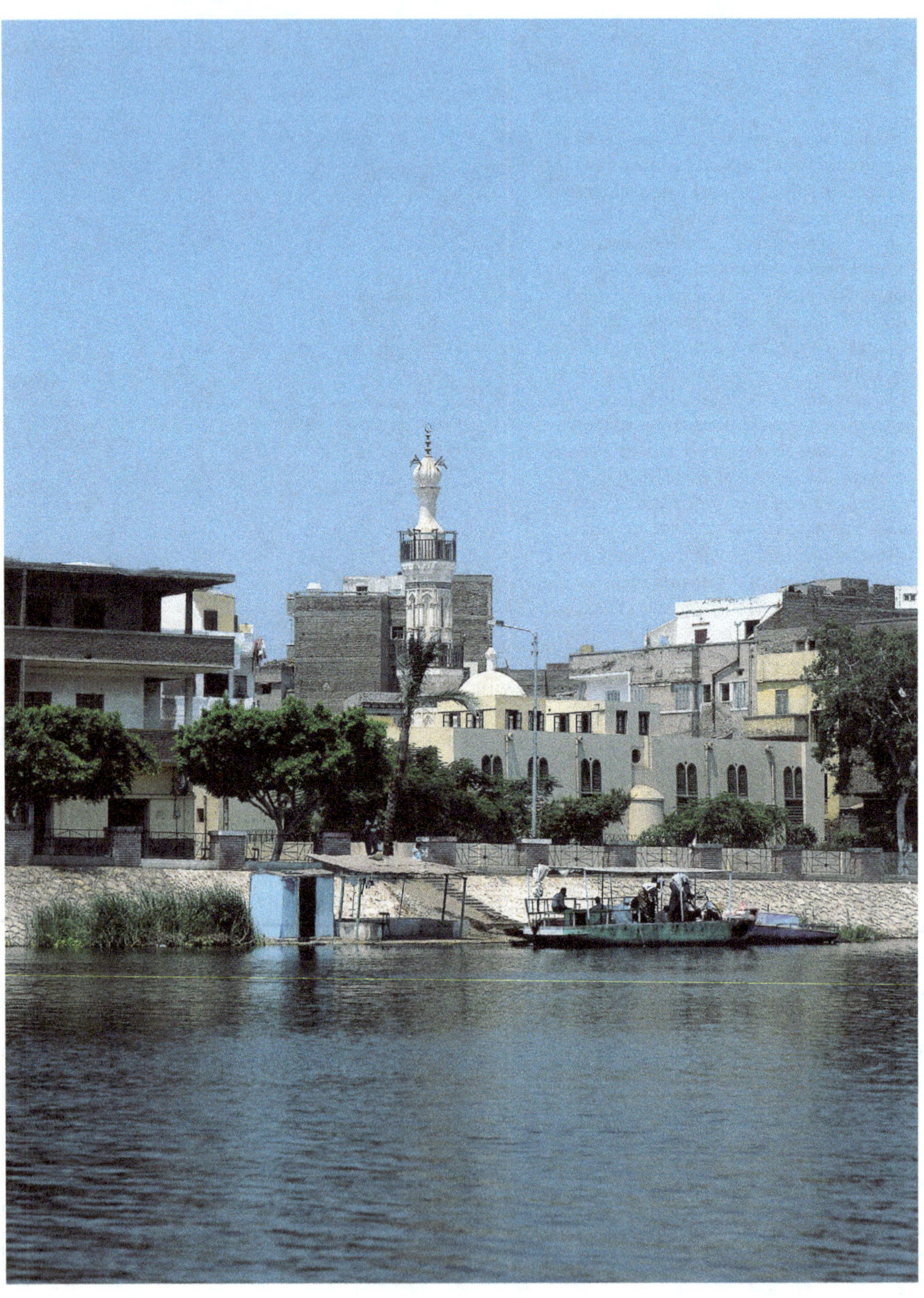

Fuwa: la province du riz sur les rives du Nil

Mohamed Abdel Aziz

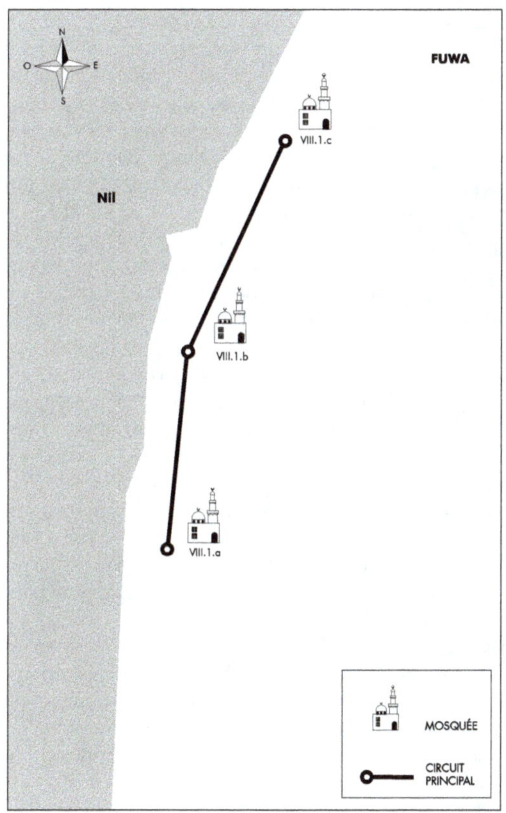

Mosquée de Abou al-Makarim, vue générale depuis le Nil, Fuwa.

Vue de la ville avec la mosquée de Hassan Nasr Allah et le Nil (bras de Rosette), Fuwa.

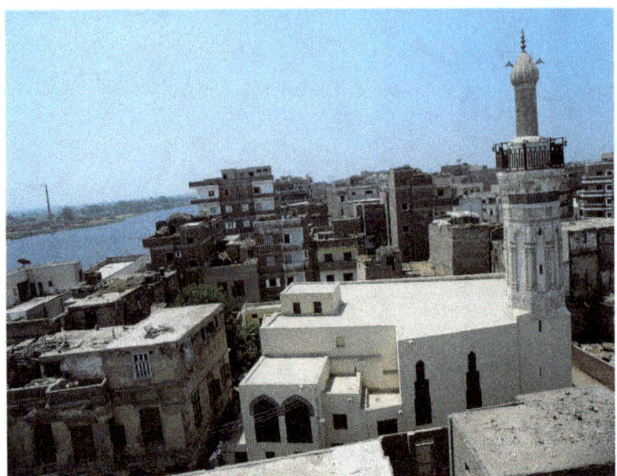

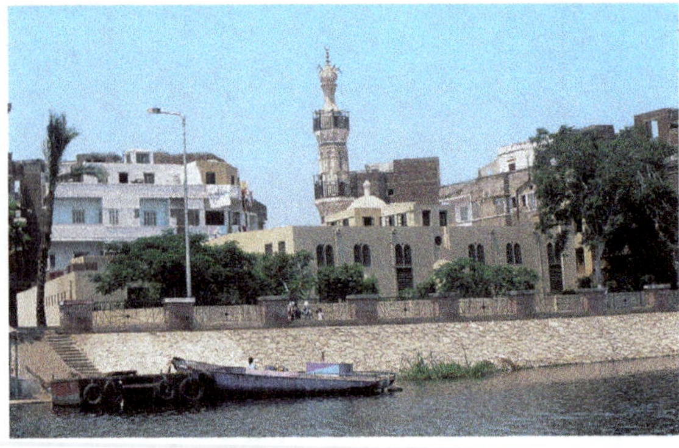

Mosquée de Abou al-Makarim, vue générale depuis le Nil, Fuwa.

La ville de Fuwa, important centre de production de tapis et de kilims de renommée locale et internationale, se trouve à une distance de 105 km d'Alexandrie, sur la rive orientale du bras de Rosette. Depuis Alexandrie, on arrive à Fuwa en voiture en passant par les villes de Damanhour et Doussouq.

Au début des années 1990, de nombreux monuments ont été réhabilités et actuellement est en cours de réalisation un projet complet visant à parachever la restauration du patrimoine historique de la ville et la faire accéder au rang des lieux archéologiques protégés d'Égypte.

La situation de Fuwa au nord de la province de Kafr al-Cheikh, en plein centre du delta et dans un méandre du Nil sur la rive orientale du bras de Rosette, lui a permis de rester à l'abri des épidémies dévastatrices des années 775/1373 et 873/1467 consécutives au débordement du Nil, et des inondations qui ont affecté les villes côtières comme Rosette et Alexandrie.

Les sources historiques y font allusion sous le nom de Poeï et la situent près de l'emplacement de la ville de Metelis, dont l'origine remonte à l'époque pharaonique. Fuwa a commencé à acquérir son importance régionale avec l'introduction du christianisme lorsqu'elle devint siège épiscopal. Plus tard, on la trouve mentionnée dans les relations de la conquête arabe d'Égypte, et dans la lettre que Amr Ibn al-'As écrivit au calife Omar Ibn al-Khattab pour l'informer de la conquête de Mariout, Alexandrie, Rosette, Fuwa, Damanhour, Beheira et Damiette.

Dès le début du Ve/XIe siècle, Fuwa fut la principale ville de la région de al-Muzahamatin – actuelle province de Kafr al-Cheikh –, comprise entre les régions de al-Beheira et al-Gharbiyya. Avec al-Muzahamatin, Fuwa faisait partie des *iqta'at* (sing. *iqta'*), ou dotations de fief, cédées par Salah al-Din al-Ayyoubi à son petit-fils al-Mudaffar Taqi al-Din. La ville représentait la deuxième ligne défensive après les villes côtières d'Alexandrie, Rosette et Damiette.

Elle fut attaquée en 600/1203 par les croisés, qui, cinq jours durant, la mirent à sac et remportèrent à Rosette autant de richesses qu'ils purent en amasser.

Déjà à l'époque mamelouke, le drainage du canal d'Alexandrie par le sultan al-Nasir

Muhammad et, plus tard, par le sultan Barsbay favorisa le développement de l'agriculture et du commerce. Fuwa devint un important centre commercial, dans son port accostaient les navires qui, depuis l'Europe, faisaient route vers l'Orient par le canal d'Alexandrie. Le témoignage du voyageur français Pilon sur le développement commercial de Fuwa au IXe/XVe siècle signale que, comme Alexandrie, la ville comptait de nombreux consuls européens. Le port de Fuwa est mentionné dans un document de 680/1281 par lequel le sultan Qalawun obtient habilement que les croisés signent une paix de 10 années, et ce aux fins de déjouer la tentative d'union entre les Mongols et les chrétiens, dont la menace croissante mettait en danger l'intégrité des territoires mamelouks.

Par ailleurs, les documents du tribunal canonique (*al-Mahkama al-Char'iya*) de Fuwa indiquent qu'il y avait un mouillage aux environs de la mosquée de Abou al-Naga, au bord du Nil; sans doute faisait-il partie de l'ancien port de la ville.

La visite de Sélim Ier à Alexandrie en 923/1517 comprit aussi Fuwa, qui l'éblouit par ses richesses. Pendant la période ottomane, de nombreux *khans* furent construits, ce qui témoigne de la permanence d'une activité. Au début du XIIIe/XIXe siècle, Muhammad Ali s'intéressa à la ville et fit recreuser le canal d'Alexandrie, qui prit désormais le nom de canal al-Mahmudiyya; à son époque, Fuwa devint l'un des plus importants centres industriels d'Égypte. S'y installèrent des fabriques de fez et des filatures pour faire face à la demande de l'armée égyptienne.

Quand on créa la province du riz à l'ouest du pays, en 1242/1826, c'est Fuwa qui fut choisie comme capitale. En 1288/1871 elle fut désignée Centre de la Région du Riz puis, en 1896, Ville de Fuwa. Par les très nombreux monuments islamiques qui y sont réunis, elle est considérée comme la troisième ville d'Égypte.

VIII.1 FUWA

VIII.1.a **Mosquée de al-Qina'i**

La mosquée se trouve à proximité du Nil, entre la place al-Tilal à l'ouest et le Nil à l'est.
Horaires: toute la journée sauf pendant les prières de la mi-journée (12:00 en hiver; 13:00 en été) et de l'après-midi (15:00 en hiver; 16:00 en été).

La mosquée de al-Qina'i est attribuée à Sidi Abd al-Rahim al-Qina'i, qui appartenait à la lignée du prophète Muhamad par son cousin et gendre Ali Ibn Abi Talib, le

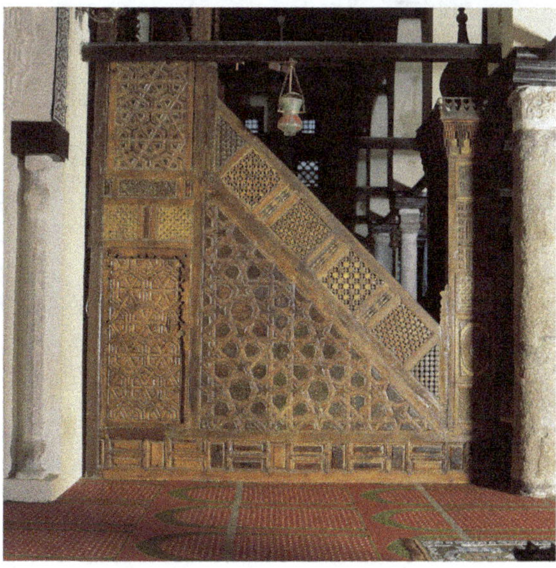

Mosquée de al-Qina'i, côté du minbar, Fuwa.

Mosquée de al-Qina'i, plan, Fuwa.

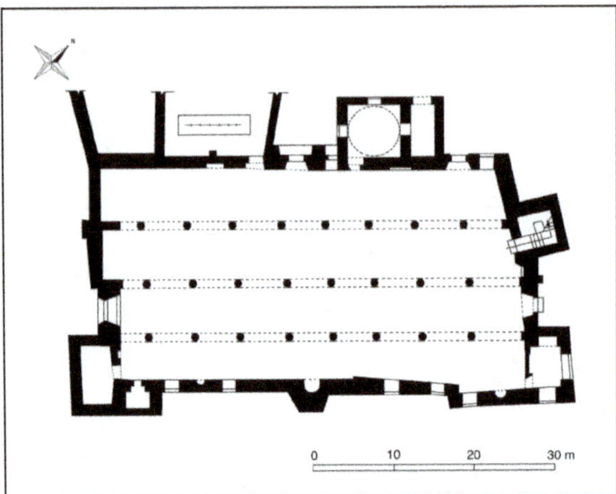

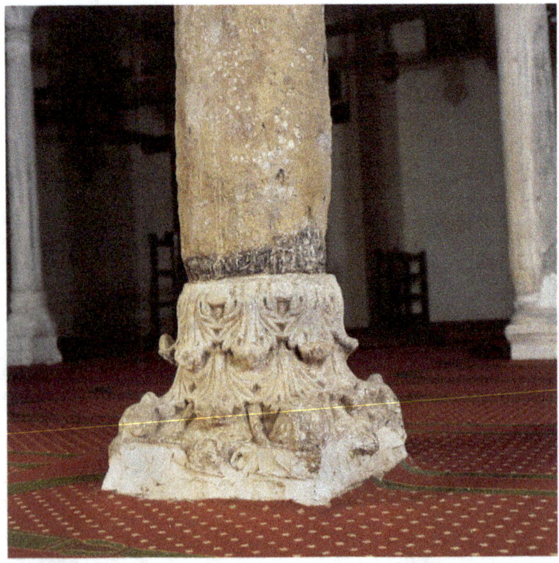

Mosquée de al-Qina'i, salle de prière, chapiteau utilisé comme base de colonne, Fuwa.

dernier des califes orthodoxes. Il naquit en 521/1127, dans la ville de Targa, dans la province de Ceuta. Il voyagea à Damas où il resta deux ans avant de rentrer dans sa ville natale et d'être nommé *cheikh* de la grande mosquée où il donnait des leçons. C'est dans cette même mosquée que son père lui avait dispensé son enseignement. Il visita Le Caire et Alexandrie au cours de son voyage de pèlerinage à La Mecque, accomplissant son devoir religieux, et, au retour, il se rendit à Qus (sud de l'Égypte) qui, à l'époque des sultans mamelouks, était le principal dépôt commercial de Haute Égypte et un carrefour de routes caravanières venant de la mer Rouge. Plus tard, il élut domicile dans la ville de Qina' – dont il hérita le nom – à un peu plus de 20 km au nord de Qus, pour consacrer deux années à l'exercice de la prière et du perfectionnement spirituel, après quoi il fut désigné *cheikh* de la ville.

Son destin à Fuwa fut motivé par la visite qu'il rendit à Sidi Salam Abi al-Nagah, son maître, marocain d'origine et enterré dans le mausolée du même nom. À Fuwa, il se dédia aussi à la retraite et à la méditation dans un endroit où fut construite, au IXe/XVe siècle, la mosquée qui lui est attribuée. Sidi Abd al-Rahim al-Qina'i rentra à Qina' où il mourut en 593/1196. Restaurée en 1133/1721, la mosquée épouse la forme d'un rectangle aux côtés irréguliers et possède trois façades par lesquelles on accède à l'intérieur. La façade nord-ouest est la principale et intègre les façades de la *koubba* et du minaret. Dans la partie intérieure de l'entrée nord, à gauche, se trouve une plaque de pierre à inscriptions *naskhides* qui remonte à l'époque du sultan Barquq.

La salle de prière est divisée en quatre nefs parallèles au mur de *qibla* et composées de trois rangées de colonnes qui sont au nombre total de 24, faisant de l'édifice la plus grande des mosquées monumentales de la ville de Fuwa. D'autre part, côté cour, il faut signaler les huit colonnes de marbre et granit dont les arcs brisés prennent appui sur des impostes; l'une d'entre elles porte des inscriptions hiéroglyphiques qui prouvent qu'elle provient d'édifices plus anciens.

Des trois *mihrabs* qui se trouvent sur le mur de *qibla*, celui du centre est le plus grand; à côté de lui, une plaque à inscriptions de style *naskhide* nomme le sultan al-Ghuri.

L'*alfiz* de l'arc du *mihrab* présente une décoration géométrique en rouge et noir réalisée selon la technique locale typique *al-mangur*: une disposition alternée de briques rouges (première cuisson) et noires (deuxième cuisson) jointoyées par un mortier blanc.

Le minaret est le chef-d'œuvre de cette mosquée et compte parmi les plus beaux du genre, patrimoine des mosquées de Fuwa. Sa décoration fait appel à une marqueterie de bois et à des assemblages de petites pièces tournées composant des polygones étoilés; sur l'un des montants du *minbar* est gravé le nom de l'auteur de l'ouvrage, le charpentier Muhammad Umar al-Naggar al-Qa'idi al-Fuwi.

Avec ses 33 m de hauteur, le minaret, auquel on accède depuis la deuxième nef nord, est le plus haut des minarets de Fuwa. Il est probable que, outre sa fonction religieuse, il ait été utilisé comme phare puisqu'il est situé à côté de l'emplacement de l'ancien port de la ville. Il est aussi équipé d'un cadran solaire dont le rôle était de déterminer les heures auxquelles il fallait se livrer à la prière.

VIII.1.b Mosquée de Hassan Nasr Allah

La mosquée de Hassan Nasr Allah se trouve dans la rue du même nom, près du Nil.

Horaires: toute la journée sauf pendant les prières de la mi-journée (12:00 en hiver; 13:00 en été) et de l'après-midi (15:00 en hiver; 16:00 en été).

Natif de Fuwa, Badr al-Din Hasan Nasr voyagea au Caire pour poursuivre ses études à la *madrasa* du sultan Hassan (I.1.g), à la suite de quoi il devint l'un des rares Égyptiens à assumer les plus hautes charges à l'époque des Mamelouks. Après avoir exercé les fonctions de *muhtasib* des marchés du Caire, puis de vizir sous le gouvernement du sultan Barquq, il accé-

Mosquée de Hassan Nasr Allah, façade de l'entrée et minaret, Fuwa.

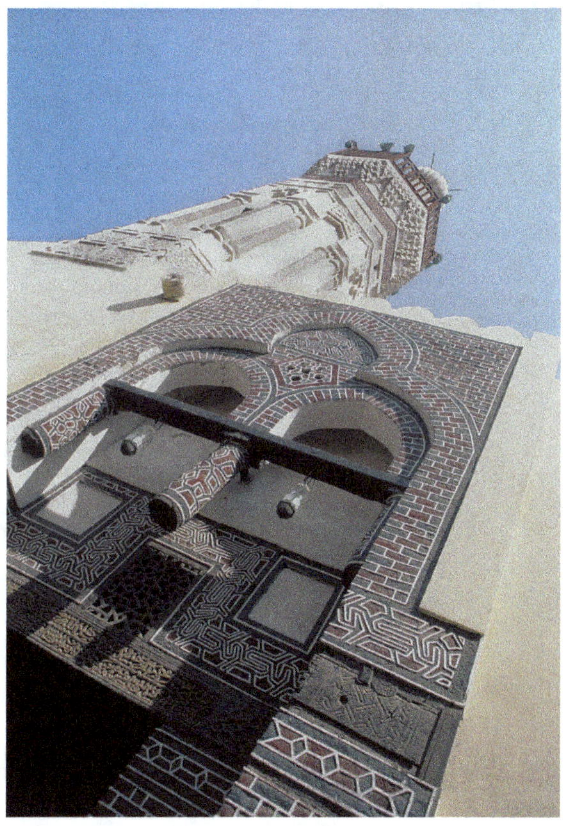

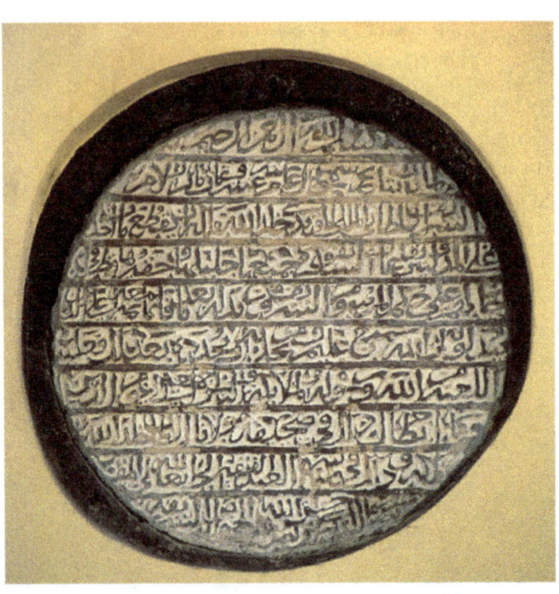

Mosquée de Hassan Nasr Allah, un des trois décrets sur plaque de marbre sur le mur de la qibla, Fuwa.

da avec le sultan al-Mu'ayyad Cheikh au rang de *ustadar* en 822/1420 et administra les affaires privées du sultan, notamment ses résidences et sa trésorerie. En 822/1420, à l'époque du sultan Jaqmaq, il fut destitué et ses biens (terres et palais) furent confisqués. Il mourut quatre ans plus tard et fut enterré dans son mausolée situé dans le Cimetière Nord ou Cimetière des Mamelouks au Caire.

La mosquée qui hérita du nom de son fondateur, Hassan Nasr Allah, fut édifiée au IXe/XVe siècle mais, restaurée en 1115/1703 par l'émir ottoman Ali Sulayman – collecteur des impôts de Fuwa –, elle ne conserve de l'époque mamelouke que le minaret et les trois décrets sur plaques de marbre apposés au mur de *qibla*. Écrits en calligraphie *naskhide*, ils font référence à l'exonération du paiement de l'impôt; l'un revient au sultan al-Mu'ayyad Cheikh, les deux autres au sultan Barquq.

L'entrée principale de la mosquée se trouve sur la façade nord-ouest et est couronnée de trois arcs brisés dont la typologie est caractéristique du Delta. Dans l'épaisseur du mur et au-dessus du linteau de la porte, l'arc central, aveugle, se superpose aux deux autres avec une colonne suspendue au milieu, réalisée selon la technique *al-mangur*.

Aussi bien la façade de l'entrée que les écoinçons de cet arc triple sont décorés avec la même technique: briques de couleur rouge et noir, mortier blanc dans les joints. Par l'originalité de sa décoration, cette façade de la mosquée est considérée comme l'une des plus représentatives de Fuwa. D'autre part, le plafond se distingue par ses fines poutres de bois décorées en noir et rouge.

Des trois *mihrabs* situés sur le mur de *qibla*, celui du centre est le plus grand, et le *minbar* de bois marqueté de marbre et de nacre présente sur les montants une décoration géométrique qui forme une étoile centrale à 8 branches, tandis que la rampe est réalisée avec de fines pièces tournées et assemblées en petits panneaux de jalousies.

Dans la partie nord-est de la mosquée se trouve une *maqsura* en bois tourné sur trois de ses côtés avec des motifs différents; sur sa porte est écrit le nom du menuisier, Sayyid Abd al-Karim al-Fuwi, et la date de construction, 1287/1870.

VIII.1.c Mosquée de Abou al-Makarim

Cette mosquée, dont la façade arrière donne sur le Nil, se trouve dans la rue Abou al-Makarim. Horaires: toute la journée sauf pendant les prières de la mi-journée (12:00 en hiver; 13:00 en été) et de l'après-midi (15:00 en hiver; 16:00 en été).

Du nom de son fondateur Sidi Muhammad Dahir Abi al-Makarim, décédé en 980/1571, cette mosquée est mentionnée dans les documents du tribunal canonique (*al-Mahakim al-Char'iya*), desquels il ressort qu'y étaient annexés un oratoire, des cellules, le logement de l'imam, une noria pour l'approvisionnement en eau et une conduite qui l'acheminait jusqu'au lieu à ablutions.

Sur la partie supérieure de la porte principale, la date de restauration de la mosquée, le mois de *cha'ban* 1267/1850, est gravée sur un linteau de bois.

Considérée comme l'un des plus célèbres monuments de Fuwa, elle épouse la forme d'un rectangle aux côtés irréguliers et la salle de prière se compose de cinq nefs parallèles au mur de *qibla*, séparées par quatre alignements de six colonnes de marbre et granit sur lesquelles reposent des arcs brisés. Dans le mur de *qibla* se trouvent trois *mihrabs*, le plus profond étant celui du centre, dont les écoinçons présentent une décoration géométrique réalisée selon la technique *al-mangur* – mortier blanc jointoyant des briques rouges et noires.

Le *minbar* est orné d'une décoration géométrique, tandis que la *maqsura* carrée, en bois, est couverte d'une coupole reposant sur des arcs.

La façade principale se trouve dans la partie nord-ouest et comporte trois entrées décorées selon la technique *al-mangur*; la porte principale, au milieu, est la plus haute avec son *alfiz* qui s'élève au-dessus de la corniche.

Haut de 23 m, le minaret est situé entre la porte principale et la porte nord, on y accède par l'intérieur de la mosquée. Il est représentatif de la typologie de minaret postérieure au style mamelouk qui était toujours en vigueur dans les mosquées provinciales pendant l'époque ottomane.

M. A. S.

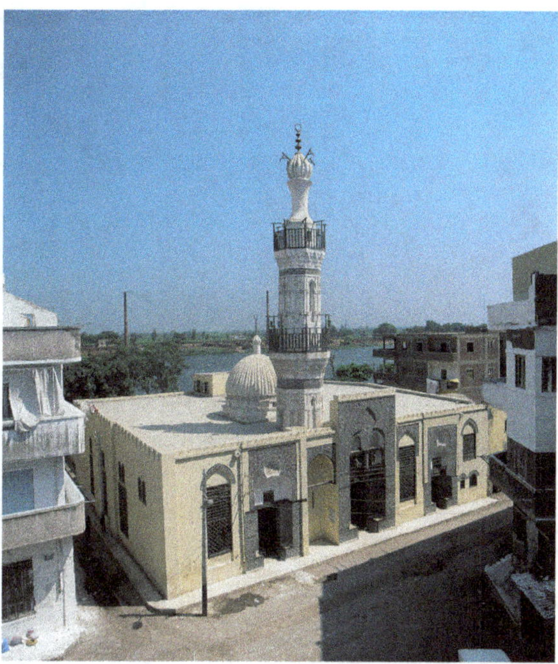

Mosquée de Abou al-Makarim, vue générale, Fuwa.

Il est recommandé de traverser la petite place qui se trouve devant la mosquée pour visiter al-Rub' al-Khattabiyya, où l'on peut encore voir comment les artisans tissent toujours à la main les tapis et kilims qui ont fait la renommée de la ville.

L'édifice est en soi un excellent exemple du style dans lequel étaient construits les édifices à l'époque mamelouke et plus tard à l'époque ottomane.

LA CONFECTION DE KILIMS À FUWA

Salah El-Bahnasi

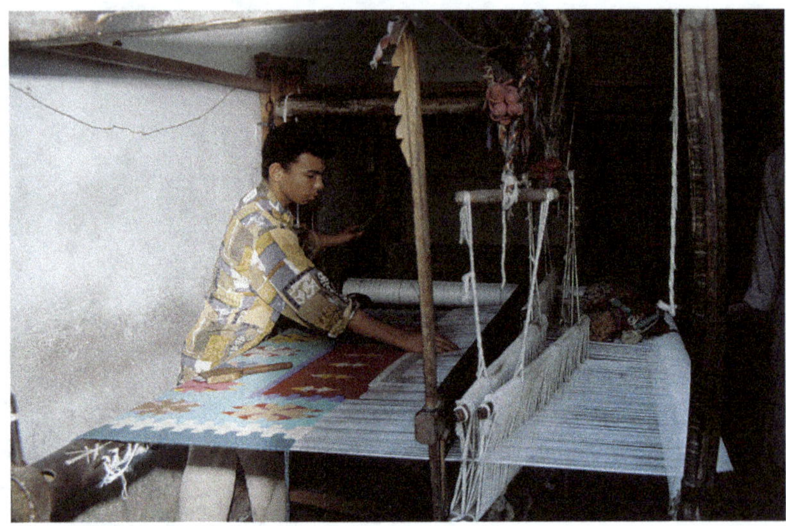

Confection d'un kilim à Fuwa.

L'origine du nom de Fuwa vient d'une plante, la garance, qui pousse en abondance autour de la ville et dont la racine sert à préparer une substance colorante rouge très employée en teinturerie.

L'industrie du tissu et du kilim, promue à l'époque mamelouke, connut un grand développement avec Muhammad Ali, lorsque la ville devint le centre industriel le plus important du pays. L'importance majeure de cette industrie se reflète dans l'organisation des maisons, où le rez-de-chaussé était réservé aux ateliers dans lesquels on fabriquait les kilims à la main.

Le mot kilim, d'origine turque, sert à désigner des tapis fabriqués avec le même procédé que *al-qabbati*, ou tapis, dont la méthode de décoration utilise une trame qui ne couvre pas le tissage dans toute sa largeur.

Le voyageur français Pilon, qui visita Fuwa au IXe/XVe siècle, nous a laissé une description de la ville dans laquelle il signale, outre ses extraordinaires monuments, une fébrile activité commerciale, et la situe à ce titre au rang des plus importantes villes d'Égypte après Le Caire. Une partie des articles manufacturés dans la fabrique de lin de Fuwa étaient exportés vers l'Europe à travers l'île de Malte, c'est pourquoi la porte de cette fabrique est toujours familièrement connue comme porte de Malte.

Le fait que les kilims aient été bon marché influa considérablement sur leur diffusion. Ils étaient généralement fabriqués avec des matériaux qui abondaient dans les environs; comme la laine, la matière la plus importante, qui provenait du bétail, et plus particulièrement des brebis, ou le poil de chèvre et de chameau; et l'on utilisait des couleurs naturelles – blanc, noir, marron, beige et gris – sans recourir aux colorants. Cependant, on utilisait des teintes naturelles extraites de quelques plantes comme le rouge de la racine de garance, le jaune de la racine du curcuma, la couleur oignon de la pelure

de cette plante potagère et le violet de l'écorce de grenade.
La décoration variée du kilim de Fuwa a généré différents types, parmi lesquels il faut signaler les suivants.
Le **kilim gobelin** est caractérisé par des scènes historiées empruntées la plupart du temps au contexte et à l'héritage historique égyptien. Quelques-uns représentent des paysages avec des monuments islamiques ou de l'Égypte antique, ainsi que des vues de villages égyptiens. Ce type de kilim requiert une grande habileté technique, puisque l'exécution de ces scènes, avec l'utilisation de fils de différentes couleurs pour réaliser de véritables tableaux artistiques, parvient à une perfection qui n'est pas moindre que celle de scènes similaires réalisées à base de couleurs sur papier ou sur murs. Il faut préciser que le mot "gobelin" vient du nom de la manufacture française des Gobelins qui fut créée au XVIIe siècle, à l'époque de Louis XIV, et qui doit sa renommée à ses tapisseries fabriquées selon le procédé employé pour *al-qabbati* et caractérisées par leurs scènes historiées, ce en quoi elles sont proches des tapisseries d'Aubusson.
Le **kilim double** se distingue par son épaisseur et par ses plus grandes dimensions. La décoration fait généralement appel à des figures géométriques; des alignements de médaillons ou des figures géométriques enchâssées.
Le **kilim manawichi** se distingue par ses couleurs pâles, et par le champ ceint d'une bordure de figures géométriques: une alternance de triangles de différentes couleurs. Le centre du champ est dépourvu de décoration, mais se trouve constellé de points à peine perceptibles du fait de l'irrégularité de la couleur des fils utilisés.
Les fabricants de kilims de Fuwa ont contribué efficacement au développement de cette industrie, avec une ornementation simple composée de figures géométriques et d'éléments végétaux stylisés. Toutefois, avec ses instruments traditionnels plutôt rudimentaires, l'ouvrier des ateliers de kilims de Fuwa est parvenu à acquérir une technique de haut niveau et à réaliser des représentations de paysages d'une qualité remarquable.

GLOSSAIRE

Ablaq	(Du turc *iplik*, "corde" ou "fil".) Technique de construction qui consiste à alterner des assises de pierres blanches et noires.
Al-Cham	Anciennement, territoires de Syrie, Liban, Palestine et Jordanie ; actuellement Syrie.
Alfiz	Encadrement de l'arc arabe, qui entoure les écoinçons et qui démarre soit à partir des impostes, soit à partir du sol.
Atabek	Commandant en chef des armées.
Bahride	Relatif au Nil *(al-Bahr)*. Les Mamelouks *bahrides* doivent leur nom au fait que leur caserne se trouvait dans l'île de Rawda, sur le Nil.
Burg	Fortin, bastion. Tour, parfois entourée d'une muraille secondaire.
Burguide	D'après *burg*. Les Mamelouks *burguides* ou circassiens doivent leur nom au fait d'avoir été formés dans les tours (sing. *burg*) de la Citadelle.
Caravansaray	Hôtellerie située sur les grandes voies de communication, destinée à l'hébergement des voyageurs et à l'emmagasinage de leurs marchandises.
Cheikh	Ancien, homme respecté pour son âge et ses connaissances. Chef d'une école juridique, titre de quelques dignitaires religieux.
Chiite	(Litt. "Scission, section, parti".) Partisans de Ali et de ses descendants, les *chiites* récusent la légitimité de tous les califes instaurés postérieurement à l'assassinat de Ali (40/661).
Dawadar	Charge assumée par le secrétaire d'État.
Derka	Petite zone de transition, carrée ou rectangulaire, dans le prolongement de la porte d'entrée qui précède les pièces principales d'un édifice. Vestibule.
Dikka	Tribune pour le fonctionnaire religieux chargé de conduire les prières du jour, de façon à ce que tous les fidèles puissent les entendre et suivre l'office
Djihad	Effort de perfectionnement moral et religieux. Peut conduire au combat "sur la voie de Dieu" contre les dissidents ou les païens.
Durqa'a	Dans les mosquées et *madrasas*, espace central à partir duquel on accède aux différentes dépendances, flanqué de deux ou quatre *iwans*, et généralement couvert par un toit en bois comportant des ouvertures pour la ventilation et l'éclairage zénithal.
Émir	Gouverneur, prince, haut dignitaire.
Émir akhur	Émir responsable des écuries du sultan et de tout ce qui concerne les chameaux et le service du courrier.
Émir al-silah	Émir chargé des armes.

Émir kabir	Grand émir.
Émir kachankir	Chargé de goûter les aliments et les boissons avant que le sultan ne les consomme, pour des raisons de sécurité.
Fatwa	Avis, réponse de jurisconsulte sur une consultation de droit religieux.
Fondouk	Dans le nord de l'Afrique, hôtellerie (halle) pour les marchands et leurs bêtes de somme, entrepôt pour les marchandises et centre de commerce équivalent du *caravansaray* ou du *khan* de l'Orient islamique.
Gawsaq	Dernier corps du minaret, ouvert sur tous les côtés, qui fait son apparition à la fin du VIIe/XIIIe avec des piliers en brique, et présente des arcs soutenus par des colonnes à partir de 739/1340.
Habous	Donation en immeubles faite sous certaines conditions en faveur d'une mosquée ou d'une autre institution religieuse, comme la *madrasa* ou la *khanqa*, ou civile, comme le *sabil* ou même une maison.
Hachachin	(Sing. *hachach*, de l'arabe *hachich*, "herbe".) Adepte d'une branche de la secte *ismaïlienne* en Syrie.
Hadith	(Litt. "dits".) Tradition relative aux faits, dits et gestes du Prophète Muhammad et de ses compagnons.
Hammam	Bain public ou privé.
Hanafite	L'une des quatre écoles juridiques *sunnites* (islam orthodoxe). Née avec Abou Hanifa al-Nu'man (79/699-149/767), elle devint l'école privilégiée des Ottomans, qui l'exportèrent dans leurs provinces.
Hanbalite	L'une des quatre écoles juridiques *sunnites* (islam orthodoxe).
Hijab	Voile, rideau...
Hisba	Administration des marchés. Emploi dévolu au *muhtasib*.
Iqta'	Dotation de domaine.
Ismaïlien	Membre d'une dissidence *chiite* qui reconnaît Ismaïl comme le septième et dernier imam.
Iwan	Salle voûtée, sans façade, avec des murs sur trois de ses côtés et ouverte par un grand arc ; grande niche voûtée à fond plat.
Jizya	Impôt personnel des non-musulmans dans un État musulman.
Jukha	Manteau de laine.
Ka'ba	(Litt. "cube".) Temple de La Mecque devenu le centre du culte islamique.

Khan	Auberge, gîte pour les voyageurs et les marchands sur les grandes voies de communication. Entrepôt et hôtellerie dans les agglomérations d'une certaine importance. (Voir *fondouk* et *caravansaray*.)
Khanqa	Monastère ou hôtellerie pour les soufis ou les derviches.
Khaznadar	Trésorier. Responsable des coffres (*khaza'in*, où l'on garde l'argent et l'or) du sultan ou de l'émir.
Kiswa	Soie noire qui recouvre les murs extérieurs de la *Ka'ba* à La Mecque, traditionnellement offerte par l'Égypte.
Koubba	Coupole. Par ext., monument élevé au-dessus de la tombe d'un saint.
Kuttab	École primaire coranique.
Lala	Fonction exercée par le précepteur des fils du sultan.
Machhad	Sanctuaire.
Machrabiyya	Cloison composée d'un assemblage de bobines de bois tourné. Jalousie.
Madrasa	École de sciences islamiques (théologie, droit, Coran, etc.) et lieu d'hébergement pour les étudiants.
Mahmal	Palanquin décoré qui portait la *kiswa* de la *Ka'ba* à La Mecque.
Malékite	L'une des quatre écoles juridiques *sunnites* (islam orthodoxe). Apparue avec l'imam Malik (94/713-178/795) et ses disciples, elle se répand dans l'ouest du monde musulman, y compris en al-Andalus.
Mangur	Style de construction décorative, caractéristique des villes du Delta, qui utilise des briques de couleur rouge (première cuisson) et noire (deuxième cuisson), et un mortier blanc en relief dans les joints. Surtout utilisé sur les façades des entrées et des *mihrabs*.
Maq'ad	Salon de réceptions.
Maqsura	Emplacement réservé au calife ou à l'imam, dans la salle de prière des Grandes Mosquées, pour les prières publiques.
Maristan	Hôpital.
Mastaba	Longue banquette en pierre adossée au mur extérieur d'un édifice sur les côtés de ses accès. Dans l'Égypte pharaonique, la *mastaba* était la sépulture des nobles et des dignitaires de la cour. Elle était en forme de pyramide tronquée, à base rectangulaire, et communiquait avec un hypogée funéraire.
Medina	Ville. Dans le nord de l'Afrique, partie ancienne d'une agglomération, par opposition à l'extension européenne des villes.
Mihrab	Niche située dans le mur de la *qibla* qui indique la direction de La Mecque vers laquelle les croyants doivent se tourner pendant leurs prières.

Minbar	Chaire d'une mosquée d'où l'imam adresse le prêche (*khutba*) aux fidèles.
Miqati	(Litt., "celui qui établit le temps".) Astronome chargé de déterminer le début et la fin des mois lunaires, et de fixer les horaires de prières.
Mouqarnas	Ornement alvéolé en forme de stalactites qui décore les coupoles ou les encorbellements d'un bâtiment.
Muchahhar	Technique de construction qui consiste à alterner des assises de pierres blanches et rouges.
Muezzin	Fonctionnaire religieux musulman, chargé d'annoncer du haut du minaret de la mosquée les cinq prières quotidiennes.
Muhtasib	Fonctionnaire chargé de la *hisba*, dont les attributions étaient de surveiller les marchés et les transactions commerciales, de contrôler les poids et mesures, d'empêcher les fraudes, de veiller à la propreté publique et des constructions urbaines, etc. Régisseur des coutumes.
Murabitin	(Sing. *murabit*.) Moines guerriers qui vivaient dans des hospices pour pèlerins (*ribats*).
Muzammala	Niche dans laquelle on place des jarres en argile poreuse pour l'eau. Dans la partie supérieure, un regard percé de différents orifices permet le passage de l'air pour rafraîchir l'atmosphère et refroidir le liquide.
Muzammalati	Chargé de veiller à la propreté de l'eau.
Naskhide	(Litt. "copié".) Nom de l'une des calligraphies les plus répandues de l'alphabet arabe.
Ouléma	Savant, docteur de la loi coranique, interprète des traditions du Prophète.
Peinazo	Panneaux insérés entre les poutres et à l'intérieur des traverses de la charpente en bois, pour parachever l'ornementation d'entrelacs.
Qabaq	Jeu de la diane.
Qabati	Tapisserie.
Qaysariyya	Marché couvert.
Qibla	Direction de la *Ka'ba*, vers laquelle les croyants se tournent pour la prière. Mur de la mosquée dans lequel est situé le *mihrab* qui indique cette direction.
Sabil	Construction destinée à la distribution d'eau potable. Fontaine publique.
Sadla	Petit *iwan* ou *iwan* latéral.

Saqi	Échanson et responsable de l'organisation de la table du sultan et des boissons.
Shafiite	L'une des quatre écoles juridiques de l'islam orthodoxe.
Sunna	(Litt. "tradition".) Pour l'islam orthodoxe, ensemble de traditions du Prophète sur lequel s'appuient les jurisconsultes et les théologiens pour préciser le contenu de la loi islamique qui émane du Coran.
Sunnite	Partisan de la *Sunna*. Le "sunnisme" est un système politico-religieux qui s'oppose au "chiisme". Les *sunnites* se divisent en quatre écoles : *malékite, hanbalite, hanafite, shafiite.*
Tachtakhana	Endroit où l'on garde les ustensiles et la vaisselle du palais du sultan.
Takhtabuch	Lieu ouvert à toit élevé, situé près des entrées des maisons et des palais et destiné à recevoir les hôtes.
Thoulouth	Style calligraphique.
Turbé	Lieu funéraire privé.
Ustadar	Précepteur. Chargé de gérer les affaires privées du sultan, ses propriétés et sa trésorerie.
Waqf	Donation à perpétuité – généralement terrain ou propriétés – dont les revenus étaient réservés à l'entretien de fondations religieuses. (Voir *habous*.)
Wikala	L'un des différents types d'établissements commerciaux. (Voir *caravansaray*.)
Zaouïa	Établissement dédié à un enseignement religieux tourné vers la formation des *cheikhs*, qui inclut le mausolée d'un saint et qui est construit à l'endroit où celui-ci a vécu.
Zellige	Petits azulejos de céramique émaillée, utilisés dans la décoration de monuments ou dans les intérieurs.

SUCCESSION DES SULTANS MAMELOUKS

SULTANS *BAHRIDES* (648-1250/784-1382)

Al-Mu'izz 'Izz al-Din Aybak al-Turkmani (r. 648/1250-655/1257)
Originaire du Turkestan et époux de Chajar al-Durr, il fut le premier des sultans *bahrides*.

Al-Mansour Nour al-Din Ali (r. 655/1257-657/1259)
Fils de Aybak, il assuma le pouvoir à l'âge de vingt-cinq ans, après la mort violente de son père. Il prit le surnom de al-Mansour et gouverna pendant deux ans et sept mois.

Al-Mudaffar Sayf al-Din Qutuz (r. 657/1259-658/1260)
Vainqueur des Mongols à la bataille de Ayn Djalout, Palestine, en 658/1260.

Al-Dahir Rukn al-Din Baybars Ier al-Bunduqdari (r. 658/1260-676/1277)
Considéré comme le véritable fondateur de l'État mamelouk grâce aux travaux et aux réformes qu'il entreprit et aux guerres qu'il mena, il instaura le califat abbasside en Égypte et se maintint dix-sept ans au pouvoir. Il fut le premier à envoyer le *mahmal* à La Mecque, pour manifester qu'il était le protecteur du calife.

Al-Sa'id Nasir al-Din Barakat Khan (r. 676/1277-678/1279)
Fils de Baybars, son père le désigna héritier du trône en 662/1264 à l'âge de dix-sept ans et arrangea son mariage avec une fille de l'émir Sayf al-Din Qalawun.

Al-'Adil Badr al-Din Salamich (r. 678/1279)
Fils de Baybars, il arriva au pouvoir alors qu'il n'était qu'un enfant de sept ans, après que son frère Barakat Khan eut été déposé ; il ne gouverna que cent jours.

Al-Mansour Sayf al-Din Qalawun (r. 678/1279-689/1290)
Il est considéré comme le second instaurateur de l'État des Mamelouks *bahrides*. Sa famille fut au pouvoir pendant près de cent ans. Il mourut au cours du siège de la ville d'Acre en 689/1290.

Al-Achraf Salah al-Din Khalil (r. 689/1290-693/1293)
Fils de Qalawun, il reprit en 690/1291 la ville d'Acre aux mains des croisés et, plus tard, le reste des villes de Syrie sous domination chrétienne – lesquelles, après pratiquement deux cents ans, revinrent dans le giron des possessions islamiques.

Al-Nasir Nasir al-Din Muhammad (Premier règne : 693/1293-694/1294)
Fils de Qalawun, il accéda au pouvoir à l'âge de sept ans et gouverna plus de quarante ans à différentes périodes, étant donné qu'il fut écarté du pouvoir à deux reprises. Son époque passe pour l'une des plus splendides de l'architecture islamique, pour l'intense activité constructive et pour la diffusion d'un style de façades décorées de *mouqarnas*.

Al-'Adil Zin al-Din Katbugha (r. 694/1294-696/1297)
Émissaire du sultan pendant la première période de gouvernement de al-Nasir Muhammad, qu'il déposa.

Al-Mansour Husam al-Din Lajin (r. 696/1297-698/1299)
Délégué du sultan pendant le gouvernement de Al-'Adil Zin al-Din Katbugha, son assassinat mit fin à son règne et permit le retour au trône du sultan al-Nasir Muhammad.

Al-Nasir Nasir al-Din Muhammad (Second règne : 698/1299-708/1309)

Al-Mudaffar Rukn al-Din Baybars II al-Gachankir (r. 708/1309-709/1310)
Chef des Mamelouks circassiens acquis dans les régions situées au nord de la mer Caspienne et à l'est de la mer Noire.

Al-Nasir Nasir al-Din Muhammad (Troisième règne : 709/1310-741/1340)

RÈGNE DES FILS DE AL-NASIR MUHAMMAD IBN QALAWUN

Al-Mansour Sayf al-Din Abi Bakr (r. 741/1340)

Al-Achraf Ala' al-Din Kayk (r. 742/1341)

Al-Nasir Chihab al-Din Ahmad (r. 742/1341-743/1342)

Al-Nasir Imad al-Din Isma'il (r. 743/1342-746/1345)

Al-Kamil Sayf al-Din Cha'ban (r. 746/1345-747/1346)

Al-Mudaffar Sayf al-Din Hagui (r. 747/1346-748/1347)

Al-Nasir Nasir al-Din Hassan (Premier règne : 748/1347-752/1351)
Il assuma le pouvoir à l'âge de treize ans et s'y maintint environ six ans, au terme desquels il fut détrôné par son frère al-Mudaffar Hagui.

Al-Salih Salah al-Din Salah (r. 752/1351-755/1354)
Il gouverna pendant trois ans avant d'être démis du sultanat, qui fut assumé pour la seconde fois par al-Nasir Hassan.

Al-Nasir Nasir al-Din Hassan (Second règne : 755/1354-762/1361)

RÈGNE DES PETITS-FILS ET ARRIÈRE-PETITS-FILS DE AL-NASIR MUHAMMAD IBN QALAWUN

Al-Mansour Salah al-Din Muhammad (r. 762/1361-764/1363)

Al-Achraf Nasir al-Din Cha'ban (r. 764/1363-778/1377)

Al-Mansour Ala' al-Din Hagui (r. 778/1377-782/1380)
Fils de al-Achraf Cha'ban.

Al-Salih Salah al-Din Hagui (r. 782/1380-784/1382)
Fils de al-Achraf Cha'ban et dernier des petits-fils de al-Nasir Muhammad Ibn Qalawun, il accéda au trône quand il était encore enfant et fut démis par l'émir Barquq, qui mit ainsi fin au gouvernement de la famille Qalawun.

SULTANS *BURGUIDES* OU CIRCASSIENS (784/1382-923/1517)

Al-Dahir Sayf al-Din Barquq (r. 784/1382-801/1399)
Premier sultan des Mamelouks circassiens.

Al-Nasir Nasir al-Din Farag (Premier règne: 801/1399-808/1405)
Fils de Barquq, il accéda au pouvoir à l'âge de dix ans.

Al-Mansour Izz al-Din Abd al-'Aziz (r. 808/1405-809/1406)
Fils de Barquq.

Al-Nasir Nasir al-Din Farag (Second règne : 809/1406-815/1412)

Al-'Adil al-Musta'in bi-lah Abi al-Fadl al-'Abbas (r. 815/1412)

Al-Mu'ayyad Sayf al-Din Cheikh (r. 815/1412-824/1421)

Al-Mudaffar Chihab al-Din Ahmad (r. 824/1421)
Fils de al-Mu'ayyad Cheikh.

Al-Dahir Sayf al-Din Tatar (r. 824/1421)

Al-Salih Nasir al-Din Muhammad (r. 824/1421)
Fils de Tatar.

Al-Achraf Sayf al-Din Barsbay (r. 825/1422-842/1438)
Il envahit l'île de Chypre et s'empara de la ville de Nicosie, la capitale, en 830/1426.

Al-Dahir Sayf al-Din Jaqmaq (r. 842/1438-857/1453)
Il accorda une trêve et conclut un traité avec les Frères Hospitaliers ou de Saint-Jean de Jérusalem, dont le quartier général était établi dans l'île de Rhodes.

Al-Mansour Fakhr al-Din Othman (r. 857/1453)
Fils de Jaqmaq.

Al-Achraf Sayf al-Din Inal (r. 857/1453-865/1461)

Al-Mu'ayyad Chihab al-Din Ahmad (r. 865/1461)
Fils de Inal.

Al-Dahir Sayf al-Din Khuchqadam al-Ahmadi (r. 865/1461-872/1467)
Il était d'origine grecque, à la différence des autres sultans, qui étaient d'origine circassienne.

Al-Dahir Sayf al-Din Yalbay (r. 872/1467)

Al-Dahir Tumurbagha (r. 872/1467)
Il était d'origine grecque.

Al-Achraf Sayf al-Din Qaytbay (r. 872/1468-901/1496)
Son long gouvernement, qui s'étendit sur près de 29 ans, est considéré comme exceptionnel au regard de ses victoires militaires et de sa durée, étant donné qu'à l'époque, les sultans ne se maintenaient que peu de temps au pouvoir. Sous son règne furent érigés au Caire et dans les provinces d'Égypte, de Syrie et du Hijaz de nombreux édifices caractérisés par l'élégance de leur construction, leur finesse, leur beauté et leur décoration.

Al-Nasir Nasir al-Din Muhammad (r. 901/1496-904/1498)
Fils de Qaytbay.

Al-Dahir Qansuh Abi Sa'id (r. 904/1498-905/1499)

Al-Achraf Ganbalat (r. 905/1499-906/1500)

Al-'Adil Sayf al-Din Tumanbay (r. 906/1500)

Al-Achraf Qansuh al-Ghuri (r. 906/1500-922/1516)
Sultan éperdument amoureux de l'architecture et des beaux-arts, il fut assassiné au combat à l'âge de 76 ans, à la bataille de Marj Dabiq, au nord de la ville d'Alep, en 922/1516, alors qu'il guerroyait contre le sultan Sélim, l'Ottoman.

Al-Achraf Tumanbay (r. 922/1516-923/1517)
Dernier sultan de l'État des Mamelouks, il ne gouverna que trois mois. Il fut pendu à Bab Zuwayla sur ordre du premier sultan ottoman, lorsque celui-ci fit son entrée en Égypte.

PERSONNAGES HISTORIQUES, SCIENTIFIQUES ET LITTÉRAIRES

Ala' al-Din Aqbugha, Émir
Ustadar du sultan al-Nasir Muhammad Ibn Qalawun, il fut le fondateur de la *madrasa* al-Aqbughawiyya dans la mosquée al-Azhar.

Ala' al-Din Taybars, Émir
Capitaine des armées et *khaznadar* à l'époque du sultan al-Nasir Muhammad Ibn Qalawun, il est le fondateur de la *madrasa* al-Taybarsiyya dans la mosquée al-Azhar.

Abd al-Rahim al-Qina'i
Membre du lignage de al-Hussayn Ibn Ali Ibn Abi Talib, cousin et gendre du prophète Muhammad, il naquit en 521/1127 dans la ville de Targa, dans la région de Ceuta, et s'établit dans la ville de Qina', en Haute Égypte.

Abou al-Mahassin Ibn Taghri Bardi (812/1409-874/1470)
En 815/1412, à la mort de son père – *atabek* en 810/1407 et vice-roi (*na'ib al-sultana*) de Damas –, il fut élevé par sa sœur dans un milieu de cadis. En 836/1432, il participa activement à la campagne de Barsbay en Syrie. Parmi les œuvres de cet historien, il faut citer : *Manhal al-Safi'*, une biographie de sultans et de grands émirs de 650/1248 à 863/1458 ; *Al-Nujum al-zahira fi muluk Misr wa al-Qahira*, une histoire de l'Égypte de 20/641 au milieu du IXe/XVe siècle ; et les *Hawadith al-Duhur*, des chroniques des années 845/1441-874/1469 sur les événements économiques et historiques.

Ahmad al-Maqrizi (765/1363-845/1442)
Historien né au Caire, d'une famille aisée, il exerça différentes fonctions dans l'administration et fut également professeur et imam. Il résida une dizaine d'années à Damas, puis passa quelque temps à La Mecque avant de regagner l'Égypte. Parmi ses principaux ouvrages, citons *Al-Mawa'iz wa-l-I'tibar fi-dikr al-khitat wa-l-athar*, connu sous le nom de *Al-Khitat*, qui traite de la topographie de Fustat, du Caire et d'Alexandrie, et de l'histoire de l'Égypte en général. Son histoire des Ayyoubides et des Mamelouks (*Al-Suluk li-ma'rifat duwal al-Muluk*) fait référence aux facteurs économiques. Il est également l'auteur d'un texte sur les famines et sur l'inflation en Égypte.

Badr al-Din Hassan Nasr Allah
Il exerça la fonction de *muhtasib* au Caire, à l'époque du sultan Barquq, et plus tard fut chargé de la gestion des affaires personnelles du sultan, en particulier ses demeures et sa trésorerie, à l'époque de Mu'ayyad Cheikh. Ses biens furent confisqués sous le règne du sultan Jaqmaq, en 842/1440.

Bachtak, Émir
Gendre du sultan al-Nasir Muhammad Ibn Qalawun, il fut l'un des émirs les plus influents de son époque.

Cheikhu, Émir
Il fut l'un des émirs du sultan al-Nasir Muhammad Ibn Qalawun. Il assuma le commandement suprême des armées et fut assassiné en 759/1357.

Chihab al-Din Abi al-'Abbas
Il se rendit célèbre par son traité scientifique *Kitab al-istibsar fima tudrikuhu al-absar*, qui traite de l'arc-en-ciel. Il est mort en 984/1285.

Chihab al-Din Ahmad Ibn Toulouni
Architecte, il est l'auteur de nombreux édifices mamelouks, comme la *khanqa* et la *madrasa* du sultan Barquq.

Farouk Ier
Dernier roi d'Égypte, appartenant à la famille de Muhammad Ali, il accéda au pouvoir en 1936, à l'âge de dix-huit ans, et fut renversé après le coup d'État militaire de juillet 1952.

Galal al-Din Abi al-Fadl al-Suyuti
Né en 849/1445, il est considéré comme l'une des personnalités les plus éminentes parmi les rédacteurs d'encyclopédies sur les sciences islamiques et arabes.

Gawhar al-Lala, Émir
Esclave émancipé, il fut *al-lala* des fils du sultan Barsbay.

Gawhar al-Qunquba'i al-Habachi, Émir
Khaznadar du sultan Barsbay.

Ibn Battuta (703/1304-767/1368 ?)
Voyageur marocain de l'envergure d'un Marco Polo, né à Tanger. À l'âge de 21 ans, il entreprit un pèlerinage à La Mecque, qui le conduisit ensuite à la découverte du Proche Orient, de la côte occidentale de l'Afrique, de l'Inde, de la Chine (jusqu'à Pékin) et des pays de la Volga. De retour au Maroc en 750/1349, il recommença à cheminer en 753/1352-754/1353 vers les régions situées au sud du Sahara : le Mali, Tombouctou, l'Aïr (Niger). Vers la fin de sa vie, il dicta le récit de ses voyages à un lettré du nom de Ibn Juzay, qui termina l'ouvrage en 757/1356.

Ibn Iyas
Historien de la conquête ottomane d'Égypte, élevé dans la ville du Caire. Il s'illustra dans le domaine des sciences et de la littérature. Il est l'auteur de l'ouvrage *Bada'i' al-zuhur fi waqa'i' al'duhur*, qui traite des événements survenus pendant les seize années de gouvernement du sultan al-Ghuri, le dernier monarque de l'Égypte indépendante.

Ibn al-Nafis
Savant égyptien, il mit un terme à la plus grande erreur du médecin grec Galien (129-201) sur la communication interventriculaire en découvrant le principe de l'hématose pulmonaire au début du VIIe/XIIIe siècle ; il est également l'auteur d'une encyclopédie intitulée *al-Chamil fi al-tibb*.

Jaharkas al-Khalili, Émir
Émir *akhur* à l'époque du sultan Barquq.

Mamay al-Sayfi, Émir
Muqaddim alf (commandant d'une troupe de mille soldats) de l'armée mamelouke à l'époque du sultan al-Nasir Muhammad Ibn Qaytbay.

Manjak al-Silahdar, Émir
Émir *al-silah* à l'époque du sultan Hassan Ibn Qalawun.

Muhammad Ali (r. 1220/1805 et 1265/1849)
Il exerça le pouvoir en Égypte au nom du calife ottoman de Turquie et est considéré comme le véritable fondateur de l'Égypte moderne.

Muhammad Ibn Bilik al-Muhsini
Il supervisa la construction de la *madrasa* du sultan Hassan.

Qanibay al-Sayfi, Émir
Émir *akhur* à l'époque du sultan al-Ghuri.

Qurqumas, Émir
Émissaire du sultan al-Ghuri et *atabek*. Il est mort en 916/1510.

Qusun, Émir
Il exerçait les fonctions de *saqi* et se maria avec une fille du sultan al-Nasir Muhammad Ibn Qalawun.

Salar, Émir
Il joua un rôle important à une époque convulsive, au début du VIIIe/XIVe siècle, et fut condamné à mourir lapidé en 709/1310.

Sarghatmich, Émir
Atabek à l'époque du sultan Hassan. Son énorme succès éveilla l'hostilité du souverain, qui le fit assassiner en 759/1358.

Singar al-Gawli, Émir
Il occupa différents postes en Égypte et dans d'autres provinces à l'époque du sultan al-Mansour Qalawun et de son fils Muhammad. Sous le règne de ce dernier, il fut nommé délégué du sultan et gouverneur de Jérusalem, Naplouse, Galilée et Gaza, villes où il construisit de nombreuses mosquées. Il est mort en prison en 745/1344.

Taghri Bardi, Émir
Gouverneur d'Alep, c'est l'*atabek* qui envahit le royaume croisé de Chypre à l'époque du sultan Barsbay. Il mourut assassiné par ses Mamelouks, peu de temps après avoir été nommé grand *dawadar* du sultan Jaqmaq.

Al-Tunbugha al-Maridani, Émir
Gendre du sultan al-Nasir Muhammad Ibn Qalawun, il occupa le poste de *saqi* puis de gouverneur d'Alep.

Yachbak min Mahdi, Émir
Atabek à l'époque du sultan Qaytbay.

ORIENTATION BIBLIOGRAPHIQUE

ARNOLD, T. W., *Preaching of Islam. A History of the Propagation of the Muslim Faith*, Westminster, 1896.

ATIL, E., *Art of the Mamluks*, Washington, 1981.

BARRAU-DIHINO, L., "Deux traditions sur l'expédition de Charlemagne en Espagne", in *Mélanges d'Histoire du Moyen Âge offerts à M. Ferdinand,* Paris, 1925, pp. 169-179.

BREND, B., *Islamic Art*, Londres, 1991.

CLOS, A., *L'Égypte des mamelouks. L'empire des esclaves (1250-1517)*, Paris, 1996.

CRESWELL, K. A. C., *The Muslim Architecture of Egypt*, vol. II, Oxford, 1959.

DENOIX, S., *Décrire Le Caire Fustat-Misr d'après Ibn Duqmaq et Maqrizi. L'histoire du Caire d'après deux historiens égyptiens des XIVe-XVe siècles*, Le Caire, 1992.

Description de l'Égypte publiée sous les ordres de Napoléon Bonaparte, AAVV., Cologne, 1994.

IBN AL-ATIR, A., *Annales du Maghreb*, trad. et notes de Fagnand, Alger, 1898.

IBN BATTUTAH, *Travels in Asia and Africa: 1325-1334*, trad. et sélection de H. A. R., Gibb, Londres, 1983.

IBN BATTUTAH, *Voyages*. T. I : *De l'Afrique du Nord à La Mecque*. T. II : *De La Mecque aux steppes russes et à l'Inde*. Trad. de l'arabe de C. Defremery et B. R. Sanguinetti, intr. et notes de St. Yerasimos, 2 vol., Paris, 1997.

IBN BATTUTAH, *Voyages et périples choisis,* éd. et trad. de P. Charles-Dominique, Paris, 1992.

IBN IYAS, *Le journal d'un bourgeois du Caire*, trad. et notes de G. Wiet, Paris, 1955.

IBRAHIM, L., *Mamluk Monuments of Cairo*, Le Caire, 1976.

LEWIS, B., *The World of Islam*, Londres, 1976.

LEZINE, A., "Les Salles Nobles des Palais Mameluks", *Annales Islamologiques*, 10, 1972.

MAQRIZI, A., *Al-Maqrizi wa-l-I'tibar fi dikr al-khittat*, trad. annotée du texte de Maqrizi par A. Raymond et G. Wiet, Le Caire, 1979.

MAQRIZI, A., *Al-Maqrizi's Book of contention and strife concerning the relation between the Banu Umayya and Banu Hashim*, Manchester, 1980.

MOSTAFA, M., "Miniature Paintings in some Mamluk Manuscripts", *BIE*, 11, 1970-1972.

PAPADOPOULO, A., "Religious Architecture in Egypt under the Mamluks", *Azure* 7, 1980.

Prisse d'Avennes, *Islamic Art in Cairo,* Cairo, 1999.

RAYMOND, A., *Le Caire*, Paris, 1993.

REVAULT, J., MAURY, B., *Palais et Maisons du Caire du XIVe au XVIIIe siècle*, 3 vols., Le Caire, 1975-1979.

ROBERTS, D., *Yesterday and today Egypt,* lithographies et journaux par David Roberts, R.A. textes par Fabio Bourbon, Le Caire, 1996.

WIET, G., *Les Mosquées du Caire*, Paris, 1966.

AUTEURS

Gaballah Ali Gaballah
Il a étudié les Antiquités Égyptiennes à l'Université du Caire et obtenu son doctorat à l'Université de Liverpool, Angleterre. Il a longtemps exercé comme professeur dans l'enseignement féminin à l'Université du Caire avant d'être nommé Doyen de la Faculté d'Antiquités de cette même Université. Il est Secrétaire Général du Conseil Suprême des Antiquités et membre de différentes organisations nationales et internationales. Auteur de cinq ouvrages et de plus de vingt articles, il a obtenu le Prix National d'Histoire et d'Antiquités et le Prix d'Honneur des Sciences et Lettres en Égypte.

Abdullah Abdel Hamid El-Attar
Né en 1943, licencié de la Faculté des Lettres de l'Université du Caire en 1966, il a soutenu en 1976 une thèse sur les Antiquités Islamiques. Depuis sa licence, il a travaillé au Conseil Suprême des Antiquités dans le domaine des fouilles archéologiques et de la réhabilitation des monuments islamiques du Caire. Il a participé à des congrès et fait partie de l'exécutif de l'organisation ICCROM. Il a effectué des voyages au Maroc, en Espagne, au Japon, à Brunei, en Syrie, Jordanie, Palestine et au Qatar. Il est actuellement Secrétaire d'État aux Monuments Coptes et Islamiques auprès du Conseil Suprême des Antiquités.

Mohamed Abd El-Aziz
Né en 1942, il a obtenu un diplôme universitaire en Antiquités Islamiques à l'Université du Caire où il a passé une licence et un doctorat dans la même discipline. Il est actuellement Directeur Général des Monuments Coptes et Islamiques au Conseil Suprême des Antiquités. Il est l'auteur de nombreux ouvrages sur les antiquités de Basse Égypte, où il a longtemps travaillé.

Salah El-Bahnasi
Né en 1951, il s'est spécialisé en Art et Antiquités Islamiques et a obtenu un doctorat dans cette discipline en 1994. Très expérimenté en matière de réhabilitation et de conservation des Antiquités Islamiques, il est actuellement professeur des Facultés des Lettres et des Beaux-Arts de l'Université de Al-Minya et de l'Institut Supérieur d'Hôtellerie et de Tourisme de Gizeh. Auteur de nombreuses recherches et études sur l'art islamique, il a aussi écrit plusieurs ouvrages sur les Antiquités Islamiques d'Égypte et d'autres pays arabes.

Mohamed Hossam El-Din
Né en 1955, licencié de la Faculté des Antiquités de l'Université du Caire en 1977, il a obtenu son doctorat avec la plus haute distinction à l'Université d'Assiout en 1994. Dans le domaine de l'enseignement, il a été professeur et conseiller du Centre États-unien de Recherches du Caire. Il a participé à de nombreuses fouilles archéologiques, à des projets de réhabilitation de monuments, de documentation et de publication ; depuis 1982, il se consacre aux antiquités islamiques. Il a publié de nombreux ouvrages, parmi lesquels *Khan al-Khalili et Rosette : fondation, apogée et décadence*.

Medhat El-Manabbawi
Licencié de la Faculté des Lettres de l'Université du Caire où il a étudié les Antiquités Coptes et Islamiques, il possède une vaste expérience en matière de fouilles archéologiques, réhabilitation de monuments et recherche scientifique. Il est Directeur Général de la Zone Nord du Caire au Conseil Suprême des Antiquités et membre de divers comités du Conseil Suprême de la Culture. Il est l'auteur de plus de cinquante études et essais.

Atef Abdel Hamid Ghoneim
Né en 1944, licencié de la Faculté des Lettres de l'Université d'Alexandrie, il a acquis son expérience professionnelle dans les musées et a donné des conférences destinées aux jeunes dans le but d'éveiller leur conscience historique. Il a accompagné des expositions archéologiques égyptiennes dans différents pays. Il est actuellement Directeur Général du Musée Archéologique du Conseil Suprême des Antiquités.

Ali Ateya
Né en 1949, il a obtenu un diplôme d'Antiquités Islamiques à l'Université du Caire en 1975. Il possède une expérience en matière de fouilles archéologiques et de réhabilitation de monuments en coopération avec des expéditions archéologiques étrangères à Gizeh et Wadi Natrun. Il est Directeur Général du Conseil Suprême des Antiquités.

Tarek Torky
Né en 1960, diplômé en Antiquités Islamiques à l'Université du Caire en 1982, il travaille au Centre de Documentation du Conseil Suprême des Antiquités depuis 1987. Il est actuellement inspecteur des Antiquités et Secrétaire Adjoint du Conseil Suprême des Antiquités.

Gamal Gad El-Rab
Né en 1965, licencié en Esthétique auprès de la Faculté des Lettres, Département des Antiquités Islamiques de l'Université d'Assiout, il a travaillé aux programmes de formation aux Antiquités destiné aux élèves de l'enseignement secondaire et mis en place par le Conseil Suprême des Antiquités. Actuellement, il travaille à l'inspection des antiquités de la Citadelle.

Les Itinéraires-Exposition et guides thématiques de *Museum With No Frontiers (MWNF)*
L'ART ISLAMIQUE EN MÉDITERRANÉE

Ce cycle international d'Expositions Musée Sans Frontières permet de découvrir les secrets de l'art islamique, son histoire, ses techniques de construction, son inspiration religieuse.

Portugal

PAR LES TERRES DE LA MAURE ENCHANTÉE.

L'art islamique au Portugal. *200 pages*

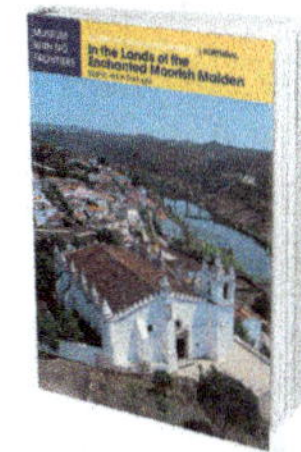

Huit siècles après la «Reconquête», les villages de l'ancien *Gharb al-Andalus* perpétuent la légende d'une belle princesse mauresque dont l'enchantement était invariablement rompu par un prince chrétien : le souvenir artistique de la présence musulmane au Portugal s'exprime aussi par une subtile symbiose avec les techniques constructives et les programmes décoratifs de l'architecture populaire régionale. L'exposition fournit au visiteur une vision claire de cinq siècles de civilisation islamique (califale, mozarabe, almohade, mudéjare). De Coïmbra aux confins méridionaux de l'Algarve, palais, mosquées christianisées, fortifications et centres urbains témoignent de la splendeur d'un passé glorieux.

Turquie

GENÈSE DE L'ART OTTOMAN.

L'héritage des émirs. *252 pages*

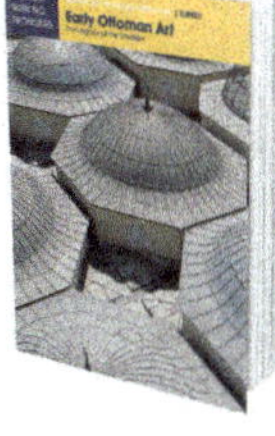

Cette exposition privilégie les œuvres et les monuments représentatifs d'une époque majeure de l'Anatolie occidentale, véritable pont culturel et artistique entre les civilisations européennes et asiatiques. Aux XIVe et XVe siècles, la transition vers une société turco-islamique conduit les artistes des émirats turcs à élaborer les prémisses d'une brillante synthèse qui culminera dans un art ottoman extraordinairement productif.

Maroc

LE MAROC ANDALOU.

À la découverte d'un art de vivre. *264 pages*

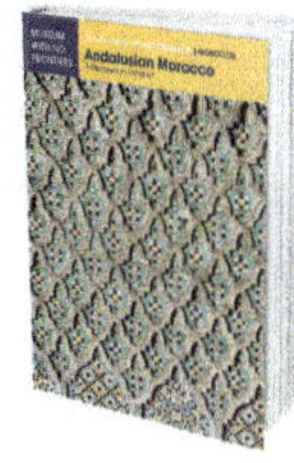

Dès le début du VIIIe siècle, l'islam marocain porte ses regards au-delà des colonnes d'Hercule et s'installe sur la péninsule Ibérique. Les deux rives partagent dès lors leur destin. De l'incessant mouvement d'échanges culturels, humains et commerciaux qui animera ce Maghreb extrême pendant plus de sept siècles naîtra l'un des plus brillants foyers de la civilisation musulmane, et un art authentiquement hispano-maghrébin qui a laissé des traces dans une architecture monumentale flamboyante, mais aussi dans un urbanisme et des traditions d'un raffinement extrême. L'exposition reflète la richesse historique et sociale de la civilisation andalouse du Maroc.

Tunisie

IFRIQIYA.

Treize siècles d'art et d'architecture en Tunisie. *312 pages*

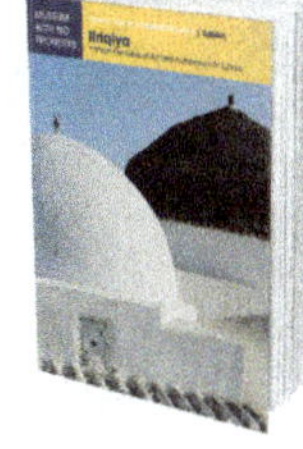

Dès le IXe siècle, sans aucune rupture avec les traditions héritées des Berbères, des Carthaginois, des Romains et des Byzantins, Ifriqiya a été en mesure d'assimiler et de réinterpréter les influences de la Mésopotamie —à travers la Syrie et l'Égypte— et de l'Andalousie : une forme unique de syncrétisme abouti dont les témoignages abondent dans l'actuelle Tunisie, de la majesté des résidences beylicales de la capitale à la rigueur architecturale de l'ibadisme jerbien. *Ribat,* mosquées, médinas, zaouïas, *ksour,* et *ghorfas* jalonnent une terre pétrie d'histoire.

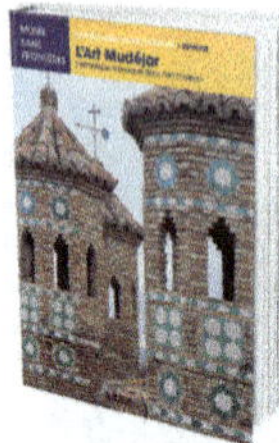

Espagne | Andalousie, Aragon, Castille La Manche, Castille et Léon, Extrémadure, Madrid
L'ART MUDÉJAR.
L'esthétique musulmane dans l'art chrétien. *318 pages*
L'art des Mudéjars (population musulmane restée en al-Andalus après la Reconquête) tient incontestablement une place singulière parmi toutes les expressions de l'art islamique : il est la manifestation visible d'une réelle cohabitation culturelle, d'une forme de compréhension entre deux civilisations qui, au-delà de leur antagonisme politique et religieux, vécurent une romance artistique féconde. Appliquant des schémas rigoureusement islamiques, les maîtres d'œuvre et artisans mudéjars, célèbres pour leur remarquable savoir-faire dans l'art de construction, ont bâti pour des nouveaux venus chrétiens d'innombrables palais, couvents et églises. Les œuvres sélectionnées, par leur variété et leur abondance, témoignent de l'exubérante vitalité de l'art mudéjar.

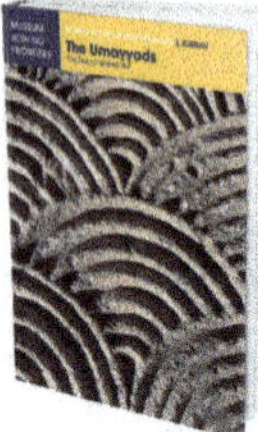

Jordanie
LES OMEYYADES.
Naissance de l'art islamique. *224 pages*
Après la conquête arabo-musulmane du Moyen-Orient, le siège de la dynastie omeyyade (661-750) fut transféré à Damas où la nouvelle capitale hérita d'une tradition culturelle et artistique remontant au moins aux périodes araméenne et hellénistique. La culture omeyyade a ainsi bénéficié du déplacement des frontières entre la Perse et la Mésopotamie, et entre les pays du monde méditerranéen : une situation propice à l'émergence d'un langage artistique novateur dans lequel le subtil métissage des influences hellénistiques, romaines, byzantines et persanes produit un ordre architectural et décoratif parfaitement original. À travers la diversité des oeuvres présentées, l'exposition fournit aussi l'occasion d'une intéressante réflexion sur l'iconoclasme.

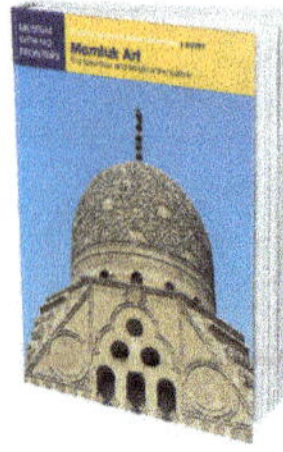

Égypte
L'ART MAMELOUK.
Splendeur et magie des sultans. *236 pages*
Sous la domination mamelouke (1249-1517), l'Égypte devient un opulent centre de passage et de routes commerciales. De grandes richesses arrivent au pays. Le Caire est l'une des villes les plus puissantes du bassin Méditerranéen, l'une des plus sûres et des plus stables. Des érudits du monde entier viennent s'y installer, attirant à leur suite disciples et étudiants. L'architecture et l'art décoratif mamelouks témoignent de la vitalité commerçante, intellectuelle, militaire et religieuse de la période. Caractérisées par une élégante et vigoureuse simplicité, dont la pureté des lignes approche les canons modernes, les œuvres sélectionnées entre le Caire, Rosette, Alexandrie et Foua représentent l'apogée de l'art mamelouk.

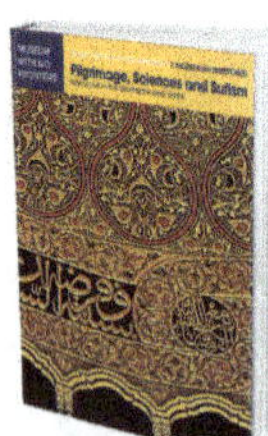

Autorité Palestinienne
PÈLERINAGE, SCIENCES ET SOUFISME.
L'art islamique en Cisjordanie et à Gaza. *254 pages*
Sous le règne des dynasties ayoubides, mamelouke et ottomane, d'innombrables pèlerins affluent en Palestine de tous les horizons du monde musulman, et ce fort courant de religiosité donne un essor décisif au développement de la pensée soufi à travers les *zawiyas* et les *ribats* qui se multiplient par tout le pays. Accueillant les plus grands érudits, de nombreux centres d'études jouissent d'un prestige considérable et favorisent l'épanouissement d'un art raffiné qui conserve encore aujourd'hui tout son pouvoir de fascination. Les monuments et l'architecture islamique proposés par l'exposition, reflètent clairement ces dimensions majeures de pèlerinage, de la science et du soufisme.

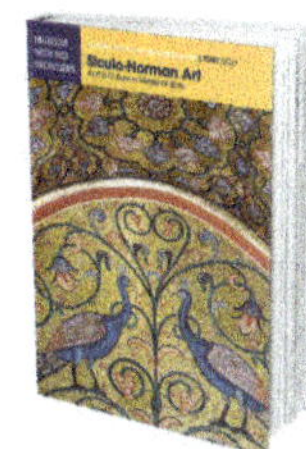

Italie Sicile

L'ART ARABO-NORMAND.

La culture islamique en Sicile médiévale. *328 pages*

Au centre de la Méditerranée, la Sicile est une terre de rencontres où diverses cultures se sont rencontrées et modifiées avant d'atteindre une nouvelle harmonie. Uniques dans le panorama européen, les réalisations architecturales arabo-normandes sont aussi relativement différentes de celles rencontrées dans le monde islamique. L'exposition les présente sous l'angle de leur unicité, et propose des codes d'interprétation permettant de les identifier. Le visiteur attentif n'en apprécie que mieux l'admirable fusion d'éléments issus des sphères culturelles byzantines, arabe et normande en œuvre dans cet art, aussi spécifique que raffiné.

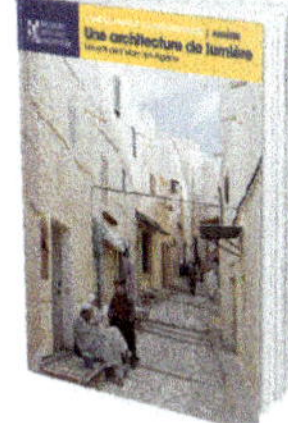

Algérie

UNE ARCHITECTURE DE LUMIÈRE.

Les arts de l'Islam de Algérie. *252 pages*

Le patrimoine artistique de l'Islam au Maghreb central est lié aux événements cruciaux qui ont marqué l'histoire de l'Algérie, depuis l'essor des mouvements religieux dissidents et le règne des grandes dynasties, en passant par le rôle des grands axes de commerce et de pèlerinage et jusqu'à la présence ottomane dans les cités du pourtour méditerranéen. La synthèse des influences arabe et berbère, africaine, andalouse et orientale a façonné des modèles artistiques et architecturaux qui s'expriment dans la pureté et l'harmonie de l'architecture ibadite, des mosquées almoravides et des palais ottomans sur la côte.

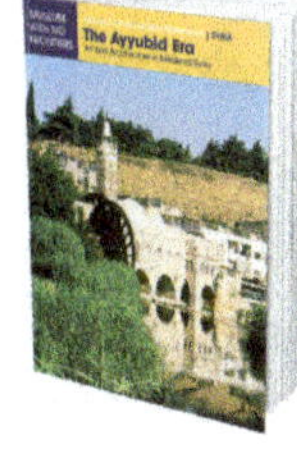

Syrie

THE AYYUBID ERA.

Art and Architecture in Medieval Syria. *288 pages*

Ce nouveau guide de voyage MWNF a été conçu peu de temps avant le début du conflit. Par conséquent, tous les textes se réfèrent à la situation antérieure à la guerre ; ils n'en expriment que davantage notre espoir de voir la Syrie, une terre témoin de l'évolution de la civilisation depuis les débuts de l'histoire de l'humanité, redevenir rapidement un lieu de paix, et le fer de lance d'un renouveau véritablement pacifique pour toute la région. Au cours des XIIe et XIIIe siècles, Bilad al-Cham est le fruit d'un programme stratégique de reconstruction urbaine et de réunification parfaitement élaboré. Au milieu d'une période d'instabilité et de fragmentation, l'Atabeg Nour al-Din Zangi sut imposer un leadership visionnaire pour rétablir les villes syriennes dans leur rôle de maintien de l'ordre et de la sécurité. Après sa mort, son plus brillant général, le Kurde Salah al-Din (Saladin), assuma le pouvoir et mena à bien l'unification de l'Egypte et de Cham en une force unique capable de reprendre Jérusalem aux Croisés. L'empire ayyoubide, en plein essor, poursuivit la politique de mécénat. Bien que d'une durée très brève, cette période a marqué la région d'une empreinte durable. Son esthétique architecturale immédiatement reconnaissable – d'une robuste et austère perfection – a survécu jusqu'à aujourd'hui.

www.ingramcontent.com/pod-product-compliance
Lightning Source LLC
LaVergne TN
LVHW010900110826
845149LV00005B/1426

* 9 7 8 3 9 0 2 7 8 2 2 4 3 *